U0673252

● 2005年度国家社科基金项目"中国少数民族传统法律文化与当代法治建设"（05XFX005）研究成果之一

● 全国少数民族优秀图书出版资金资助项目

● 2017年度重庆市社会科学规划中特理论项目"改革开放以来我国乡村基层民主治理的历史经验与法治路径研究"（JZ-09-2138）成果之一

· · · · · · · · · ·

在遭遇一场雷击之后，
文斗寨千年银杏树的树干早已枯死，
仅以树皮的滋养仍生机勃勃，
这是从中空的树干内部拍摄的银杏树。

# 贵州

## 文斗寨苗族契约法律文书汇编

### ——易遵发、姜启成等家藏诉讼文书

陈金全　郭　亮／主编

人民出版社

# 贵州文斗寨苗族契约法律文书汇编

## ——易遵发、姜启成等家藏诉讼文书

顾　　问：王朝文　张伟仁　韩延龙

主　　编：陈金全　郭　亮

副 主 编：梁　聪　陈小曼　申中军

**参加搜集整理工作人员名单**（以姓氏笔画为序）：

申中军　刘振宇　李　剑　陈金全　陈小曼　何青蓝

郭　亮　郭　强　潘志成　梁　聪　易遵发　姜启成

姜良锦　乔　健　刘万斌　侯晓娟

　　本书部分诉讼文书的收藏者和告示、碑文的抄录者易遵发先生（左一）全家合影。易遵发旁边从左到右依次为他的儿子易守钊（左二），妻子姜月富女士（左三）和女儿易喜鸢（左四）。易遵发生于 1958 年，世居文斗，一生以稼穑为业，家中有藏契近百份。易遵发是文斗苗族契约文书的发掘人和宣传者，是清水江流域木商文化的传承人和实践者，曾受邀到西南政法大学、中山大学等高校讲学。《贵州文斗寨苗族契约法律文书汇编》第一至三卷的收集整理工作均得到易遵发先生的无私帮助，在此表示衷心的感谢。

（摄影／陈金全）

本书部分诉讼文书的收藏者姜启成先生（后排左三）全家合影。姜启成旁边的是他的妻子李玉兰女士（后排左二），弟弟姜启相（后排右二），弟媳江水平女士（后排右一），女儿姜坤源（后排左一）。前排是姜启成的父亲姜德清（前排中）和侄子、侄女。姜启成生于1952年，家中藏着一册名为《参考必要》的文书手抄本，记录了从清代中后期至民国时期文斗姜氏先祖围绕林木、田地等民事纠纷对簿公堂的诉状、判词和家书，共计百余份。2010年姜启成家遭受火灾，《参考必要》连同其他契约文书付之一炬，造成的损失不可估量。

（摄影／陈小曼）

文斗寨位于锦屏县城西南部，距县城 30 公里、距三板溪水电站坝址 8 公里，横跨"九冲十一岭"，面积约 11.5 平方公里，分为上、下两寨。文斗历史可上溯至 600 多年前，其村名原为"冉睹"（苗语），后因其读书人多，清康熙年间改为"文斗"，意即"文化用斗来量"。2007 年三板溪水电站建成后，流经文斗寨境内的清水江不再湍急蜿蜒，而是高峡出平湖，形成三面环水一面靠山的半岛形状。文斗风光旖旎如昔，江岸群山巍巍，翠林排山塞谷，气候温和，雨量调匀，仍是清水江中下游优质杉木的重要生产地。整个村寨被 600 多棵参天古树环抱，森林覆盖率高达 95% 以上。（摄影／郭亮）

　　文斗寨有村民 400 余户 2480 余人，其中苗族约占
95%。姜姓是占据了文斗 92% 以上人口的大姓，龙、易、
范、杨等其他姓氏也有数十户。以姓氏为基础的宗族血缘
关系衍生出更为亲密团结的乡邻关系，塑造了数代文斗人
共同的荣耀。全寨呈带状分布，顺山势而展延，至今仍保
留着传统的干栏式吊脚木楼民居。图为文斗在建的生态博
物馆。该馆将文斗契约文书、族谱、碑文以及反映文斗发
展轨迹的什物陈列其间，共同讲述着文斗数百年来的曲折
与兴衰，成为文斗礼法社会史的浓缩点和清水江生态旅游
的亮点之一。

（摄影／郭亮）

　　文斗寨保留着古雕石碑 110 多块，碑刻内容甚为丰富，涉及移风易俗、自然环保、木材贸易、学校庙宇、宗族祠堂、赋税徭役、人物记事等多方面。刊刻于清乾隆三十八年（1773 年）的"六禁碑"是文斗苗寨环保的历史见证，被誉为中国环保第一碑。刊刻于嘉庆十一年（1806 年）的婚俗改革碑约定禁止近亲结婚、反对强迫婚姻、嫁娶从简、允许再婚等，被誉为文斗社会的婚姻法。图为伫立在文斗下寨门旁的几块石碑。阳光透过密林，洒在古旧的碑石上，凸显出几分历史的凝重与沧桑。

（摄影／刘振宇）

　　《贵州文斗寨苗族契约法律文书汇编》第二卷《姜启贵等家藏契约文书》于 2015 年 8 月出版后，编者再次前往文斗寨，将该书赠送给姜启贵先生及部分文斗村民。编者对文斗寨全体村民的慷慨与热情表示崇高的敬意和诚挚的谢意。图为部分收集整理人员在千年古银杏树前合影。从左到右依次为：刘婧、申中军、易遵发、陈金全、郭亮、陈小曼。　　　　　　　　　（摄影／梁聪）

　　文斗契约大致可分成：山林土地买卖、佃山造林、拆分山林和家产、分配出卖山林银钱、山林管护、山林纠纷调解、乡规民约、讨借书据、山林登记簿等九类。这些契约文书确定了不同家庭、家族和村寨的经济权属，规定了以林养林、间伐轮种的权责义务，调节管理当地林业市场，规范约束人们的交易行为。某种意义上说，文斗是一个依法办事的"礼法社会"，一个以契约为主要依据的"自治社会"。图为文斗村民易遵发（左三）向本书编者详细解读契约文书（文斗将部分契约刻石为记）。

（摄影／刘超）

　　文斗人喜欢凭契约讲理，曾被官府称为"好讼之乡"。本书汇编的法律文书绝大部分为清代至民国时期文斗先祖围绕林木纠纷以及其他民事纠纷而对簿公堂的清白文书、诉讼词状以及官府公文、告示、堂判、调解书等。这为我们研究中国古代尤其是清代司法制度及民事刑事纠纷解决提供了宝贵的资料。图为姜启贵家藏的清光绪二十四年（1898年）官府告示。

（摄影／申中军）

# 序
## 一

王朝文

　　苗族是中国古老的民族之一，不仅有悠久的历史，而且有光辉灿烂的文化。多少年来，国内外的一些专家、学者，从各自不同角度，对苗族的历史、文化进行了一些有益的探讨，虽不那么系统全面，但其研究成果也还不少，而且已开始为世人所注目。

　　文斗是锦屏县清水江边一个普通的苗族村寨，但它却引起了国内外法学、历史学、人类学等各领域专家的极大兴趣。令学者们大为惊叹的是，如此一个地处偏远、至今仍不通公路的寨子，竟能完好地保存这如此之多的清代契约文书。在一般人看来，大量的契约文书多应出现在历史上文化经济比较发达的地区，像文斗这样一个交通不便、经济落后的少数民族村寨中是不会有如此多的契约文书的。其实这样的认识是错误的，在中国古代，民间签订契约是伴随着交易等经济行为发生的；但凡有交易，多有契约，无论是文化发达的汉族地区，还是经济落后的少数民族山乡，都是如此。我幼时生活的黄平苗族地区也有这种清代遗留的契约，只不过其数量远不能与文斗相比。文斗的苗族同胞们所收藏的这万余份清代契约文书以及在锦屏范围内数量更多的契约再一次证明了苗族是有着丰富多彩的民族文化的。除了契约以外，苗族民间还存留有大量习惯法石碑、寨规民约、理词、法谚等习惯规则，这些共同构成了苗族绚烂多姿的法律文化，它是苗族文化的集中反映，有深厚的基础。苗族传统法律文化是苗族人民在长期的生活及与其他各族人民的长期交往中形成的优秀智慧的结晶，也是中华法系极其宝贵的历史遗产，我国学者必须重视和抢救这一珍贵的历史文化遗产，通过调查整理和深入研究，做出应有的贡献。

西南政法大学的陈金全教授早年曾在少数民族地区工作多年，此后虽然在大学校园里从事教学科研工作，但始终心系民族地区，近年来一直在贵州黔东南等地从事田野调查工作。此次，在陈教授带领下，一批学者和民族工作者，经过多年努力，付出艰辛劳动，共同组编的这套《贵州文斗寨苗族契约法律文书汇编》终于问世了。这是苗族文化史上的一件大喜事，也是中华民族文化建设事业的一件大喜事。对此，我衷心地祝贺这套书的成功出版，并愿借此机会向广大读者说几句心里话。

苗族是一个勤劳勇敢而又灾难深重的古老民族。历史告诉我们，苗族的祖先与其他民族先民一起，曾经为创建中华民族文化进行过英勇顽强的拼搏。他们万众一心，用集体的智慧和力量，勇敢地捍卫了自己民族的尊严，同时也为中华民族的团结、进步、统一与完整做出了重要贡献。苗族主要分布在贵州、湖南、云南、四川、重庆、广西、湖北、海南等省、区，在黔东南和湘鄂川黔的交界地带（以湘西为主）有较大的聚居区，在广西大苗山、滇黔桂和川黔滇交界地带和海南也有小聚居区。其他地方的苗族则与其他各民族杂居。苗族村寨少则几户、十几户，多则百户、千户。居住环境各地差别较大，多为山坡地或较平坦的山脚，也有高寒山区。历史上，苗族人民曾深受封建统治者的政治压迫和民族歧视。新中国成立之后，苗族人民真正获得了解放，在党的领导下，经济、文化建设都取得了很大成绩，人民生活有了很大提高。根据我国2000年第五次全国人口普查统计，除台湾、香港、澳门尚未统计在内，苗族人口总数有894万。另外，先后从中国迁去，而今散居于东南亚各国以及欧洲、美洲、澳洲等其他国家和地区的苗族人口，也有约200多万。这个民族，赫赫而又默默地生存了数千年，特别是中国的苗族，现在正以她的鲜明的形象与汉族及其他兄弟民族一起，立于世界民族之林。

苗族文化，包括物质文化和精神文化两个方面，在其文化类别组合的整体当中，向来著称的是传统文化。近些年来，越来越多的人开始注重研究苗族的传统文化，也取得一定成绩。但是，由于种种条件局限，有关研究还缺乏一定的系统性，这与这个具有悠久历史和悠久文化的民族的形象相比，还不大相称。因此，我们应该坚持党的基本路线，在我国民族政策的指引下，创造各种条件，调动一切积极因素，深入挖掘和系统整理苗族的传统文化，以促进苗族现代文化的发展，同时与其他兄弟民族一起，为弘扬整个中华民族优秀文化做出应有的贡献。

《贵州文斗寨苗族契约法律文书汇编》的编辑出版，在系统整理苗族文化方面做出了很大努力，并取得了显著成绩。过去我们对苗族历史文化的研究多是以汉族文献为基础资料，注意和强调汉族移民和中原文化在开发西南地区中的作用，而很少有学者从少数民族本身出发去研究他们在相对封闭环境中的经济生活和政治生活，以及他们社会发生的历史性变化、他们在这种变化中扮演的角色。除去一些观念认识上的问题外，文字资料的缺乏也是一个重要问题。这套契约文书资料的出版对于研究西南土著民族的社会，有着重要的价值。它们虽然是使用汉字签订的，却都是在苗族内部形成的，足可以真实反映苗族群众的经济活动、家族形态、村社政治状态及其变迁，为研究人员提供了说明问题的依据，有着重要的文献学意义，同时兼有法学、历史学、经济学、人类学和民俗学等多学科的研究价值，为当今苗学研究和多学科性的社会科学研究提供了难得而又可贵的第一手材料。这种契约资料在藏族、蒙古族、壮族及黎族等其他少数民族社会中也还存在，有的还是使用本民族文字订立的，虽然其数量不一定能与文斗的林业契约相比，但毕竟也能够比较真实地反映当时当地特定的民族政治、经济及历史状况，相信在《贵州文斗寨苗族契约法律文书汇编》之后，会有更多的专家学者投身于这一领域，将其整理出版。

人类社会的发展，必然要走向民族平等、民族团结和各民族的共同繁荣。但愿本套契约资料的公开出版发行，既能继承和发扬苗族的优秀文化传统，又能引起人们对这个民族的重视与研究，为各民族的共同进步与共同繁荣而继续努力奋斗！

# 序

## 二

### 张伟仁

西南政法大学陈金全教授近来在贵州发现了极多清代民间的契约文书，经其整理后，将分批、分期出版。我有幸先行拜读了首期的前言，对于他为这些资料的背景及内容所做的探究和分析，深感钦佩。这些资料不仅可以直接用于研究清代各色交易及以协议而建立的其他人际关系，也可以广泛地用于清代社会、经济、法制、政治等方面的研究。在法制方面，如他所说，可以充分证明中国存在着丰富的民事经济习惯法，中华法系并不是"以刑为主"或"只是刑法（刑罚）"而已。

任何一个社会的存在和发展，都要依赖多重规范来指导并约束其成员的行为，使其相互之间以及他们与环境之间的关系能够和谐稳定，以至人生丰富喜悦，万物各得其所。目前社会里最受人注目的规范是政府的法令，其次是各种社团（如政党、教会、公司等等）的章程。二者都是掌握了重要社会资源（如民意、武力、知识、财富等等）的人所制定的。再次是若干地域性的习惯，它们起源不详，但经人们长期遵行，也成了一种规范。在此三者之外，还有一种是由人们两方或多方所订立，关于某些作为或不作为的协议，是为"契约"，因为它们指导并约束当事者的行为，当然也是一种规范，而且因其出于当事者同意，所以是一种可行性较强的规范。

中国自古以来，人们就以契约指导并约束当事人的各种行为，但在近代之前，几乎没有人研究契约；相对而言，有许多人研究伦理、道德等规范，因为汉代以后的学者大多属于儒家之故。此外有关法令的也有一些，主题几乎全在刑法，大约因为研究者大多与统治阶层有关。这一阶层注重的是社会的安宁秩序，维持了这点，也就保护了他们既得的权势和利益；人们的行为无害于此的，他们都不关心。以民间的契约而言，除了涉及成立奸党、邪教、帮会等"重情"的，其他"细事"如户婚、田土、钱债等等，只要不涉刑禁的，都听当事人自由约定，对此，学者也很少加以研究。

研究契约，目的在于对各类契约当事人的资格、议约的程序、约定的内容和格式、约文的效力和诠释、争议的解决和手续等等，求取深入的了解，对现行各类契约里常见的问题加以分析，探究其原因，进而提出改善的办法，建议若干范例，以供人们参考，使得契约的订立和执行能妥善顺利，避免许多纠纷。

西方学者对此有清楚的认识，做了许多有关的研究，产生了一套详密的"契约法"。现在的跨国性契约，甚至国际间的条约，大多皆依他们研究所得的原则和方式而订立、诠释，遇有纠纷，也大多采用他们建议的途径和手续来解决。我国对契约的研究落后，所以一般人所订的契约往往不够精慎，容易引起纠纷，在议订跨国契约甚至国际条约时，多受制于人。

以上所说的是对契约自身的研究及其实用的价值。此外，研究契约还可以帮助其他研究工作的发展——因为人们常用契约规定他们的关系和行为（如婚姻、收养、买卖、借贷、雇佣、承揽、代理等等），研究各种契约，可以见到许多社会现象（如家庭和社团的结构及其成员之间的关系，经济体系的建立和运作，资源的生产和分配等等），所以近代的许多社会科学都将契约作为一项重要的研究数据，对此数据的分析也成了这些学科的一种重要研究方法。我国以往忽视契约的研究，所以那些学科的发展也比较晚。

更进一步，研究契约还有助于整个社会的发展。这一点不如上述二点那么显而易见，需要在此稍加申述。

正常的契约是由人们双方或多方自愿订立的，其前提是当事人应有平等的地位和自由的意志；其内容应该是他们在社会共同认可的范畴内，各自以主观认定具有对当性的权利和义务。前提不合或内容违反禁令或公序良俗，契约便属无效或可撤销；如无此等瑕疵，而契约一方不履行其义务，他方便有权解除契约。对于这两点，一般契约当事人必然都了解并接受，否则便不会订立契约了。

18世纪的欧洲人民渐起反抗专制暴政，学者们创立了"社会契约论"，以支持民众的行动，对抗统治者高唱的"君权神授论"。依此新说，统治者与人民间的关系应该以契约订立，双方有对当的权利和义务，一方违约，他方就可解约。此一虚构之说，有许多牵强之处，但是或许因为犹太教及基督教一向有神人相约的传说和信仰，所以欧洲人对此新说很易接受，因而引发了若干国家的民主改革或革命，产生了一类特殊的"契约"——宪法，设定了几种新型的治者与民之间的关系。这些宪法在各国实施的结果并不尽如理想，但有一点明显的长处：依此建立的统治者与人民间的关系，远比以武力或阴谋所建立的关系较为和谐稳定，因为至少在理论上，这些新型的关系是由统治者与人民，以平等的地位和自由的意志协议而生的，对于双方行为的指导性和约束力都比较强。

其实在任何人之间若能平等相待，依据双方的自由意志，议定相互的权利义务，他们的关系都可以比较和谐稳定。在正常的契约关系里，此原则的效果是很明显的。西哲将此原则扩大应用于统治者与人民的关系上，初看似属创举，但我国前贤早已有此认识。孔子说"君君、臣臣、父父、子子"，就是说君臣、父子之间，都应有对当的权利义务。此外，他又进一步指出社会上有一套为大众普遍认同的行为范畴——"道"，人们应该一体遵守，才能维持相互的关系。在任何关系里，双方的权利义务当然也应合乎这"道"，如果一方的权利义务与"道"相悖，或一方不依"道"行使其权利、履行其义务，他方至少可以不再履行其相对的义务。例如在君臣关系中，君无道，臣可以退隐，卷而怀之。孟荀申述此义，强调"从道不从君"，提出了暴君放伐之说。这些想法，其实都是从一个基本原则引申出来的，那就是——和谐稳定的人际关系，必须是人们以平等地位和自由意志，为寻求对当权利义务而建立起来的。认识了这一原则之后，再来观察人际关系，便可直接看出其和谐稳定与否的原因，进而加以改善，无需假借虚构的契约为引子。这是我国先贤胜出西哲一筹之处。

可惜孔孟的见识和主张未经发扬，到了汉代，竟被董仲舒等人的"纲常"之说扼杀了，使人们在许多情况下，无法以平等的地位和自由的意志寻求对当的权义，无法用协议的方式决定某些关系的建立与调整、延续或废止，而由掌握了权势的人，以其私意，迫使多数人陷入不平等的关系，受到剥削和虐害。人们被压制到了极限，便爆发出大规模的反抗，来摧毁那些不平等、非自愿的关系。可叹的是，那些在旧关系里受害的人们，于消极地破坏、泄愤之后，并没有积极地参与改革，以平等的地位、自由的意志，经过协议来重建新的关系。所以虽然牺牲了无数生命，旧关系又恢复了，只是更换了少数的当事人而已。为什么人们不从事那样的重建工作，而让悲剧周而复始地一再上演？主要因为他们已被蒙蔽，以为民众与统治者之间的关系和一般人际的关系不同，基本上不是平等的，所以只能希望找到一些圣贤仁义之人来统治，无法建立一种平等的新关系。

自从西风东渐，我国知识分子受了社约论的影响，依据西方先例，前后制定了若干版本的宪法。但因国人既不明其理论的背景，又不知其实施的要诀，所以都成了具文。其实不必东施效颦，只要将孔孟指出的原则刮垢磨光，使人们能充分了解并付诸实施，必定可使统治者与民众之间的关系彻底改善，无须附会契约之说。

然而契约是人们遵行上述原则最常见的举措，所以研究一般契约的种种细节及其背后的原则和精神，对于并非以明显的契约方式所产生的人际关系应如何建立，如何施行，可以有很大的帮助。以人民与统治者之间的关系而言，人民不仅应依据这种原则和精神订立宪法，成立政府，在此之后，还应该以直接或间接的方法制订其他法律和实施细则，更明确、精密地规定政府与人民之间对当的权利和义务、行使权利和履行义务的办法，以及违背这些办法的处分和实施处分的程序。这些做法与虚构的契约论所述有异，但其原则和精神与契约所据的大致相同，而其细节——如何使双方权义对当，如何防止一方违反其义务或不当地行使其权利，及在这种情形发生后如何解决等等——也可以取自常见的契约之中。

所以金全教授搜集整理出版的民间契约，犹如一个宝库，此后学者可以利用其中的材料，对于契约自身，详细寻绎出它们如何指导并约束当事人行为的种种办法，并且进一步用以探究当地社会、经济等等现象。此外我更希望经由这些研究，可以让人们见到以平等地位和自由意志所建立的人际关系的优点，促使人们在各种人际关系（特别是人民与统治者之间的关系）中力求此一原则的适用，使社会能更趋和谐稳定。要取得此一成果，当然有赖许多睿智弘毅之士长期的努力。幸而金全教授已为大家完成了一部分准备工作，我们应该为此向他致敬！

二〇〇六年三月于台北

# 目　录

## 第二部分　家　书

## 第三部分　官文书及其他民间文书

## 第四部分　调解文书

## 第五部分　碑　文

# 前

# 言

　　自 2000 年以来，我们一直致力于法人类学的田野调查工作。在一次以贵州省黔东南少数民族习惯法为中心的调查工作中，我们专程来到文斗寨，由此有幸与文斗数量众多的苗族契约文书结缘。文斗是黔东南州锦屏县西南部的一个苗族村寨，距县城有三十余公里，2007 年三板溪水电站建成后，只需坐车至三板溪水电站坝址，再乘客船溯流而上，半小时便到了文斗寨。初次接触文斗这个古朴的"世外桃源"，我们既惊叹于这样一个偏远之地竟有数量如此巨大、内容如此完备的清代苗族契约，同时也为这批苗族契约久在深山人未识而颇感惋惜，自然生发了将这批契约整理出版以供学界研究的念头。

一

　　黔东南及其毗连的湘西地区，皆崇山峻岭、层峦叠嶂，宜林木生长，是一个纵横千里的大林区。早在明初，朝廷即开始在以锦屏为中心的清水江流域征派"皇木"，明末清初时除了皇室征派外，还吸引了各地客商云集于此收购木材，每年都有大量的木材外运。锦屏县的王寨、茅坪、卦治三个苗村侗寨由于地处清水江下游，河面开阔，适宜停泊船只、木排，同时又有清水江水运之便利（清水江与湖南的沅江相连，并可经洞庭湖直下长江），成为锦屏木材集运的交易口岸，称为"三江"。自卦治、王寨而上的清水江林区，本地经营木业的苗侗等族商人只能运销木材于三江，谓此种商人为山客、山贩或上河山客、上河山贩；凡自长江流域各省来黔经营木业的商人，也止于三江购木，谓之水客或下河水客。山客与水客之间不可直接交易，必须经由三寨的木行中介方可成交。据民国年间的资料记载，清水江林业贸易最盛时期年营业总值曾达二百万元，最低亦约七八十万元❶，足见当时木材交易之盛况。但是，天然林的储量毕竟是有限的，木材的商品化加剧了山林买卖的同时，也导致了山林趋向过度砍伐的状态。据《锦屏县志》记载，至道光年间时清水江沿岸"杉几尽矣"❷，亟须更新再生产。在这种情况下，锦屏地方的人工育林传统应运而生，人工商品林逐渐取代了天然林，从而延续了清水江流域几百年林业贸易的辉煌。

鼎盛时期的文斗寨是个有着千户人家的大寨，其地近清水江，属山林地带，地面受清水江切割较深，山清水秀、风景旖旎、气候温和、雨量调匀，适宜林木速生丰产。江岸巍巍群山，翠林排山塞谷，绵延不断，是锦屏县的重要林产地之一，人工造林与木材采运是清代文斗苗人赖以谋生的主要生产手段。不仅本地人热衷造林，省内各地甚至湖南等地手工业者和破产农民也蜂拥而至，争相租地造林。长期大规模的木材采运贸易和人工造林，导致了异常频繁的山林土地权属和劳动利益的转换分配，相应地伴生了大量作为确定经济权属凭据的林业契约。历史上，人们买卖山林田地、租佃山场、管理山林、伐林卖木等行为，无不通过签订契约文书来实现。同时，人们还把立契这一习惯引入了婚姻嫁娶、抚养继承、分家析产和订立族规等各个领域，每一张契约，都记录了一段历史。尽管历经自然灾害和政治运动，契约损毁严重，但目前文斗寨内大部分村民家中都还珍藏着这些文书。据估计，文斗村民家中存留的各类文书总量当在一万件以上。文斗的这些契约文书，产生于 18 世纪初（康熙末年），鼎盛于 18 世纪中后期（乾隆、嘉庆、道光年间），一直延续到 20 世纪，时间跨度约 300 年。像这样大量、系统地反映一个狭小地域的民族、经济及社会发展状况的契约，不仅在我国契约史料中是罕见的，即使是在全世界范围内也并不多见。

除了文斗寨，清水江流域的其他苗村侗寨中也都或多或少地存有此类契约文书，据统计，锦屏、立平、三穗、天柱、剑河和台江各县公藏机构收藏的山林契约、族谱、诉讼词稿、山场清册、账簿、官府文告、书信、宗教科仪书、唱本、誊抄碑文等各类文书 30 万份以上，单就锦屏 212 个村现存契约文书就超过 10 万份。清水江文书以汉族契约文书为基础，同时大量吸纳了流域内苗、侗族人民在长期生产中

---

❶ 贵州省档案馆等编：《贵州近代经济史资料选辑》（上）第一卷，四川社会科学院出版社 1987 年版，第 339 页。

❷ 贵州省锦屏县志编纂委员会编：《锦屏县志》，贵州人民出版社 1995 年版，第 473 页。

形成的经验和习惯，成为维系经济和社会秩序最重要的工具和手段。它们是记载清代以来清水江流域实际发生过的社会经济关系的"百科全书"，是流域内各民族传统文化和"地方性知识"的重要载体，更是真实反映流域内民间法律生活图景的原始记录。大量的契约文书确定了不同家庭、家族和村寨的经济权属，调节管理当地林业市场，规范约束人们的社会行为，维护社会的团结和稳定，保障大规模人工造林长期进行，可以说是一种原始的、自发的民事、经济习惯法。甚至在某种意义上说，清水江流域村寨是一个依法办事的"礼法社会"，一个以契约为主要依据的"自治社会"。

半个多世纪以来，包括文斗苗族林业契约在内的清水江文书引起了国内外法学界、历史学界、人类学界和经济学界的充分关注。杨有庚先生是较早研究清水江流域村寨社会的学者之一，20 世纪 60 年代即参与了国家民委组织的少数民族社会历史调查，并在锦屏县的文斗、魁胆等寨发现了这些契约文书。他的研究主要集中于清水江流域人工林业生产关系以及汉文化对这一地区的影响。❶ 他与日本学者唐力、武内房司等人共同编校的《贵州苗族林业契约文书汇编（1736—1950）》（三卷本）于 2001—2002 年在日本正式公开出版，其中收录有契约文书计 800 余份，首次将此前鲜为人知的清水江文书推向了世界学术舞台。谢晖、陈金钊主持的《民间法》第三、四卷（山东人民出版社出版）中收录有谢晖、罗洪洋整理的部分契约，数量计百余份。其后"清水江文书"收集整理工作渐次展开，张应强、王宗勋编辑出版大型文献丛书《清水江文书》(第一、二、三辑) 收录契约文书达到近 2 万份。他们着力于人类学领域和社会经济史研究，通过对清水江流域乡村社会生活的描述来考察流域内木材贸易及乡村社会历史变迁。❷ 此外，吴大华等人主编的《清水江文书·土地关系及其他事务文书》、张新民主编的《天柱文书》（第一辑）也分别于 2011 年、2014 年在贵州民族出版社和江苏人民出版社出版。目前，清水江文书的抢救、整理和保护工作有条不紊地进行，"清水江文书整理与研究"成为国家社会科学基金重大项目，"清水江文书"被列入《中国档案文献遗

---

❶ 详见杨有庚：《清代黔东南清水江流域木行初探》，《贵州社会科学》1988 年第 8 期；《清代清水江林区林业租佃关系概述》，《贵州文史丛刊》1990 年第 2 期；《〈姜氏族谱〉反映的明清时期文斗苗族地区经济文化状况》，《贵州民族调查》( 之六 )；《汉族对开发清水江少数民族林区的影响与作用》，《贵州民族研究》1993 年第 2 期。

❷ 详见张应强：《木材与流动：清代清水江下游地区市场、权力与社会》，生活·读书·新知三联书店 2006 年版；王宗勋：《文斗——看得见历史的村寨》，贵州人民出版社 2009 年版；王宗勋：《寻拾遗落的记忆：锦屏文书征集手记》，世界图书出版公司 2015 年版；等等。

产名录》，被中外学者誉为"世界记忆"和"全球重要农业文化遗产"的代表作之一。这些学术资料的面世，为清水江流域民间法律文化的发掘搭建了新的研究平台。在此基础上，以清水江文书为主要研究对象的专题论著数十部，学术论文和博士硕士论文者已有数百篇之多。

二

姜启成先生家藏的《参考必要》

资料是研究工作的基础，同时也是研究的对象，资料欠备或不准确，对研究工作的影响不言而喻。为了能给研究者提供全面的资料，以使研究者的工作能在扎实的基础上进行，不致因资料不备而知其一不知其二，形成片面乃至不正确的论断，我们数次进入文斗寨，并与文斗寨村民共同搜集整理这些契约，汇编结集为《贵州文斗寨苗族契约法律文书汇编》出版。同时，基于传统知识和遗产资源的惠益分享原则，为充分尊重和保障这些契约的保存者——文斗村民之利益，我们将文斗各户所藏契约分册出版，所藏契约多者单独编为一册，其余按房族亲缘合编为若干册。其中丛书的第一、二卷《姜元泽家藏契约文书》、《姜启贵等家藏契约文书》已分别于 2008 年 7 月和 2015 年 8 月由人民出版社出版。

观诸文斗文书，大部分为田地山林权属转移、佃山造林、借贷、分合同、山场清册(坐簿)、账簿等契约文书，涉及争讼、权益纠纷、官府文告、唱词等诉讼文书约占总数的 6%。与前两卷侧重于契约文书不同，现在奉献给读者的这本《贵州文斗寨苗族契约法律文书汇编——易遵发、姜启成等家藏诉讼文书》是本套丛书的第三卷，所收录的诉讼文书来自于易遵发、姜启成等人家藏。本书是一部反映文斗寨苗族纠纷解决机制及其法律生活状况、法律心理的资料大全，记载了清乾隆至民国时期文斗先祖围绕林木及其他民事纠纷而对簿公堂的词状、家书、官府公文、告示、训(禁)令、堂判、调解书、清白字、认错字，以及文斗寨和邻近村寨有关纠纷解决的碑文等，时间跨度二百余年。这其中，近百余份诉讼词状来源于姜启成先生家藏的一册名为《参考必要》的文书手抄本。《参考必要》并非当年诉讼记录的文稿原件，而是姜启成祖上对原件的誊抄，类似于非正式的诉状样本或诉讼草稿底稿。一方面为避免原件的损毁、遗失，告诉后人祖辈经营产业之不易；另一方面是为后人书写诉讼文稿提供参考模板。姜氏先祖或许不曾想到，当年他们的这一举动为今人了解清代民国清水江流域民间司法运作提供了大量翔实的第一手资料。2010年姜启成家遭受火灾，《参考必要》连同其他契约文书付之一炬，造成不可估量的损失。同时，本书收录的部分官府告示、碑刻为易遵发先生誊录或提供。由于三板溪水电站的开发，这些碑刻文物要么被送进档案馆，要么被水库淹没，要么因其他原因损毁，因此无法拍摄到碑文原件。为统一起见，第五部分"碑文"一律不附上与之相对应的照片，特此说明。

（一）词状

《参考必要》中抄录之词状在行文程式上具有明显的汉文化特征。尽管在形式上不像汉族地区"正状"❶那样明显分为前后两个部分，但用语遣词比较规范，即使有些词状中会有错别字，只要将其改正、理顺，整个行文逻辑严密，条理清晰，对争论问题之焦点把握到位，具有很高的专业水准。无论是何种纠纷类型的词状，行文开头多以"为平空霹雳，难受奇冤，诉恳追究，生死甘心"，"为故卖，故砍，故吞，故骗告恳拘提"，"为……免留后祸"等语简洁明了地表明诉讼原因和意愿。然后用"事缘"来详细叙述事件经过，历陈对方恶行恶状，自己无辜可怜。结尾一般都是"叩请恩呈"，"作主赏准差提禀到案追究施行"，请求官府查明实情。有的词状最后会有县衙的批示，字句很短，大多是"批：候差提讯究"，意即告诉方等待官府派差役将相关人等押解到案。以一份词状为例：

韩禄清为姜毓英抢劫其银两等情呈官求讯断事

为被殴被劫，久已含冤，禀恩严究。事缘生于同治八年正月初十日，因为前岁从师习武，欠有日用艮（银）两，时呈新

---

❶ "正状"是书写在官方雕板印刷的状纸上的正式诉状，分为前后两个部分，前部称为状式，包括告状人的名称、居所及承办人、代书人，并留下预先雕好的字格用于书写案情，后部是"状式条例"，附有书写状式注意事项和立案规则以及证人、证据、惩罚条款等。前后两部分中间还有一片空白，专门留给官方书写批语。参见田涛等主编：《黄岩诉讼档案及调查报告——传统与现实之间／寻法下乡》（上卷），法律出版社2004年版，第10—11页。

正，又当上条据功，随身带艮（银）四十两往厂开消（销），牵马一匹，行李一担，路过八洋江口。不料遭素惯行凶、背官霸抽河税之姜毓英叔侄弟兄，探听生往功厂从师必定路过于此。见一到，将生纠番（翻）在地，喊杀连天，骂生藐视官长，口称将生推出斩首。彼时，生魂不附体，遭伊拳足刀背，遍体皆伤，衣服艮（银）两净行抢去，跪苦哀求，只留旧衣遮体。当请黄老义跟问为何伊，生不知伊姜大老爷刑罚，初次免杀，将生衣服退还，艮（银）两分厘不退。生被打坏，耽误前考，不能添功，即报禀于前主周案下。蒙赏原差余清、徐枚茂，现有原卷在案，胆敢抗不赴辕。至今天不盖恶，因伊私收钱粮，蒙押在卡。伊家叔侄弟兄不止抢生艮（银）两，所害之人擢发难数，即拦河取税已成巨富，抢生之艮（银）退出不难。况且凭中概认抢生艮（银）两是实，只得禀乞。

作主赏准差提姜某某到案追究施行。

批：候差提讯究。

韩禄清与姜毓英之间的纠纷前后耗时四五年，两造针锋相对，历经两任县官。由上述词状可知，姜毓英抢劫银两之事发生在同治八年正月初十日，不久韩禄清作为原告便将姜毓英诉至周姓县官。但据另一份词状，几年后（同治十一年二月二十三日），被告姜毓英提起反诉，控告韩禄清"纵马伤人，恩将仇报等情呈官求讯断事"。尽管反诉与原诉案情毫无牵连关系，官府并未作另案处理，而仍按照原来的原、被告方列明。继而姜毓英又两次递交了词状，复求继任县官断明是非曲直。双方几次禀复之后，该案最终处理结果大致是不了了之，仅有案卷存留在官府。

考诸《参考必要》中的词状，文斗寨民间纠纷大致分为三类，倾向于命盗重案的约占21%，如"姜春隆之妻为其夫筹款被劫，中仰绅首坐视不理且绅盗相通等情"，"为匪绑子勒索求赎，为害四方告官以求办匪事"等。64%的词状是关于山林、田土、户婚、钱债方面的民事纠纷，这其中，山场界址林木纠纷又占了71%。文斗村民提起诉讼的理由包罗万象，从告恳官府剿匪到究办拐骗人口，从山场界址林木纠纷到田土纠纷，从婚姻、邻里口角纠纷到对村寨泼皮、无赖行径的不满，甚至是为乡间获罪士绅求情，只要是觉得该行为违反了村寨社会日常的公平、正义，违背了村民内心共通的常识、常理，就可"赴官禀究"。正如滋贺秀三所言："情理大约只能理解为一种社会生活中健全的价值判断，特别是一种衡平的感觉。"❶ "情有可原""情实难堪""俯顺舆情"这样的字眼在文斗词状中比比皆是。例如，清末姜登泮被公举为乡间御匪组织——护卫局的局长，在县官畏于匪势弃城而逃的境况下，他带领团丁护卫县城，将恶匪赶回粤境，被乡民视为救命恩人。为维持日常团丁的军饷开销，他曾与地方官府私下商定每石田抽钱十五文以作饷项，后却被官府以此罪名收监。当地民众群情激愤，认为违背了乡土情理，纷纷诉诸官府为姜登泮求情——"总求恩呈原情，施一线之恩，开三面之网，赦伊出狱"。涉及为姜登泮求情的词状足有 15 份之多。

（二）与纠纷解决相关的"官文书"

文斗苗寨遗存的"官文书"，或是村民从官府文牍档案中抄录出来的批文、传票、堂判、调解书等，或是官府颁布粘贴的公文、告示、训（禁）令。虽然文斗"官文书"数量有限，远不能与私契比拟，但是它蕴含丰富的法律背景信息，值得关注。诉讼类批文，是指县衙官员在受理的诉禀上批示，交代下级官吏、差役等如何着手处理案件。如前面提到的"批：候差提讯究"，也有的批文比较具体，如"批：准结，所呈契约即领回管业，毋再恃衿滋事干咎"。堂判，即地方官府对案件最后审断所作出的结论。不少规范、清晰的判词已经刊碑并保留至今（如南堆刊录判词碑）。札，为下行官文书，多为上级官员对下级官员、土司、乡约（正）、保长、寨老等下达政令之用，但是一般不公开张贴出示。告示，是地方官府对所属官吏或平民公布政令的一种官文书，一般张贴在衙门前照壁或村寨内部，有时又称为示、示谕、谕，如姜启贵家藏的光绪二十四年十一月十三日发布的《钦令镇远府天柱县编连保甲、稽查匪类事告示》。一份完整的告示由前衔、事由、正文、结束语、受文者、后书（成文时间、印章和后衔）等组成。

（三）调解文书

当地有声望的人出面排解纠纷时，其调解结果一般需要通过订立文书的形式固定下来。这种调解文书称为错字、认悔错字、甘服悔咎字和清白字等，前三者都是由理亏一方立下的道歉书，兼具保证书性质，一般都要言明日后不得再犯，若有再犯，任由事主执字赴官，自干受罪。清白字的适用范围较广，既可是理亏方的道歉书、保证书，

---

❶ ［日］滋贺秀三：《清代诉讼制度之民事法源的概括性考察——情、理、法》，载《明清时期的民事审判与民间契约》，王亚新、梁治平等译，法律出版社 1998 年版，第 34 页。

也可是双方当事人为纠纷"清局"、"了断"的合意文书。如嘉庆十年正月姜绍牙、绍怀兄弟因父亲亡故所费银两不清引发纠纷后，经房族居中调停，兄弟二人签订的调解协议即是以其共同名义"立清白字"的形式出现的。除清白字外，还有部分调解协议是以纠纷各方重新订立分合同的形式出现的。如嘉庆二十四年因上寨六房龙保章砍木过界之事，经中人调解，订立分合同重新申定双方林界，约定各管各业。下面以一份"清白字"为例。

> 立清白字人姜绍怀，今清白到姜宗玉名下。情因宗玉得买上寨姜通圣叔侄之山，地名龙望坟也，因我等不知，以为绍怀山内有股，当请凭中理讲查实，二家俱立有合同可据。坟山二彼公共，其坟边之山界限，上凭载渭之山以小路为界，下凭土坎，左右凭冲。此界内山杉宗玉管业，绍怀、通圣无分，其界外二家各有合同可据。日后不得异言，自愿立清白字，永远存照。

> 凭中 姜映宗、廷贵、宗德
> 绍恒亲笔
> 道光七年四月初四日 立

此份清白字为姜绍怀因主观过失（不知界内山杉宗玉管业，绍怀、通圣无份）而引发的山林权属争议，因此立下清白字以便"了局"。清白字本身带有一种"声明"意味，一方若有反悔，另一方可将其作为诉至官府的证据。

## 三

因关山重叠、地理隔阻，改土归流前清水江流域多属"化外"之地，苗族地区的各类刑民案件，一律按照习惯自行处理，中央王朝基本不予干涉。史载："苗人争讼不入官府，即人亦不以律例科之，推其属之公正善言语者，号曰行头，以讲曲直。"❶"苗蛮在山菁之中自相仇杀，未尝侵犯地方，止须照旧例，令该管头目讲明曲直，或愿抵命，或愿意赔偿牛羊、人口，处罚输服，申报存案。"❷清康熙雍正年间，

---

❶（明）田汝成：《炎缴纪闻》卷四，(台北)广文书局1969年版，第14页。
❷《清实录·圣祖实录》卷十六。

朝廷对清水江流域设置府县，选派官员，统辖域内行政、司法、财税、军事等诸事务，建立了行之有效的管理体制和统治秩序。以前那种与世隔绝的状态被喧嚣争利彻底打破了，苗民之间围绕山场土地林木归属权、处分权瑕疵、相邻山场界址不清、山场内部股数不明、林木买卖争议、伪造林地契约的利益纷争日渐频繁，有关盗窃、诈骗、抢劫山场林木的刑事纠纷也不断增多。文斗随之演变为一个林业经贸繁盛、人口流动频繁、官方力量渗入、多元文化博弈的地域社会，文斗纠纷解决方式开始走向多元化。

（一）请中理讲

清代文斗寨苗民一旦发生纠纷，除"有大狱讼者，皆决于流官"❶，纠纷两造一般都会先在本村公所或者任何一方当事人家中置备酒席一桌，邀请寨老、中人、乡保、团绅❷等第三方人士赴宴解纷。这些人是乡间各式人际关系的支点，凭借其人格魅力、权威形成的"面子"致力于纠纷之解决，力图维护村寨社会秩序的和谐稳定。寨老是村寨中的权威和德高望重之人，处事公正，"蒙寨老坐视不忍，入中直斥解劝"之语在文书中时有出现。团甲首领、地方绅耆是官府在乡间的代表性人物，因政治经济地位优势发生作用，他们倾向于与官府保持一致，以"父爱主义"的眼光来看待村民，实现国家权力与村寨社会的有效对接。中人作为独立的一方参与契约订立过程，既要对所见证的契约负责，又要通过参与纠纷解决，维系契约交易的安全性和稳定性。与寨老无任何经济利益不同的是，中人以此职业为生，中人促成一桩交易或化解一件纠纷，都会有报酬，称为"谢中"，数额多少根据当时情形酌情而定，并无严格定数。中人比较重视自己在村寨中的信誉和权威，一旦自己担保或撮合的交易发生纠纷，为了自身利益也会主动参与其中，尽力将其平息。

无论寨老、中人、乡保、团绅何人调解，都是旨在为双方当事人找寻一个接近于实质公平的结果，其身份必须是各方均能接受的。一般而言，先请契约签订时的中人调解；调解无效时，则向寨老申诉；未果，再提交乡团或长老会议（由村寨各房族长或姓氏头人或有血缘关系的相近村寨头人组成）商议解决。如光绪中期，文斗下寨村民姜

---

❶《黔南职方纪略》卷七。

❷ 咸丰、同治年间，文斗出现了名为"三营"的地主团练武装。这些半官方组织凭借官方力量的支撑在村寨公共生活中占有了一席之地，于是文斗诉讼文书中出现了一些由保甲长和地方营团组织首领作为调停人的情形，甚至在一份民国年间的文书上还记载商会介入纠纷调停。保甲、团甲等组织的出现折射出文斗村寨法秩序的新变化。

世臣等砍伐从皆榜山场木材出售，被上寨姜焕卿等强阻。世臣等请地方领袖朱大智、姜国相等调解，朱大智、姜国相等经一番调研，细查了双方所持之契约文书和从皆榜山场权属历次变更情况，最后认定该山场归姜世臣所有，姜焕卿系造伪契混争。姜焕卿不服，朱大智等遂以"不认真追究，诚恐日后效尤成风"为由，呈送报请官府对姜焕卿处置。在特定情形下，中人、寨老、理师或者团绅等也会主动参与，共同组成一个庞大的解纠组织同当事人双方商议，以使纠纷得到更圆满的解决。

解决纷争的重要证据是双方签订的契约文书。调解人首先会向纠纷两造索取争执标的契约文书，再让各方各自陈述案件事实、提出主张、摆明理由，随后在查清事实基础上当面居中调解。如若各方没有明显对错之分，调解人则会极力促成双方接受一个相对合理的结果，定下清白字、清白合同等类似于调解协议的文书，明确双方权利义务，避免事后节外生枝。如若纠纷一方有明显过错，调解人则会与有理一方保持一致，并凭借其权威地位要求理亏方立下诸如"错字"、"认悔错字"、"甘伏悔咎字"等类似于保证书或道歉函的文书，承认其不是，并保证不再犯错。之后，过错方要摆下酒席，宴请对方当事人、调停人、证人等，方才宣告纠纷解决，平息干戈。

与传统中国绝大多数村寨一样，文斗苗寨处于"熟人社会"中，在这里，"文化是稳定的，很少新的问题，生活是一套传统的办法"。❶国家权力往往鞭长莫及，无法实现科层制政府规范化的控制与管理。于是，在保证交纳赋税前提下，朝廷通常采用"无为而治"的策略，把诸多社会管理事务下放给基层。从我们整理的文斗诉讼文书看，随处可见"凭中应允"、"凭中三面还清"、"凭中概认□□是实"、"银两交中人手"、"请中了结此债"、"蒙寨老、乡保求到××下，立错字为据"、"遵照团绅等议"等语。在一份名为"文斗团绅为重整团规事呈黎平府文并附十条款禁"文书中，这种倾向表现得十分明显。

> 一议：我团中每因婚户、田土、银钱、细故，动辄兴词告状，以致荡产倾家。言念及此，深为扼腕！自议之后，毋（无）论大小事件，两边事主诣本地公所，各设便宴一席、一起一落，请扰首人齐集，各将争论事件实情一一说明，不得展辩喧哗，强词夺理。众首人廉得其情，当面据理劝解，以免牵缠拖累、播弄

---

习唆之弊。如两造各坚执一词，势难了息，即投营上团首。再将一切情节详细告诉众等查问明确，体察情形，妥为议决。倘有负固不服，逞习扰公，立即联名禀官重究。但我团首不得徇情左袒，偏执臆见，以昭公道而服人心。

户婚田土等民间细故事关村民切身利益，又怎可能互相退让，消弭争端于无形呢？文斗团绅以禁令的方式要求村民遇到户婚、田土、银钱等纠纷不得"兴词告状"，再次彰显了文斗人对请中理讲这种纠纷解决方式的尊崇。诉讼"荡产倾家"，"言念及此，深为扼腕"，说明寄望于官府最终判决是一件耗时、耗力、费钱的事情，这非但不能得到符合村民内心情理价值的判决，反而极可能造成纠纷两造在熟人社会中关系的破裂。毕竟在人们的脑海中，"打官司"或"惹上官司"是件丢面子的事。此外，在清代家国同构的社会结构下，宗族、团绅本身就担负着村寨或宗族内部自我辖制、自我管理的职责，调解纠纷是其应有之本分。村民要"讨"个说法，完全有条件、有可能在村寨内部得到满足。这也反映出文斗及清水江流域村寨社会高度的自治能力。

（二）禀官提究

或因利益彼此交错，双方当事人就纠纷事实各执一词，难辨是非；或因争论利益之巨大，无法在第三人调解基础上达成一致；或因一方当事人仗势欺人，拒不执行寨老、宗亲调解后的协议，一味拖延，甚至一开始就对第三人的调解置之不理，导致矛盾继续升级。在上述情形下，当事人往往会选择"见官"、"禀（鸣）官究治"、"凭中赴公质证"、"凭众执字赴官"、"执字鸣官"、"鸣官提究"，直接诉至官府解决纠纷。

寺田浩明曾以《淡新档案》中的一则家产分割案为素材，概括清代民事诉讼基本模型如下："将我方视为弱者并坚守道理，对方则不断有'欺压'行为；因此，给人的印象是，自己处于不当的、不得已的'冤抑'状态；然后请求地方官替天行道，惩罚这样的欺压之辈，为自己平反昭雪（'伸冤'）。"[1] 文斗当事人鸣官的方式与之相似。细读文斗词状之文本，具状人并非重点指控被告恶行究竟侵犯了自己的哪一项权利，违反了法律的哪一条规定，相反采取的诉讼策略是把自己扮演成"良弱"之民、"弱朴易噬"，而将被告斥责为"劣衿豪监"，

---

[1] ［日］寺田浩明：《中国清代的民事诉讼与"法之构筑"——以〈淡新档案〉的一个事例作为素材》，李力译，载《私法》第 6 卷，北京大学出版社 2004 年版，第 316 页。

甚至是"恃蛮杀命"、"肆横不耳"的凶徒。通过力陈自身惨状"全烟赖以生活，一旦遭此阻害毒吞，情同活屠生命","蛊雾深重，红日难观","只得匍匐告乞台前"，以此证明自己非好讼之民无理取闹，只是情非得已。原告更像是在制造一种舆论压力，将法定起诉行为纳入了符合当时主流政治导向的道德叙事中——起诉非为一己私利，而是着眼于维系社会秩序和匡扶公平正义。不过，现实中具状人不可能都是弱者之辈，被告也不会都是凶恶之徒。综合原被告双方围绕同一争议递交的诉讼文书，不难发现，讼案两造的陈述往往相互矛盾。

以姜熙豪家与姜登泮家争山案为例。在《参考必要》抄录的姜熙豪的告词中，熙豪称自家兄弟"历代忠厚，务农度日"，而称对方"仗势大声宏惯贪忿财之官豪姜世俊、登泮仗伊人势金多，起心不良，欺良弱，鱼肉是嚼"，塑造了自己被冤抑的地位。熙豪进一步陈述了纠纷缘由，自己买得一块山场，地名引仲，父亲亡故后，自家兄弟卖山还债，遭姜登泮家霸谋此山。熙豪家请团甲易贞铭、朱大智等与登泮家理论但未达成合意，继而要求盟神，也被登泮家拒绝了，于是熙豪家告官求讯断。在《参考必要》抄录的姜登泮的告词里，则是另一种情景：登泮先祖买得并管业地名"活休"的山场，木四百株，遭熙豪兄弟与地痞恶棍勾结霸砍一空，于是请中对契。熙豪家之契与被霸砍之山四至不合，熙豪家便央请族戚姜德芳、朱大智劝补银两，但由于劝补之银两数远远低于被霸砍杉木的银两数，故登泮家认为自己利益受损，没有与熙豪家在劝补银两数上达成合意。继而熙豪家要求盟神，登泮家觉得自己照契管业，并无任何理亏之处，于是拒绝盟神。熙豪家并未就此罢休，反倒与地痞勾结，将伽蓝神抬到登泮家，意欲从精神上给登泮家压力，以期营造出自己有理的假象。对照这些词状并结合我们的田野调查，可以初步认定姜熙豪家确实霸砍了姜登泮家的山场。

在姜启贵家藏的一份家书中，我们还看到一些更有趣的现象："乞付二、三十金以济急需；再向曾雨田仁弟求一良方，付来佩戴，以防仇人暗害，是为至要；再者觐廷，到时可以相劝熙侯等和息为是"，即写信请求收信人帮忙托关系，打通关节，以使官司判决结果更利于自己。

"冤抑"通常只是当事人提起诉讼的一个幌子。一旦案件走上诉讼轨道，暴行伤害就被推向后景，而最初作为背景的经济争议逐渐成为诉讼中心，争议的焦点发生了转移。在姜熙豪家与姜登泮家争山案中，面对熙豪家恶人先告状，登泮家并未退缩，相反一直奉陪到底，主要基于巨大的山场经济利益损失。登泮家根据自己的财力、诉讼可能导致的后果、利益实现程度等因素来决定诉讼进程，并随时作出于己有利的选择：或将案件继续下去，或及时中断诉讼。当登泮得知现任何姓县官“性情太懦，一切田土细明细故，概置不理”，他只好恳请叔父帮忙借钱，并找人疏通关系，静候新官上任，继而再次告官以求得令自己满意的官府批词。类似情形在清水江流域其他村寨同样可见。如锦屏清江四案（争江案、白银案、皇木案、夫役案）[1]，基本上都是前后绵延数十年、历经几代人的大案，尤其是争江案，虽经各级官员多次断结，当江之争仍绵延不断，无休无止。各寨之间围绕清水江木材采运市场制度的确立、市场控制权和当江利益分配进行了激烈纷争。[2]

官府通常不会主动搜集证据并严格适用清代律例审判结案。在《参考必要》抄录的一百余份词状中，只有两件纠纷有最后的判决结果。第一件纠纷“周维鼎为姜毓英父子叔侄等估骗其父祖之借款、朋殴债主等情呈官求讯断事”。官府批示：“批：据禀卅余年之账，屡向取讨，本利不还，实属有心佐骗，可恶已极，候讯究追给可也”，“批：已饬姜某某赶某某到案讯究，追给承领可也”，最终纠纷两造遵从官府的判决，具甘了结，并在中人主持下确定本金利息共计银五百零五两，姜毓英父子叔侄自愿偿还给周维鼎。第二件纠纷“姜培相为向老三盗砍污养溪山场，姜志明私造姜熙林、姜肇彬之笔胆呈伪证等情呈官求讯断事”。官府的批示直接否定了原告姜培相的告诉。批示如下：

> 批：禀悉该姜某某提出朦（蒙）蔽冤诬之理由，其论点有四：一、伪造佃字笔听，查该民原词称污养溪山姜志明有二股半，则招佃栽木理所宜然，其第一论点不能成立。二、姜天爵，天相子

---

[1] “争江案”主要是指从康熙年间直至光绪年间，地处锦屏下游的今天柱县境内坌处等寨与锦屏卦治、王寨、茅坪“三江”之间接连发生的争夺“当江”权力和利益的数起事件，民间唱本《争江记》所记是嘉庆时期的争江事件。“白银案”是锦屏本地苗族木商向政府状告外省木商使用冲铅银两假币的诉讼案件。道光七年（1827），苗族山客李荣魁等起诉到贵州布政使司批转黎平府，要求官府禁革低潮银，指控下游水客使用大量的冲铅银购木，致使锦屏木行及苗族林农亏损严重。“皇木案”指的是清朝在锦屏征派皇木，当地少数民族深受官商压榨，道光七年（1827），李荣魁等将官府的奏文批件传抄珍藏，称为《皇木案稿》。“夫役案”是指自雍正九年（1731）始，茅坪等寨之间为卸轻伕役而长达六七十年之久的激烈争控，卦治行户龙世昌于嘉庆二十四年（1819）将历次争讼状词抄录成册。

[2] 参见张应强：《木材之流动：清代清水江下游地区的市场、权力和社会》，生活·读书·新知三联书店2006年版，第50页。

孙有业，天重、天吉、天祥、天瑞子孙无业，查该民所呈内契，乃得天重、天吉之业，今又何得云无业？被告人姜志明所办诉是以该民契为伪造，而契内并无天瑞名字，此案虚实于此可见，其第二论点不能成立。三、以姜志明说木价高低不一更非案内要点。四、指姜志明与姜熙侯同侄不宗，查姜志明所呈宗交图系云祖宗拨一股卖熙侯祖，绍宏亦非以熙侯是亲族，何得成为争执理由？总之，该民有业无业，以所呈契之，莫伪断，强情夺理，法所不容，仰候覆讯，判决可也。此批。

事实上，文斗苗寨绝大多数纠纷都是在几番禀复、几番辩论之后归于寂静，转而寻求民间调解。官府对待鸣官的态度总体来说是消极的，要么搁置一旁不理，要么在纠纷当事者催促之后闲闲一行批语。在姜焕卿与姜全相争控冉赖杉木一案中，姜斌相卖祖遗山场于姜焕卿，该山场内有姜熙侯之二小股，已凭团甲受领价银，却不料姜斌相同族姜全相联合姜熙侯将姜焕卿控于主府案下，称其妄砍。于是围绕这件纠纷，买主姜焕卿、卖主姜斌相、团首姜世法、朱冠梁等都陆续递上词状对纠纷之来龙去脉作出说明，而官府却迟迟不作出明确判决。所争议之杉木被封阻，买主姜焕卿心急非常，于是接连递送词状，"又求讯断事"，"再求讯断事"，"四求讯断事"，……"八求讯断事"，其历程可谓耗时耗力。本案纠纷两造、卖主、第三方团绅递送官府词状共18份，仅有3份可见官府零星批词。在"姜焕卿与姜全相父子所争木之冉赖山产之卖主姜斌相等附案诉明产业股数事"后批示"批示：仰候集讯，该民等亦须到庭备质可也"；在"姜焕卿为与姜全相争控冉赖杉木呈官再求讯断事"后批示"批：买卖不清，应追向来手。该民以血本买就上场讼案，何至若是，着即自行将卖主邀案备质可也，毋自延累"；在"姜焕卿为与姜全相争控冉赖杉木呈新县官求讯断事"后批示"批：具诉人姜某某以受染已深、冤沉难白一案，被诉人姜全相批禀，悉候传案集讯。此批"。究其缘由，正如黄宗智评价的，清代法律的表达和实践是不一致的，"州县官们的活动，受到道德文化和实用文化的双重影响"❶，纠纷解决的圆满程度在很大程度上对官员的职位考评升迁产生影响。所以官府更乐意作出"有违情理""依契各管各业""既蒙中人劝解，仍以原中劝解"等批语，将纠纷范围限

---

❶ ［美］黄宗智：《清代的法律、社会与文化：民法的实践与表达》，上海书店出版社 2007 年版，第 178 页。

定在乡间狭小的地域内。在这里，官与民达成了村寨社会文化下的默契，国家法律被当成维护本民族本地域传统情理的最后依恃或筹码。

（三）鸣神裁决

面对纷繁复杂的案件，纠纷两造各执一词，难以辨明真伪，官府对此也束手无策时，就要求助于神明裁判。瞿同祖指出："神判法是个民族原始时代所通用的一种办法，当一嫌疑犯不能以人类的智慧断定他是否真实犯罪时，便不得不乞助于神灵。"❶ 神明裁判在文斗诉讼文书中称为"鸣神"。民族志资料记载，"苗俗尚鬼"，"苗病不服药，惟听巫卜，或以草、或以鸡子、或以木梳、草鞋、鸡骨等物卜之，卜之鬼与祭鬼之物甚夥，病愈则归功于巫卜之甚灵，死则归咎于祭鬼之未遍"。❷ 固有的原始宗教信仰和对不可知的超自然力崇拜，为鸣神这种独特的解纠方式奠定了心理基础。村民相信他们所信仰的神灵不会保护、眷顾为非作歹之人，在不能利用自己的智力认知收集证据或迫使犯罪嫌疑者吐露实情时，只有通过借助代表正义的超自然神力证明是非对错，从而使缔约双方得以相互信赖并以鬼神约束之。❸

文斗诉讼文书反映的鸣神方式之一就是"宰牲"。成书于明代的《贵州图经新志》记载："（苗人）有所争，不知诉理。惟宰牲聚众推年长为众所服者谓之乡公以讲和。不服即相仇杀。久之欲解，复宰牲聚而论之侏离终日，负者词穷则罚财畜以与胜者，饮酒血为誓。"宰杀牲畜、敬献神灵之后，在契约和神祇威力重压之下，理亏方通常以适当的方式向对方当事人表示道歉和认输。

> 立清字人姜东贤、东才兄弟等，为因有祖遗山场杉木地名冲讲葱，被启略越界强卖盗伐，以致我等混争，央中理论，未获清局。今我二比情愿宰牲鸣神，我等实请到中人姜宗友、文光以并劝中姜怀义，言定明晨初六日，各带堂亲遗体齐至冲讲木处，宰牲鸣神，毋许大声毒骂，更毋许伸手揪扭等情。此乃我二比心手意愿，并非中等强押。照宰牲之后言定限于四十九日内，如神明鉴察，报应昭彰一家者人将此木头共二十六棵输以为未受报之

❶ 瞿同祖：《中国的法律与中国社会》，中华书局 2003 年版，第 270 页。
❷ 《中国地方志集成·贵州府县志辑》第 20 辑，《嘉庆黄平州志》卷一，第 73 页。
❸ 捞油锅、喝血酒、托铁铧、杀鸡赌咒等神判方式在我国西南少数民族社会中广泛存在。相关研究见夏之乾《神判》（上海三联书店 1990 年版）、张冠梓《论法的成长》（社会科学文献出版社 2000 年版）、高其才《中国习惯法论》（湖南出版社 1995 年版）、刘黎明《契约·神裁·打赌》（四川人民出版社 1993 年版）等著作。

家。复定各比堂亲之名务要实名列案。无如,以输定。决非异言,立此为据。

代笔、凭　族人东卓
道光二十七年六月初五日　立冲讲❶

这是一则围绕山林界限的纠纷处理文书。该纠纷虽经中人调解,但未能获得圆满之结局,于是双方当事人约定于第二日到冲讲木这个地方宰牲鸣神,同时约定在四十九日之内,根据神灵的鉴察,受到报应的一方应将二十六根木头交于未受报应的另一方。这份文书并未提及报应的具体内容是什么,但据当地老人告诉我们,只要一方家中发生了诸如火灾、暴病等灾情,就会被认定为神灵的惩罚。

除宰牲鸣神外,不少文书还提到"到南狱庙发誓"、"约其盟誓不耳"、"抬伽蓝神发誓赌咒"❷。"盟誓"是争议双方在共同膜拜的神灵前赌咒发誓,请求神灵对不直者给予惩罚,遭受灾祸的一方则理亏。在前述提及的姜熙豪家与姜登泮家争山案中,熙豪家提出盟神,登泮等不肯赌咒发誓,于是熙豪家直接将伽蓝神抬到登泮家门口,单方立下誓言,请神惩治对方,以示其对登泮家拒绝盟神的气愤之举。登泮家则直接选择了鸣官。他致信叔父姜世俊、世清、世官,请他们将伽蓝神送归灵位,具体做法是用红布三四尺披于神身,焚香燃烛由原路送归。这说明,随着文斗林业经济的繁荣,纠纷愈演愈烈,为获得更多的利益,文斗人充分利用自己的权势和财富,竭力选择于己最佳的权利救济途径。传统的盟誓很难再束缚人们手脚,鸣神这种解纠方式逐步势衰。当然,即使不愿盟誓神判的姜登泮仍对鸣神心怀敬畏,这一点从他致信叔父"我等良善之家,神明定然默佑"可资佐证。

四

改土归流后文斗苗族村寨社会纠纷解决并非一个静止的过程,而是诸多合力作用下的结果。大多数纠纷案件都混杂了请中理讲、禀官提究、鸣神裁决等多种纠纷解决方式,贯穿着纠纷参与各方不同的解纠目的和行为方式。每种解纠方式之适用并没有严格的程序先后性,也没有

---

❶〔日〕唐力、武内房司、杨有赓主编:《贵州苗族林业契约文书汇编(1736—1950)》第三卷,东京外国语大学出版社2001年版,第101页。

❷据宋《佛祖统纪》载,中国佛教早就把关羽封为神,故伽蓝神就是关圣帝。

非此即彼的限制，各种方式通常重叠适用，融为一体，互通互补。

黄宗智通过对清代四川巴县、顺天府宝坻县以及台湾淡水、新竹县的部分民事诉讼档案研究后发现，在清代官方话语中，民间诉讼是不应当有的，即使有也应当以道德说教的方式由宗族、村社或亲邻调解解决。如果民间调解不成，当事人一方就可能诉诸官府，但是此时民间调解不但没有停止，反而更加紧锣密鼓地进行。黄宗智将这种既不同于非正式的民间调解，又不同于官方正式审判，而是由双方互动产生的司法空间称作"第三领域"。● 尽管学界对黄宗智的这一看法并不完全认同，但"第三领域"的存在至少说明：民间调解与官府审判是彼此关联的而非界限分明、截然两分的单向解纷途径。

在文斗村寨社会，请中理讲要以代表了国家强制力的官府审判为保障，而官府的审判在一定程度上又必须以民间的调解为基础。官府接到诉状后，基于种种考量，对于一般民间纠纷或是轻微刑事案件，往往批词发还寨老团甲抑或宗亲族长重新理讲。文斗诉讼文书多处可见"仍原中理计等示"、"仍由原中理清"的官府批示。批词反映了官府对案件的基本意见以及诉讼能否继续进行下去的可能性，进而影响到当事人对自我利益得失的考虑，最终促成民间调解的完成。滋贺秀三据此认为，清代官府的民事审判实则是调解性质的，而且即使当事人上诉，"听讼程序并未因此而改变其调解的性质"。● 事实上，请中理讲的性质也是暧昧不清的，夹杂有一定的审判色彩或"行政治理"色彩。这一点与多少带有调解色彩的官方民事审判很难说有实质意义上的差别。从文书中"如违，许禀官追究"、"倘有负固不服逗刁抗公，立即联名禀官重究"等用语看，国家法律对村寨社会自治给予了积极有力的支持，而不是我们想象的那样是一种出于无奈的默许。如果没有必要的国家法律强制力制约，宗族或村寨权威很难妥善处理各种社会公共事务，也难以有效维持族群社会内部的正常秩序。因此，村寨社会法律生活的真实图景是：只有当官、民处于良性互动时，村寨的各种解纷力量才有机会全面展现其规范村寨生活的积极功能，同时国家的法律政策才得以间接方式缓慢地渗入苗疆而不至于沦为一纸空文。

最后，有必要回应一下清代中后期清水江流域村寨社会的"好讼"问题。陈宝良撰文指出：明清处于一种"横逆"的社会变迁之

---

● 参见［美］黄宗智：《清代的法律、社会与文化：民法的表达与实践》，上海书店出版社2007年版，第91—111页。
● 参见滋贺秀三：《中国法文化的考察》，载王亚新、梁治平编：《明清时期的民事审判与民间契约》，法律出版社1998年版，第13—15页。

中，社会史层面从"乡土社会"逐渐向"好讼"社会转变，无讼只是一种理想的境界，好讼才是社会的现实。❶文斗被官府称为"好讼之乡"❷，清中叶以后"好讼的风气开始蔓延清水江流域的乡村社会"❸。如果单纯考察清代清水江流域村寨社会红契增加或鸣官成风，这一判断不无道理。但倘若我们把请中理讲、禀官提究、鸣神裁决等多种纠纷解决方式综合起来对比分析，不难发现，"虽然中国人有机会诉诸法庭，但他们的理想却一直是设法达成私下的和解，而不是依靠司法体系强制解决"。❹首先，作为一项优先考虑的价值和目标，调处息讼无论在民间还是在官府都被奉为基本原则。儒家"无讼"始终是整个社会的政治法律理想，只不过"无讼"更多的是通过具体听讼过程而实现司法公正的目的。"无讼"的理想与"好讼"的现实看似冲突，实则符合清代民事诉讼的精神实质。其次，改土归流后，包括文斗在内的清水江流域村寨社会结构和熟人关系并没有变。正如唐纳德·布莱克所言："关系距离与法的变化之间存在曲线相关：在关系较亲密的社会群体中，诉诸法律和诉讼会尽量被避免，而随着关系的疏远，法的作用会相应增大；但关系距离增大到人们完全相互隔绝的状态时，法律又开始减少。社会主体之间的关系距离决定着他们对法律和诉讼的使用频繁度。"❺这也是官府对文斗鸣官案件慎之又慎，要么不轻易作出判决，要么批语"仍以原中劝解"的主要原因。最后，"情理"二字始终贯穿于清水江村寨社会纠纷解决全过程。文斗诉讼文书体现了当地村民对情、理、法的深刻认知。调解和裁决纠纷的过程也就是将法律理性与生活经验、合法与合理相互结合的过程。无论是纠纷产生的缘由，还是双方为实现某种妥协而进行的博弈，抑或官府依据契约所做的判词，"情理"之于文斗村民，不仅是一种解纷行为模式，也是一种公平正义观，更是文斗人对"法之本原"的意义追寻。官府、纠纷两造和第三方调解人只有努力达成对情、理、法的共同理解，才能彻底解决纠纷，从而实现法律效果与社会效果的和谐统一。在笔者整理

❶ 参见陈宝良：《从"无讼"到"好讼"：明清时期的法律观念及其司法实践》，《安徽史学》2011 年第 4 期。

❷ 王宗勋：《文斗兴衰史略》，《贵州档案史料》2002 年第 1 期。

❸ 吴才茂：《清代清水江流域的"民治"与"法治"——以契约文书为中心》，《原生态民族文化学刊》2013 年第 2 期。

❹ ［美］韩森：《传统中国日常生活中的协商：中古契约研究》，鲁西奇译，江苏人民出版社2008 年版，第 6 页。

❺ ［美］唐纳德·布莱克：《法律的运作行为》，唐越、苏力译，中国政法大学出版社 1994年版，第 47—56 页。

的为数不多的堂判中，常常可见官府于法理之外对该案所作的评论。这样的判决结果不再是一些冷酷无情的白纸黑字，而是融道德教育、感化和法理于一体，不仅拉近了判决与村民的心理距离，而且增强了村民对司法的尊重和理解。

五

近年来，法史学界不再只停留于古代文献或现代西方法学理论，也不再只注重士绅精英文化所代表的"大传统"，而将乡民所代表的日常法律生活、法律现象等"小传统"纳入其视野。越来越多的学者运用社会学、民族学、人类学的方法研究法的起源、演进和规律，并就国家法和习惯法的互动关系作出了有益的探索，但仍有待深入探讨。傅衣凌谈到个人治学经验时说，历史工作者"绝对不能枯坐在书斋里，尽看那些书本知识，同时还必须接触社会，认识社会，进行社会调查，把活材料与死文字两者结合起来，互相补充，才能把社会经济史的研究推向前进。这样，就初步形成了我的中国社会经济史的研究方法，这就是：在收集史料的同时，必须扩大眼界，广泛地利用有关辅助科学知识，以民俗乡例证史，以实物碑刻证史，以民间文献（契约文书）证史，这个新途径对开拓我今后的研究方向是很有用的"。❶ 中国法学工作者特别是法律史学者也需要以人类学者和史学前辈为榜样，深入田野，采风问俗，去寻找、去发现、去整理沉睡在民间浩如烟海的各种档案资料和法律文书。❷ 我们希望通过对文斗契约和诉讼法律文书的发掘、整理和研究，能够还原部分清代民间法律生活的真实图景，能够对我们当下推进法治政府、法治社会、法治中国建设有所启发。

一是为研究清代民事诉讼司法实践和传统村寨法律生活提供了鲜活资料。陈寅恪指出："一时代之学术，必有其新材料与新问题。取用此材料，以研求问题，则为此时代学术之新潮流。治学之士，得预于此潮流者，谓之预流（借用佛教初果之名）。其未得预者，谓之未入流。此古今学术史之通义，非彼闭门造车之徒，所能同喻者也。"❸

---

❶ 傅衣凌：《我是怎样研究中国社会经济史的》，《文史哲》1983 年第 2 期。

❷ 郭亮、陈金全：《试论法律史研究的人类学进路》，《学术交流》2010 年第 12 期。

❸ 陈寅恪：《陈垣〈敦煌劫余录〉序》，载《金明馆丛稿二编》，生活·读书·新知三联书店 2001 年版，第 236 页。

文斗诉讼文书与民间分家析产、遗嘱继承、买卖交易等契约文书相互印证，为我们了解清代清水江流域商事贸易纠纷提供了非常可信的资料，这种对应性的调查、比较在已经发现的清代档案中并不多见。正所谓"礼失而求诸野"，借助于这些民间文献，研究者可以补缺律典、会典及官方司法档案之不足，最大可能地下移研究视线，以此了解普通民众的法律生活。文斗诉讼法律文书还存录了清水江流域苗族社群的集体记忆，部分披露了夫役案、内外三江争江案等争讼事件的"根须"、"末节"，它所透露的许多蛛丝马迹可以作为历史佐证乃至补遗。

二是进一步拓宽法律史研究的视野，激发民族法文化研究的活力。黄宗智毫不客气地批评道："中国法律史研究领域今天正处于一个极端的困境，甚或可以说是个绝境"，"几乎等于是封闭在博物馆内的珍藏品研究"。❶ 姑且不论该说是否危言耸听，但无疑发人深省。作为介于法学与史学之间的交叉学科，法律史研究固然离不开史料的考证和辨析，但也必须从"摇椅上的玄思"、"故纸堆的记忆"等所谓"正统"、"主流"的学术偏见中真正走出来，通过扎实而深入的田野调查和观察体验，描绘和阐释许多富有生命力的民间法律图景。文斗诉讼文书真实反映了清水江流域村寨社会的经济利益关系与法秩序状况，是解开中国传统社会中儒家"无讼"理想与民间"好讼"、"健讼"事实两者矛盾的一把钥匙，也是我们了解改土归流后清水江流域民间社会与官府司法实践之间如何互动进而发展出特定法秩序的一扇窗口。仅有交易习惯和民间规范很难维系木材采运贸易的正常运转，只靠国家统治力量对市场秩序的调控也是远远不够的。这一点我们可从大量碑刻资料记载官府支持民间"成规"和将官府堂判、文告勒石刊碑中得到佐证。

三是深化学术界关于汉族与少数民族法律文化互动的研究。各民族法律文化相互影响、相互交流、相互渗透、相互吸收，形成了一个"你来我去、我来你去、我中有你、你中有我，而又各具个性的多元一体"❷，共同塑造和发展了灿烂辉煌的中华法制文明。文斗诉讼文书和其他一些重要资料提供给我们重新思考中华法系和中国法律传统的新视角。一方面，清水江流域是黔东南苗、侗少数民族文化与湖湘汉文化冲突与融合的缓冲区，大量纠纷文书以汉字书写本身就说明汉文化对当地民族纠纷解决模式以及习惯法的巨大影响。另一方面，这批

---

❶ ［美］黄宗智：《过去和现在：中国民事法律实践的探索》，法律出版社 2009 年版，序言，第 4 页。

❷ 费孝通主编：《中华民族多元一体格局（修订本）》，中央民族大学出版社 1999 年版，第 3 页。

文书是在苗侗少数民族内部形成的，它适应了本民族的心理经验和价值取向，保留了鲜明的民族习惯规则，涵盖了社会生活的各个领域和各个方面。这种不同折射出少数民族传统社会法秩序的多面，彰显了中华传统法律文化兼容并蓄的精神。

20世纪50年代，范文澜在评述刘尧汉文稿时说："我们研究古代社会发展的历史，总喜欢在画像上和《书经》、《诗经》等中国名门老太婆或者希腊、罗马等外国的贵族老太婆打交道，对眼前还活着的山野妙龄女郎就未免有些目不斜视，冷漠无情。事实上和死了的老太婆打交道，很难得出新的结果，和妙龄女郎打交道，却可以从诸佛菩萨种种清规戒律里解脱出来，前途大有可为。"❶ 文斗法律文书就是我们寻找的活着的"山野妙龄女郎"。

## 六

经过十三年的辛勤劳动，这套《贵州文斗寨苗族契约法律文书汇编》丛书中的第三卷《易遵发、姜启成等家藏诉讼文书》终于得以面世了。这期间，最难以忘怀的就是那些与文斗村民们在一起搜集、整理文书的日日夜夜。十三年来，我们数次进入文斗寨，村民们的淳朴好客、热情大方给我们留下了难以磨灭的印象。此后，我们多次邀请了文斗寨的易遵发、姜启成等人来渝与我们共同整理这些文书资料，易遵发还在西南政法大学的讲坛上为广大法学学子作了一场关于义斗林业契约文化的精彩报告。再次感谢易遵发、姜启成、姜良锦等村民以各种形式为我们调查工作提供的便利，也要感谢他们的悉心保存才有了今天这批珍贵的资料。感谢锦屏县史志办的王宗勋主任，在我们首次赴锦屏调查时，正是他详细地向我们介绍了文斗契约的相关情况，并激发了我们对这一领域的浓厚兴趣，他此后又先后两次亲自陪同我们到文斗从事调查工作。感谢贵州省原省长、原国家民委主任王朝文先生，这位苗族老同志对我们的工作一向给予极大的鼓励和支持，欣然出任本套丛书的顾问并为之作序。著名法史专家、台湾"中央研究院"史语所研究员张伟仁先生等学者对我们这种注重实地调查、注重第一手资料及关注边缘群体的研究方法和学术态度始终给予了充分肯定。中国社科院研究生院原法律系主任、中国法史学会原会长韩延龙先生对我们的工作也给予了关心和

❶ 中国社会科学院近代史研究所编：《范文澜历史论文选集》，中国社会科学出版社1979年版，第367页。

帮助，这使我们常在孤独劳顿的踽踽独行中得到莫大的安慰，在"单调乏味而又需要耐心地挖掘事实的工作"❶中受到鼓舞，使我们有足够的勇气来坚持这一工作。也要感谢人民出版社法律与国际编辑部的李春林先生、李媛媛女士和装帧设计周涛勇先生及其同事们，正是他们的辛勤劳动，这本书才得以顺利出版。

正值本书即将付梓之际，本书副主编梁聪不幸去世。孔子曾云："有颜回者好学，不幸短命死矣，今之则亡。""惜乎，吾见其进也，未见其止也！"梁聪学品、人品皆俱佳。我们作为梁聪的师长或朋友，只叹"白发送青丝，哀满腹经纶埋厚土；英年遭厄运，痛一身正气挽无方"。但令大家骄傲的是，梁聪将短暂而不平凡的学术生涯奉献给了清水江文书的整理和研究。张伟仁先生说："听到梁聪的消息十分感伤，这么年轻竟然逝去。幸而他参加了清水江契约文书的整理和研究工作，留下了可贵的成绩，也就不枉此生了。"梁聪的博士论文《清代清水江下游村寨社会的契约规范与秩序——以文斗寨苗族契约文书为中心的研究》从实际生活出发，运用人类学素描的手法，展示了苗族基层社会法律秩序的基本构成，使读者切实感受到苗族人的经验与智慧、创造与伟大。该书于 2008 年 7 月在人民出版社出版后，引起了学界反响和好评。张伟仁先生评价："有助于纠正时下法学界的一些基本的偏见，在法史学上是一个重要的贡献。"马小红教授也指出："值得肯定与关注的是作者将社会学调研与文献资料梳理相结合的研究方法，在中国法律史研究中具有示范作用"。此外，梁聪还担任了《贵州文斗寨苗族契约法律文书汇编》丛书第二卷主编，第一卷副主编，发表了关于清水江契约文书和纠纷解决机制方面的论文数篇。梁聪并非一个坐而论道者，而是把自己对中国传统文化及法文化的理解，潜移默化到每一次司法审判实践中。《人民法院报》曾以《读圣贤书、干国家事：一个法官的信仰和追求》为题，报道了他办案力求打开"死结"、"不留遗憾"的故事。有了这样的书生情怀和人生实践，梁聪在九泉之下也可瞑目了。

最后说明的是，由于量广面大，编者完成此巨帙，疏误自然难免。希望能有更多的学者对包括文斗契约在内的清水江文书产生兴趣，并不断深入研究，琢璞成玉，取得新的研究成果。

陈金全、郭　亮<br>2017 年 3 月

---

❶ ［美］E. 霍贝尔：《原始人的法》，严存生译，贵州人民出版社 1992 年版，第 3 页。

第一部分　词　状

## 【耆民为团总姜登泮等三人被瘟官冤咎呈官原情宥释事】

◎ 图1-1、图1-2

**又递邀恩禀稿**

为因公致咎，禀恳原情悯赏宥释。事缘耆民等北路团总姜登泮、曾昭灿、杨淮等前蒙道宪以估收丁粮各情亲提责押一案。实有致咎之由，敢谓缧（绁）非罪，惟是耆民等居在同乡梓里，不忍知而不言，用是附迫刍荛。仰祈聪听，窃自反正之后，陈、邓两主弃民而逃，百姓无主。彼时土匪四处蜂起，新军、湘〔军〕尚未来援，地方情急事迫，因公举姜、曾三人总办团防事宜，以禁土匪，以保公安。所有应纳丁粮一节，前实提议，除解正供，盈余禀请以助军需。嗣因未蒙腑准，即作罢论。但前出援东、南二路之兵，阵亡廿四名，其饷粮恤赏无从拱（供）出。于是请府主下令，某某等北路一带地方，每在谷田取钱十五文，以作开销各处地方军饷并阵亡烧埋之费，顾此失彼应接不暇，以致延误国课，咎责团总亦复何辞？今幸恩星福庇四路清平，各地钱粮欣欢鼓舞，踊跃乐输将来清款。不揣冒昧，联名公恳。

台前作主悯赏，原情宥释施行。

因总董登泮三人无故被瘟官开泰县梁英龙、古州道傅良弼，受黎平城内之钱，妄行不道。是以拟此禀，以表我三营之功劳，白此瘟官之过恶。聊记此稿，以传天下后世，方知此冤者。

## 【为陆兴元私以军令强逼民产呈官求讯断事】

◎ 图1-3

得须刑未幸免，该陆兴元私相比议，定要罚钱一千串，否则仍以军法从事。民父子且怨且畏。幸得姜坤相改断三百卅千（钱），急时进缴，不准稍缓须臾。民只得将家业房屋以为父母养生送死薄产，一概盘行出售与格翁寨，得钱贰百串。除兑去外，尚欠钱一百卅串。陆兴元等日日威逼，祈缓者捆吊鞭挞，置民于死地。吁嗟人生至死，此何以聊生也噫！窃具元等奉何王章？执何军令？俨然其大无非，斩杀自由。使民赴辕不敢告，有冤无处伸。今幸秦镜高悬，民等斧钺奔辕告恳。

作主赏准，签拘追缴律究施行。

## 【为姜开式等放言秋后抢谷、害良呈官预禀事】

◎ 图 1-4、图 1-5

**又续禀**

为逃脱祸萌，预禀靠天。事缘恶姜开式等藉生家空屋失火，作恶害生，砍木抢谷，生叠禀在案。五月廿五日，蒙恩审讯木案，断姜开式与生服礼，不许日后藉端滋事，具结了局。第谷案未结，生催原差送审，准期于五月廿九日送案。殊恶等诡计，背案逃回，害生费尽囊空，坐城久候。且恶等奸诈百出，一计不了，二计又生。胆敢声出大言，候至秋成统众收谷，有人阻挡必须杀戮等语。试思圣天子寰宇一统，中外共凛王章，似恶等所为不及化外。总之，事无姜开式无以起造祸之端，事无朱元章无以成串合之害，事无姜卓英无以纠众人之党。三人之恶，胜于虎狼也！所以去岁乡正、团长劝生建庙设醮，业已完事，而姜开式等又复仗势强抢，小叫大呼。俨然宋世之宋江、方腊操戈执剑，无殊汉室之黄巾、赤眉，犹欲包藏祸心，窥生田谷。生非孟浪，敢预多言，只惧如郑祭足，夏既取温邑之麦，秋又取成周之禾，而谓保无需葛之战乎？嗟嗟财乃资身之本，谷为养命之源，上关国课，下育民生。一旦遭伊横行，则天听鸾远，噬哜无及，势必谷空命绝，命绝则课空。生家七十余口亦惟与恶势力不两立而已。秋收在迩，冒死预乞！

## 【姜卓英等为富户姜含英违约不借谷，反殴众人呈官求讯断事】

◎ 图 1-5

**又续禀**

为遵批再叩。事缘初八日，生以逃脱祸萌，缕情续禀在卷。前蒙批示，候催差提集代（待）审，何敢琐渎。惟是如鱼解网，洋洋得意，未加思维莫策。只得请姜本义、姜通粹、姜凌云、显和等向伊供谷数百斤，以作栽种口粮之资，候秋收子母归还。承伊凭中应允，每户供谷贰百斤。民等书立供券，各带箩筐同中等至伊家交券。谁知伊倚恃富豪，颗粒不与民等，再四哀求，反被伊辱骂。彼此争持口角，伊遂督令子侄弟兄多人，各执刀杆火枪，行凶毒殴。将民姜卓英、龙杨保、姜乔依等枪伤，性命难保。不但民等受伤，而且将民等所请之姜本义、显合并事外无干之范兴发等亦受重伤，伊接回家调治。不思民等受害，皆由伊家失火。今一旦被伊恃富行凶，抠用枪炮，律法何存？若不报恳验究收来，富者得势，贫者遭殃。迫切不已，只得将受伤人抬赴恩辕报乞。

## 【姜卓英等为富户姜含英违约不借谷，反殴众人复呈官求讯断事】

◎ 图1-5、图1-6

五月初一日，姜卓英又递续禀

为豪势滔天，续恳讯究。事缘民等合请乡老向姜含英借谷，始蒙应允，继又返言，复遭枪打，各受重伤，报验在案，理宜候审，曷敢再渎。惟含英捏词妄觉，以纠众朋抢大题，欲思蒙混脱罪，可陷贫民。岂知宪天法度，有如明月清霜，朋抢罪置重典，坐诬更无可宥。泣民等原系伊家佃户，何得词称棍徒？如民等不法，伊即难逃窝主之罪。民等借谷书有借券，每人二百斤，借券现交中人手，何控估借三万多斤之数？又诬砍烂伊仓，挑去谷一百余石。不思民等未至仓前，各被枪打伤倒地，从何挑谷，中等可讯。独惨伊家作奸为恶，天理不容，降火延烧，焚及通寨数十户，物尽财空。栽种之时，迫向借谷，何辜何罪，擅用枪打。似此恶焰滔天，视民命如草芥。今民等赶中集案，俯恳讯明，以免拖累。如果民等朋抢情真，当堂领罪。如情未真，自甘反坐。不已续乞。

台前作主赏准讯明，实究虚坐施行。

## 【满太公为姜延映虚报年龄并另有子嗣，不符留养呈官求察究事】

◎ 图1-7

满太公（即荣渭祖父）在黎平府又续禀

为捏饰欺天，诈图脱罪，恳究妄禀。事缘生胞嫂姜江氏以五凶截杀，一死两伤等情前报姜开仁、开魁、开显、光荣、光仪共杀生侄老四，并刺伤胞兄姜载渭、胞侄老富一案。蒙恩照律究办，生家存没，沾恩不朽！不料开魁在牢病故，光荣、光仪、开显染病取保在店，前后随亡。今光荣之父延映，藉言老蛊，听奸主唆，胆敢捏以开仁为独子，妄请留养诳禀道宪，希图开仁脱罪。况开仁本系顶凶，罪有应得，伤单口供，照（昭）然在卷。今光荣现有长子开儒，现年三十一岁……伊祖延映。即延映亦只现年六十五岁，何敢捏报有七十五之……有亲生二子，长名开智，约年十有余岁；次子老松将近成丁，并非无次丁者可比。邻佑地方，众目难掩，且人命有应抵之条，国恩无法外之例。生侄老世乃孀妇抚孤成立之人，一旦竟遭五凶共杀身死，谁不寒心！兹延映误听奸谋，作此欺上罔下之举。若不续明提究，则党恶日恃横行矣！为此出具家有待丁，如虚加坐，甘结续乞。

台前作主赏准察究施行，生家存没感激不朽！


## 【姜含英为胞侄身死不明呈官验看严究事】

◎ 图1-7

**咸丰三年十月廿七日，世卿伯被难，含英公报禀　三十日递**

为身死不明，报恳验究。事缘生胞侄世卿年甫十六岁，现在谨师读书。本月廿六日尚在家中，并无丝毫病疾。廿七日未见来食早饭，至未时分，突有范本禹来报，生侄死在姜通粹、通贤、开秀、开彰等仓内。生闻骇异，当请乡正姜通代、团长姜通学、姜老养、乡约姜开歧、客长朱荣廷、杨显仲、寨头姜显和等同往伊家验看。生侄头上并无伤痕，遍体身穿衣服，未敢移尸查看，跟问致死原因，伊就等均推瞒不知，其中谋害显然。若不报明恳验提严究，不惟胞媳含冤地下，且生孀嫂苦守空劳，只得奔辕报乞。

台前作主赏准验看，究出实情，生死沾恩不朽！

## 【姜开秀为其女菊英与姜含英侄身死不明呈官验察严究事】

◎ 图1-7、图1-8

### 姜开秀亦具报禀

　　为冤毙不明，报验察伸事。民因家寒，在韶霭地方舌耕糊口。祸因本月二十七日午时分，有人至韶霭楼民归家，称言屋边禾仓今早失火，合家起来看见，始将火救熄，及至劈开仓门，烟雾冲出，突见武生姜含英血侄子姜老恒与民之女菊英二人横死在地等。吾民闻骇异，即时归回，申时抵家。细揣情由，谅必因奸自死，又摸民女微微有□气。窃姜含英与民本属同宗，民乃单寒之女，伊侄乃富豪之儿。寅夜入民家，未审有何事故，总总难逃天鉴。即伊侄有伤无伤，民远在韶霭，亦不得而知，相验自然明白。事干家丑，愧莫可，只得奔辕报乞。

## 【姜开秀为姜含英侄欺奸其女、自毙诬杀、毁房等情呈官求讯断事】

◎ 图1-8

### 十一月十六日姜开秀禀

　　为欺奸自毙、诬杀、毁房，害极恳伸；事缘民家寒户，独出外教读以营生。子幼女单被豪欺奸而延祸，报经在案。蒙委验明，应候审究，曷敢锁（琐）陈。惟恳仁天大施恻隐，悯念愚衷，报案之候……细问根由，据吐实话。冤因本年七月同族婆范氏往坡耨锄棉地，偶被族侄老恒欺奸不□，夺去包头、围腰、耨锄等物归家；惧母仍索范氏向退，奈掘不与，勒刺手怕换回，诓中滛谋，茫奸数月。但老恒素说："你我同宗兄妹，料难成双，然我二人非服毒药同死，无可了局。"至十月廿六日夜，老恒暗带毒糕，切来仓内，赚女同宿，二人分糕食后，俱各昏倒，天理难容，独老恒气绝。蒙恩验讯，业已供存。窃民家寒出外，女子暗昧之事焉得而知？如姜含英身列胶庠，富甲一带，子侄宜当管束。何致行奸族妹，自毒身死，犹敢诬告人谋，情理安在？且渠尚不自悔过，既蒙官验，已经具结领尸，复使妇女多人打入民屋，遂将门壁、神龛、香炉、桌椅、锅碗一切打碎，并殴伤孺嫂妻小诸人，现经原差刑职等目睹可见讯。嗟呼！况女已许有室而犯奸，玷辱难白，复被自毒陷害，更加诬杀、毁房，连累祖宗之英灵。莫靠尸横门首，实害全家之出入无依。似此奇凶，情同杀越，非天详度，良善有死无生。情惨莫及，为此哀恳！

台前作主赏准差传姜含英等到案严究伸雪，饬移尸，被生死啣瑶不朽！

## 【姜载渭侄为替伯还债，而债主陈由道复索呈官求讯断事】

◎ 图1-8、图1-9

### 咸丰三年十二月为陈由道账务，由道具禀，含英公在城具诉稿

为照例兑本，已还复索。事缘道光十四年，为因地方公事，生伯父载渭同平敖姜启滔连（联）名共借陈由道银三百两，九作十股，立三百卅两，借字三分行息。生伯名下，前后共还有余。陈姓以为鱼肉好吞，控生伯父在卷，牵害数载，拖累穷年。道光廿八年，生伯去世。卅年，伊遣子陈某某到生家。伊请中杨天应、范本清劝生为结此债。生遵中劝，遂将八十老母首饰并业产，凭中三面还清。不惟中证确凭，且有陈某某收清字样。秉据：今遭复禀，合家骨肉难还，只得粘抄收字诉乞。

台前作主赏准确讯，以免日后复索成风，沾恩不朽！

## 【武职为周锡麟、周老四等复索其祖父所借之债呈官求讯断事】

◎ 图1-9

### 同治十一年，祖父在城为周姓账务具禀

为纠众逞凶，冤害莫白，报恳严究。事窃武职自咸丰年间以来，从戎数年，屡立战功，苟蒙各上宪保奏，现在以花翎参将尽先补用，谨守礼法，不敢妄为。今因各宪按临，武职送子侄来城应试。不料有素不相知之巨恶周锡麟、周老四等于本月十八日申刻到店，声称武职之父昔年该有伊家账项，向武职索取。武职闻言，殊多骇异，又

不见字迹，仅见伊自挂账簿一本，遂至彼此争持。伊自知理屈，旋回。职正欲请中向伊理讲，奈伊贪心未遂，磕害情坠，突于十九日午时分，统率多人拥至店主姚贵家，将武职扭打，拳足交加，现有同店之武生范献荣、武童周尚魁力救可证。据伊所言，账项历年已久，尚在武职未生以前，武职实出于不知。即使武职之父果该伊账，亦应请中理楚，况在郡城之内，官法之所，何至行凶恶逼？武职只得同伊赴辕喊冤具禀，复蒙恩星押候，若不缕情呈明，将来恶风日炽，为害匪（非）轻，受屈者冤沉海底矣！情急事急，为此报乞。

　　阁前作主赏准提究，以杜后患，顶祝鸿恩无涯矣！

## 【周维鼎为姜毓英父子叔侄等佐骗其父祖之借款、朋殴债主等情呈官求讯断事】

◎ 图1-9、图1-10

### 周维鼎等亦具禀

　　为佐骗朋殴，欺极恶极，告恳究追。事缘本月十九日，冤遭恃恶佐骗之姜毓英父子叔侄等朋凶毒殴，身受暗伤，当即鸣冤喊禀，蒙谕饬令补禀呈明，以凭讯究，理合恰遵。情因姜某某之父祖姜某某弟兄，于道光十九年贩木缺本，先后借过生父纹艮（银）四百九十两，又于廿年借过十两，借券炳存，临番呈阅。伊父在日，生往取讨，伊父以生意正值兴旺，再三求缓，并立限字，届期屡次向讨，分文未偿。伊父已故，向伊追取，又以葬费遭回，禄为辞嗣。后名卿进城，请中黄、姚、徐、蒋等取讨，殊伊心脱骗，暗地逃回。后叠往取，伊等如虎负隅，坐视不理。去岁某日来城，又请中等向伊取讨，伊又藉以公事逃回，致使生数百金之血本，多年本利，丝毫未得，情实难甘理。现今某某父子来城，歇于恩差姚贵家内。生等向伊取讨，殊伊父子一味横蛮，仍然坐视不理，反将生朋凶殴，主字据确凭街邻共见。窃思伊父借生家本艮（银）获利致富，迄今卅余年，本利无为，人之无良莫过于此。今伊富盖边隅，并非难于还账者比，似此恃官佐骗，而某某仗恃军功，替子侄挺身搪抵。若不禀恳究追，追给佐骗成风，受害不少矣，只得叩乞。

　　台前做主严究，追给施行。

批：据禀卅余年之账，屡向取讨，本利不还，实属有心佐骗，可恶已极，候讯究追给可也。

## 【周维鼎为姜毓英父子叔侄等佐骗其父祖之借款、朋殴债主等情呈官再求讯断事】

◎ 图1-10

**周姓续呈**

为恃势佐骗，续恳讯断，严究追给。事缘生以佐骗朋殴等情，具控无恶不作之姜某某叔侄等于仁天案下，一切情形备明原卷。理合静候讯究追给，曷敢续渎！窃念巨恶等之父叔某某弟兄于道光十九年借生家本艮（银）贩木，因而获利致富，贻留与恶等乐享。恶等不思父债子还，早为归结，反忍心昧理，延今卅余年本利无为。恶等叠次来城，生亦叠经中姚廷桢、黄祖礼、蒋维均、徐开先等向理。殊巨恶某某仗势军功，犹似伊当年在地方坐草称王，一呼百诺，不纳国赋，欺压善良，沿河阻木，私抽厘金，妄山砍木，势压边方。彙象坐视不理，可怜生家数百金血本，多年本利丝毫未获，情实难甘。谁知天不盖恶，现今某某因抗粮不纳，蒙恩卡押，实系恶贯满盈。似此恃势佐骗，若不叩恳追给，恐佐骗成风，受害者不知凡几矣！情万难已，为此续乞。

台前作主，严究追给施行，沾恩不朽！

批：已饬姜某某赶某某到案讯究，追给承领可也。

## 【武职家为周锡麟等率众殴打等情呈官求讯断事】

◎ 图1-10

**我们家续禀**

为舌剑覆（复）仇，渎怒恩威，冤加灾害。事窃武职逮于正月十九日，不料有素不相［识］之巨恶周锡麟等统众殴打，法律不容，情理难恕，埋冤莫白，罪及无辜。职逃蜂虿，遇风波，祸害难伸。二月初旬蒙恩明谕，税券办钱粮等件，正是仁天公忠体国，恤念民心，怎敢抗违？想自贼匪扰乱以来，叨蒙各道宪府主，屡次札谕办理地方军务，职为国忘家，尽心竭力，以办公事，不敢丝毫偷安。大人以爱民为心，职等以忠心为义，恭维大人服古入官，上承圣君之诰命。

### 【含英伯为陈由道向生一人索公借款等情呈官求讯断事】

◎ 图1-11

**抄前含英伯递陈由道续禀**

为叠恳差提，免遭独害。事缘生以公借陈姓账目，券内名载昭然，陈姓置之不问，惟索生一人分下，而且控生辱，更控生以恶骗等言，前词禀明，何敢多续？惟是借券有名在内，或同借各还，或公借公还。恳恩添提某某、某某、某某等齐集赴辕，堂讯分白。况生陆续已还伊账约三百廿两零，现有伊收票执据下，此亦应券内有名，各分还半。陈姓不得独向生追索，且不可掩埋契人。攻打一个，天理何在？所以屡遭陈害，苦不可言，屈受实深，难甘撒手。哀恳仁廉恩施格外，提伙同借，类讯分明，庶账有为，生免遭荼毒。情迫水火，只得再渎。

作主赏准添提某某、某某等到案究追施行。

### 【含英伯为陈由道向生一人索公借款等情呈官再求讯断事】

◎ 图1-11、图1-12

**又禀**

为未蒙批示，再恳提结。事缘生四寨送匪，公借陈姓银两以开众用，陈姓执有借券。现凭地方乡约某某、某某等公送公借，公开有乡约活证。道光十八年，因状首姜述圣情形似闪，生赴柱控刘主案下，蒙批公债公还，黎平之案应赴黎控可也。生捧批赴黎张主案下再控，均蒙恩示，公起公落，公债公还，候提集讯究。奈张主卸任，延搁至今，生因天栓羁锁一年有零。去岁，陈姓与王姓有雀角之变，生住柱锁，不得而知陈姓是存何心？捏控生名黄主案下，不问清白，六月内据收生弟某某取文赴辕用贿押卡比责赶。生求荣反辱，殊不合。窃生员等辈各有老师管辖，不公不法，理应发下明论堂责提，何设玄辱斯文？生弟不独赴辕不能，且押至十二月三十日回家，冤沉海底。独不息四寨公价，各寨现分有合同，擅把无辜之人受此罪矣，死难甘服。况生弟某某价券无名，富户由道原词无告，何故白闵受疔玷辱？宫墙如此行为，无天无法，何况价债细故，纵甚不至如斯。泣恳仁天赏准提齐券内有名人等到案，公私还账，死亦甘心，倘或再延，生又受伊鱼肉。情乞垂怜，恩施格外，庶免噬嚼难熬，情迫不已再叩。

## 【刘永清为姜毓英、姜名卿叔侄弟兄等霸砍谢漠湾之杉木等情呈官求讯断事】

◎ 图1-12、图1-13

### 我员刘永清恶徒控词

为仗势霸砍，欺官抗提，告恳律追。事缘职先祖在日，于道光十四年用价买得里格黄学成等之杉山一块，土名谢漠湾。此山内分为六大股，先祖得买五股，新老契约临审呈阅，向年付价籍修，历岁无异。不料有文斗寨虎霸一方之姜毓英、姜名卿叔侄弟兄，胆敢乘乱称王，虎踞清河一带，私地宰杀自由，远近商民莫不闻名丧胆。同治二、三年，三江杉木复兴，恶等统领众弟数百人，将职祖价买得谢漠湾之杉山一块强砍磬尽。沿河一带木植妄山霸砍一空，凡有山之家无不遭其毒害，倘稍有向恶言补价值，不是推出宰杀，便是活丢水中，伊等行为俨同逆首，恶极惨极。不久职父知觉，即专职弟永茂、职亲戚郑运春等执约往阻，随请伊地方乡耆舒名贵、李修文以理向恶善问。未及直斥伊非，被恶将年近七十之舒名贵扭翻在地，膝手扯须，周身溅血。职弟年轻，眼见魄散魂飞，不敢再阻，将此情归报。职父当于同治三年，控伊于徐府主案下，府主素闻伊本恶极非常，一面票差拘拿，一面札饬地方护解究办。奈伊地不是恶家佃户，即是招随羽党，固不肯奉札拴拿，而府差硬行拍抗，有案可稽，赏调即白。迨后府主生气，复行勒限，着谏请兵，断难到案，差等畏势，莫奈伊何。职父亦待恶贯满盈，再为禀请究办，只得隐忍于今。兹幸天不盖恶，闻恶叔姜毓英自役罢网，被周姓扭赴恩辕，已蒙押卡。若不公恳严究，伊地方有谣言："天见姜名卿叔侄，日月不明；地见姜名卿，百草不生；人见姜名卿，九死一生。"况恶叔侄磕东磕西，害此害彼，俱系有案可查。假使纵虎归山，不惟恶霸砍职家数百金之木植，抑且手执新老契约一概化为灰烬矣，万难容忍，为此告乞。

台前作主赏准律究施行。

批：候讯究办理。

## 【韩禄清为姜毓英抢劫其银两等情呈官求讯断事】

◎ 图1-13

### 恶匪韩禄清亦提词妄禀

为被殴被劫，久已含冤，禀恳严究。事缘生于同治八年正月初十日，因为前岁从师习武，欠有日用艮（银）两，时呈新正，又当上条据功，随身带艮（银）四十两往厂开消（销），牵马一匹，行李一担，路过八洋江口。不料遭素惯行凶、背官霸抽河税之姜毓英叔侄弟兄，探听生往功厂从师必定路过于此。见一到，将生纠番（翻）在地，喊杀连天，骂生藐视官长，口称将生推出斩首。彼时，生魂不附体，遭伊拳足刀背，遍体皆伤，衣服艮（银）两净行抢去，跪苦哀求，只留旧衣遮体。当请黄老义跟问为何伊生不知伊姜大老爷刑罚，初次免杀，将生衣服退还，艮（银）两分厘不退。生被打坏，耽误前考，不能添功，即报禀于前主周案下。蒙赏原差余清、徐枚茂，现有原卷在案，胆敢抗不赴辕。至今天不盖恶，因伊私收钱粮，蒙押在卡。伊家叔侄弟兄不止抢生艮（银）两，所害之人擢发难数，即拦河取税已成巨富，抢生之艮（银）退出不难。况且凭中概认抢生艮（银）两是实，只得禀乞。

作主赏准差提姜某某到案追究施行。

批：候差提讯究。

## 【姜毓英等为韩禄清纵马伤人、恩将仇报等情呈官求讯断事】

◎ 图1-13、图1-14

### 同治十一年二月廿三日诉恶韩禄清禀

为跃马伤人，恩将仇报。事缘劣衿韩禄清控以含冤被劫等情，诬控职等叔侄在案，理合诉明。恶于八年正月，未知身将何往，坐马一匹，约离生店一箭之遥，故意在马上扬威跃（耀）武，将马奋力加鞭。不意职店中歇有下河客陈姓立于街前观望，伊马势凶勇，陈姓躲身不及，已被冲番（翻）在地，手足均皆伤损。众见心各不平，登时将恶拿住，要恶养伤赔礼。恶竟一味恶语支吾，因此吵闹多时。职实一面将恶辱骂，一面劝解众人，如此稍伤，何得养伤赔礼？众听职言，彼此皆散。恶独不思将恩酬报，且转以雨来淋，反诬称职等劫抢恶艮（银），人之无良莫甚于此。然恶既称职劫银，试问于恶之外，职曾劫抢何姓？欺上罔下，罪恶难容。又言职叔侄霸抽河税，更属平白栽冤。日来平略三江，现是府主厘局，即使有税，职何敢抽？近年来清河一带地方渐就太平，上下均有员弁，职如果覆抽河税，他人早皆不容，何得恶始告发？推其诬害之故，总由恶父子惯行贩卖人口，陡起家财，职常斥其非，因而所为挟恨。凡诸缕禀，尽属真情，如情未真，自甘反坐，为此诉乞。

作主劈诬审究施行，沾恩不朽。

批：是否属实候讯。

## 【姜毓英等为韩禄清纵马伤人、恩将仇报等情呈官复求讯断事】

◎ 图1-14

### 又续禀

为祸胎未剖，以虚坐实，陷害难言，续恳严讯律究。事窃谁人之无良莫甚于韩禄清者，然韩禄清有恩不报，反捏词控职等在案。职已于月前告期，缕晰诉明，蒙批是否属实候讯，理宜静候讯明，曷敢再渎？无如恶禀之后，各自逃回，不候审讯。似此无殊纵火焚山，起灭由彼乎？虽然恶砌词，妄耸天星，其理难逃洞鉴，职若不续恳恩究，恐后坐害难当。乞天施无疆之厚仁，替生剖有冤之胎祸。恶今藉人陷害以诬控，上律难容。仗己初入条以胡为，王法不宥，于今仁天若不惩戒其恶，不但职今受殃，将来遗害地方不浅矣！为此续乞。

作主赏准严讯律究施行，沾恩不朽！

## 【姜毓英等为韩禄清纵马伤人、恩将仇报等情呈官再求讯断事】

◎ 图 1-14

十一月二十三日又递催禀

为捏词妄耸，续恳讯结。事缘本年二月内有素行不法之劣衿韩禄清，捏以殴劫情由妄控职叔侄在案。职业已诉明，曷敢饶渎？但劣衿于二月具控之后，自知情虚理曲，怯审逃回，是以延宕至今，含冤莫释。窃思劣衿妄控职等抢劫恶银数十两，虚实难逃洞鉴，真假莫掩乡间。并现值劣衿来城，理合诉乞研讯廉，泾渭得以攸分，薰莸得以洞鉴，不然虚实未办，真假不分；耳闻者，固已辩其危疑；目睹者，亦未解其何故。恩出仁天殊施格外，俯饬原差送审，劈分泾渭，鉴别薰莸，如虚则坐，实则明，真则存，假则究。不已为此续乞。

作主赏准饬原差送审研讯究结施行。

批：两造既齐，仰原差送审可也。

## 【众团绅为姜登泮、曾昭灿、杨淮为公获罪呈官求保释事】

◎ 图 1-15

具公呈卦治团绅龙云焕、天衢，龙耀榜、成友，文名铨、文名文，龙宏光、云芝、龙彬，文名钧；王寨团绅王泽干、王述信、王先相、张永元、周辉庆、王先荣、王述教；毛坪王泽仁、光瀛，王泽诰、泽训，刘声溢、龙庆明、舒文庆、龙常玉、龙作芳、龙常模、龙吉厚、龙常明、唐继章、唐德隆、龙荣责、龙常发、龙作章、龙常明、龙常经、龙庆魁等

为公邀格恩垂鉴舆情，赏准保释。事情因反正之初，土匪四起，串

扰柳霁以及小江、王寨等处。虽经耆民等齐团击散，而南路四脚牛地方匪风过炽。尔时黎郡兵少粮拙，难保城乡无虞。故北路十余款地方商议设立互卫团防总局，举姜登泮、曾昭灿、杨淮为团总，意在联络团体以堵贼匪，为保全城乡之计，已禀明府主批，诸事稍为就绪，随即禀请各宪立案。谁知今春正月初旬，流匪猖獗，逼进洪州、平茶等处，而潭溪、新化、龙里一带纷纷逃避。南路陈世杰等前来乞援，于是选出团丁一千四百名救援南路，在岑管、地坪、牙双、南江、控硐等处连开七仗，阵亡团丁二十四名，贼死过众，败退粤边。嗣回饷项恤赏无从筹备，禀请府主饬令此北路地方于每石田谷抽钱十五文，以作军费，并无抗粮情事。惟各处粮户于匪风正炽之际，惊惶无措，多有逃奔他乡，因此丁粮未得早究。而粮差下乡催收，无知愚民或以互卫局藉口者有之。皆由姜登泮等程度浅薄，不能开遵地方，早究国课。前蒙亲提姜登泮、曾昭灿、杨淮三人讯责，押开太县衙内，罪有应得，耆民等曷敢冒昧邀恩？但登泮等素性朴实，任事勤劳，不敢假济私，胡行妄作。耆民等闻伊因公获罪，情实可怜，为此不揣冒昧，联名邀恳。

作主垂鉴舆情，赏准保释赦罪施行。

## 【众团绅为姜登泮、曾昭灿、杨淮为公获罪呈官宽宥开释事】

◎ 图1-15、图1-16、图1-17、图1-18

为邀恳开恩，释放恩人，大众沾恩。事缘北路姜登泮、曾昭灿、杨淮等三人经道宪大人亲提收监，曷敢多渎？无如民等地方去冬被匪扰乱，受害不堪，今正大肆猖狂，烧杀民等数千村寨，民等进城求援。蒙恩星、府主承亦急向北路三营求发团丁打（搭）救。适兴和团、致和团陈士杰、张玉璧等亦至该局哀恳求救。姜登泮等念在同胞，不忍坐视，又奉府主札谕，乃派出团丁一千余名先至乍团与贼对敌，渐进八列、八劳、南江、控硐等处，连日打七大仗，杀贼百余名，北路团丁死伤数十，贼败退粤界，民等地方始得回家耕种。在泮等北路之团丁肯来救角路之百姓，以最钝之器械能打退快枪之强匪，无保举可望，无犒赏可邀，不惜万死以保民等地方，使民等生命、财产一一保全，真是民等地方之莫大恩人也。今闻因公受案，囚于监中，地方大小、男妇俱代悲忧，不安寝食，催民等急进城取保。民等云有功当赏，有罪当罚，在官自有权衡，岂以邀恩得免？而地方老少均骂民等忘恩背义，谓一饭之恩古人尚以千金报答，今我们地方生命财产都是泮等保全。今伊等有难而不约众往救岂是人性？民等受老少之逼迫，义不能辞，是以冒罪而进，一言可怜泮五旬无子，家有一妻一妾，等望小货以资生活，昭灿妻女在堂不知生理，等舌耕耕以糊家小之口。杨淮母早去世，严父教读以抚成人，今父年逾七旬，无次丁奉养，是穷民之流尘发政施仁所必先者也。况阵亡之廿余人尸未安葬，打仗之一千余团丁勇饷未开清，死者未安，生者何慰？将来有事谁肯相救乎？千家万口总求大人施一线之恩，开三面之网，赦泮等三人之罪，即是恩周全黎地方。民等据情联名台前赏准详请开恩释泮等出监赦罪施行。

兴和团陈士杰、廖宗锦、陈文炳、黄士彬、谢源财、吴□□，致和团廖士卿、廖灿暄、胡禄元等具保禀

为罪邀究宥情恳鉴原恩造二天，网开三面。事缘黎平北路互卫局绅姜登泮等于阳历三月十九日蒙恩提收县衙监禁，是时恩正盛怒，耆民等何敢躁禀加□，惟念互卫局绅泮三人情有可原，此三罪有宥者二，耆民等若不代为邀恩，是互卫局有恩于地方耆民，地方无义于互卫局也。去岁前府县逃走后，土匪四起，下串王寨三江，上陷柳霁分县。三营因奉前军政府札饬联团保卫，于是分遣团丁扑灭。该地一方团款、绅耆议与联团，开设一互卫局，于鳌鱼嘴适中之地，组织御匪机宜。北路一带地方得以安静，不似东、南两路，团防不整，叠遭洪匪烧护者。独北路一带安静者，皆互卫局保障也，是其情有可原者一。至本年阴历正月，有洪匪梁月初勾串土匪刘麻子等，督率大队洪匪蹂躏东、南二路，民不聊生，该绅张玉壁、陈次良等至互卫局求援。该局谊重乡邻，当经禀请府主札饬，于廿日开兵千余，廿五日抵南江四脚。廿八日救应乍团打匪得胜，斩首五级。卅日贼聚岑管，与贼大战，从辰至酉，两边收队，匪死犹多，三营代（带）伤不少，毙命三人。初二、三日屡败屡战，初五、六、七日连战不休，霄烟如雾，退为南江，走地平，过中嘲，匪死不少，三营代（带）伤者卅有奇，毙命廿四名。嗟嗟三营之人，徒凭土炮刀杆，而皆下此死力与快枪洪匪血战，大创洪匪远遁者，非热心乡里，保卫同胞，而何是？其可原者二。泮等三人生平诚朴无欺，素不敢干公事。惟际此匹夫匹妇均有责任之时，不得不出面任事，然亦实由地方公举。凡事均各地方代表先议，而后敢行，并非跋扈劣绅，而敢纠众为恶者。比虽办理有不尽善之处，亦系公罪，不是为私，是其情有可原者三。至若估收丁粮一节，其罪虽有应得，其情实系遭冤。先因团丁抽饷口粮，毫无着落，大众提议仿镇远七属办团法，求以丁粮正供，外之盈余充费。然亦只敢先具禀相求

准给否。既蒙批斥明悉，并非胆敢估收丁粮，现有各纳户可问。其有观望不纳者，实因匪患未平，富户均多远避，以致延岩。如以估收论，虽在愚夫愚妇，尚知法所不容，况泮等均条略人，而敢为此？且伊等谨办北路之团，焉能阻抗东、南、西三路之粮不纳，是其罪之可宥者一也。若藉团妄搕之罪，更无此情，惟有按田每石抽收钱十五文以作兵饷恤赏，亦系各地方代表公议，仅就北路一带相筹，并非远敛别处。现经面禀府主杨，请令各地抽开各地团丁，截长补短，于今尚未为融，并非局上私搕吞食，是其罪有可宥者又二也。嗟嗟此罪此情，耆民等知之最悉，况半由救援东、南地方起见，耆民等何忍坐视其罹罪而不代与邀恩乎？为此不揣冒昧，联名奔乞恩辕禀恳。

台前作主赏准鉴原宽宥，饬县开释施行。

## 【众耆民为姜登泮、曾昭灿、杨淮为公获罪复呈官宽宥开释事】

◎ 图1-18

### 具公呈

耆民某某等为据实陈情，邀恳哀矜，转详宥释。事缘团绅姜登泮、曾昭灿、杨淮等蒙道宪拘发恩衙责押，在道宪与恩星既已恩造二天，民等何敢再求网开三面？惟念泮等虽有应得之咎，实有可哀之情。去岁反正后，地方叠奉九谕，办团以清内奸而防外匪。故民等北路共有十余团，开设十余局。然各办各团，缓急难期相应。阴历正月，洪匪蹂躏东南，将进北路，火速鸡毛警报叠至，搬苴逃奔，民不聊生，大兵在远，无可乞援。于是各局首人会议联团，设一北路团防总局，与（于）鳌鱼嘴适中之地，组织互卫相保事宜，因责泮等以义不容辞举为团总。奈泮等素行不干公事，程度太低，凡事均属众议，既不合开兵救援南路，致多阵亡而要恤赏，又不合议请丁粮残余，恶人得隙，私禀道辕。道宪疑其跋扈，亲提问罪，夫复何辞？究竟泮等实无抗粮并藉搕等等情弊，现有地方可查，各团均堪结保。总之，不因反正后叠奉札谕，地方不敢设局办团；不因洪匪逼近，地方各款团绅亦不敢组织互卫总局。泮等因此身罹法网，情实可哀。恩星胞与为怀，既得其情，民等不得不更求原宥，为此冒罪联名邀恩。

台前作主赏准哀矜下情，转详道宪，代恳格恩宥释施行。

## 【众耆民为姜登泮、曾昭灿、杨淮为公获罪再呈官宽宥开释事】

◎ 图 1-18、图 1-19

为负罪引匿，自怨自艾，泣恳垂怜，转代邀恩。事缘泮等三人赋性朴实，均属家寒，泮以小货营生，灿、淮以教读为业，素不干与外事也。今洪匪起，地方惊，父老昆弟商议设局联团，互相保卫责任。泮等以保全梓桑大义，因是不度德量力，起而从公。阴历初，自南路张玉壁、陈次良等来局乞援，不啻包胥哭泣。泮等以南路不保，全黎难安，当调团丁驰救南路。恐兵后恤赏无出，泮等因提议参照镇远七属潘德明、龙昭灵等办团法，以北路丁粮除解正供外，盈余之款以作军需。时泮等尚未知黎平丁粮、盈余已一概提入正供，故作此议。嗣谒府主，蒙示以财政说明书，知黎平丁粮已无盈余，自悔前议之失。随即公议另请府主，令饬北路地方每石谷田抽钱十五文以开恤赏，遂绝口不敢干涉及盈余矣。无如地方地人，闻提盈余之议，听风是雨，竟有背泮等而赴古州邀求道宪者。又有因避匪方为，未究国课，恐罹于罪，妄以互卫籍（藉）口。然使泮等无提盈余之议，则禀请道宪之人无由起见，未完粮之人无隙藉口。春秋责备，着重贤人。泮等虽至，然身为地方团首，措置失宜，道宪提究，罪所应得，夫复何辞？第念泮等年近五旬，均无子嗣，淮之生父年已七旬，身多疾病，且无兄弟事（侍）奉父年余。言念及此，三人相向啼哭，莫知所从。惟有汝恳先生，恺悌在抱，慈祥居心，矜悯泮等因公致咎，代详下情，邀恳道宪格恩厚情，赦宥幸甚。甚想先生民之父母，岂惜一据乎？

## 【众耆民为姜登泮、曾昭灿、杨淮为公获罪又呈官宽宥开释事】

◎ 图 1-19、图 1-20

为愿恳格恩，详清原情，释放以安人心而固团体。事缘互卫局绅姜登泮、曾昭灿三人办事疏忽，蒙道宪恩星亲提监禁，罪所应得，曷敢邀释？惟念泮等当此多事之秋，承各地方父老责以大义，不能不出而任事，惟愿互相保卫，以朝人安己安。当时官兵未来，城勇不敷分布，风声鹤唳，时有所闻，所以愿结团体者，延至十余大款之究。无如土匪日多，洪匪日逼，睹此时局，一时不能了事，乃从公议论，照镇远七属团练办法，请提丁粮盈余。蒙批不准，即绝此念。今正南路之匪，愈劫猖狂，扰及东境，东南绅士始则飞信求援，继则专耆老亲恳，又接恩星府主公事。遂派团丁一千四百余名，出数百里，外经东路而过至南乡，在岑管、牙双、控硐等处地方，与匪连战数日，杀贼无数，团丁伤者亦多，阵亡廿四名，贼败退回粤地。原议出队之月饷，每人六千文，阵亡每人恤赏百串。虽有府示于每石田谷抽钱十五文开销，然分文未收。可怜阵亡家小，啼哭不堪，出队团丁，索饷甚急，团众解体，团首寒心。现在南路洪匪尚未清平，各处劫偷时常发现，万一有事，呼应不灵，黎平生灵何堪设想？恳念大局，赦三人以往之罪，安万众将来之心。在泮等固沾再造之恩，而地方亦感覆载之德矣！用是不辞斧钺，联名公恳。

台前赏准格恩，原情释放泮等三人。三人幸甚！地方幸甚！

## 【中营七寨团首为姜登泮、曾昭灿、杨淮为公获罪呈官求保释事】

◎ 图 1—20

### 中营七寨团首邀恩禀

为公恳原情悯赏宥释。事缘绅耆等北路团总姜登泮三人，前蒙恩星亲提饬押开太监卡一案，实有致咎之由，敢谓缧绁非罪？惟是耆等居在同乡同团，不忍知而不言，用是俯进刍荛，仰祈聪听。窃自反正之后，府县弃官而去，百姓无主，彼时土匪四处蜂起，新军、湘军尚未来援，地方情急势迫。公举姜登泮三人，总办团防事宜，以御土匪，以保公安，原禀有案。所有应纳丁粮，前虽提议除解正供外，禀请以盈余帮助军需，嗣因未蒙批准，即作罢论。但前去支援东、南二路之兵，连与匪大战七仗，团丁阵亡过廿四名，其饷需恤赏无从措出。于是禀请府主下令绅耆等北路一带地方，每石谷田抽钱十五文，以作开各处团丁军饷并阵亡之恤赏。只因军务紧急，逃避者多半，而团总代表顾此失彼，应接不暇，以致民间未能早完国课，咎责团总，亦复何辞？今幸恩星福庇，四路清平，各地钱粮欣欢上纳，将就清款，绅耆等是以不揣冒昧，联名公恳。

作主悯赏原情宥释施行。

## 【隆里各款绅耆为姜登泮、曾昭灿、杨淮为公获罪呈官求保释事】

◎ 图 1-20、图 1-21

**龙里颍王相朝、江桂林，清平颍杨家瑞、龙声道……姚志成、萧坤铭，四知颍杨秀坤、杨昌云，附……吴承桢、吴启泽等保禀**

为愿恳鸿慈赏准释，以安人心。事情因去岁洪匪四起，逼近黎城，人心惶惶，而土匪更行猖獗，劫掠各村，屈指难数。若不齐议联团，诚恐乘机蹂躏。于是我北路各款绅耆禀准府主，立一互卫团防总局，原系约束人心，共保公安起见。正值开约之初，适有东、南二路首人张玉璧、陈士杰等亲来求救，云洪匪数千扰乱南路一带，苦不堪言，祈发援兵以救生命，而局中人叠奉府主殊谕，派兵救援。于是姜登泮等挑选团丁一千四百余在东南堵逐月余，在牙双、控硐、岑管、南江等处连接七仗，阵亡团首、团丁廿四五。所有饷项恤赏，已蒙府主下令我各地方田坵每石田谷派钱十五文，以资开消（销），尚未收入。计此次伤亡团丁数十，共需恤赏数千，无富户乐捐，无公款挪用。千艰万苦，将匪打退，今受专饷不堪，何以处此？在姜登泮等办事疏忽，蒙恩星斥责监禁，咎不能辞，绅耆等曷敢冒罪邀恩？但泮等办事虽欠周到，其居心实为公安，其保地方之一片热心，早已妥乎众望。故各处开赦监之信，男妇同忧不安寝食，千家万口总祈恩星施一线之恩，开三面之网，赦三人之罪，即恩普一带地方。为此联名邀恳。

作主重锱舆情，赏准释保施行。

## 【绅耆为姜登泮、曾昭灿、杨淮为公获罪呈官求开释事】

◎ 图 1-21、图 1-22

**拟此禀上古州新道台递**

为联团敌匪，匪散招惩，公恳原情转饬释放。事缘黎平自反正以来，洪匪猖獗，蹂躏乡村，陈府邓县弃官逃走，四乡生民风声鹤唳。□等地方齐商诸计，惟有互相保卫，庶可永保公安。于是公举姜登泮等出而办事，谨遵政府示谕，于鳌鱼市设一互卫团防局，筹办剿匪事宜。本年洪匪串（窜）入洪州、四乡、平茶一带。正月十三，有东、南路团绅陈士杰、张玉璧、杨永芬等亲赴局所请兵救援，兼叠奉府主调团札谕。是以泮等选派团丁一千四百余名，由平茶驱逐匪党，直抵南江、牙双、岑管、控硐等处，连接七仗，匪党溃败，逃往粤界下江。我团丁团首伤毙廿四名，已造册呈府，申详在案。其有兵饷恤赏无着，前经代表到古州分府禀请，拟将钱粮除解正供外，暂提盈余，以助军需。未蒙批准，已作罢论。只得复谒府主设法开销。蒙府主出示饬令，团内各地方每石谷田出钱十五文，以作恤赏饷项之费，各户多少。泮等正在催收此款，适接梁县主书信，要泮等晋（进）城面会前古州道宪傅，筹办御匪方略、善后事宜等语。故泮等三人欣然就道，行至中途，恰遇道宪亲临晤会，饬令一同入城，竟将泮等交县问供。梁县将姜、曾等监禁。次日饬兵差数十人，手执快枪，一拥至局，声云大兵到，附近居民惊恐非常，搬莅无措，较避洪匪更甚。兵差乃以估收丁粮封条封贴局门。窃思各处丁粮曾否完纳，自有粮户可追，与泮等何涉？今坐以估收丁粮大题，试问所收何往，所纳何人？而东、南、西三路之粮户不完纳者，亦是泮等之估收乎？在泮等带团出境剿匪多次，虽有死伤，而□愈锐，不惟洪匪不能串（窜）入，即小盗亦从此不闻。以善保公安之人，而遭无辜之罪，加以阵亡之恤赏未给，出剿之兵饷未开，人心鼎沸，朝夕追索，全体难安，莫此为甚。若不历情上达，何以伸雪奇冤！是以不揣冒昧，联名公恳。

作主赏准转饬县主，释放泮等三人，覆局筹备饷项开销，团丁存亡，均安施行。

## 【兴和团陈士杰、廖宗锦，致和团廖杰卿、胡称元等为姜登泮、曾昭灿、杨淮为公获罪呈官求开释事】

◎ 图1-22、图1-23

**兴和团陈士杰、廖宗锦，致和团廖杰卿、胡称元等保禀**

为众款哀恳法外施仁，仰念微劳，允保更新。事缘姜登泮等前以办理地方事宜，诸多不合，蒙恩亲提收押，待罪图圄，诚所应得，绅耆等曷敢妄干？第念绅等南路地方向因洪匪猖狂，流离无所，贫则栖山处谷，富者入郡、迁湘以及东南一带逃生不堪。本年二月初旬，刘匪突入平茶，东逃难民乘夜旋回，嗣探匪党从平茶过官团，及中朝各地勒索银两。其时老少妇女方为闻匪复走，提携褓抱（褓），号泣苍天，几如蝼蚁之在热火，无从栖止。时城中兵势单弱，不能兼顾。绅耆等计穷情迫，闻北路三营团兵，素称勇悍，大义廉明，于是又禀请府主征调并专人驰抵鳌市局中，恳祈救援。蒙泮等以东、南、北为唇齿，有牙双石光玉等亦呼号乞求，遂星夜传齐团丁，由潭溪驰出。东路刘匪闻三营团丁势众，未战而走。及泮等兵至耆处，出特硐，匪知洪州不可久踞，又由洪州入四脚，逼收饷项。泮等随援寨追寻，深入四脚，急赴牙双，遇匪于八列八劳，泮等两战两胜四脚各砦及攻围牙双之匪，而匪遂皆纷纷退过粤地，唐曹而牙双垂危之砦保全。继于岑管大战，泮等大胜矣！因泮等地势生疏，穷追失利，张、梁、刘各匪股寻于前，以粤兵蹙其后，合众力抵，拼死突奔。泮众恋战不利，遂退南江、控硐而返。是役也，泮等团丁七日七战，斩匪百十余级，团丁阵亡已者二十四名。危险备历，苦楚尽尝！绅等以团众从事行营，实所目见。泮等虽败，而绅团及东南一带，实未尝不沾感原恩者也。何也？匪踞平茶，逼勒银钱如火，知北兵将至，遑急走洪，致东路各户已缴在绅首之银不暇交兑者，一也。刘匪限十日大至取银，泮等兵出特洞，匪离洪州而东，未出之银不受逼勒，匪封特洞之谷不及搬移，二也。刘匪至平茶，原拟定由绅处南路摊逼，匪由平茶遁去，绅等一带实得保全，老少妻女复还居室，三也。复洪州于久陷，救牙双于已危，四也。四脚一带，被匪烧护，禾谷空虚，仅剩四壁。泮兵开至其地，宿则被鞯乌（无）有，食则油粮多无，战则血肉相搏，行则霜雪交加，五也。泮等以钝器，当抵彼利器，而所杀之匪，较团丁丧毙多至四倍……之，六也。泮等无饷可望，无名可希，徒以地方公安、同胞义务起见，受此苦惨，受此血战，而使绅等地方得以安全。是绅等地方老少应受之祸，男妇应死之人，而泮等团丁实代绅等代受之、代死之也。今泮等身罹法网，罪固有应得，而前此苦战、苦死之微劳，伏乞俯悯，姑从宽贷。一以开泮等更新之路，一以遂绅耆蛇雀之私，且使地方绅民知微功即可以开大罪，未有不踊跃从我者也，为此哀乞。

作主赏准俯允甘结保释施行。


## 【绅耆为姜登泮、曾昭灿、杨淮为公获罪又呈官求开释事】

◎ 图1-23、图1-24

为联团御匪，因公罹罪，邀恳鉴原宥释。事缘阴历三月初九日，互卫局绅姜登泮等三人因奉县函，来城谒见道宪，听谕善后事宜等语。不意半途适蒙亲提发交县衙讯押。是非自昭，恩鉴耆民等何敢冒罪邀恩？惟念泮等三人素行廉谨，不干公事，通地皆知，并非跋扈劣绅纠众为恶者可比。本年阴历正月，洪匪蹂躏东南一带，将及北路地方，是时大兵在远，救援不及，迫切因与各地三营联团开设一互卫局于鳌鱼嘴通中之地，公奉姜登泮等为团总，协同各地首人办理御匪机宜，侯事稍就绪禀，恳立案期有监督，此联团设局之实在情形也。不意时方开局，匪势愈加逼迫，东北一带惊恐非常，纷纷搬莲（徙）。适有南路团绅陈士杰、张玉壁等来局求援，泮等以救东南即可以保北路，遂遵府主札令，开团兵一千余名往救南路，与匪血战，连打七仗，匪死甚多，团丁毙命者二十四名，恤赏无出。先凭各地首人在局提议，禀请除丁粮正供外之盈余以助恤赏，是时地方尚未知丁粮盈余概随正供报解，既蒙批斥均悔，至妄无知并无佑抗情□。不意地方至民听风是雨，藉口乱言，致使有干霆怒。其实丁粮之所以迟迟不纳者，前因反正未久，陈守邓令潜逃无主，后因匪势猖狂，富户多奔远乡，以故互相观望。如以佑抗论泮等谨办北路团防，为能阻止东南西之粮不纳，此情此理难逃洞鉴，是泮等总有致罪之由并无应罪之实也。至于禀传府主札令，就北路有田之家每石抽取钱十五文以作阵亡烧埋之费，亦是北路各团首人公议自愿，并非泮等独断独行。现在此钱尚未缴局开销，可怜阵亡之家小朝夕上局悲啼。今闻泮等监禁待罪，均皆撞地呼天，在恩星泽沛同胞，既已恩造二天，无难网开三面，为此不揣冒昧联名公恳。

作主赏准鉴察原情，宥释施行。

## 【兴和团士民张玉壁、陈正邦等为姜登泮、曾昭灿、杨淮为公获罪呈官求开释事】

◎ 图1-24、图1-25

**具公呈　兴和团士民张玉壁、陈正邦、周光祖、李本善、粟成文等递府道禀稿**

为前德难忘，用是公恳仰叩鸣慈网开三面。事缘姜登泮、曾昭灿等既今罪办监禁，士民等曷敢妄恳鸣恩？惟是士民等大南路一带地方于本年正二月被土匪、洪匪蹂躏不堪，彼时城中既无兵可救，而各地又无炮械可御，非该姜登泮等仗义发其三营团兵于南江、乍团、牙双、雷硐、地平等处昼夜苦战，浴血抵御，则不独四脚牛与士民等成为齑粉，即郡城恐亦殆哉岌岌。此非士民等阿私朦蔽也，黎平各路绅民皆无不可以访质？况该姜登泮等与所代（带）团兵，虽皆系奉城中府主与绅士函调，究无一粒一系粮饷，而叠次血战，且死亡数十名之多。不独并未蒙杯酒办□，以悼义魂泉下，且亦并未受过寸丝寸帛，以卫（慰）死者家人。使姜登泮等当官绅函调之时，以自保其村寨为辞，不肯投袂而起，则士民等父子、夫妻未必今能团圆也。士民等既受其如此骨肉之德，而乃任其幽于囹圄，袖手不为一言，士民等诚犬彘不若也。或谓士民等之所受于姜登泮等乃是私恩，而泮等所犯乃是公罪，国家律例不能以私人之恩而废刑章。然姜登泮等既能杀贼又能保民，其功未尝不可以公之于国，是否可以将功抵罪之处，伏堂俯顺舆情，网开三面，鼓励人心，以激后世。为此伏乞。

　　台前赏准推恩赦释，不忍禁囚对泣，更祈□□宏开，情迫水火，投诚保释施行。沾恩不朽！

## 【众人为姜登泮、曾昭灿、杨淮为公获罪呈官求伸雪奇冤事】

◎ 图1-26、图1-27、图1-28、图1-29、图1-30、图1-31

**拟此禀上递各都督伸雪奇冤稿乾作**

　　为联团受害，打匪遭殃，缕悉陈情，恳查拯救。事缘绅等黎平，自去岁以来土匪蜂起，经李统领到黎拿办，地方略安。蒙饬示务结大团，以保公安。未及反正，洪匪猖獗蹂躏南路，陈府弃官，邓县逃走，风声鹤戾（唳），四民惊惶。绅等思维，若不遵李统领之示联团互卫，何以保全地方？于是约集北路各团绅首，禀请府县，择鳌鱼市适中之地，设一互卫总局，以保公安为宗旨，以御匪党为目的，余皆遵自治章程办理，公举姜登泮、曾昭灿为局长，各团举一、二人为局员。本年阴历正月十三开会，正值南路粤匪肆虐烧杀洪州、下江一带，适有兴和团张正璧、致和团陈士杰、牙双团石光玉等亲到局所求援，叠奉府主杨、彭札谕派丁出救。是以绅等选派团丁一千四百余名，由潭溪过平茶驱逐匪党，直抵南江、水口、地平、控硐、岑管、牙双诸匪巢，连打七仗，杀死匪党百余，匪败退去粤界。团丁阵亡廿四名，伤者……呈府，谅已申详在案。其有丁饷、恤赏项无从筹出，只得禀恳府主，设法开销。蒙赏示谕，劝团内地方每石谷田出钱十五文以作恤赏，饷项之费，各户业从，照抽无异。绅等正议催收，三月十八接梁县主书信，要绅等进城面会古州道宪傅，筹办御匪方略、善后事宜等语。故姜登泮、曾昭灿、杨淮等三人欣然就道，行至中途，恰遇道宪亲临，饬令一同进城，竟将泮等三人交梁县问供，责打监禁。次日即饬兵差数十人手执快炮，凶拥至局，声言大兵即到剿洗，附近居民鹜恐搬移，较避洪匪尤甚。兵差乃以估收丁粮封条封贴局门而回。始知道宪误听谗言，坐以收粮致防国课，设局扰害民生诸大罪，且出招告欲置于死。独不思设局，所以御匪联团，所以自卫，皆为国民应办之事。北乡之民远救南路，将匪打退，不无微劳。招告数月，不惟无人控告而具系禀者四路约二十余计，何为扰害民生？至于丁粮，皆由各匪扰乱百姓，搬移未□，以致延误。今粮已收齐，试问有一丁一户为泮等所收乎，何为估收误国？以此见责，未免视民如土芥也。以社会有功之人而加以无辜之罪，共和民国岂宜有此？现在阵亡之恤赏未给，剿匪之丁饷未开。人心鼎沸，朝夕难闻，全体不安，莫此为甚，将来有事谁肯相救乎？若不历情上达，何以伸雪奇冤？是以不揣冒昧，粘抄各项文牍禀词联名远恳。

作主赏准饬查明确，释放姜登泮三人覆局筹饷，开销团丁，存没均沾。不惟泮等三人法戴二天，即绅等北路全体地方，均顶祝不朽矣。

## 高坡九寨邀恩禀

为邀恩开恩、恳恩怜释生死沾恩事。窃闻有罪当诛，不诛无以昭炯戒；有功当赏，不赏无以励贤能。如北路姜登泮、曾昭灿、杨淮等所作之事经大人亲拿监禁，罪有应得，何敢妄邀？而四民等有不能显然者，特为我父母缕呈之。在泮、灿、淮三人具系寒门，素不经事。地方父老见其朴实可以服众生，于是各团绅者再三卖以大义，然后出而从公。今因地方公事而致受累图圄，其可怜者有五：一也为况登泮五旬无子，家有一妻一妾，多望小贸以资生。昭灿妻女在堂不知生理，多望苦耕以糊家小之口；杨淮母早年去世，赖父教读以辅成人，今父年逾七旬，家无次丁奉养，二可怜也。能以北路之团丁出而救东南之百姓，以最钝之军械敢与最利之军火对敌，奋不顾身，竟将贼众打退，黎平城乡得以无虞，团丁阵亡者二十四名，受伤者数十计，三可怜也。未出队之先，原议团丁月饷每名钱六串，阵亡者一百串，受伤者着轻重给发药资。虽府主出示于团内，各地方每石谷田抽钱十五文以开销，此项现在分文未收，阵亡者恤赏无着，出队者月饷无回。生者不安，死者难慰，四可怜也。在泮等办事虽欠周到，居心实为公安，其保地方之一片热心早已孚乎众望，故闻收监之，信男妇同受，不安寝食。千家万口总□大人施一线之恩，开三面之网，赦泮三人之罪，即恩周一带地方，如此人情，五可怜也。有此种种之苦，情特为哀告用尽。不揣冒昧联名公恳。

作主怜恤，准释泮等三人出监赦罪施行。

## 拟此邀恩禀稿

为恩外邀恩，众恳格恩开释无辜。事缘黎属地方自癸卯甲辰遭粤匪扰攘，南路之下，江丙姓、皮林、龙头、贯洞以及六硐一带，逼近永从，势如破竹，志在攻取黎平城。府主即开泰县王左州道，万见事不偕，亲调三营出防，而三营总理姜兴胄、姜德相、龙荣魁、欧田伟遵调带团兵而去。蒙府县当派该军分队出城，偕楚军此战欧田伟奉命开差，连接数仗，敢（赶）贼退三防地面。黎之东西北三路赖以粗安。近年以来，托蒙福庇，地方虽不遭大作而小偷之辈无地不有、无村不闻。及至去年，洪匪、土匪四起，或明火劫掠，或白日捆护，或拦路劫抢，或捉人勒索。报案者日以数计，当道者置之不闻。□等见此盗贼蜂起，成何世界，四乡绅民不约而齐同进城面见李统领，张营官禀明受害者切情形。当蒙吩示，务结大团练乡兵，设公所以维系，方保地方公安，当即具呈邀恳统领与府县均蒙批准在案。未见反正洪匪显，然猖獗县主邓遂札调三营团丁保城。不意到城竟闭门不纳，反将代表范锦玖、李培轮、潘志文等拘留。团丁旋同（回）又等见此匪起时局，若不送李统领与府县主之示联团互卫，何以保全地方，是以约集北路各团绅首，设团防局于鳌鱼市适中之地，以互卫地方公安为宗旨，以御匪党为目的，名曰互卫局。余皆送自治章程办理，遂公举姜登泮、曾昭灿为局长，各团举一、二人为局员，杨淮为文案。本年阴历正月十三开会，正值南路粤匪肆虐烧杀南路地方。适有该团绅张玉壁、陈士杰到局求救，谓我南路此次遭匪蹂躏，多股进攻，约以万计。虽前次所遭，未若此次之烈，幼女烈妇失其躯，猪羊鸡犬绝其种。欲效命而战，奈人心不齐，风闻远遁，贼如入无人之境，烧煨一空，虽进城求救，而城兵无多，立候黔楚两军，一时不到，缓不能济急。地虽分南北，情即同胞，总求同胞去救，方得完全，南路遭劫与北路何异等语。泮等见伊哭求如此，比包胥更切，义不容辞，又奉彭、杨两主照会扎谕书信等件派丁出救。于是泮等选派团丁千四百余名，开差直抵地平、地青、南江水口、八劳八列、控硐、岑管、牙双等处，连打七仗，金鼓互喧。虽以最钝之器，敢与快枪矢锋，山川震动，男女凄涕，杀死匪党□，余匪败退入粤界。团丁伤者数十，阵亡者廿四名，尸尚暴露未收，军饷恤赏无着。蒙府主饬令北路地方，于每石田抽钱十五文以作军赏、恤赏之项。泮等正在催收开销，忽恩星亲提问供监禁，彼时□等闻之不胜骇异。即欲前来邀恩，只想案关重大，不敢干涉，嗣后闻谓泮等估收丁补，冒执大令。窃国家皇粮丝毫为重，何敢估收？今已收齐，试问所收者何户？所纳者何家？梁县招告数月，亦未见一丁一户控呈，此其显然而易见者也。若云大令乃杨正清大人出动闽浙（浙）齐楚黔蜀诸省军务之令，于某年告老回乡，随带为梓。此次出援南路，恐弟子兵无约束、无法纪，正清随带督队，以正军威，不是泮等所造赏，阅新旧自明。似此情形纵泮等罪犯监禁，恳将功可以赎偿。闻各处团绅俱保禀者亦以十数计。恩星万民父母痌瘝在抱，悲悯为怀，好民所好，恶民所恶，决不以社会有功之人而加以无辜之罪也。现在阵亡之恤赏未给，剿匪之丁饷未开，人心鼎沸，朝夕难闻，全体不安莫此为甚，是以不揣冒昧联名邀恩。

作主赏准俯顺舆情，释放姜登泮等三人，再恳覆局筹饷开销，团丁存殁均沾厚德施行。

## 又邀恩禀稿

为恩外施恩赏准保释。事缘黎平一府，地处偏隅，界连楚粤，屡遭匪患蹂躏东南。去岁，蒙黔李统领、张营官到黎办匪事件，绅等面谒，将地方受害情形禀明。当蒙盼示尔等，务结大团，必练乡兵，设公局以维持，方保地方公安。当即具呈统领与府县，均蒙批准在案。未几反正，洪匪果然四起，若不遵示照办，何以保全地方？是以北路各团绅首议设一团防互卫局，于敖鱼市之适中之地，以互卫地方公安为宗旨，以御匪党为目的，余皆遵自治章程办理，遂公举素孚重望之姜登泮、曾昭灿为局长，各团举三人为局员。本年正月十三日开会，正是粤匪蹂躏南路地方之宽窄，团绅求救之缓急，匪势之威劣，匪党之多少，打仗之胜败，军器之利钝，团丁之伤亡，匪人之退否，想府主申详早在洞鉴之中矣。但姜登泮等歇队回，后军饷恤赏无着，禀商府主，蒙令饬北路于每石田抽钱十五文以作此项。泮等正在催收开销，忽蒙县主手札，晋（进）城面会道宪，熟商善后事宜事件，路主中途果遇道宪，蒙饬令一同晋（进）城，交县衙中监禁。闻谓泮等估收丁粮，□等未闻此等情事，又谓冒执大令窃大令，乃杨正清大人前侍苏大帅当营官时所赐，出剿闽、浙、齐、楚、黔、蜀等省。于一年假回，随带为梓。此次奉府主杨、彭照会，□谕出援南路，诚恐弟子兵无纪律，随带约束，并无私造情事。今恩星将泮等监禁，罪亦无辞。然事有原而委有曲，而情亦有可原。姜登泮、曾昭灿一介寒儒，言不苟笑，不且正直无私，素不干预公事，兼素孚众望，合团公举为局长，而杨淮年幼失怙，随父困读，乡团见伊年轻勤俭，举为局员。泮等若有过犯，绅等亦不能邀恩。第闻上递邀恩禀者以十数计，可见万口一词，总求恩星原情，施一线之恩，开三面之网，赦伊三人出狱，德戴二天，为此联名公恳！

　　作主赏准保释泮等三人出狱施行，沾恩不朽！

## 【众团丁为姜登泮、曾昭灿、杨淮因公获罪呈官求保释事】

◎ 图1-31、图1-32

### 又将阵亡并团丁口属拟一保禀

　　为死尸靠葬，生饷靠开，恳释魁首，筹备开销，生死戴德。事缘罪兵一千四百余名因本年正月内有局总姜登泮、曾昭灿等统带罪丁等前往东南救援，一路军令森严，枕戈宿剑，奋不顾身，一心扫除匪氛为宗旨，保全同胞为目的。东南数十寨之生命财产始得以保全，四民亦得而乐业。兼叠奉府主照会殊谕，饬令罪丁等分一股解牙双之围，又一股剿堵洪州之贼，七日七仗，枪声如雷，炮子如雨，冒刀抵剑，战衣透血，杀死贼匪百十余名，贼败入粤地。罪丁等虽被匪炮死廿四名，受伤者数十计，此非罪丁自招之祸，实替南路而祸之也；亦非罪丁等自应死之人，亦替南路百姓而死之也。罪丁等追贼已过界，死犹生也。贼匪已退，不独东南同胞人民乐业，而全郡亦均无忧。只望阵亡者日后得一帛一布，安慰子女；出阵者得一钱一粟，奖励志士。岂知平匪而后，不惟不顾死尸未葬，生饷未开，竟被县令牢笼哐哄。罪丁之局总姜登泮、曾昭灿等三人晋（进）城，面会古州道宪傅，熟商甚是御匪方略、善后事宜等情。故罪丁局总闻县主手函传唤，欣然就道，路至中途，果遇道宪，蒙饬令一同晋（进）城，忽交开泰衙中监禁。诚罪丁等局总罪所应得，不能稍容，罪丁等曷敢冒渎？然罪丁等局总，罪有可原者三。在罪丁等未出队之先，议定每人月饷钱六串，阵亡者恤赏一百串，受伤者看轻重给资。今罪丁一千四百余名，阵亡廿四名，其款甚巨。阵亡妻儿靠此盘尸，出阵团丁得此养亲。一旦将罪丁局总久监不释，人心定然鼎沸，莫可挽回，此其罪有可原者一。前蒙恩扎谕于罪丁等各款各寨，每石田抽钱十五文以作兵饷恤赏之项。虽各款均已乐从，已派未收，而且有劣衿缪葛。今将罪丁局总久监，各款业已解体，谁肯出首催收？不独罪丁生饷未开，死尸暴露，而恩星爱民之慈心尚付于九霄，此其罪有可原者二。罪丁局总监禁，而后兵差四处流言，时刻下乡索扰，动曰大兵到剿洗除根，亦曰捉拿来革杀。四乡人民见兵差搬移不及，公益之士闻兵差逃避无所，避兵差较避洪匪更胜十倍。试问地方与局总何罪，而要捉拿革杀，剿洗除根。伏罪丁等不过追匪越界，追匪森严，此是为公安起见，并非扰乱公安，此其罪有可原者三。兼罪丁局总为联团而受害，平匪而招惩，在罪丁等思之，莫非效古法只准将军定天下，不准将军见太平之说。然似此洪匪仅稍稍退为粤地，尚未肃清，就行此毒手，就诬罪丁局总以收粮致防国课，设局扰害民生诸大题，而且出招告数月，欲置局总于死地。此等手段在满清专制时尚且不可，何况共和时代乎？为地方官者断不宜有此嗟嗟。罪丁局总有功社会之人而罪之，日后社会之事任其扰害也。无端听谗而囚监正士，是使热心社会之人转而为寒心，闭塞贤路由此起矣！用是不揣冒昧，以死保生，联名泣恳！

## 【兴和团陈士杰、廖宗锦为保释姜登泮等禀请知府附文之二】

◎ 图1-32、图1-33

### 又自拟一禀藉泮等之台案下

为将错就错，泣恳原情将功责罪。事窃人之错必待旁言而后知，泮等之错岂必他言而始觉。去岁由反正以来，泮不该误错而正系受错者共有十焉。当府主弃官，县令逃走，而后百姓无主，人心鼎沸，兼之土匪、洪匪四处锋起。泮等正系隐姓埋名，不该仗义从众联团防匪，并堵剿柳霁、王寨、小江之匪党，致使匪贼一起而即灭。是泮自知被匪头之忌者，一也。本月（年）正月，黎、柱、青、锦四属会议，联大团互卫团防局时，不该乐从众举泮等为正副局总，正系推升别委，怎奈时局艰难，义不容辞。是泮等自知被专制人之忌者，二也。刘、梁、张匪头烧杀东南，泮等生在北路，正系解体自顾，不该率团丁越界征剿，使匪势不得鸱张，内奸不能行其策。是泮等自知被奸贼人之忌者，三也。东南百姓被刘匪烧杀，本与泮等如风马牛不相干涉，正系整戈旁观，不该督团丁杀毙贼匪百十余人。此是泮等自知被跋扈人之忌者，四也。泮等督团丁追贼步紧一步，恨不得一杆杀尽贼匪，以同胞雪害，而匪退入粤关，正系使素餐尸位辈有衣锦之可靠，不该使人民得未耕春。是泮等自知被尸位人之忌者，五也。想泮等统兵千余，由北路而趋东南路，行数百里，男女老幼安静如常，士农工商如常安静，人虽众而心则一。泮等存此胞与为怀之心，正是有过而无功之处者，六也。泮等在南江、牙双等处，七日七仗，血透战衣。泮等以刀杆兵器杀败快枪之贼匪，以北路之团丁远救东南之百姓，未分彼此，不惜身命。是泮等救同胞之难，解社会之危，正是有劳而有怨者，七也。泮等出援东南，宿不求垫席，食不求油粮，行则霜雪交加，藏则剑刃迫胁，患难相共，受辱相同。泮等本是难民而救难百姓，虽有劳苦而无益者，八也。平匪而后军饷无半粒可邀，阵亡无人而安慰，死尸暴露，生饷未开，虽各款乐捐田钱，摊派将就，分文未收，不敢强逼。正是泮等愚朴自守，倾私囊自开而受害者，九也。泮等未设局之先，在满清时已奉李统领扎令整顿团防，反正而后亦奉政府并府县明令联团防匪，保卫公安。据此泮等本无越分妄为之条，承上起（启）下之事，此十也。兼者泮等洁己办公，反因公致咎，尽心互卫，身遭非刑。泮等之忌虽多而劳苦亦不少，俗云："一人饱馁千人恨"，何况泮等系四属公举之团总乎？何况泮等首领千百团丁，克复东南数百砦之生命财产乎？泮等三思有此功过两抵之事，虽带枪剑疆场，有何足惜！虽受监禁拷比骨肉朽虏，又何足惜！泮、灿五旬无子，淮父年逾七旬，无子留养，亦无足惜！独惜天下后世无热心公益之人！亦惜天下后世爱热心公益之人，以泮等为表率也！当此多事之秋，如有热心保卫公安者，着眼视泮等坐通牢底也，慎毋若泮等因公事而损私命也！嗟嗟冤矣，为此泣白！

作主赏准原情释放泮等再生之路，勿闭将来之程途，泮等幸甚施行！

## 【姜春隆之妻为其夫筹款被劫，中仰绅首坐视不理且绅盗相通等情呈官求究讯事】

◎ 图 1-34、图 1-35

**春隆被劫报官，恐官下乡勘，拟此禀以作隆妻递之稿**

为绅盗相通，杀夫劫财，续恳严拿律办，免盗鸱张。事缘氏夫姜春隆数代□朴，穷苦终身，蒙地方父老见其正直，饬令充当保长，凡百事务跑走往来。前出援东南之军需未催，以致死尸难葬，生饷难开，日夜追索不堪。于是本月十一日，地方呼唤氏夫前往各处催收捐款，开销出援团丁。氏夫由加什过中仰至韶霭，收获韶霭钱八千余，请伊寨李爱龙挑钱六千文，氏夫挑钱贰千余。路至中仰寨边一里之遥油山内，突出强盗数人，满涂黑面，手执杉木杆子，追呼而来，势不由分，先将爱龙追跑，复转围氏夫于内，竟将氏夫杀倒。钱已抢去，身受重伤，爱龙已跑，至中仰寨喊救半日之久，氏夫见无一人来救，诚恐盗贼复来结果性命，冤沉海底。是以氏夫慢慢抓至府培党造之牛棚喊救，而牛棚之人即时跑至韶霭，呼喊来后生十数人。见氏夫昏迷，一半追盗，一半扶氏夫至中仰，告知抢劫情节。而中仰绅首陆正成等不惟不派人追盗，反云各自被劫，与我地方有何相干，就杀死人命亦不关甚事，韶霭追盗之人闻此言而散。三更后中仰绅首陆正成、陆志文、陆茂富等暗地专人将氏夫抬回已近五鼓，一到氏门口，抬夫即跑。窃念氏夫伤痕已重，血脉来多，兼受路上风邪，早已不知人事。氏子母见此，哭声满屋，一面报知氏地方，一面请道士药洗，始得悠悠耿醒。地方父老即问故追究抬氏夫之人，其人已早跑去。越日清晨，地方父老到中仰问被劫情由，看强盗来去要口，而中仰陆正成等坐视不理，隐匿不见，似此可恶之至。氏夫在屋边被劫，竟云不相干涉，独不思劫命关天，老少均有责成。何况氏夫系地方之人，亦是地方紧要之人，是氏子母生死靠望之人，一日无夫，终身无望。前陆正成等坐视不理，隐匿不见者，其故有二。中仰绅首素与盗贼通气，若一派人追盗，恐露隐盗之情，地方不依，官府不容，其故一也。中仰通寨素出强盗，绅即盗，盗即绅，若出入捉盗，恐皆昔盟，其故二也。于是绅为盗隐，盗为绅隐，若不泣恳严拿律办，不独氏夫一人受害，将来地方来往妇女客商定遭蹂躏矣！为此泣恳。

作主赏签坐索中仰绅首拿盗追赃，则氏夫被劫之冤得白，地方得安施行。

## 【古州道傅禀互卫总局姜登泮等三人事】

◎ 图1-36

### 古州道傅禀我互卫总局总董姜登泮三人稿

为呈请核示遵办，以卫地方事。窃查团首姜登泮等与在逃范克振、王承恩狼狈相依，在距城六十里之鳌鱼嘴地方设立互卫局，私收丁粮肥已。因其党羽甚众，又值多事之秋，地方官恐另生枝节，是以不敢过问。当经良弼以查团为名，亲往该处将姜登泮、曾昭灿、杨淮三人诱令同回黎平，将局封闭，并于该局收获伪令三校在案。其范克振、王承恩闻风脱逃，现饬严拿，尚未缉获。查姜登泮系该处首恶，局中系伊总办，又自命为伪参谋主，曾昭灿、杨淮不过同恶相济。随令开泰县令英龙审讯私仗丁粮、擅杀各情，供词狡展，诘其伪令由来，无词可答。因范克振等在逃，当未缉获，是以饬令暂行监禁所候，呈请宪示办理。该府县丁粮经大队长与署道将石灿珠讯办，职拿获姜登泮等监禁后，各处花户连日完纳，足见该首等从中阻挠，情节不虚云云。

批：应准暂行监禁，此缴。

七月初五日录翰阶对傅府主口供于后，府主传公坐花厅炕床上不设公案。

## 【文斗绅耆为姜春隆被劫，中仰绅首坐视不理且绅盗相通等情呈官求究讯事】

◎ 图1-36、图1-37

### 因川隆被劫，我们中堂公禀稿

为据实禀明，公恳勘职，以靖地立。事情因本月十一日二更时分有中仰寨陆绍仁来报姜春隆在伊寨边被劫，人财两伤等语。当嘱就近抬至中仰调理，一面发人缉盗。其人去后，次早未亮，姜春隆之妻来报，鸡叫时中仰陆正礼等专人将春隆抬回，受伤甚重，人已昏死等语。绅耆等当到伊家看春隆脑后一伤，皮骨俱破；背上至腰有数青紫伤痕；左脚胞有一伤，约寸半深，宽一寸，长有四寸；右脚由膝而下一连三伤，大小深浅不一，其伤实重，当觅人多般调治。又约绅耆往中仰查勘，是何地界，如何被劫情形，而韶霭乡团某某等亦到彼处会合。三面凭加什姜凤岐、平鳌姜全贵到被劫之处看过，仅隔中仰寨不过一里之遥，踩烂之草由路边下冲有数丈之远，血流颇多，大约相持已久，一人难于打两，况手无寸铁，所以受此重伤。又在路上油山之脑拾得春隆烟杆一根、皮烟包一个，人坐钱印之处显然，定在其处分赃。中仰总甲陆正礼、陆志文、龙光培、陆茂富等一味支吾。帮春隆担钱之李爱龙来说，昨日被劫，有盗四五人，皆尽墨脸，手执刀杆，喊杀横抢，乃本处口音，我丢钱而跑。当到你寨喊救，不发一人搜山，而韶霭出来帮追之人谓我一路追来，捡得贼刀一把，及到你寨约追，并无一人承应。若当时多有几人搜山，必得强盗无疑，可谓见死不救。绅耆等谓人受伤已重，原记你们就近抬至中仰调理，免受风露难医，何以连夜送至文斗？中仰去人无言可答，观其情形，其中多有碍难认之处。绅耆等要中仰出花红缉盗，均皆不愿，可知此盗定是中仰之人，明知不好出人捉捕，是以观望推诿。况该地素来多盗，屡屡有案，无处不知，如此养盗殃民，将来贻害不知伊于胡底。若不据实禀明，恳勘缉盗，不独春隆冤不能伸已也，事关众地方身命财产，是以联名。先生台前作主签勘被劫之处，被伤之人，坐中仰拿盗，务获追还原赃施行。

为邀恩豁免，以恤穷乡，而安百姓。事缘前日奉到恩案追缴三营在江领办团银五百两，理合即缴，曷敢昌渎，但有情不能不上邀聪听，窃三营自咸初遵胡文忠公团练法，靠实办理，除保地方匪。

## 【杨双合、李忠寿为姜桂祖买产不清，其侄恃暴阻木呈官求究讯事】

◎ 图1-38

### 杨双合、李忠寿告禀

为侄卖叔摆，阻夫截木：恳诉兵差签拘律究。事缘商等本年五月，民胞弟象明与李忠寿往文斗寨用价一十三两买获姜桂祖、姜相连叔侄对门四里塘桥溪子木杉山一块，约毛木五百余株，当时指界兑价无异。民即催夫砍伐毛［木］五十余根，搬至溪岸，木将落河，突遇素行强暴拷撍营生之姜某某，忽称此木伊有股分，逞凶阻夫，勒要山价，如其不然，即将木砍截。民见凶暴骇然，不敢事辩，特向卖主桂祖等理论，桂祖等婉言。买主不清，卖主理落，世之常情。后此不知桂祖等往某某处问理与否，遂匿不出，左支右吾。民察其情，伊叔侄见民至懦可噬，狼狈为奸，卖阻自由。嗣民接家书，五弟象明已故，民回家理料，将木延搁不搬。至十月民往该处搬木，讵料某某乘民弟新亡，随带多人手执利器，横恶异常，截断民木五十余根，擅行霸阻。桂祖等又躲匿不面，暗纵某某出首混争，使民艮（银）木两空。似此侄卖叔搕，若不恳派兵差签拘恶等，文斗中营久为不法之地，抗官殃民，俗同化外，不独万难到案，而且逾肆凶横。民等父娘血本难为，受害不堪设想矣！情迫不已告乞。

台前作主俯赐得力兵差拘恶到案，追还民木以为商业，而惩绝横人施行。

批：所呈如果不虚殊属非是，候差提讯究，此谕。


## 【族人姜希相为买卖两手因山股不清，恐殃及自身呈官呈清事】

◎ 图1-38、图1-39

**民国二年阴历正月十三日，姜希相以城楼失火殃及池鱼情由，具诉杨双合、李忠寿二人之侄卖叔摆，因此自拟一禀稿以拨伊二人，此禀已未递**

为已除复卖，更变无常，诉恳讯究。事缘□等通家于满清宣统二年，凭亲族将先祖遗留之山场照股阄分，凡山之股数、界止尽属□一人指引发誓，拈阄承族。侄姜希相叔侄念□分山劳苦，自愿将分落名下之山场一块，地名污格溪，另名污干宜，其山原先分作六大股，该先祖辈陆续买全，姜通义、姜本清、姜本望、姜凌云、易名爵等之股，此界之栽手系□全占，姜桂祖叔侄凭亲族姜某某、某某、某某等将此山筹谢□分山之苦，并无强迫情事。宣统三年七月，□卖此山内之脚木与周泰利砍伐，正值反正，行市全无，未搬放在山内。去岁五月，族侄姜希相又将已除筹谢与□之山，割去左半边岭，卖与李忠寿、杨大五、斧印杨双合砍伐，连□旧卖砍之木一概搬出。□等知之，即请乡团姜某某、某某并忠寿族长李忠华理阻数次，杨大五自知理曲，错买错搬，央求忠寿内亲杨岩保、姜某某于中内劝。蒙中人劝令，宣统三年周姓砍之旧木为周姓售卖，去岁姜某某误卖与李忠寿砍之新木义让与忠寿搬卖，忠寿另补□山价足银四两八钱正（整）。其银尚未补出，当时两下凭头夫姜超元分拨清白。李姓即刻催夫搬出，嗣后杨大五因赶场覆舟命毙，忠寿等所分得之木成排装，大五之尸放下，而卖与周姓旧砍之木，新旧三年其木尾皮脱尽，依然放在溪中。有杨大五之杨二哥者，自称会匪人多，沿江一带尽属哥弟，意欲充满虎腹，一网捞尽阻号。阻□旧木外，胆敢先发制人，以侄卖叔搨情由具控于恩星案下，蒙票差提。而姜某某叔侄又以城楼殃及池鱼等情具诉，蒙批仰总理乡团理楚。窃念城楼失火因何而起，殃及池鱼所因何故？姜某某叔侄不自改悔一计三害之过，而反欲脱过于人，于公理难容。姜某某词称所除者得易名爵之六两山也，所卖者得姜本清之六股山也。似此播弄已极，就属六股、六两相连，六股山定凭六两山，而六两山亦必抵六股山，然山既分六股、六两，定非一人全占，亦非一契全卖，姜某某叔侄之契未卜全得否。兼姜某某以全除而割卖，实见利而忘义，以一山而分二山，果反覆（复）无常。况且除此山亲族现在墨水未干，就行此魍魉手段，则□徒劳心血而无益，受姜某某人情虚而无实矣！为此诉乞。

## 【木主为李忠寿、杨双合妄砍杉木，反先诬恐等情呈官究讯事】

◎ 图1-40

**李忠寿、杨双合原禀以害命谋才（财）具控黎平府传批烂。我们拟此禀去诉，因李之禀未准，故所未递，记此**

为虎腹难饱，已得复霸，诉恳严讯，祖业免烂，木业得清。事缘于去岁六月内，有河边素盗河木之李忠寿，勾串无货不收之杨大五、名象明统夫故砍□污格溪水、污该宜之山场一块，约木数百根，并□去岁已砍该山有旧木三百余根，尚在山内。杨大五一面零星锯栽桐，一面催夫急拖。□知觉，当请地方乡团姜某某、某某并保长姜某某，向忠寿之族长李忠太、忠华等理阻理论数月。杨大五自知公论难逃，央求忠寿内亲杨岩保、姜某某、某某于中内劝，自愿登门服礼认错，甘立错悔字据。□遵中劝解，杨大五其年妄砍之新木义让与杨大五售卖，另补□山价足银四两八钱。其银尚未补出。而去岁自砍之旧木仍为自卖。凭中分拨清白无异。杨大五分得之新木于十月十七、八日拖出成排，运至江售卖后，复具伸帖号阻□旧砍之木，藉杨大五覆舟命毙为词。然杨大五虽已命毙，分木尚有李忠寿在场可凭，反胆敢称害命谋才（财），削印盖印等情具控□于恩星案下。理宜诉明，免蔽天所。窃念□家数代公益，荡产倾家，不知几许未卜，所谋者何人之才（财），所害者谁人之命？若论杨大五之覆舟，不止一人，不独一姓，男妇共死七人。杨大五之死并大五已放下江之木，现有李忠寿、姜大邦、杨老得、向老三、马老贵等捞尸，将尸放在木排运至卦治为证。兼杨大五之杨二哥名玉寿者，真谓人之无良莫如杨二哥之为甚，意欲图谋□旧砍之木，充满虎腹，飞祸嫁冤，已得复霸。致使山烂冤深，遂快虎狼心性。若不应情诉明，则□真冤上加冤，为此续乞。

作主赏准严讯李忠寿，则真情实据，定石现水干施行。

## 【为李忠秀乱砍姜希相酬谢之污干宜山场呈官求讯断事】

◎ 图 1-41

### 拟此禀以希相口词

为以仇报德，无证诬控，诉恳原情，免山空烂。事缘本年六月内，有河边李忠秀勾串杨大五、名象明眼见□堂叔姜某某于去岁旧砍污干宜之山条木数百，因米价昂贵未搬，现在山上。忠秀见该山宫远，以为未知，暗地雇夫姜成吉到该山，零星截桐，搬出河岸。堂叔某某知觉，前往该山，号即请地方乡团姜某某、某某，并请忠秀族长李忠华等理阻。大五哥自恃为外乡客人，弟兄众多，时来时往，以故理论数月。乡团等斥其理非，而大五亦自知理非，□姑念忠秀系子婿之分，于中劝解杨大五，自愿登门服理，立有错悔字据。大五所截去五十余根之装桐，乡团劝补□堂叔某某山价足艮（银）四两八钱整，除杨大五截去装桐之外，所存旧木若干乡团断令又为堂叔某某售卖。其杨大五强截之装桐，业已早放下江售卖，现有姜大邦等撬放可质。兼杨大五以仇而报德，无证诬控者，其故有三。杨大五词称被艮（银）十二两。与□买获四里拱桥溪子山，究竟凭作何人？既是子山杉木，焉能砍得？其诬控者一也。具杨大五催夫砍得毛木五十根，搬至溪岸，木将落河，既是毛木五十余根，焉能值得足艮（银）十二两之理？杨大五惯收非货，非贱卖不收，其诬控者二也。杨大五词云向卖主理论，而卖主竟匿不出面，又对谁左支右吾？理论定凭地方，而大五之请地方者，谁可见？诬控者三也。杨大五自妄砍□叔之山，理无可逃，情难宽宥，再三央求□于中内劝，□看是□之女婿，应允排解，不以德报德，反以害加恩，天下之无良莫此为甚。论其情□乃忠秀之岳丈，忠秀乃□之女婿，论其理大五二人系盗砍堂叔之山，强截堂［叔］之木。即如盗伤失主，而失主可容，而盗反不可容乎？若不历情续明，则以仇报德，无证诬控之情真冤沉海底矣，为此诉乞。

台前作主核夺施行。

## 【为姜希相叔侄擅卖已做酬谢之污干宜山场，李忠秀、杨象明乱砍污干宜山场等情呈官求讯断事】

◎ 图1-42、图1-43、图1-44、图1-45、图1-46

### 六月初四遵此禀，在总办诉杨双合之词

为已除复卖，更变无常，赏提卖主讯究，清白免受血污。事缘□家于宣统二年，通家凭亲族将先祖遗留之山场照股阄分，凡山之界至股数，内系□一人清查拈阄，而后承族侄姜希相叔侄念□分山劳苦，自愿将分落某某名下之山一块，地名污干宜，界至上凭路，下抵溪，左右抵冲，其山原先分作六大股，该先祖陆续买得姜通元、姜通义、姜本望、姜凌云、易名爵等之股，而姜希相叔侄凭亲族姜永成、姜正儒、易元泉等将此山筹（酬）谢与□为业。宣统三年七月内，□卖此山内之木与周泰利砍伐时，逢反正行市全无，未搬放在山内。去岁六月内，姜希相又将已除筹（酬）谢之山场分作二幅，将左边一幅卖与希相子婿李忠秀、杨象明砍伐，杨、李二人连□旧砍之木一概搬出。□闻之骇异，当请地方乡团某某、某某等理阻数次，杨、李二人自知理虚，错买错搬，央求忠秀内亲某某、某某于中内劝。中人劝令前卖与周姓旧砍之木为周侄售卖，去岁希相妄卖与李、杨二人新砍之木又让为李、杨二人售卖，李、杨二人登门服礼外，另补山价艮（银）四两八钱。其木凭头夫姜超元等分清，立有清白字据。李、杨即刻催夫搬出，嗣后杨象明赶场命毙，忠秀等分得之木三百余根存在溪中。本月廿日，忠秀已盗卖去木一百三十余根与潘继宗，□已伸凭忠秀族长李忠华可质。而□旧卖与周侄砍之木贰百七十根运至□坡脚

起岸，有象明之二哥象降等者藉象明之死为奇，以死口无对为词，反背天良，四方伸怙。号阻□旧木外，胆敢先发制人，以侄卖叔搕情由具控于府主傅大人案下，蒙票差提。本年阴［历］正月，府主因清乡到□地方，希相叔侄以城楼失火殃及池鱼具诉，又蒙府主批示，并面饬仰文斗自治局总理朱冠梁、姜德相等理劝，详覆三面，于二月内附局理论。李、杨称买卖有主，买主不清，卖主理落。□词云其山之除不除，凭希相之口说，除则□有，不除□就无，希相叔侄云所除者，得姜本望、本清之六股山也，所卖者易名爵之六两山也。□又云其山既有六股、六两相连，六两山定凭六股山，六股山亦必凭六两山。其山既已分六股、六两，必非一人全占，亦非一人全卖，纷纷议论。而总理某某、某某等疑惑于中，亲自登山验明，执契对看，的是一山之界，并无二山。总理公论已（以）前毋论除与不除，舍理就情，将此污干宜之山地土分作二大股，希相叔侄占地土一大股。□占地土一大股，和平了事，免伤叔侄和气。其山之木亦毋论旧新多少，亦仍照地土之分。希相后卖与李、杨占一股。□前卖与周姓先砍亦应占新旧木一股。李、杨二人不惟不肯遵从，竟说局总有偏向，到王寨自治局具控。又蒙自治局书信问其缘故，而总理某某具情详覆。今杨、李二人又以恃豪强霸情由妄控□于总办阁前，蒙票丁传，理宜具诉，免受血污。窃念杨、李词称用价得买，定然有卖主、中证可据，何故府控局控，又无卖主、中证在场。况且希相与□所争者地土，地土既已不清，而木业又从何而清？前杨、李舍却卖主而不问，百计千方嫁祸嫁冤于□，此非系希相与□争山，其实乃杨、李二人与□争山。杨、李既已替得希相争山，其山之情节杨、李定然知之。而其山之除不除，恳求杨、李分别，毋论杨、李买与不（否），买有希相叔侄禀干证分别山之除与不除，更有希相叔侄并亲族可凭论先后，□卖先，而希相卖在后，论价之多少，杨、李仅价十二两，而周姓价五十余金，然希相以全除而分卖，以一山而分二主，竟以无干涉之言词妄诉，真是一计三害之奇才，若不赏丁添提希相叔侄到案剀切分剖，虽总办明察秋毫，均受希相四面朦胧矣。为此历情具诉总办先生阁前劈奸救良，赏丁添提□□到案并严讯李忠秀，则真情实据自然石沉水干施行。

## 又拟一禀

为后除已变前除，退为续恳公判各管各业，两免□议。事缘□家七世同居，人丁百十余口，始于辛卯年各居另坐，将田园分派议，除主政田外另除田一百八十石与希相祖父毓贞族众□已无异，分居而后诸父兄辈陆续去世，选宙山场坐屋堂分派。□等再四思维家已分而人心定，然难合难免无争夺之日。于是，光绪卅二年将坐屋阄分，又于宣统二年将山场派定，其山场股数并界址均是□一人清查，亲手阅过，始凭亲族拈阄，蒙通家诸侄等怜念□摊派山场之苦，公除污斗桥头山一块，三房除污勾鸟山一块，二房希相叔侄除污干宜山一块。□当时凭亲族已辞，不敢领受，惟希相叔侄再三请人致谢，又请李夺元送谢，□始得送领。□承领而后席谢希相叔侄，并清字据：已（以）后子孙好管业等情。而希相业已面允清字。岂知日延一日，宣统三年七月内□请人上山修理并卖前界脚木与周泰利砍伐。时逢反正生意全无，周姓所砍之木未得搬出放在山内。民国元年六月内，希相叔侄复行妄卖此污干宜山一半边岭与希相女婿李忠春砍，连□旧砍之木一概搬出，□知觉时木已砍倒山内。□一面前往该处阻夫，一面请地方亲族问其何故。而希相叔侄称云此山未全除，而所除者一半耳（尔），□亦不深论其山原先凭族众公除，此亦凭亲族送回，此次分山除山不足凭前辛卯年□等分田。除田亦无足凭庶免保说，至于栽手在未分山之先已修理数次，当立阄之日亦凭亲族拈上阄簿。希相除山筹（酬）谢□分山之苦，亦凭祖宗亲族为证。希相叔侄何除山日期未允，复行更变，胆敢反皆天良以殃及池鱼，具诉并称所除之山系得姜本□、本清之六股山，所卖之山系得易名爵之六两山。其山若果有六股六两相连，其界至必要相抵，山果分六股六两定非一人全占，亦必非一契全卖，而□先辈所得山乃姜通元、通义，姜本□、本清，易名爵，姜凌云等之山分为六股也。其山之契共四张，临审恳饬希相呈阅。承父兄指引，只知是一山，并未闻系二山。□希相叔侄已除复卖不过立意骗其山之一半耳（尔），有何为奇？即前辛卯年除田一百八十石与希相祖父毓贞，通家人人照，希相叔侄之行为不又成千更万变？而今分山除山又生枝节，而山场之阄簿并分田与坐屋之阄簿有难于定性，恳求各管各业，两免卑污。为此历情具诉。

先生阁前赏准各管各业，便宜施行。

### 又拟一禀控希相主递

为更果变非常，抗断欺宗，告恳进提，割断后祸。事缘姜希相、周义叔侄与宣统二年凭亲族除污干宜山一块筹（酬）谢□分山之苦。民国元年，希相又将除谢之山卖与李忠秀砍伐，原情业已注明在卷，毋庸多渎。但□被希相叔侄之害，罚□又务民五百金和息了事，具结在案。又蒙自治局董张尚轩等劝令，已前在地方总理之判断均不必除论另行劝解。毋论新旧发为杨姓，而希相受杨姓之山价银十三两退为□承领，以为杨姓向□买之分。其木业已揪下无异，至于污干宜之山仍照界为□管业等情。□遵劝了事，无如希相叔侄见□旋回，一月有余，以为不相干涉，竟不张不采。□托房族□□问取，而希相、周义不惟不肯退其山其价，而反恶言搪抵。其山其价凭作何人断为□承领，我希相、周义有此十三两之数，缴与□□者不若自由买洋土多吃之为上也。兼之说长说短，说□被罚穷，若故意赖此山此价以为帮助。其言不堪中听，亦不可直言。窃念其事之由，若无希相叔侄之播（拨）弄，而□焉得荡产倾家？事因希相叔侄之不理，而□始得挥金如土。□当分产之时原不肯受其山，而希相叔侄再三致谢。继后希相叔侄卖与李忠秀砍伐，□亦请地方□□送回，希相叔侄又不肯收。兼蒙局董张南轩断其山其价为□管业，希相叔侄又揹价不退，霸山不付，控契不交。如此奇谋，不止欲害□于穷苦，并欲害□全家于死地。前在地方劝新旧之分，而不决折，总理□□判二股平分，又不决折。今总办、管带并局董判新旧木为杨，而其山其价为□，更不决折，噫如其山者真千古之冤孽，山也非仁义山也。□与希相同义，亦非同宗共祖人也，实系前生之冤孽也。世之除业与家长者不乏之人也，亦莫如希相叔侄之更变非常也。而家长之受家族之公业者，亦不止一人也，更不如□之倾家荡产也。前受业之家长，□不如也，后之家长受家族之公业者慎，毋如□也。兼□受此平白之冤，而不历情早报，提追给领，诚恐人之不法，反控□之不法矣，为此告乞。

作主赏丁追提，则□应领则领，应休则休，后祸得断，冤覆得伸施行。沾恩不朽！

## 【范炳清为范丙刚、丙轩等无故声称霸塞古道，并威胁封地，折屋之情由呈官求讯断事】

◎ 图 1-46、图 1-47

### 与范炳清拟此禀未递，因丙轩等搕害到局具告

为纠众搕害，孀幼难生，诉恳公判，免留后祸。事前满清宣统二年，凭族用价买获本房范丙刚之地基三间，上下左右各有抵界，并执

有先辈分地基合同为凭。本年九月内，□起造屋三间，业已立成。不料十一月内，有素行卖人杀人之范丙刚、范老路纠伊族众范丙轩、丙忠等十余人，无故请范基仁、基灵等前来霸阻，声称□霸塞古道，公私不分等语，追散□装修屋匠人王通林，毒打□幼孙名康成，幸傍（旁）人救脱，隐匿别家，不遭毒手。窃思□孀居二代，只仅幼孙，年方十三岁。前与丙刚买地时，丙忠、丙轩为证，起造之际通族伯叔在场，而寡妇幼孙，焉敢塞古道霸公作私，其情其理难掩众论。况且□屋角之古道，早年业已奔坏，老坎现存。弟族等藉□新造，勒要□把古道砌成，庶好走动，□亦满口承应。但稍日时方可砌就，倘或即刻砌成，虽诸伯叔志气冲天之人尚且不能一刻成就，何况□系寡妇幼孙乎？兼且其地之不稳固。族等掯害之心不遂，又于□日复请恶中范基灵前来威逼，定要立刻砌成，并立包字戒约。如不然除不准入保甲外，田园陆墓一概铲除为公，必要捉拿幼孙毒毙，拆屋燚烧等情。噫□家造何孽，如此之大封地，燚屋，立包字戒约，不准入保甲等因。而丙刚、老路素卖人杀人之人，地方尚且宽容，不遭此封地、拆屋之罪。□思其情节，恶毒已极，俨如拉生索价一般，若不早历情诉明，则幼孙寡妇无立足之地，片刻难生矣，为此具诉。

台前作主赏准急救公判，免留后祸施行。

## 【龙在湖为嫁与姜超武之女儿于姜家失踪告官讯究事】

◎ 图1-47、图1-48

**与苗馁龙在湖作此禀**

为平（凭）空霹雳，难受奇冤，诉恳追究，生死甘心。事缘家遭不幸，屡次折磨，命运毕达，遭冤难白。如□生女名某某，于光绪年出室，嫁与文斗下寨姜超武为妻，业已十余年矣。合与不合，超武词内已云，近来不知何故，武将□女屡打屡遂，无处栖身。□再三思之，此乃女流之辈，岂有任其无栖之理？是以本年六月内，□约房族将其女送到武家，而武母子不见则可，一见不准，毒打其女，连□房族一同凌辱。不得已以既要则收，不收则休情由，经局评论，蒙局绅劝令将其女三面交与武，而武亦凭武族并局绅承领，并罚武钱四千八百文，数月来并无他异。前十七日，武到□家，突然说□女于十一月初八日逃走，不知去向。□闻此凶言，惊倒半日，醒后追问武之来由，汝将□女追赶何处，断不答应等语。殊武见事关重件，反敢先发制人以后，折斩宗大题具控□于贵局。蒙局丁票提，理宜具诉。然武词称本月初五日，□子来接，未得同回，初八日晚始逃出，十七日武到□家问到屋否？武既知□子于初五来接，未得同回，初八日已逃，而初九以来何故无跟踪问迹，何延至十七日始到□家。到不到之语，想其情由的系武之变卖，而谁变卖？武之处死，而谁处死？武既已处死、变卖，而□与其女乃父子之情，生要人，死要尸，理之常情。若任武无端而活活处死，活活而变卖□之女儿，虽铁石心肠，断难隐忍。兼武已卖已处，而平空霹雳骇某某即括舌不言，纵刀刃加头，断难辞责。事关风化，情实心伤，为此具诉。

分局列列先生阁前赏准追究武，或生或死，恳明指愿，并饬武偕□分立合同，生死为杨为墨，则□受此不白之奇冤得雪，而□之女生死得甘施行。

## 【文斗姜某某为姜永丰霸吞该汪述山价呈官求讯断事，并求封阻其木及木价事】

◎ 图1-48、图1-49

**甲寅三月内，姜永丰霸吞我们该汪述山价，拟此禀过天柱具告姜永丰**

为故卖故砍，故吞故骗，告恳拘提。事缘□于光绪廿六年买获姜超芹之山场杉木，地名污容溪，另名该汪述，界趾（址）股数清白无异。本年三月，有故谋故吞之姜永丰，勾串奸商向某某包卖包买，将□得买超芹该汪述之山，议价足艮（银）八十八两。□闻知当请保长李乔九向奸商阻止，说其山之股数地栽分作四股，超梅占一股、超桂占一股、超芹占一股、永丰占一股，此超芹占之股，于廿六年系□用价买占等情。而奸商不准不听交接，反出大言，山已买了，不管清不清，只要有卖主，就是杀人放火定要砍倒。□闻其言骇异，即请地方团正朱某某、某某等理论，谁知姜永丰愈理愈横，满局支吾。团正等斥永丰之非，高低要尔理楚。而永丰亦云我亦得买超芹之股。窃念□得买超芹之山，一契共四处，各山之界趾（址）股数朗然。超芹卖山与□之契，永丰业已得见，买得超芹山之后亦已号明。于此山永丰果得买在先，当看契时应系说明，何永丰昧灭天良，竟故卖故吞。然永丰与超芹乃叔侄之系，超芹与□即隔居之人，别人与□共买，尚问永丰理楚，永丰与□共买，而不要永丰理楚者，又问何人理楚？买卖不清，均在卖主理落。超芹夫亡，卖芹脚下发妻，永丰主婚受价，芹遗留房屋永丰坐享。超芹虽一卖二主，永丰岂敢霸吞乎？前永丰将此山故卖故砍，故吞故骗，显见永丰立意与□具讼醉祸矣！若不早为历情具禀，诚恐转福为祸，冤沉不白矣，为此告乞。

台前作主赏准差提姜永丰、永隆弟兄并奸商向某某到案。并恳饬封条将其木封阻，免被奸商抽换，或将其木之价多少，尽数取封于□上，当堂审讯给领，则□得买之业不虚，故吞故骗之风不长施行，沾恩不朽。

批：据文斗姜某某以故卖故砍等情具控姜永丰等一案，案情殊多镠惊，姑候票提讯断，仰该团正等阻木可也。

## 【塘冬姜锦春为平敖姜盛彬追夫霸砍该万山杉木，并胁迫等情呈官求讯断事】

◎ 图 1-49、图 1-50

### 录塘冬姜锦春等拟此禀告平敖姜盛彬

为恶霸非凡，追夫霸砍，告恳提究，免长恶风。事缘□祖父道光某年买获平敖姜儒、姜启柱、启松、姜怀杰、怀正等之山场一块，地名该万，契据界趾（址）朗然。□等因居住窎远，耕种为生。不料姜启柱子孙某某盗砍□该万山左边山木一幅，怀杰子孙某某盗砍该万山木中幅。其有该万右边山木一幅木植现在，本月三日内，□等清山，见其山已被人盗砍，而所存之木议与文斗姜某某砍伐，议价艮（银）多少。而恶人姜盛彬仗依姜溢文弟兄势力，见远易吞，逞威肆毒，遂统夫十余人，手执刀枪到山，追散文斗姜某某之夫，而锅火什物概行打碎，凶恶异常。幸姜某某并伏子，不肯相闻，始免大祸。姜盛彬即刻将该万之山砍倒，□等闻之骇异，当请恶寨乡团姜某某、某某、某某等伸鸣情由。一面到该万山号木，盛彬见□到该万山号木，又执刀枪追捕，日夜督率恶族多人强搬。盛彬日夜手执枪炮督率，四张声势我□亦得买姜儒子孙之山，若塘冬人再来号阻，盛彬不一枪炮毙，不显我能等情。窃念□等子承父业而受恶人枪炮，住居鸾远又被恶霸吞。而世之枪炮不留打贼匪，竟留打手执文契之人，天下买业于异乡者，不尽遭枪炮打尽乎？此等恶言恶行，较匪党破壁扯生而更毒。若不告恳提究严惩，而恶人有此言，定有是心，诚恐□果被恶人一枪命毙，则追夫霸砍燃物护棚并枪炮之冤，不更遭其不白矣！为此告乞。

## 【姜焕卿为姜永丰叔姜超芹卖山而姜永丰反悔、估卖、估砍等情呈官求讯断事，并恳封存木事】

◎ 图 1-50、图 1-51

**又拟一禀续**

为叔卖侄番（反），估卖估硕，告恳差提，山价免空。事缘□得买姜永丰血叔姜超芹之山场，地名该汪述，约木六百余根，突然议卖与奸商向老二砍伐。正经团正朱某某等理论，惟恨奸商向某某见□号其木，加倍增夫，强砍强盗，似有连夜盗用之状。然此该汪述之山栽地分作四股，超梅占一股、超桂占一股、超芹占一股、永丰占一股。此超芹占之股，□于二十六年用价得买，通地尽知，近来管理无异。兼永丰见其木之充（葱）隆，闻江上行市起色，竟内勾外引，串成一局，将□得买之山一概砍倒，反四处扬言，若某某前来再阻，定有人命之患、官司之受。窃念□得买超芹之山，一契共四处，各山界趾（址）股（数）分清。论其情，永丰与超芹乃叔侄之分，（论）其理，超芹系□之卖。永丰乃芹之血侄，难辞卖主之类。况超芹卖此山，芹只卖芹名下之股，永丰明明知超芹已卖之山，而故意复卖与向某某砍伐之外，胆敢将□得超芹之股价而霸卖乎？若不急（及）时具控，木已出河，兼之河水泛涨之日，奸商变化无常，诚恐藉水涨抽换他售，虽驷马难追。则□得买业而不得管业，真真冤沉海底矣，为以告乞。

先生台前作主速赏差提姜永丰、奸商向某某一并到案，严讯施行。

## 【姜焕卿为姜永丰故买故砍等情由呈官讯断，总办出票】

◎ 图 1-51

告姜永丰总办出票抄此

**总办三江　务兼弹压府黄为**

　　票传事案据文斗寨民姜焕卿，以故买故砍等情具控姜永丰、永隆等一案到局。据此除批示外，合行票传。为此票仰该练勇等前往该处，协同团甲，饬该团正等收木封阻。一面即收后开有名人等，逐一传齐，赴局以凭讯断。去勇丁无得藉示索延，干咎须票。计开被告姜永丰、永隆、向老二、团正朱冠梁、姜沛昌、姜国九、姜正牙，应讯姜超芹。

　　原告姜焕卿，其子姜炳相，共计拾名。

　　右票仰杨德山、谢洪正孙子和准此。

中华民国三年六月二号限四日销

## 【姜焕卿为姜永丰故卖故砍之木呈官求封阻，催票丁事】

◎ 图 1-51、图 1-52

**又催票丁一禀**

　　为再叩鸿慈，急票丁提，饬团急阻，免被洪水。事缘□父某某子某某以故卖故砍情由具控姜永丰等在案，蒙批候票提讯，并饬团正封阻，恩至渥矣，理宜静候，曷敢多渎？怎奈期时乃系水月之分，江水易涨之时。因奸商霸砍□得买姜超芹之山，闻□下江禀明恩星，加快甚多。不日，搬出大河，近于水上，恐遭洪水漂流，难免后议。因此恳恩速票丁提，协团封阻其木于岸，一则免被水流，二则免生巨祸。则奸商藉水涨抽换之心不生，似此不揣冒昧，只得再叩。

　　总办台前，速赏票丁提姜永丰并奸商向老二一并到案讯断，饬团正协同丁差阻木如数于岸施行。

　　具禀去伪提真，将来原被两选之事小，而伪中之势大，是以不揣冒昧，恳提原中当堂质讯冒渎。

# 【□为饥馑难堪卖与□□共山，而□□不允，亦不受价等情呈官求讯断事】

◎ 图1-52、图1-53

## 又拟一禀作祯自以

为三约三送，不允不收，袖手待毙，万不得已。事缘□与某某，共有青山一块，地名□□。此山先辈原分作三股，□□占一股，□□占一股，□□占一股。□□先父得买□□之一股，又得□□之半股，合共得一股半。□□于□年，将伊先父得买之一股半卖与□为业，有老契为凭。下存一股半，为姜□□受业。本年□月内，□因饥馑难堪，请房族□□将□得买□之山之股，卖与□□为业，始好经理等因。其山之价高低，看山之好歹批定，而□□不受而回，一连三次，均皆不受。□左思右想，又仰原中再向□□比商，将其山适放与别人砍伐，或议与□□砍伐，得价度活老幼。而□□不惟不肯受，不允兼言其山尚在秀墩，砍之不得，须蓄禁得十数年，再为售卖等。因噫如此言者，真不堪中听之极，真饱不知饥。□八口之家，已将死于沟涂矣，若衣食之充足，蓄禁十数年即数十年亦无不可，怎奈□无隔夜之粮，朝欢夕哭之苦。□□将万不得已，将其山之木议价□□，分为三股，将□□占之一股半，该价□□，凭中送与□□名下，不肯收。又将其山之木放与□□砍伐，而不允。世之为富不仁，揸死贫人者，莫此为甚。兼三约三送，而不允不收，反受先发制人之荼毒，而贫穷之人靠富为生者，不可设想者矣，为此诉乞。

## 又拟此禀以防后患

为未错，逼错不休，不允告恳待命。事缘□父某某买获府街羊求山一块，光绪十五年早已砍，十六年佃与张姓种地栽杉。本年张姓将其山之栽股，卖与某为业。今因粮食乏空，将此山之木廿余根议卖与李某某砍伐，价三两□。迄今，木已到河岸。不料，有本房虎霸一方，威压乡愚之姜某某，统率弟侄廿余人，手执刀枪铁链，欲将李某某锁绑，幸得未遇，而所砍之木一概砍碎，凶恶异常。□当请地方团正某某理论。□本善良之家，至仆（朴）之辈，其木价无几，恶伤族诣。怎奈姜某某，势大人多，屡次藉官吓诈。除□应承父业之股，并得买之栽股，自愿丢休与某某等外，另作钱一千文赔礼了事。而姜某某不惟不允了事，而且声如巨雷，称云定要将□与李某某制命等语。

况此山的系□父某某得买，因甲午年□家大众清契投税。□一时清查不出，姜某某竟匿藏。而栽手之股系□亲手买获，论其情，则父买子受，怕其势不过赔礼罚禁，兼□未错逼错，姜某某恶心不了，尚欲制人于荼毒，□等真似羊伴虎眠，要死而不能得生矣，为此待命具续。

作主赏准原情，格外救民水火，则土豪之威，免得劫毒，百姓方得安生施行。

## 【姜焕卿为杨忠林砍伐培番山之股呈王寨求讯断事】

◎ 图 1-53

### 因杨忠林砍伐我培番山之股，拟此禀到王寨具呈

为叔已售卖，侄串谋砍，禀恳具呈。事缘□亲手买获丢榜杨荣信名下之山场杉木，一契共五块，地名、股数、契证朗然，管理无异。不料本年四月内，有荣信血侄杨忠林等，平白将□等买培番山之木，一概砍尽。□闻知一面到山号阻，一面请中问其何故，而忠林等忽称得买荣信之股，忽称应受荣信之业，满局支吾。况此山□光绪□年，凭荣发得买，廿九年杨荣发因越界错砍，得木廿余根，已经地方乡团姜开于等理论，荣发自知理屈，自愿立有错砍字据为凭，迄今十数余年。忠林等见其木充（葱）隆，复行强砍，得木贰百数十根，当请地方团正某某理阻，谁知愈阻愈搬，其木业已近河岸，若不预为禀呈，诚恐一时盗关，追之不及。似此叔卖侄砍，情理何在？抗中不耳，法所难容，为此具呈。

作主堂准具呈施行。

## 【姜焕卿为杨忠林砍伐培番山之股呈王寨求讯断事，准予存案备查】

◎ 图 1-54

一据文斗绅民姜焕卿，以叔已售卖情由，具呈控丢榜杨忠林等一案。据呈该民得买杨荣信名下杉木山场，一契共五块，内一股，地名培番，被卖主血侄忠林弟兄等平白一概砍尽，当请地方向彼理讲，凭至不耳等情。如果属实，大为不合，姑准存案备查。

## 【姜焕卿为杨忠林叔杨荣信卖杉木，而忠林估抗串谋、强卖、盗砍等情呈官求讯断事】

◎ 图1-54、图1-55

**又续一禀**

为佐抗串谋，无理无法，告恳讯究。事缘前以叔已售卖情，再具呈丢榜杨忠林等在案。蒙批准在案，殊忠林等，强卖□山木三百余根，与平略萧福兴砍伐。□请团正朱某某屡路阻止，被萧福兴全局宠哄。竟将□有股之山木，放至平略亭止，意欲私通关节，连夜出关，致使□山价两空。窃念□得买荣信之山场杉木，一契共五块，各山股界朗然，有荣信胞兄杨荣发越界错砍字样。荣信将此山卖□为业，又是荣发为证。忠林乃荣发之子，系荣信之侄，岂有叔已售卖，父作凭证，而子侄竟耳不闻，而目不见之理？反胆敢横言，说□造契吞谋。若忠林等，既已知□所执之契是属自造，究竟系何年何月何人目睹，当时何不伸鸣地方官长？今□请团正朱某某等理讲，又何不对团正诉明，而反抗中不耳？□得买此山已廿余年，前后已经地方评论两次，言犹在耳，错字并契约墨迹未干，就行此估抗串谋之心，真正无理无法。若不恳求严讯，任忠林等之作为，□手执朗然之红契，竟作黑海沉冤，为此续乞。

批：绅民姜某某，此估抗串谋情由，具控杨忠林等一案。据呈该民得买杨荣信之山场杉木，一契五块，系荣信胞兄荣发作中证，杨忠林等乃系卖主荣信之血侄，又系中证荣发之子。今叔已出信，父作中证，而子侄等不能见信，反出而具讼耶，殊属不合，仰候传案案断。

## 【姜焕卿为杨忠林与萧福兴串谋估砍，并萧福兴包资唆买姜为匪包讼强卖等情呈官求讯断事】

◎ 图1-55、图1-56

**又拟一禀催审**

为执契失业，心难甘休，续恳讯断，以免效尤。事缘□前以叔已售卖具呈，继以估抗谋砍情由，具控杨忠林等在案，蒙票差传，理宜静候，曷敢多渎？惟是忠林等蛮劣已极，萧福兴策计非凡，姜为匪运筹奇出三箭齐射。□虽有仁恩明察秋毫，怎奈蚩雾深重，红日难观。萧福兴木已盗关，忠林价已入手。任忠林等设谋昼策，要□赶证赶中，延岩时日。当忠林强砍□之山木四百余根之时，□请团正等理论，忠林抗中不耳，萧福兴连夜加夫搬木出河之际，□愈阻愈搬，只冀木植到江定为行户。岂知奸商萧福兴，满江沉藏，削印盖印，朦（蒙）混过江，致使卦治局长并□无处稽查。□候案数月，案已送齐，有控无审，守株待兔，害□手执朗然之红契，竟成黑海，用价得买之山，又有理难伸。今日要□赶证赶中，不若要□走，赶卖主荣信，荣发更为上策，方中姜为匪之计，方合萧福兴之谋，方遂杨忠林之霸。此事若无姜为匪从中包揽，忠林等焉如此抗估讼累？事有萧福兴包资唆买姜为匪，方能包讼强卖，然恩星奉命作官，乃为民之父母，应分安良除害，务使神手不能遮天魍魉，无所用技，群奸俯首，民冤方伸。似此□手执朗然之红契，平（凭）空失业，虽夷蛮化外之人，定难甘心。若不恳恩急讯断结，真是有理而不能伸其理，不独害山价两空，日后诚恐效允于世矣，为以具续。

　　作主赏准速急传案，鞠讯断给，并严饬包揽挥讼之姜为匪，则□山木易结，世之兴讼易清，施行沾恩不朽。

　　拟续呈已，悉听候讯断，毋渎。


## 【为匪绑子勒索求赎，为害四方告官以求办匪事】

◎ 图1-57、图1-58

### 具告禀办匪

　　为勾匪拉生，索多取赎，禀恳挈办，以除后祸。事缘某某子某某，祸因七月廿九日，往培了看谷，突被多匪潜匿道傍（旁），拦路拉去。当即禀报恩星，蒙恩严究在案。怎奈该匪勒索多金，□本不愿备艮（银）取赎，然而亲族朋友均劝赎回，免如中仰陆姓被拉之四人，遭匪杀命，后悔无及云云。兼不得已到处张挪，并将田地变卖，从权赎回。又谓均系外匪，得银定然远飓。谁知外匪不过十之一二，尽然内匪居多，验洞之匪约近十人，培刀之匪实有□□□诸人在验洞，原属邻寨，在培刀略为沾亲，如此纠党拉生，勒多取赎，不顾邻戚，实不甘心。现在得艮（银）之匪，时常聚众在培刀酒肉、赌钱，过日声张大话，不惟此次劫家拉生，且要护局打兵等语。吾不密为禀究，不独绅家重冤难白，而地方之祸害亦断难除。为此情惨切骨，缕悉陈明禀恳。

先生台前作主，赏准率军严拿该匪诸人，并追缴该匪勒索得去之艮（银）九百两以作办公，并将该惩办以绝根株，而雪沉冤则沾恩于万代矣。

## 【为匪绑子勒索求赎，为害四方告官再求办匪事】

◎ 图1-58

**又续禀**

为窝匪勾匪，拉生勒赎，恳缉办，祸害始除。事缘□子□□子前七月廿九日往培了看谷，突被多匪拉去，当即禀报陈管带、王队长，蒙恩严究在案，因该匪勒索多金，本不愿备艮（银）取赎。然而，亲族朋友均劝赎回，免如平仰陆姓被拉四人，遭匪杀害云云。不得已到处张挪卖业产，从权取赎，只谓均属外匪，得艮（银）定然远赐。谁知，外匪不过十〔之〕一二，尽是内匪居多。验洞有匪首罗老玉，系罗永科胞弟，散匪十余人，培刀坡之匪，实有姜顺德、某某、某某，窝户姜兴科，在验洞原属邻寨，在培刀略属沾亲。如此纠党烧杀掠抢、拉生勒赎、毫无忌惮，不顾邻戚，实不甘心。现在得艮（银）时，常聚众在培刀姜兴科家，或十余人，或二三十人赌博酒□，过日声势大张，大话四出，不惟此次拉生劫家，而且要杀兵护局等语。窃念此匪，若无姜兴科窝户百般保护，而众匪不得如此猖狂。此匪有罗老玉为首，其匪焉得不鸱张？□等再四思维，救苗必要去莠，除盗必先除窝，无窝则匪难于托足。若不密为禀究，不惟绅家重冤难白，而地方之祸亦定难除。为此情切骨，不避生死，缕悉陈明，续恳管带、队长先生，台前作主赏准率军严拿匪首罗老玉、窝户姜兴科并诸匪，缉拿惩办以绝根橾施行。

## 【姜培相为姜志明盗卖盗买、纵夫砍拖等情由呈官求讯断事】

◎ 图 1-59

### 又拟此禀告姜志明

为盗卖盗买，纵夫砍拖，告恳严究，免失产业。事缘□有青山一块，地名污养溪，约木一千余根。本年七月内，突被姜熙侯、姜志明等昧藏无良，暗地勾串素行不法之恶商向老三，胆敢将其山之木，统夫数十盗砍，得正木五百卅根。□请地方团正朱某某、某某等向恶商向老三、姜志明、姜熙侯理阻，而志明口说各系志明祖业，不惟不肯停止，竟胆敢纵恶商之势，手持刀枪，坐守木棚，饬令恶商连夜加夫，盗砍强拖。屡路阻止，谁知愈阻愈恶，其木已至半溪。□再三请地方理讲，而志明始应承，其山果卖与向老三斧［砍］，即阳坤培砍伐，议妥山价足艮（银）四百余金，我志明亲手领清等语。□闻之骇异，然此山虽志明二人有股，其所占之股不多。其山土栽，分作九股。□先父买得姜天祥弟兄之三股，又亲手买得姜天吉之一股，姜肇彬父开宏买得姜天重之一股，又得姜志士之一股半，其肇彬得占天重、志士二人之一股半，于宣统三年卖与□为业，前后共得五股半，姜志明二人只存三股半，字据朗然，临审呈阅。兼志明二人见财起意，而全山盗卖，其价盗领。毋论□有无股分，有无肯卖，任其设谋□□，只要有人可作买客，就将□清白之山，平（凭）空盗卖盗砍，真正非常奇事，非常恶商。□手执朗然之契，突遭此非常奇孽，自古无闻，而世之同山共业者不堪设想矣。若不预为具告，诚恐今日盗卖盗砍□之山木，异日难免不窝盗、串盗之，根株其祸害无底止矣，为此具告。

作主赏准差提姜志明二人并恶商向老三到案严讯，并邀恳格恩，赏赐封条，饬令兵差，协同团正，将盗砍□山木五百卅根封阻于陆岸。一则免恶商零星盗卖，二则免被洪水漂流，候案断给，再为拖拉施行。

## 【姜杰相为范光儒妄控牵害等情由呈官以求讯断事】

◎ 图 1-60、图 1-61

**又代杰相拟此禀捕范光儒**

为冤孽早清，无庸重诉，邀恳恩断，牵累免缠。事缘□范光儒以非刑拷打，情由叠控□于前总办案下。蒙票差提□即于凭团已清具诉，侯案月余。范光儒知□具诉，连夜逃回，又赴黎平县长妄控，而县长早已在洞鉴之中，批饬不准殊。光儒虎狼心性，得寸进尺，前凭地方团正某某、某某等理论清楚之时，其山之价银，十两□八钱并夫费，业已凭团交清领讫。除付退山价夫费，地方罚□错卖山公益钱六千文，亦即刻付清。若光儒口是心非，立意妄控牵害，当时应不该凭团承认领价，不该凭团书立清白字据。前既愿清白，而后背团诬控，此其狼毒莫此为甚。在光儒以控告为奇货，在□冤孽难分，谚云：只有一错，焉能有二错之理？恩星莅任黎郡，恻隐素抱，凡大盗之流，只有一悔尚可解其倒悬，何况□区区之山木事乎？光儒在地方理论，在自治局具告，在总办案下具告，又于黎平县具告。叠控不休，虽地方曲劝，然自治局兼总办，并未曲断。光儒何由，何光儒又于黎平县具告？显见光儒实有好讼为能之人，实有好讼为能之人主使，光儒始得□计并烈。□前词已诉明在卷。光儒原词称，非刑拷打诬控，窃念□乃卖山之人，光儒乃买山之客，岂有卖主反拷打买客之礼（理）？既称拷打。□地方数百人家，光儒木夫数十人必有坐（做）证，究竟何人为凭证？兼光儒以非刑大题坐诬，即三尺童儿亦难甘受，仁恩万民父母，断不忍加罪于悔过之人，亦断不容，牵缠悔罪之人，若不历情，邀恳割断，则□之牵害无底止矣，为此续乞。

作主赏准，核夺公判，则□凭团已清之事得白，凭团已退之价，不虚施行沾恩不朽。

## 【姜培相、姜杰相为向老三、姜志明等私砍共山木等情呈官以求讯断事】

◎ 图 1-61、图 1-62

**甲寅七月内事**
**拟此禀告向老三**

为串谋估砍不分人业，告恳提究。事缘民与下文斗姜志明等有共山一块，地名污养溪。此山分为九股，民先父先年备价得买姜天祥、天瑞兄弟之三股，民父又得买姜天吉之一股，姜肇彬得姜天重之一股，又得姜志士之一股半，姜肇彬所买之二股半，于宣统三年转卖与民父为业。民共占六股半，下存二股半归姜志明等承管。民先后得买，均有契据朗然，临审呈阅。讵意本年七月，突遭恃财惯行包买包卖之奸商向老三、向元丰、阳坤培、阳生财、姜志明，寻窥此山之葱隆（茏），预起贪财梦霸之心，贿行姜志明，私相授受，业不由主，胆敢将民得买有股之山，雇夫进山，估砍五百余株，私卖山价艮（银）四百余金。民闻之骇异，当即央请地方团正朱冠梁等向恶理论。一味横不近情，愈阻愈搬，犹敢反击狼言估告，若要再行阻木，必有人命之言。照此等行为，实与盗寇无异，民乃纯良认（忍）让，不敢与樱。当此光天化日，岂容包买包卖估砍，有是理乎？今幸恩星荣任监临，原属为民除害，务使抑恶扶良，并恳令饬地方团正将木封阻，庶此木不致被恶估拖估搬，候案了结，俾有收归。似此若被告垦提究，将木封阻，收来艮（银）之业，尽属难管，目无天日矣，为此告乞。

台前作主赏准令饬地方团首人收木封阻，提恶到案，讯明严究，以惩奸恶而保良业，沾恩不朽。

批：呈悉木植既属共有，理应按股均分，姜志明如果私相授受，殊属不合，候差勘明封阻，提集讯究。

## 【姜焕卿为杨忠林之叔荣信卖山而杨忠林盗卖培番山之股与萧福兴盗伐等情呈官再求讯断事】

◎ 图1-63

### 拟此禀续杨忠林之案

为叔卖无凭，侄番（反）可据，邀恳定章，遍地沾恩。事缘□前以叔已售卖，后以估砍强搬情由具控杨忠林等于恩案净候，数目已蒙恩传齐，两造讯问，饬令再访断结等。因此是缠星过度，而藕断丝牵，真是有理而难其理。况此山分作四股，得买杨荣信之一股，其山之木，已被萧福兴盗关，其价被忠林估领，实无理无法。当荣信将此培番山卖与□为业，系荣信胞兄，荣发作中，荣信血侄忠文领价修理。前光绪廿八年，荣发越界强砍。□请地方理论，荣发理虚，业已立有错砍字据。而荣信、荣发虽死，字据不死，修山之忠文不死，此非证确契明，而谁确明？□得买山已（以）来，迄今已十余年，非一朝一夕之事。突被忠林诬□为造契霸业，天理何在？然忠林既知□执之契系自造，前有天日，前亦有地方官长，何不禀报地方官长？忠林将□有股之山，盗卖与萧福兴砍，后而始称造契，又何不称□造满清之府篆？更为上策，昔杨姓得此山，系□房族之山，并非忠林之祖山，□得买荣信之业系霸业。杨侄得□房族之业，亦系霸业。其理明如秦镜，而恩星早已在洞鉴之中。窃此山地名出于卖主之口，卖主呼奸，□即知奸，卖主呼盗，□即知盗。他人与□争持，尚要杨姓理楚，何况忠林叔卖侄番（反）而不索要，忠林理楚，又何人理楚？兼忠林系荣发之子、荣信之侄，毋论叔卖侄可以番（反），父中可以悔，自修可以不认。此是恩星之厚德，沿江一带，不独一族一宗沾大德，江南江北，子民亦莫不沾其厚恩。似此邀恳，格恩出示定章，照忠林之番（反）悔，永守规模，□虽失此区区之业，合族合室均甘心矣，为此续乞。

作主赏准，定章邀示，即至夫至妇永远信守施行。

## 【□为向老三等越界估砍姜培相之山，其实估砍污养溪五十两山等情呈官求讯断事】

◎ 图1-64

### 因向老三越界估砍我们五十两山之半边岭，拟此禀具告

为越界估砍，藉甲占乙，邀恳亲勘，免冤沉海。事缘□等有祖遗下山一块，地名污养溪五十两山。其山与姜培相父姜某某得买姜天重等之山毗连。不料，本年七月内，有素行胆大估砍之向老三、阳坤培、阳生财等，见江上生意起色，串通包揽□讼之姜熙侯，运动阴谋助恶之姜志明，勾结烂洞司洪匪异侄串宗之姜志邦等，设谋尽策，其明估砍姜培相有股之山，其实盗砍□五十两山一半幅，其数不知几许，候勘查方知。□等屡路号阻，并请地方理论。无奈恶商不惟不肯理讲，而且恶言，东扯西塞，忽而推辞姜志明，忽而姜熙侯要告，势如布阵临敌，精宽时日，意欲将越界估砍之木搬出售卖，致使□等山木两空。岂知天眼恢恢，殊（疏）而不漏，蒙恩赏给姜培相等之封

条，将向老三所砍之木，毋论多少如数封阻。此非姜培相等之庆幸，实□等之庆幸，显见孽龙出世，难逃法网。推原其故，此事若无姜熙侯在场包揽□讼，而恶商向老三焉能越界盗砍？事有阳生财包资具控，并姜志明之妄认，而熙侯、向老三方称胆大计高，况且□此五十两山虽与姜某某得买之山相连，各有界趾（址）字据，向老三乌得藉甲佔（占）乙？想恶商向老三将本求利，并非将本求祸，反敢称杀人告官等情似此，□祖遗山被砍，□等被告，异日□等之性命不要被向老三、熙侯、志明等杀乎？真正无天无日之世界，孽龙出世，鱼鳖遭殃，生活难逃。若不邀恳，格恩亲勘，则□等山被砍，被告之冤，无见天日矣，为此禀乞。

作主泣恳，亲勘有无多少，有无越界，核夺！若有虚情，愿具奉手甘结，倾家加倍罚楚施行。

批：诉悉该民等以向老三砍伐污养溪，越界并砍尔祖遗名五十两之木，词中所呈各情既称有契据，仰候另案差传审讯，以别虚实。此批。

## 【姜培相为向老三盗砍污养溪山场，姜志明私造姜熙林、姜肇彬之笔胆呈伪证等情呈官求讯断事】

◎ 图1-65、图1-66

### 又续一禀

为蚩雾蔽日，大冤沉海，冒死再渎。事缘□前以串谋估砍情由，具控向老三等在案。蒙恩传齐，当堂讯究，讵料姜志明私造姜熙林、姜肇彬之笔，胆呈伪证以紫夺朱，致使恩星堕彼奸计，严责造契。然熙林、肇彬笔迹必须五六张对验，其伪方知，若只一二，安知彼之真而□之伪，不待办尔自明，然伊之朦（蒙）蔽冤诬，不止此耳。凡有其四位渎台聪容民再渎？如污养溪之山，志明称为祖业，既居祖业，通诸皆有分落，伊祖定有分关合同。一公生五子，五子亦必定有其子，五子之后定有分关，诸件俱无，徒以伪造佃字耸听，其朦（蒙）蔽冤诬者一也。山既属祖业，天祥、天瑞、天吉、天重、天相、天爵一脉源流基址相共，何独爵、相子孙有业，祥、瑞、吉、重诸人子孙无分得，毋诸人异种别族乎？更有异者他人得祥、瑞诸人之股，则为造契，志春、志明得祥、瑞诸人之股则为不错。兼之父买，亲荣子代笔，兄买业，而胞弟作中，有是理乎？其朦（蒙）蔽冤诬者二也。向姓串砍□有股之木，五百四十根，志明诳称为三百卅根，所余贰百余根出于何处？每根议价八钱八分，词称六钱四分八厘，对中人云四钱零八厘，时而高，时而低，非霸砍人业，何游移？如此敢明目张胆，索□买得祥、瑞、重、吉之老契，既属祖遗，爵、相子孙无字据，祥、瑞诸人岂有老契乎？吹毛求疵，其朦（蒙）蔽冤诬者三。志明与姜熙侯同姓不族，人所共知，非若祥、瑞诸人之共本同源，今熙侯有业，祥、瑞诸人反无业，定非祖遗。明是绿衣黄裳，实在之业，断不如此。反敢诋人之非，说已之是。面虽人而心似兽心，其朦（蒙）蔽冤诬者四也。兼□手执朗然之契，身被朦（蒙）蔽之冤，蒙押待质，足见神手高超，非特愚弄国民，并至弄地方与恩星也。民被愚弄不足惜，地方被愚弄不足惜，愚弄恩星又岂不足惜之理？只得缕晰呈明，下情得以上达，虫雾不敢蔽日矣，为此再续。

台前作主，赏准照律究坐，覆盆之冤得白施行。

批：禀悉该姜某某提出朦（蒙）蔽冤诬之理由，其论点有四：一、伪造佃字耸听，查该民原词称污养溪山姜志明有二股半，则招佃栽木理所宜然，其第一论点不能成立。二、姜天爵，天相子孙有业，天重、天吉、天祥、天瑞子孙无业，查该民所呈内契，乃得天重、天吉之业，今又何得云无业？被告人姜志明所办诉是以该民契为伪造，而契内并无天瑞名字，此案虚实于此可见，其第二论点不能成立。三、以姜志明说木价高低不一更非案内要点。四、指姜志明与姜熙侯同佺不宗，查姜志明所呈宗交图系云祖宗拨一股卖熙侯祖，绍宏亦非以熙侯是亲族，何得成为争执理由？总之，该民有业无业，以所呈契之，莫伪断，强情夺理，法所不容，仰候覆讯，判决可也。此批。

## 【为姜尚周无故封阻民木呈官以求讯断事】

◎ 图1-66、图1-67

### 因姜尚周无故请人坐索，封木阻艮（银），拟此禀以防之

为愿还受累，逼出难出，求缓不缓，恳恩再求事。□于民国三年十二月内，借得姜尚周新宝一元，重五十两，当日已立有借抵字据。近来，已陆续还去足色宝艮（银）四十余两，有屡次收条，簿据可

凭。满还满除，外实应欠本利艮（银）□两。诚因生意微未，兼之饥饿频，仍实难一时还完。五月廿五、六日，尚周亲引无赖数人，到家追索，并请地方某某、某某逼追，一日数次，一次数人，追呼甚急，老少皆惊。再四思维，仍请某某、某某替□向尚周央求，候秋收后，如数还债。目下还艮（银）四十五两之多，尚周不惟不允承缓，反恶如狼虎，声若巨雷。中等闻之而不敢诉，忽上而下，高声呼叫，称云……风马牛不相及，不□焕全家饿死，与我尚周何相干涉？此刻此账少一分半厘，定要将□砍赛非之木六百余根，阻放经官果死，方遂初心等语。窃念□因还账无出，莫奈之何，有钱告状，不若将此告状之费还账，一不受尚周之辱，二不失和气之好。就求缓秋后，并不短少，亦无几人。无如尚周居心已定，果封阻□木于河坎之上，欲揪不能，不揪亦不得，上下难于动移，势不得已，□于五月廿八日立单交数与尚周收领讫。不料，六月初三夜半陡涨洪水，果遂尚周之心志，所阻□六百余根之条木未卜被水流去。亦未知尚周，借水暗放株守，绝无绳断昔矣。□当刻伸鸣地方，尚周狼毒之心，虎猛之计，人类难生。前尚周云要卿死。□全家竟不死，今木已放流，血本绝无，全家不饿死而自然死，不死乎？尚周猛□进账而死子，尚周阻木放流，仁恩万民父母，恺恻在抱，断不诛愿悔过之人，亦断不忍加刑，于愿还之辈，况尚周何等虐利，而民愿还乎？似此愿还被累，求缓不缓，烈炎当中，草木枯绝，为此告乞。

## 【姜某某为姜登文三家盗卖白号山私山与姜生茂砍等情呈官求讯断事】

◎ 图 1—67、图 1—68

### 因下寨姜登文三家盗卖我们白号山与姜生茂砍拟此禀去告

为指鹿为马，以黑作白，邀恩勘提，庶免失业。事缘先辈买获姜凌云、姜开相等之山，上下二块，地名白号。其山内有小山数幅，各有界趾（址），临审呈阅。去岁二月内，姜登文等胆敢将□白号上一山，称为私山私卖，□请中往阻。九月内，复称为番故得众山，满局运动，众卖与姜生茂砍伐，得条木六百余根。又私卖白号下一山与姜生发砍伐，得条〔木〕六七十根。□闻之骇异，即请地方局长某某理阻对字，殊登文等不独无完全字据，仅呈道光廿五年、道光卅年契二张，满局支吾。但此二契四抵与生茂砍白号上一山不合，生发砍下一山，亦更不合。生发砍搬之木，已通河坎，前五月议卖与姜志寅，价足艮（银）一十五两八钱。□请地方团首易元泉、姜登津如数封阻木价，于局长朱某某手存。殊登文串拴姜世龙以老义骗，舌口恃横，姜世法逼朱局长上下无门，估领此价，估放其木。局长并□亦莫奈之何。窃生茂砍□白号上一山一大边岭，有数幅小山，各幅现有相抵界主，生发砍白号下一山，是两截山，土坎以上是□先祖买获姜主送之山，土坎以下系登文私山，去二月私卖客砍，称为私山私有。内卖与生茂砍，又是众山。生茂与登文买获登文山砍伐，闻知民请中阻止，而登文又称为越界错砍，究竟其山，又称私山众山，又错砍，以何为定？同此一白号山，同此买卖主也，忽而称为私山私卖，忽而称为众山众卖，忽而称为越界错砍。其山既属登文等之山，手执文契，何如此之模糊，又何如此好良心，肯将自己私山作为众山？此白号二山明明是□祖得买之业。登文等不以鹿为马，以黑作白，焉得颠倒错乱？如是似此清山累山，俨似捉盗之害。若不具情控告，诚恐登文等狼狈相依，运动日久，一旦将□山木霸搬霸卖，则□有业，竟如无业，实不甘心，为此告乞。

作主赏准差提姜世法、奸商姜生茂、生发到案，讯明清浊，当堂分示，给领施行。

中证　朱冠梁、易元泉、姜登津、姜川隆

## 【姜某某为姜登文三家盗卖白号山私山与姜生茂砍等情呈官再求讯断事】

◎ 图1-68、图1-69

### 又拟此禀以续

为清山累山，捉盗之害，告恳勘提。事缘人之横霸无理，莫如姜登文、世龙等之为己甚矣。如□祖父买获青山，上下贰块，地名白号，数代受理无异。各山各有界趾（址）、契据，临审呈阅。登文等指鹿为马，妄称为己山，欲行盗卖，民知屡次理阻，恶意不遂而解。

又去岁九月内，又称为番故得众山，约众议卖与姜生茂砍伐。议妥价艮（银）廿两零八钱，得条木六百余根。又卖白号下一山，与姜生发砍尤，占□半截山木六十根。除到号阻外，请地方局长某某理讲，两下执契对驳，姜登文执出道光廿年、道光卅年契二张，均与白号山界趾（址）不合。生茂砍之块，一山数幅，各幅契据，各相抵止。生发砍之山，一山是两截，土坎以上是□祖父买占之山，土坎以下是登文之山。两下议论，登文等恃横已极，局长莫之奈何，难于劝下。生发砍之木已搬出河岸，前五月卖与姜志寅，议价足艮（银）一十五两八钱，□随请地方封阻，三面亲交与局长朱□□手存，其木任行。殊登文等，串拴姜世龙，以老死万利口办论，妄将□砍别处之木六百余根封阻。其木于六月初三，大水漂流罄尽，反言焕阻，得生发白号木价找世龙等，亦阻得焕赛非之木等语。窃念姜生茂、生发，砍白号二处之山，逢中数次理论半年。登文等坐视不耳，仍然恃横，若谓互相封阻，而不论其法与盗卖人山之人有理，而执契清山之人实无理，真是捉盗被盗所伤，守瓜遭盗瓜所害。似此恃横霸业，清山累山，法纪很乱，一人效，百良善遭殃矣，为此告乞。

## 【姜斌相之叔为姜斌相争田园边杉木呈官求讯断事】

◎ 图 1-69

**丙辰十月我们砍园田边之杉木，斌相请中称云有股，下去锦屏去告，拟此禀去诉，后斌未告，正所未递**

为贫被富告，愿输愿押，缕晰诉明，毒计方现。事缘忠厚者难生，贫穷者难生，无势力者更难生。忠厚贫穷无势力，而不遭富恶之残毒陷害者不难生。若遇富恶之残毒陷害者欲生，断不容独让余生。如堂侄姜斌相弟兄，真钱多势大，素行陷害人之人也，平（凭）空以无据霸事山木，情由具控民于恩案，受昧皆惊魂飞云外，再四思维，不得不先为愿输愿押，免覆富恶之意，亦不得不急趋案前具诉。窃民七月内，自砍田边园边之零木，或二三根，或五六根，合积得木三四十根，通地尽知，老少共见。然通家百十余人无分，独恶侄一人词称有股无据，究竟有何证据？然恶侄去岁起，造砍十余处山木，三四百根，尽是公山共木，兼霸收鳖鱼场萧坤名佃通家清明租谷，贰千贰百斤。恶侄有证据否，又与谁人议买，民占之股何在？今民自砍此须之木，各是民田边园边之木，亲手修理。恶侄昧灭天良，欲估夺霸吞，反先发制人，使民不知不觉，其谓神手妙策举世无双。恶侄预先用势力制倒，用多金骇死，民贫穷困苦，不惟预为甘输甘押，更愿引合家老少，别坐别居，方遂恶侄毒计，公私积款，易于卷囊。似此平（凭）空受此残毒，无法无天，仗势设此阴谋，无礼无义。倘恩开一线，容民唇齿当堂一二禀明，民输押心平，打罚心平，而乡中父老昆季，目所共见，耳所共闻者，亦无不心平。恶侄之狡诈者可见，残毒者可见，仗势搕害者并无不可见，毒极害极，情万难甘，为此具诉。

作主赏准饬吊恶侄有股证据。何者公，何者私？或恩光下临亲勘、亲验，有无自别，公私易分，以免残害，不休施行。

## 【姜斌相之叔为姜斌相争田园边杉木呈官再求讯断事】

◎ 图 1-70

### 又拟一禀以防后递

为冤诬搕害，留富戚贫，诉恳劈判，远断残毒。事缘姜斌相弟兄，平（凭）空以无据霸争山木情由，具控民父子在案，理宜诉明，免藏天听。然去岁斌相起造砍伐民等公私山木十余处，约木数百根，毋论公私有无股份，一概霸吞势占，兼逐年霸收鳖鱼场萧坤名佃租通家清明谷贰千贰百斤。斌相诚恐民等追究其款其木，预先用计设谋，陷害人于不防难防之际。民七月内，自砍田边、园边上下之零木，合积得三四十根。况此木亲手修理，通地尽知。斌相词称无据霸争，斌相既知民无据，民通家百十余人亦无据，独斌相一人称有股，斌相定然有证据，邀恳仁恩，饬令斌相呈出证据，何公何私，输罚心平。徒以利口呈办，笐词诬告，立意以彼盖此，将民预先制倒，有口难言，有理难伸，任斌相霸谋势占。窃念民田边、园边之木，斌相托人购买不遂，其计竟明目张胆栽片于白日，此系天良丧尽之行。恳恩赏准饬令斌相同民诣于关圣帝前盟神，凭心后两选。再匍匐仁恩案下，任仁恩如判断，令民输，民即该输押，令民赔赏（偿），亦即赔赏（偿）。去岁，斌相砍起造之木，民占之股，丢弃甘心，若口全凭势力，能用金能，以利口诬办，诬田得田，诬山木得山木，卷积款得积款，不论其分之应有，则有世之忠厚，贫穷无势力辈绝种灭类。真谓只由富家烧火，不准贫民点灯。似此冤诬搕害，无日无天，冤沉黑海，情万难甘，为此诉乞。

作主赏准饬令斌相弟兄同诣关圣帝前盟神，令斌相吊所占民田坎园坎上下山木证据，斌相砍起造十余处山木证据，何公何私，当堂呈验，核夺判决，施行沾恩不朽。

## 【为姜希相、姜化贤等霸砍姜希相叔侄已做酬谢之污干宜山呈官求讯断事】

◎ 图1-71、图1-72

**因希相叔侄除污干宜山与我希文揩字据，故所拟以愿书前到王岩保卫局，阻希相之艮（银），此是借马拿鞍之由录此**

为山已愿筹据，又揩付六年五害不阻不清。事缘民合家，于前清宣统二年，凭亲族将祖遗杉山，阄分四抵，股数细分，均是民亲手批阅。蒙堂侄希相、周义叔侄，辜念分山之劳苦，自愿凭亲族姜永成、正杨、范基远、易元泉等，将分落希相叔侄家下之山业一块，地名污干宜，四抵照阄簿，批明无异然，其山五大房所拣之簿阄，均已当凭亲族载明。辛亥年五月内，民将其山前界砍存之毛木卖与周泰利砍伐，通地尽知，希相叔侄均已在内。不意，希相叔侄突于壬子年六月，被希相子婿李忠秀串谋勾唆，天良昧灭，将其山左边半幅子木卖与杨双合砍，议价足艮（银）廿六两。民屡次请中号阻，再三央求清字据，希叔侄一推三，三推四，字据揩匿不出。无奈，仍请姜永成等将其山送回，恳将五大房执之阄簿涂消，免有名无实等。因希叔侄对族等称云，其山一除一了，二筹二休，岂有善收回之理，仍然不肯收回，以致使民受害，冤沉无从伸白。究其山之受害，屈指难清，倾家荡产，实因其山之由，损身伤命，亦是希叔侄揩据之故。延至癸丑六月内，始蒙商务局长张南轩等，公断杨双合与希相错买砍之木，劝民仍放与双合售卖，而双合兑与希相之山价若干，退为我焕收领管业。双合以作同尔焕砍，买砍之状，其价近来亦未收入手。乙卯年，民招杨秀福、范丙忠开挖种地，希叔侄又勒要丙忠作艮（银）拾两零八钱。本年，堂侄姜斌相招龙受忠种下边山之地，越界开挖去山一半幅，请地方团甲朱冠梁、易元泉理论，勘山界趾（址）。复央求中再恳希相赏字据看明，始好判解。谁知希相蓄此不良之心，受人串迷之计，缓一而二三四，莫可如何。五夜善思，无方无法，幸祖宗有灵，恰逢希相在江卖与顺隆记之木，不得不邀恳宏慈，赏丁封阻木价，候字据缴清，给领等情。窃念此污干宜山，希相既已凭族筹（酬）谢，其情极美，其又极便，应该使民于春风和气之中，而使民于倾家荡产，是非丛生之苦，似此六栽五害，不阻不清，该山字据，不甘不缴，缕晰呈明。局长先生列列，阁前邀恳赏丁向主家吴某某木行，将希相所卖与旺隆记木价艮（银）如数封阻。另饬丁赶希相、周义叔侄到局，向其虚实理由，愿除付据，不愿涂消闹簿。饬缴前收领杨双合、范丙忠二人之价艮（银）若干，如数缴清给领，俾民子孙免受有名无实之业，是非幸取生之冤施行。

## 【为姜化贤霸开挖污干宜、妄砍干宜山毛木呈官求讯断事】

◎ 图 1-72、图 1-73

### 因姜化贤霸开挖我们污干宜、妄砍干宜山毛木拟此禀

为盗砍已现，藉甲搬乙，告恳提究，山业免死之。事缘民有青山一块，地名污干宜，此山于前清宣统二年，姜希相叔侄凭族除谢与民分山之劳，除卖与周姓抽砍正木外，余存小木未砍。不料，有素行妄砍姜化贤，于去岁将此污干宜内暗地盗砍，倒木数百根，仍存山内，屡次密查跟究，渺无信音。本年以来，化贤零星搬卖或二三十根，或六七十根，放出急卖。奈民住居窎远，虽时刻密查贞（侦）探，亦无下落。七月内，化贤藉佃民等南狱亩山种地，得毛木数十根，以作基本，胆敢将去岁盗砍污干宜山内旧木一概搬出，其计五六百根。民查实证据，即请地方团甲朱冠梁、易元泉、李之培等理阻，化贤仍然东扯西塞，声云得买，又云种地毛木，加夫急搬，其木已至河岸，窃化贤搬之木既称种地毛木，其木定然短小，其色必同一样，何化故贤所搬之木杂色居多，而污干宜山内木何在？窥其木色之异常而污干宜山内之木必是化贤搬出无疑，兼民已上有万顺山印，近来污格溪无人拖木出河，屡次只有化贤一家运木，通地尽知，上下皆闻。若不告恳提究严追，然仅化贤父子居于深山溪内出入无常，人力两全，不止盗民一人之山木而别人之山木亦无不盗砍，似此盗砍已现有证有凭，藉甲搬乙，理法难宥，为此告乞。

作主赏准差提姜化贤到案讯究，恳恩赏饬封条将化贤搬污格溪之木加封或札饬地方团甲勘验化贤搬之木色同否，定然石现水干，掩之无可掩施行。

## 【为姜斌相弟兄霸争希相叔侄酬谢之污干宜山场呈官以防后告事】

◎ 图 1-73、图 1-74

### 姜斌相弟兄霸争我们污干宜山一半边，拟此禀以防斌告我

为越界强砍，仗势霸争，诉恳讯究。事缘姜斌相弟兄于前清宣统二年见希相叔侄将污干宜山一块筹（酬）民分山之劳，心不甘服，百般图谋，毒计不遂，暗地唆使希相叔侄番（反）悔更变，无奈阄簿凭亲族均已批明。本年八月内斌相无故使龙受忠、化贤将民该山右边强砍得木数百根，除运卖之外存木一百四十根，民即刻到山号阻，请中朱冠口、李之培、姜作武等理论，两造对字，民执之阄簿，斌相呈之契均已暴然。斌相藉机关有人，筹谋已熟，一面串拴希相，揩据不付；一面加夫急搬，而且四处扬言，不独害民穷苦终身，定要害民数分碎屑，方遂斌相之恶心，方显斌相之毒计。前民阻夫斌子周廉已透露真言，若再行阻木，与我家作对，仍照前癸丑杨双合之故事。民闻此言如梦初醒，民遇之事，通地只知是杨双合与民争木，谁知却是斌相弟兄主谋陷害。无怪请姜德相理讲，而德相一言不发。窃念当地之人理地方之事者。德相也，借刀杀人毒害本宗者德相也。民虽有不是，只好明言，不可暗算。德相何忍心驱虎试（弑）叔，留毒纠缠？然德相前若不有杨姓主谋毒害之计，而周廉断不露其真言，周廉言已透露，德相之谋已彰，斌相之行为更显。嗟嗟德相弟兄势大非常，毒心非常，忍心毒害一家，更非常□□，非常簿削，而异乡别井，不堪设想。似此越界强砍，万难丢弃，毒害显露，粉身难甘，为此诉乞。

作主赏准严讯，劈破宿冤施行。

批：状呈该污干宜山业既由该民得于姜希相之酬劳，自与姜德相、斌相等无相干涉，该德相等何得无端起争，但词出一面，未能尽信，应候传案讯明察夺。

姜德相诉我们恃横霸业一案。

批：已批示姜焕卿调内矣。

## 【姜德相为姜某某子某某霸人山并拦路劫杀德相子周廉等情呈官求讯断事】

◎ 图 1-74、图 1-75

### 姜德相之告我们之禀

为恃横霸业，纵子行凶，告恳惩究，以安良善。事缘无恶不作之姜某某子某某，父仗子横、子仗父恶，屡霸人山而得，洴昧遂乃大肆其欲。强砍生族公共□处之山木□块，又砍生家自创□处之山□块，屡经乡团朱冠粮、易元泉、姜尚桓、李枝培等理讲，无奈恃不理，所有各处共山契，临审呈阅。本月廿□号，生子周廉往污格溪看木，突遭某某手持大斧拦路劫杀，幸跑得急，乃不遭其毒手，伊且将岩湾客木厢砍坏数十枝，又声言要杀生父子，明杀不了定要暗杀，务要使生家死无殆哉等语。前伊被人告经黄总办、陈管带，捎伊惩罚。今诬生勾串，官岂听人勾串之理？生已伸鸣地方，而伊之恶念更甚，似此行为，真是无法无天。自思明枪易避，暗箭难防，山木被伊多砍，子侄被伊将杀，且出言不逊，若不奔辕投告，势必祸生眉捷（睫），与其被他杀命而后告官，不如免禀以求无祸。为保全生命财产起见，迫不得已告恳。

台前作主赏准策提恶父子到禀，惩究行凶之罪，追退妄砍之木，以维世道以保善良施行。

## 【姜某某为姜德相弟兄霸山、卷积公款、藉公挟私等情由呈官讯究事】

◎ 图 1-75、图 1-76

### 我们拟此禀以拨德相之告禀

为胞弟烟赌，自横诬横，缕晰诉明，恶毒乃彰。事缘有素卷公私积款之姜德相弟兄者，真世界上心毒非常，惯借刀杀人，害人之人也。平（凭）空以恃横霸业理由，控民于恩案。受昧皆惊，魂飞云外。周廉前已露出之言，真不虚传，粉身碎骨，定难设想。民以越界强砍具告，外不得不预先愿输愿押，豪富之毒计始彰，豪富之宿怨乃白。民七月内，自砍田边园边之零木三四十根，并理阻姜化贤、龙受忠错砍希相酬劳污干宜山木一百四十根。德相弟兄称为公共之山木，自创之山业，其山木既属公共，定有公共证据，公共人，同词，自创之业，亦必有活笔活证。民屡霸人山，是何年，何月，何姓名，伊谁报告，与豪富有何干涉？民子执大斧拦路劫杀，究竟劫得何人之物，杀死何人，在何地点，有得核否？德相身在机关，受人民之薪俸，不以学校发达为思想，专以藉公挟私为目的，动曰有势有人，徒以刀笔锋利，仗势害人于不防难防之案，阴谋人于不明不白之条，其谓神手高超，世称无二。去岁，豪富起造砍各处山木三四百根，共十余处，半是公山共木，兼霸收萧坤名逐年租清明谷贰千贰百斤，民有股分否，起造之木亦卖与豪富否？德相宜邀广西移交，本寨又仓谷三百余石，尽被斌相耗数分肥，盖赌买烟，民应该言否？虽屡奉官示催骇，尽是满局支离。因民平日屡言公私积款耗散，将何办公，德相情面难下，藉此此须山木耸词诬告，纵子行凶，拦路劫杀。幸仁恩秦镜高悬，早识破奸谋，刀笔在德相弟兄之恶毒，意欲以此盖彼，预先将民害死，有口难言，有理难伸，免说破德相兄弟之根底，任德相维弟开场聚赌，吃尽人民脂膏，蓄藏洋药，违抗国禁明条，诬人田得人田，霸人山业得人山业，卷公私积款得公私积款，毋论有无股分，不以理取，全仗势占，言念及此辱及先人，德相弟兄之设谋果非常，故敢施此非常阴谋毒计，下此非常大题，霸收非常巨款，层层非常剥削人民，事事非常嫉妒本宗本族。词称保全生命财产起见，实欲绝戚毒害，夺谋本宗本族生命、财产归己起见。后土黄天不顺其情，一旦权职两全，本宗本族不止破产，倾家绝种灭类不满足德相弟兄之心意矣。似此自横诬横，实难甘休，耸词妄续，透骨心伤，若有虚情，自甘领坐，为此待罪再渎。

作主赏准差添提姜希相、周义一干到案严讯污干宜之理。

由追缴该山之字据，劈破德相之宿怨，割断其纠缠，再邀恳仁慈大发，荐举德相弟兄高升大总统之位，民不止愿输愿押，更愿领合家老少别坐别居，虽受绝种亡类，牛马牺牲，冥中九祖亦甘心，意愿施行。

## 【为姜登文三家盗卖白号山私山与姜生茂砍呈官以求纠断事】

◎ 图 1-77、图 1-78

**因姜生茂、世法、斌相等霸砍我们白号山，拟此禀稿**

为盗卖盗买，串东估搬，告恳差提。事缘民先祖陆续得买姜凌云、开相、龙绍成等之山场一块，地名白号山，字据朗然，临审呈阅。去岁，有下文斗姜生茂、世法等，见民白号山杉木丰隆，满局运动，半作买客，半作卖主，半发资本，将民此白号砍伐，得正木五六百根。民知之骇异，随请地方局长姜德相、朱冠梁理讲对字。世法等本无完全字据，惟以利口支吾，时而称为私山，时而云为番故得众业，仅将道光廿五年、道光卅年别处之契三张搪抵。而此二契内之界，均与该山不相符。生茂串买民白号之山，系一大半边岭，先祖得买凌云等之山，各有数幅小山，各幅各有相抵，世法之契焉得相合？本年九月内又请朱冠梁、李之培、易元泉等向生茂理讲，一而三四，生茂坐视不理，竟约得本房姜斌相作东，在内主谋，发资、搬木，以致民愈理讲愈估搬，其木已至河岸。生茂反称云有大刀掌持，何惧之有？在世法之意见，早注意的是番故得之山，然其山即是番故得山，亦是民先祖得买姜本灿弟兄私吞之山，在主谋之心思，欲多生一事于民身份，使外人均云民好事等。因民手执朗然之契，子承父业，若畏其事之纷纭，而祖父所遗留之产业甘让与世法等串谋霸占，发资烂（滥）砍乎？断无此情。适闻世法等串谋霸占，真不愿其事纷纭，请地方报团报局勘山对字理讲，无奈掌持果力，理讲不清，吾末之何？兼世法等明明指鹿为马，以黑盖白，串谋民之祖业，不然一闻民请中号木，世法即称生茂越界错砍，生茂丢弃一二年始搬出河乎？似此盗卖盗买理法何在？执契失业，定难甘休，为此告乞。

作主赏准差提姜世法、生茂等到案讯明虚实，串称之风日炽，有据之业免失施行。

## 【为周义私卖通家王寨共地基四间与王先本呈官以求讯究事】

◎ 图 1-78、图 1-79

**因周义私卖我们通家王寨共地基四间与王先本，拟此禀后用**

为众业独卖，老少难平，禀恳进还。事缘民等先辈父兄，于同治初年价买得屋地四间，地名平大，即在王承端门首。此地基，民等分家业之时，已凭亲族并老少，均已宣布为通家公共，不准何房何人私卖独吞。若何人私卖，除仰亲房追价为公外，民等所共平敖祭祀田，一概无分，老少均已业成，有阄簿可据。此地基字据，存于姜周义父齐相手收存，殊周义早存吞霸之心，胆敢将民等公共之地基，变卖与王先本为业。此地之字据，一概呈缴与先本。民等知之骇然，亲到先本家问其理由，并明云此地基乃系公共之业，慎毋私买私卖。先本闻其言而不肯中听，竟如闻如未闻。民旋回，屡问于周义卖地基之故，周义不惟不肯承认，而且云有字则有股，无字则无分，若通家有字据，自去清查等。情如周义此言，真乃欲诳之至，虽是幼□，愚人断难平此欺诳□，是公子婆孙均有系分。民家百十余人，先辈买业断无立百十张契据，古今世界有是理乎？窃民家业阄分，共作五大阄，民等长房占贰阄，二房占贰阄，三房占一阄，其阄簿均已批明。兼民公共地基，周义、先本盗卖盗买，理法有碍。先本反云买卖有主，有无字据？究不知先本有主之买卖，或公买公卖，或私买私卖？周义呈缴与先本之老契，在民等分家之先，分家之后？邀恳仁慈，追究先本、周义公私先后之理由，当公公占，当私私领，当堂赏示，老者心平，少者心平，先辈买业之人亦心平。追字核驳，公业者见，私业者见，欺老哄少者亦共见。似此众业独卖，实难抛休，为此禀呈。

## 【为岩湾范荣与卖媳之姜永忠送亲、主婚不罪、送亲非刑求讯断事】

◎ 图1-79、图1-80

### 岩湾范荣为数奸替拟此禀不递

为主婚不罪，送亲非刑。事窃罪有首亦有从，从有罪而首不罪，有势者生。刑有苛，亦有滥滥，难受苛，亦难忍无钱者死。如前月有□本族某某女名某，于某年嫁与平敖姜永忠为媳，已十余年。冤遭永忠陡起人面兽行，强逼其媳欲求苟合，□力小难逃，计宠逃脱，伸报四邻，并回家将其强奸情由诉告某房某族。□其时欲理论不可，不理论难容，再四思维，此乃风化攸关重件，是以众族前往平敖并文斗公局理讲。蒙局长朱某某劝解，公罚永忠罚款艮（银）四两，□以儆风化，劝预永忠子某领其媳回家了事。岂知其媳为家无兄，永忠又送文斗公局交与局长变卖等，因局长劝预再三，而永忠自作狗盗之行难于下台，于某日自将其媳某某议卖与表某某。诚恐其事不谐，再三宠哄□到堂送亲，其卖价三分，某占一分，永忠占贰分。□穷苦异常，果见利忘义，实送其女出门。不料祸害临身，难逃尺寸，被汉寨局丁捉拿到平敖，非刑拷打，日则软床是坐，尿粪口出，应则观音掌相合，铁链烙身，臭秽远闻数里。老幼见者，难看死醒，数次不得已，乱招情节，嗟嗟从罪而受此非刑，真苛滥猛如虎。主婚统众而坐搕，实劫毒若狂蜂，似此主婚无罪，律例编倒，送亲受刑，刑法混乱，活命情急，冤状胡招，为此待命恤办。

## 【为姜兴贵骗哄封生茂之银呈官以求讯究事】

◎ 图1-80

**拟此禀去告姜兴贵骗哄我们封生茂之艮（银）**

为骗诈赎哄，非欺策计，告恳差提，押追缴案。事缘人之狡诈非常，莫如姜兴贵之为甚。前民国四年九月内，有下文斗姜生茂、世法盗卖盗买民白号山木五百余根，民屡号屡阻，屡请地方报团报局理讲，无奈有主谋人在内，有理难伸。只冀木日后到江，再报保卫局开商务会理论，或将木封阻，或阻价木行等情。岂知有素行狡诈姜兴贵，窥视生茂盗砍民之木久，已搬至河岸，藉民父子因事在城候案，暗地与生茂议妥价足艮（银）六十八两，以为人不知不觉之策计。谁料雪桥易架，红日难逃。民由城返家，见生茂盗砍之木已至王寨江，注落主家王忠亮行内。民当时号阻，随报保卫局长王，将其木价封阻理由。而兴贵知其事不可解，其计业已透露，亲自到保卫局，面对局长王并民三面，自认明其木价业已早交在地方团首朱冠梁之手，而木始敢放下，若日后回家问冠梁，或书信问明有更变情故，为我兴贵加倍偿还是问，不得二语等情。局长闻其言，劝谕再三，兼年终岁暮，民果以其言为的确，不跟究其木，任兴贵将生茂盗砍之木如数售卖。本年正月初旬，请朱冠梁追究其艮（银），提出试骇好歹轻重，兴贵不独无艮（银）封阻，去岁称云封阻在冠梁手者乃是□□之计也噫。若此人真骗诈欺哄非常，不止民一人受此□□计策，而地方团首朱冠梁、局长王述信，切受此计策，民受骗受欺，固不足论，而团首朱、局长王断不可骗欺。若不告恳差提追究，诚恐枝节散蔓，不止生茂盗民山木无着，而兴贵承认封之木价无依，除艮（银）木两空外，难免不受骗。诈欺哄风日影饷（响），而文契朗然之祖业化为乌有，似此施此非常计策，万难甘休，为此告乞。

作主赏准差提姜兴贵、生茂二人到案讯究，押追此木价艮（银）如数缴案虚坐。

实领施行。

## 【姜德相之叔为其侄姜德相强霸污干宜之山并胁迫、诬告等情呈官求讯断事】

◎ 图1-81、图1-82

### 拟此禀催我们与德相之案

为案悬不讯，续恳求讯，免招余殃。事缘逆侄姜德相弟兄，自仗人势重大，术能蔽天，机关有人，缘索有灵，无端霸争民山木，谋占田园，妄称为公共之山木，自创之业。暗地发资与姜化贤强砍希相□劳与民污干宜之山。反捏词诬控民无恶不作，大题希图陷害，并耸词邀恳仁恩将民惩办，以维世道，欲民即刻身亡家破，其情冤哉？家运诚不幸矣！数代同居，伦常堕入污泥，而突出此豺狼成性，蛇蝎为心，无父无兄、无纲无纪之逆侄。姜德相弟兄平白以侄妄想杀叔，真是颠倒伦常，实系世道人心之大变，三代九族之含羞。逆侄还称用计得手，稳坐机关，羞辱宗教，贻笑条校之不能发达。逆侄霸争民污干宜数处之山，希相偕民当凭保卫局局长王，照字分立合同外，各有字据。因霸争山业不遂，无故忍心邀恩办叔，不若明持刀枪杀叔为快。民一分之家财任逆侄之谋夺，嗟嗟民之生命财产实悬于逆侄之手、逆侄之谋无疑。前害民身，将伤家已破果出于逆侄之主谋，更无疑逆侄之居心害叔，不过卷公私积款，霸民山业、田园起见。因民平日屡爱出言，逆侄蓄恨已久，积怨成仇，以致祸害频出。可见逆侄害民一日不死，逆侄恶心恶计一日不休，公私款数不能一日卷尽。民被逆侄忌恨，遭此无名无目之冤孽，何至于如此其极！邀恳格恩饬令逆侄德相宣布民之罪名，提出证据，或霸公作私，或不仁不义，无廉无耻，应办则办。不独民一人死有余辜，合家合族抵赏（偿）亦无余恨！然逆侄霸管中仰陆姓之逆产数十石，心不足；霸收民通家清明谷数百石，心不足；霸争民山木、田园，心不足；民命又被逆侄之阴谋，死已（矣）亦不足。盗姓偷名，公私款数任意纵横，满寨老少、通家、子侄无一人敢追究赔赏（偿），逆侄之心意方足，逆侄之阴谋方成。而民屡受荼毒，家产谋尽，生命将伤。幸祖宗有灵，不该遭毒！始遇清廉明察之，仁慈施爱民如子之仁政，不被逆焰所惑，批破奸谋。兼民不得不待命而一一缕晰冒渎，伸从前不明不白之冤在于此，割断后祸保全生命亦在于此。民即凌迟杀戮，甘愿于宣布之后杀身，不甘伤身于不防难防之计。地方余款、烟赌蓄聚，若唇舌不烂，当堂禀明，断不容逆侄捏词诬告不坐，亦断不忍民受冤不伸。似此案悬不讯完，招余殃宿怨不清，后祸难免，情实伤心！为此待命冒渎！

作主赏准饬警提齐逆侄德相等一干到案鞫讯剖断，应办则办，不办则坐。否则悬赏示谕，天外投天，伸雪黑海，大冤披数代！伦风免堕落污泥，逆焰免张施行。

批：此污干宜之山右边界至：上抵路，下抵冲，左抵岭，直下屋地角下坎小引冲，右抵大冲，此一小岭地土已丢与德相弟兄去了。而我们装此鸡狗与德［相］，而德［相］弟兄已受，是以木地放为德［相］去了。由小冲过去至大岭，各是我们的，别人无分。

## 【范如贤商等为匪众张老牛等骗财、封阻木材等情呈官求讯断事】

◎ 图1-82、图1-83

### 与范如贤等拟此禀上台应诉告

为遵批呼讯，始逃虎口，救活孤商税本两全事，窃人之无良害良，莫如匪首张老牛之为。日前张匪手领商等本艮（银）一百金并存之民数十金，尚已昧良负骗之外，反胆敢请示封阻商等条木五十根于粑拉河口。在我精灵明察之仁廉，见利忘义之局长无不在洞鉴之中，无如竟堕入张匪之牢笼，何也？商等呼讯数月，尽被神手护遮，屡续不批，居然铜卫铁壁，此真下情难于下（上）达。商等因案木两，悬斧铁不畏，不得不以自盗诬盗理由不服抗告于地方审判所长。案前泣诉，蒙批示饬令将此案卷宗捡送，以便票传。继又以木悬途岸，呈渎所长体恤民艰，又批示此案业经咨县查核办理矣，而县长即秉公办理。争奈张匪系县长之百姓，商等系社会之公民，而庇匪朦详之局长亦系县长之耳目。一则难消张匪之毒计，一则难拂局长之伪词，断难厚此薄彼。商又再以续恳勒限理由，求所速解讯判。叠续又蒙批示木既经县封阻，应有拘速（束）效力，应即同县切实声明并诉。商又以水涨木危催续，又蒙批查此案。前经本所决定咨县查办在案并处，呈请再咨原县依法办理。仰即知照商等此回有云开见日之期，冤沉得伸之时。张匪满腹毒计，无处施展，庇护之局长无处措词。商等明知有天死必有天生，欲求天生，不外于天死之外要求天生。商等保全资本为宗旨，叩局叩县叩所，财命相连为目的，积日累月经年。远客孤商，张匪如羊伴虎，日夜兢（警）惕为心，张匪党羽正众，诚恐防之不正（胜）防。兼商资本遭入张匪之手，性命难脱张匪之计。似此遵批呼讯，玉石始分，活救孤商，税本两全。是以不畏震怒，不服而投天抗告，忍辱而求天判决。为此续乞！

## 【姜焕卿与姜全相父子所争木之冉赖山产之卖主姜斌相等附案诉明产业股数事】

◎ 图1-84

**我们家众等递之禀**

为附案诉明。事缘姜全相、姜焕卿一以纠众滥山，一以合众凭买各情互控恩星案下，均蒙批票，理宜候讯，曷敢渎呈。但事有曲折，不得不预为诉明。此冉赖一山原分二大股，民族先人得买平敖姜彦之一大股，姜熙侯一族共占一大股。此熙侯族等占之一大股，又分为六小股，姜熙侯占二小股，姜熙年后人占二小股，熙仕占一小股，熙敏占一小股，民家又得买熙仕之小股，合山共得十二股之七股，惟剩五小股为熙侯等分占。阴闰二月，有姜德具等来约，卖与姜焕卿砍伐，齐议价时，尚有山支不齐，德具云："熙侯等之股，跟随生理"。是以只议民等之七股，议妥兑清。所余之股，现经地方中证理讲，孰有孰无，调讯自有攸为。况熙侯所占之小股问讯自明，民等只卖民等之股，亦只领民等之价。似此情形，若不附案诉明，则民等清白股数，难免不无混乱，是以具情呈乞。

台前赏准监核，以免受累施行。

批示：仰候集讯，该民等亦须到庭备质可也。

## 【姜焕卿呈恳提究姜全相父子速讯求断并开封放木事】

◎ 图 1-85

### 又拟一禀催提全相未递

为投告不为，抗审故延，续恳迅提，以免久累。事缘民等以合众凭买，继以故延抗逃各情续禀姜全相父子一案，理宜静候审讯究断，曷敢再渎。惟全相父子自得恩星饬封，速行逃回，犹敢一味大言有友作主，仗财仗势，胆敢用此野蛮手段，统率十余人将民等所砍之木厢一概乱撒，砍碎掀于溪内，抛散零落，不堪削印盖印。致害民等木不得搬，案不得结，久候恩辕，守株待兔。但民等乃寒苦之家，且系借东家资本全炷，靠此为生。兼之农忙在迩，废时失业，更加水月之系，诚恐一时水涨将木漂流，势必血本无为，将来粥（鬻）子卖妻何以赔偿？惟有束手待毙而已！恩星万民父母，俯恳饬警速提全相父子到案讯审，开封搬木有攸为。情迫水火不已，只得哀哀再叩！

作主恳赏殊谕，饬警速提全相父子一同到案讯结，开封施行。

## 【姜焕卿为姜全相父子掀木、消印事禀明县官事】

◎ 图 1-85、图 1-86

### 又在家拟此禀，下去递催，已对审了，未递记此后观，始知全相缘由

为藉令逃回，掀堆削印，零星四散，流害难免。事缘民前以合众凭买具诉姜全相父子一案，只冀两下捡卷听审，全相又以造令威民，恳赏封条，百般耸词朦蔽，民卖主姜斌相等以附案诉明候质。岂料全相知民卖主齐集，密地逃回，害民久候恩辕，床金用尽，兼蒙恩令饬朱冠梁等将民买砍之木业已封阻。全相心满意足，喜气扬扬，煊天炮火，俨似天崩之状，胆敢于封阻之外，另将民木堆掀番（翻），七零八落。岂恩星令饬不足凭，而全相削印盖印尚有凭？际此河水泛涨之日，一旦漂流，借债难偿。民砍冉赖山木，有中有主，价清交明，究其山之股数得买十分之八九。今木被阻，不敢运搬，兼全相掀番（翻）四散，欲振堆不能，不振堆不可，束手待毙！全相前词以纠众滥山，并造令威民大题叠

控。幸仁恩宽仁厚德，早已洞鉴，不然几被全相诬良为盗。民乃本家人买砍本家先人买占之业，何为滥山？然全相买占之业系熙侯一族之业，熙侯十二股占二股领卖，全相得买熙年、熙敏之股可见。似此藉令逃回，无天无法，掀堆削印，恶极毒极，情迫水火，为此冒渎！

作主赏准！

## 【冉赖杉山卖主为李继科受贿、更改契据等情呈官讯究事】

◎ 图1-86、图1-87

### 因全相进贿赂，将我们家字据四至更改，拟此告受贿之人

为舞蔽（弊）欺天，冤沉海底，邀恳讯对，清浊自分。事缘民等前以附案诉明姜全相争持冉赖山木在案。蒙恩堂讯，该山股数已有字据可凭，于地名一称冉赖、党赖即是一山，一称党赖、冉赖各是一山，以致恩星胡疑不决，于是当堂已具甘结亲勘，虚罚实赏等情，恩已隆矣！兼蒙委令局长亲勘毕，已呈明查核讯究，曷敢多渎！但李继料身在公门，不秉公道，只知索贿入手，而不顾人民冤遭荼毒，亦未省事有远近亲殊。民等与全相均系一家，全相争民等冉赖之山业系家长姜名卿手买之山木，独民系子承家长之业，全相独不是子承家长之业。全相忍心害理，不顾先人名誉，而争在自己之私谋，问心有愧否？全相乃家长之子，别人争之尚不容，亲子敢争父买之业，设满局牢笼将家长字据更改，左抵冲直下加党，则通场鬼蜮勾串。姜锦富执道光卅一年田契混质，多方营谋，百般捕设，件件周全。惟惜其计策太左，其用心太毒，而其理其情亦太度。全相存此害生欺死，朦官吓邻之心切，而笃究不知上所欺者是何人？下所害者是何族？所争此山木是何人手买？平空东聚蜂蛇、南驱野豸，尚欲强夺此家长手买清白之业为已有。民等通家岂肯甘让与受民主政田之后人乎？窃民等卖家长买数十年之山，而云错家长买别处之田地又何如？况此冉赖、党赖只知是一山，自古至今，男妇皆同。全相故将此一山而分作二山，移民冉赖山作为加党，则山强情越系扭天行为。似此受贿改据，天理难容，欺死害生，冤深难白，为此续乞。

作主赏准，令饬姜全相带锦富道光卅一年田契，并将民原契较对会长执之票，可否作弊更改。邀恳格恩开封，不然恐大水漂流，难免一事不了，二事又生。民通家生死沾其厚德施行！

## 【姜焕卿为防水涨木流呈官求开封放行事】

◎ 图 1-87

### 又我们自拟一禀求开封

为恩外求恩，赏谕开封，资本得顾而流害免。事缘民前以合众凭买具诉姜全相父子在案，蒙恩两次堂讯，而民卖主斌相等与全相父子业已具甘结亲勘，民价买之山木可见有主、有证矣，奚待多渎？但民资本短少，难受事主之牵害，兼恩星德政浩繁，无地不沾其厚德，无人不戴其仁慈。民与斌相等买砍冉赖山木，恩星令饬封阻，漂流之害几乎难免。况此月系之水满江陡涨，一江胜过一江，民堆在冉赖山脚之木，一则被全相子周歧藉令，已掀番（翻）木堆，削印盖印四散零星。恩出仁天，解民倒悬之害，救民水火之苦，兼会长查勘，其情节早呈恩案，泾渭有分。前堂讯之时，恩星早已原情宽宥，赏示开封，争奈全相执意，以致仁天有恻慷之心、有雨露之济，无所措手。然斌相等与全相办地名虚实事小，而民资本、国税事大。若不应情哀泣，任其木四散，一旦漂流，问谁赔赏（偿）？似此顾本在急，不得不恩外求恩，大水之期亦不容不预为泣渎，为此续乞。

作主怜商保税，赏示开封，恩同再造施行！

## 【文斗团首为姜熙侯出尔反尔，致同族争产、买主不得脱等情呈官求讯究事】

◎ 图 1-88

### 又替团首人姜世法、朱冠梁等拟此办禀

为具实认承，邀恩严究。事缘有本寨姜熙侯，真狡诈非常，朦上骗下之人也。前三月内，因姜斌相等议卖冉赖山木与姜焕卿，而熙侯等族占之股称为多多少少，以致团等在内理讲半月有零。追究两造契据，熙侯不独无字据可验，仅呈之薄子亦无股分可阅，团等无从劝解。姜斌相等之字［据］朗然，依理而言，有字管业，无字失业。团等合理就情，于中劝令仍照斌相等家之字据，此山分作十二股，斌相等占七股，熙侯占二股，而熙侯公孙亦甘心意愿，领价了事。团等始

敢向买客姜焕卿再三相商，将其价兑出。团等实领焕卿兑来熙侯十二股内之二股山价艮（银）十一两，团等已具有，收领字交与焕卿，手执其艮（银）当交熙侯手领清。近来数月，毫无异议。不料熙侯又被何人之奸谋，设何变局，将团等并焕卿骗入牢笼，又以作霸鲸吞突控焕卿于恩案。团等闻之骇异，此真狡诈非常，朦骗非常。况此冉赖之山已经团等理清，熙侯不得越理控告。既忍心越理，亦不该使团等再三说情领价。而团等既已领价交清，又何忍心控告，使团等上下两难。此非欺害控告姜焕卿，实欺害控告团等作为狗豕之人，更欺朦县长秋毫不察。似此出此狡诈之人，团等地方不得不具实禀报严究。如团等有虚，甘当领责。为此诉乞。

　　阁前作主赏准惩奸救良，不独团等沾其德便，而价买山木之姜焕卿免受平空牵缠，施行沾恩不朽！

## 【姜焕卿为与姜全相争控冉赖杉木呈官五求讯断事】

◎ 图 1-88、图 1-89

　　为求判求结，不结蔽重，恳恩速结，蔽除祸免。事〔缘〕民前以合众凭买理由诉姜全相父子在案，蒙恩堂讯，业已四次，蒙恩均云用价得买不错。恩已涯矣！前委令会长王踏勘详覆在案，令民赶领艮（银）、证中已抵城，日久不讯而回。惟狼狈为奸、蜂蛇成群之奸党李继科、向春荣、龙崇德等，知民中证人齐集，诚恐讯出奸谋于中，作鬼作蜮，遥传仁天亲勘，不能一刻讯问。想仁天日理万机，德政浩繁，岂为民区区之事而动众绕（扰）民。可见李、向讹人害良，层剥恶计，重出饱贿。埋冤之形，不现自现。以致朦蔽仁天，秋毫不明，竟把民案久悬，使民欲讯不得讯，欲结不得结。如在黑海之内，目难以睹青天，足难踏乎平地，身心悬于半球之中。况民价买之山木，仁天高悬秦镜，谁虚谁实，早已洞鉴。仁天为一县之主宰，作万家之活佛，广施恻慷，怜商保税。区区之资本，全家生命所系。究全相、熙侯串拴一局，一住继科家，一居崇德屋，兼向春荣入内，俨似一羊伴三虎，要分而不能得合，屡设鬼谋，意欲扭乾转坤之策，神手遮天之谋。全相反大胆称云："再用多金活埋，不愁不死。"民就死于群奸之辣手，全相之多金，尚有民卖主伸雪，有何足惜？独惜我清廉明察之仁天美誉被群奸败坏，新设锦邑风化被群奸效尤。似此案悬日久，床金用尽，资本久延，借债难当。言念及此，伤心切骨！俯恳仁恩判断为谁，一则免被火食重累，二则好追究来手赔还民价买不虚。不然区区之事，已过百日，不判不结，久候无着，惟有将受蔽（弊）情节一一哀泣于上峰。阁前如何斧裁，群奸如何驱除，百姓将来免受此孽瘴之苦。情急如火，心伤如焚，不得不冒罪具续。

　　作主赏准，捡案讯结施行。

## 【姜焕卿为与姜全相争控冉赖杉木呈官再求讯断事】

◎　图 1-89、图 1-90

### 又拟一禀

　　为木流命绝，害重冤深，邀恳天恩追究赔赏（偿）而保全家。事缘民理由已载明在卷，以言其害，害莫深于此，以言其事，事莫急于此。前蒙恩令饬地方团首某某将民买砍冉赖山木七百余根，如数暂行封阻。民尊（遵）示不敢动搬，撒棚而回。民在城候讯，卖主赶齐。可恨全相父子居心恶毒，暗纵其子周歧偕姜乔六、超腾等逃回家。于廿日将民堆在冉赖山脚之木掀番（翻），盖印四散零星。睹此情形，惨楚已极！民应早禀报，诚恐被斥多渎之罪，是以任凭束手待毙。不料廿二、廿四日大雨淋漓，内之水陡涨丈余，将掀番（翻）之木流去三分之二，其数不知多少。当伸凭地方某某、某某等外，更不容不急赴恩辕禀明，严讯赔还窃民买砍之木。民卖主姜斌相等现已在城候，日久未得讯结。目下农忙之期，大雨之月，全相满局聚蜂，今木已流尽，农已误期，全相之毒计乃遂详覆，其中虚实是否均在洞鉴。兼姜全相诡计多端，暗勾条校中之条生为证，冒名顶替之人为凭。而恩星高悬秦镜，照彻奸罔，所以昨经复讯，显见全相有遁辞。况民所买砍之木，有卖主所在，可以调质，且具有甘结，是否在案，若不（否），恳请传集对质，并求讯结了案。诚恐迁延日久，包藏祸心，明难与民争论，暗则蓄怀异志。一旦水火为害，则民砍伐搬运并山价之血本系于何处？粥（鬻）妻卖子，难以赔东，只得束手待毙而已，为此沥情恳乞。

　　作主赏准殊添传集民山主某某、某某到案对核，俾（必）得讯结。并请给一殊判，将伊前所封阻之木，准民自行出售，或以十二股之三股将艮（银）封存局中，候案了结，再行发交施行。

批：买卖不清，应追向来手。该民以血本买就上场讼案，何至若是，着即自行将卖主邀案备质可也，毋自延累。

## 【姜焕卿为与姜全相争控冉赖杉木呈新县官求讯断事】

◎ 图1-90、图1-91

### 八月卅日，新官上任递此禀

为受染已深，冤深难白，五讯不结，无法无天。事缘民前价买本家姜斌相等冉赖山木，价清交明，不料有众怨亲疏，残穷恶极，忘廉失耻，无仁、无义、无礼、无智、无信之富恶姜全相父子藉因股数不清，平白以纠众滥山诬告民于前县长邓案下，民即以合众凭买具诉。蒙恩传齐二造，堂讯业已五次，当堂面谕民价买不错等因。恩已涯矣！争奈邓县长听堂下房科虎役之谗言，不关不切，留连半年，害民用尽床金，资本虚空，真是无天无法！再四思维，不得不以长富灭贫，条呈首罪，邀恩泣渎。蒙邓县长批斥勾狡已极，买卖不清，追向来手，自愿以有用金钱买就一场讼案等因。此乃人之常情，毋待县长之面斥。但民来手山主姜周礼等早已就案诉明，并愿具甘结，虚罚实赏在案。而后邀恩登山勘验，王会长始奉委令踏勘，虚实情节并团首早已禀覆呈明。殊恶又以勘覆不明，妄诉会长。既属勘覆不明，此明会长、团首等定饱贿埋冤无疑。邓县长不照甘结罚禁于两造，即照约法罚禁于会长。仅以堂讯一而二、三至五次，作儿女之态度，无虚无实，不断不判，民又如何追向来手之理？民合众凭买，价清交明，何糊涂之可斥？况民来手山主之山业系通家之家长姜名卿于前清光绪九年手买平敖姜彦并姜熙仕之山业，全相所买占之业系得姜熙仕、熙敏二人之山业，地名、股数分明，如风马牛不相干涉。姜名卿虽系通家之家长，即是富恶之父，岂父前买之业为虚，而子后买之业反实。前县长任富恶全相东聚蜂蛇、南约野豕，折山塞水之浮词，兼房科虎役饱贿之谗言，说可则可，而否则否。民恳求再三，添传民山主姜斌相等质讯，而下情终难于上达，不准舆情。凭首恶弃此寻彼，使民区区之案件，数十金之山价，缠累不休。此虽邓县长之不贪不滥，而堂下房科虎役之贪滥显然；县长之精明不染，而堂下之习染朦糊可见。官被下染朦糊，反以朦糊加于下民，真冤哉苦矣！以言其证，证美确于王会长并地方之公呈；以言其情，情莫惨于商民久累讼件。兼幸福星降临法政，定然一新，民等旧冤旧累之案，断不忍久坐黑海，任富恶之纠缠。似此福星已降，不得不将习染以哀鸣毒害已深，更不容不急求判结，为此泣渎！

作主赏饬原警督令保人限齐，富恶全相并伪质之姜锦富一干到案，严讯虚实，断结施行。

批：具诉人姜某某以受染已深、冤沉难白一案，被诉人姜全相批禀，悉俟传案集讯。此批。

## 【姜焕卿为与姜全相争控冉赖杉木呈官长富灭贫事】

◎ 图1-91、图1-92、图1-93

### 此禀递与旧县官邓

为势大赫天，钱多害良，邀恳天恩长富灭贫，恶党乃服，以免累天。事缘家逢不幸，而出此众怨亲殊、纲常孟赋之姜全相，以纠众滥山理由力争姜名卿手买姜彦冉赖山，诬告民于仁天案下。全相只知东聚蜂蛇、南约野豕，肆毒于家堂。岂料愈设词而破处愈现，愈约蜂蛇而恶焰更彰。听讼师之设谋，屡渎浮词，朦上欺下，此其原因有十。全相自仗有人坐省，子婿在条，虽争山木情虚理伪，有仁天之精明，断不敢明判其非，亦不敢照例罚禁。欲控上，如风送鸿毛之易；欲害下，似青铁石柱之难。其所以势大赫天，此一也。民家数代家资装近十万，民等于前清以霸公作私具控全相于俞府主案。其案未结，全相恐民追究前疑，先将民拖害于穷苦。不独民不敢追，而通家亦不敢言。残忍刻薄，以怨报德，其所以计多害良，此二也。全相混争山木股数，本与民不相干涉，况民来手山主周礼等现具甘结在案。争奈民山主三分之二尽属全相手足弟侄，明虽与民理楚，实则全相同谋其党，是以全弃此寻彼之意牵害。民因顾本在急，生命有（攸）关，不得不独自专责，此三也。全相呈请四邻，或当堂讯问；或登山指界之人，尽是外孙子婿、条堂士子。全相东约西接，反胆云："上有人坐省，下有人在条，谁敢撄其锋而比其胜？"此言一出，闻此莫不股慄而战兢，更所虑计多金埋死。其所以请长富灭贫，此四也。仁天爱民如子，念切无偏无党，究前所判决，彼也不屈，此也不伸。谅全相依然飞信上省拨名妄告，民定有不休牵累，耗散资本之日，尚不足惜。惟惜仁天为民区区之山木数十两之价，诬控仁天于上峰，则民粹骨粉身难补报于万一。其所以请免累于仁天，此五也。家长姜名卿手买姜彦之业，地名冉赖；伯父舍英价买姜国玕之山，地名加党，则均已三四十年。全相故意以牛马混杂，颠倒混乱，此无仁也。民合众凭买之山木价清交明，全相以纠众滥山、造令威民诬告，此无义也。王会长奉委令踏勘，天理人情均在，毫分不染。全相以勘覆不明冒渎，此无礼也。亲祖亲父得买清白之业反认为非，自己浮买之业力争为是。全相皆亲向殊，霸公作私，贪心不足，此无智也。民未议妥山之先三约三允，已议妥山之后再三送价。全相因索背地不遂，反以少争多，无辜牵害，此无信也。人事有一于此，其虚实尚难判决，全相五特俱全、五恶不缺，岂不累及于仁天。兼仁天即照理判决，当是则是，非则非则（当非则非）。全相不，又诬仁天受贿埋冤理由飞信于坐省之人、在条之士。然上峰一控，此非害民资本耗散，实劳仁天爱民之心于难昧。锦屏一邑有一二如全相之无仁造假、无义诬假、无礼假告、无智谋假、无信变假，真是残劣毒极、众怨亲殊、忘廉失耻之人，不卂（迅）扰乱如匪党之毒害治安乎？似此不得不邀恳仁天长富灭贫，而全相之恶心乃足，讼累乃休。为此续乞。

作主赏准长富灭贫之公议，一则免累仁天，二则民等甘愿牵累。全相之恶心平，坐省、在条之人心平，执伪质之姜锦富、主谋之讼师之心亦平。不然再恳格恩舍民与全相之事于度外，准民偕全相凭神或开农商社会判设可否？恩同再造施行。沾恩不朽！

## 【姜焕卿为与姜全相争控冉赖杉木呈官求开农商社诸会共讯断事】

◎ 图1-93、图1-94

### 又拟此禀欲诉全相，后未递

为满架雪桥，欺下朦上，恳恩示开会，蔽（弊）端免重，理则不屈。事缘窃民与全相互控之事堂讯四次，讼累半年，求判决也难，不求判决也难。不求判决于名分是守之富户，不难；不求判决于聚蜂肆毒、引狼入室、穷残毒极、骨肉离伤之富户，不难之中更难。姜全相父子真是无仁、无义、无礼、无智、无信之人也。眼见民与通家议得冉赖山木砍伐，心不甘服，东聚蜂蛇姜熙侯，南引野豕姜锦富，抓山塞水、浮言妄耸之姜为宏，究冉赖、党赖山之称。由古至今，老少皆称是一山一处，全相故意扭作二山，且称相距有半里之遥，又称勘覆不明具诉，此明明王会长受贿埋冤无疑矣！不照甘结罚禁于两造，即应照约法罚禁于王会长。岂尽胞与为怀，任民含冤不白，累死孤商。为人父母，此断不忍如是，何况作万民之父母，而恶模糊作儿女之态度乎？况此山冉、党之称法为二，而赖字则一，足见是一山，此又无疑。全相分作二山，非是欺骗民等，欺骗会长并地方，实欺骗县长于不明不察。在我县长虽慈航普偏，彼也百姓，此也子民，究贫穷子民，理则可延可屈；而富豪百姓，理则断不可屈，而任可延。始任全相浮词屡渎，如雪片地，全局谗言，重雾迷天，贿勾姜锦富执道光卅一年废契质对，又串拴姜熙侯已卖背番妄诬，显见全相之证据不明。证据既已模糊，而全相得买之山业更是模糊，更改年月为证。全相自仗家有余资，尚欲扭乾转坤之势，口似悬河之利，欲秘密运动之机。何苦枉用心机，以有用之财而行此害人之事，于理难容，于法不宥。全相所争此不全山也，手买此业者非是姓之人也，乃全相之父姜名卿手买也，勿谓民通家理上难抛，就抛让与全相，有何足惜？独惜姜名卿手买清白之业，一世之美名，被逆子污染。是可容忍，谁不可容忍？是以蚩雾已重，不得不邀恩准示开会面谈，仁恩爱民之念，切不容不俯准舆情，民等忝属下立，不揣冒昧，待罪上呈。

台前作主赏准舆情，准开农商条社诸会面谈。虚实定然难掩，不然下情难于上达，冤沉海底施行。

## 【姜焕卿为与姜全相争控冉赖杉木呈官又求讯断事】

◎ 图1-94、图1-95

### 又拟一禀

为续重蔽（弊）重，欺下朦上，恳示开会，蔽（弊）端免重，理则不屈。事缘民前与本家姜斌相等价买冉赖山木，而全相混争，已经堂讯数次，民山主两造业已愿具甘结，虚罚实赏在案。会长协同地方均已勘明，无如姜全相又妄续勘覆不明，并词称冉赖、党赖各是一山，且相距有半里之遥，此非欺骗会长并地方，实欺骗仁天于不明不察。

况冉赖、党赖由古至今实果一山，而左右皆曰是一山，诸大夫皆曰是一山，国人皆是一山。而仁恩自不察不明，而堂讯再三延岩，数凭堂下之谗言扭是是而变非非，甘霖不降，莫可如何？虽仁恩胞与为怀，怜悯在抱，然全相不过富豪一百姓，商民等亦国家之帮手，厘税之净手。岂商民理则可以屈可以延，而国家之厘税断不可屈延。究国家之厘税断不可屈延，独富豪之理则断断不可屈，而任可延者。此不过舍却情理之外而论，有何足惜也？兼全相满纸浮词如雪片地，全局谗言似雾迷天。谁知雪桥易架，红日难逃，全相逞家有余资，欺害东则东绝，欺害西则西止之毒手真显，是人之无仁、无义、无礼、无智、无信者，莫如全相父子之为甚也。似此全相之魍魉鬼蜮之计果非常，故忍心引此非常之野豕，聚此非常之蜂蛇，串此非常之伪质，毒谋诬控妄质。民价买冉赖之山，乃家长姜名卿手买清白之山，商民合众凭买之山。邀恳仁恩试问全相，买业之名卿是谁之父？全相是谁之子？而坤相、斌相、周礼、周又等是谁之弟侄？引狼入室，聚蜂毒害，床金用尽，资本搁延，无辜牵害，又是谁家之人？人虽蛮夷化外，断未忍使众怨亲离，手足伤残，一人贪戾，通族通家受害遭殃。若不邀恳仁恩赏准商民示开农商条社诸会面谈，谁非谁是，而魍魉遍地用计，神手满局遮天，虽左右、诸大夫并国人均皆曰是，难免不被全相用多金活埋，大势活吓，地方难以起（启）齿，是以不揣昧，待罪上达。

## 【姜焕卿为与姜全相争控冉赖杉木呈官六求讯断事】

◎ 图1-95、图1-96

### 拟此禀递与新官

为五讯不判，显见受染，忽睹青天已死复活。事缘天祸黎民，荷蒙听谗之县令，民应遭虐尽，使狐鬼以作妖，闻人声而欲噬骨拷髓，满牢猥有虎豹，见木影而思残伤荼毒，通场设下剑枪。即如民价买本家冉赖山木砍伐，全相混争一事，控告将半年，审讯已五次，历情具诉于邓官案下。委员勘覆在案，团首已具公呈，于义于理，可谓的且确矣！奈县长听堂下之谗言，不判不据，视浮言之番（翻）渎，不断不清，任恶计生。李继科、龙崇德、虎役向春荣饱贿，埋冤于中，作鬼作蜮，说可则可，说否则否。究民区区之事，资本短少，火费浩大。论贿赂，民贫穷，全相巨富；说交情，全相住科房，民落火店。虽属穷不可与富斗，于义理有（又）不可容忍。民通家卖此冉赖山与民砍伐之原因，此山分作贰大股，民家长姜名卿于前清光绪九年得买姜彦之一大股，下余一大股姜熙侯一族共占，此熙侯族占之一大股，又分作六小股，熙侯占二小股、熙年占二小股、熙仕占一小股、熙敏占一小股。民等家长又得买熙仕之一小股，民凭地方议妥熙侯名下之二小股，通山作十二股内买得九股，全相只得熙年之二小股，又得熙敏之一小股，共合占三小股，此山股数朗然。惟恨李继科、龙崇德、向春荣等身在公门，不秉公道，只顾一己之私贿，而不顾县长之令名，更不顾国家之厘税，商民之资本，妄耸县长不准舆情，误商误税误官，并使商民之木零星四散。一面将民山主契据更改，左抵冲直下加党则为界，将全相破碎之契据更改员（圆）全。李继科等不受全相之贿，而何如此变更？县长虽精明闻佩，而不知审察。此明明官被役朦，黎庶死无余地，贫遭富克，资税难顾全。为天耶、地耶，黎庶何仅坐黑海耶？有青天而不容得目睹，有平地更不能容得脚踏。不知李、龙、向等有何神手，竞［有］扭乾转坤之计，神鬼不测之机。县长虽有职有权万，不若李、向、龙诸人有能有智。锦屏一邑黎民遭其害，闻李、向之名而庆昧皆惊，一带沿河烟匪感其恩，祝李、向之年而康且寿。他如滥刑滥法加于正士善良，勒费索规增于纯良厚朴，真是有钱所掩，欲聚蜂而无所聚。况此冉赖山之价共分作十二股，内之三小股之价已亲交与逆佃全相内室姜氏宋林、周平母子手领清。全相因山股数争持，牵控民三年之久，资木悬绝，金尽词穷，欲结而不得结，欲上诉而不合，待兔守株，苦楚万状！邀恳仁恩速判速结，虽全山判为逆佃全管领，民亦无足可求。惟求仁恩垂怜，赏示赏判，则民前出一手资本始好向山主问赔，民受纠众之冤得白。似此害深毒极，不得不冒罪而哀泣缕呈。流祸燃眉，亦断不容不宽延时日，案久木悬，寒心已极，为此诉乞。

## 【姜焕卿为与姜全相争控冉赖杉木呈官四求讯断事】

◎ 图1-96、图1-97

**戊四月十二日，与全相对审，将全相打二百手板后，拟此禀递去**

为声明毒害，泣恳垂怜，赏令开封，以免流失。事缘前以受染已深，具告妄廉失耻，众怨亲疏，残穷恶极，无伦无序之富恶姜全相父子在案。蒙恩三次堂讯，当堂重责富恶之外，面谕限三日之内两造前来领判词，若有不服准其上诉等因。其恩至深且厚矣！民乃买卖之人，兼河水泛涨之日，资本悬于河坎之上，全家忧昧皆股慷而不宁，虽流失有富恶向赔，是亦晚也。民愿不得早断孽缘，岂敢健讼为能之理？民当凭合族姜周礼等议得冉赖山木砍伐，其山共分作十二股，除条堂经费之外，每股该派艮（银）四两八钱，凭中业已兑清，一二分领。而全相占此十二股内之三小股，共该占艮（银）一十四两四钱，先交十二两四钱与全相内室姜氏宋林、子周平母子领，记下欠贰两，只冀得此生理盘活家小。全相心不甘服，自昧灭天良，勒索民暗地艮（银）十两不遂，以致藉此小股数诬控民于前县长邓案下。谁知愈告愈恶，愈久愈毒。些须之事，数十金之多，控至一二年之久，害民借债难还，家产荡尽，累及家小。况民砍此冉赖山木，离河数里之遥，其时正值米价、夫价昂贵，每根盘费不下百五六十文方得出河，其用费之苦楚屈指难清。即如此刻，河水陡涨，又用去大缆艮（银）廿余金，托恩福庇，始得平安。前仁恩公令饬封其木之时，民再三邀恳阻价木行，而仁恩慈航，欲早下降。争奈富恶全相蚩雾重施，雪桥叠架，使红日不得照临下土，而下民亦不得睹青天。兼仁恩勘察明白，讯破奸谋，富恶掩之无所掩，欲聚蜂而无所聚。富恶若不牵控民在案，其苦楚不至于如此其极。富恶竟舍却山主，而累民无辜，草[民]有理而不能伸其理。似此毒深害极，不得不声明其情节。恩光普照，亦不得不俯准垂怜，为此诉讼。

作主赏准垂怜，核实富恶之股，除收若干外，下余多少，民甘愿具限，当堂呈缴。并邀恩赏令开封释放，寻主家招管，以免漂流，庶得一清百清，免富恶一害再害施行。


## 【姜焕卿为与姜全相争控冉赖杉木呈新官八求集案讯断事】

◎ 图1-98

### 又递一禀请集案

为冬令已过，春水方涨，邀恳格恩，集案讯决，俾免漂流，而沾厚德。事缘民与忘廉失耻、无伦无序、扭乾转坤之逆侄姜全相父子争持姜名卿手买平敖姜彦冉赖山之，业蒙恩令饬将木封阻于卦治待户保管。民再三邀恳开封，以免漂流，而生后祸等因。又蒙令批，斯刻冬令，河水不能涨发，母庸顾虑等情。此乃仁恩洞鉴下情之宏慈，启开下民之□昧，理应母庸多渎，流失自有全相向赔。但斯刻商民资本悬于河坎之上，借债难还，不得不冒斧钺而缕晰诉明，而卦治行户值年已过万，不能替民照管。商民时而在辕侯案，时而往卦治看木，兼住居穷远，不能时刻照料，诚恐河水陡涨，漂失定然难免。仁恩乃万民父母，作沿河一带之福星，凡下民被冤牵枉累，无不俯准下情。邀恳格恩严饬原警，集案讯断，或虚或实，为墨为扬，从公核断。况商民砍此冉赖山木，逆佺与民山主所争此乃股数、地名也，并不争全山，亦并不争允卖不允卖也，有原词可证。即属全山争论，地名各别，亦有民山主问取字约可据。商民屡次邀恩传民山主备质，并以不告不扰，具告山主在案。而仁恩置于度外，不传不提，以致旧官五讯，沐恩二堂，数十金之山木而讼累二年，欲结而不得结，欲上诉而不合。此岂非商民居心健讼，故意施之理。商民装价得买，有证有主，逆佺舍山主不问，反累商民终年，家产荡尽，意尽词穷。兼商民处春水而魂飞魄散，闻雷鸣而号泣无门。不揣冒昧，历情泣恳仁恩俯准舆情，不独商民一家沾德，沿河一带作此生理者无不讼（颂）其仁慈宽厚矣！似此春水方涨，不得不冒斧钺而泣渎。恩同天地，亦不得不准下情，为此泣恳。

作主赏准令饬原警集案核断施行。


## 【姜焕卿为与姜全相争控冉赖杉木呈新官八求讯断事】

◎ 图 1-99


### 又拟一禀递去

为前案不了，后案又生，邀恳捡卷申详，免得久累。事缘前已受染已深，具告忘廉失耻，扭乾转坤之富恶姜全相在案。蒙恩堂讯再三，分谕走赶，原中朱某等当堂备质判决等情。民遵赶齐，原中、山主已堂讯对质，只冀民久坐黑海，得观青天，民区区之事，数十金之价得为。谁知冤覆难白，前官被染，堂讯一而四五，因循不决，以致累商民。而仁恩业已堂讯二次，亦如前官之因循，将商民有证有主之木，价清交明之木，全数封阻，不准买卖。况……无人照管……漂流问谁赔还？前会长已勘覆在案，富恶称云勘覆不明，会长即已勘覆不明，并分示派员复勘，不又是勘覆不明之故策。仁恩乃万民之父母，继肯作儿女之态度，亦岂尽听富恶作儿女之气象乎。审而又审，勘而有（又）勘，使商［民］受层层剥削毒害交加。兼民等……

## 【姜周士为王先祥不肯结清木账恳祈法院讯断事】

◎ 图 1-100

为请祈饬令，结清木账□□木价以清手续。事缘□□年农历正月尾间，有本□□会及农协会员等七□□□□，去年十月间，共砍有青山□□□□数五百余株，斯时本村正□解放，不暇搬运。迨至本年正月尾，托民找客出售。民到王寨找得客人王先祥去买此木，当在本村议成，此木一切卖木条约，载在卖木单内，当时即上棚运木。因为二、三两月间天天下雨，□□□□日，是以此木不能由高山放下河边，恐有断碎之□□。迨至四月初旬，天气大晴，始敢放木下洪揪排，至月前□间，揪木完后分去匪特□□□占木四分之一不卖，交数清楚与王先祥之代收人龙光元，立有收木码条子为据。而王先祥收数后应补木价不惟不肯补清，更不肯算账，不知是何缘故。为此恳祈钧院饬令赤溪坪王先祥到庭结算账目，补清□□，民俾得转补本村农□□□□□为沾便。

谨呈锦屏县人民法院公鉴。

具由人　瑶光乡第八村民姜周士

被告人　赤溪坪王先祥

公元一九五一年六月□一日

## 【蚁为买卖两清而无辜受控于王瑜安呈官求讯断事】

◎ 图 1-101

为施控案慈事蚁以买卖两清等情控王瑜安在案，蒙拟质宗，何敢又渎？切伊等向蚁买木并就买卖不清，姜济川欠陈由道银两，与蚁无干，由道阻伊等木植，亦与蚁无涉。即之此木济川、侯诏股分（份）就四十八股，价已各派收清，何以不控由道、济川，反控蚁等？明系欺蚁善良，畏济川如虎，与由道如豹，祸桑遗柳，殊属逞刀洗。此案曾天柱县主案下批，节木已买清，价已克员兑完等。该伊等见批，不遵匪控，诬称受价不理。蚁想买卖两清之木，既经伊等□卖将完，何得拖蚁冤遭讼累。目今案近来载悠悠不结困天，较无费可使，总因伊等拖控所致，遗弃不知胡底。只得再恳名前作主，赏催讯法，免受拖害。沾恩不朽。

姜钟林（廿六），钟英（四十八）往下文斗
张悦来

## 【为王士□□因陈由道阻其木道而冤控生民等情呈官求讯断事】

◎ 图 1-102

为移殃嫁害、叩断分晰（析）事情。去岁七月内，有王寨木客王士□□等，凭中向生民等，买地名冉中勇杉木一所。共价砍伐其内杉木，分左右两大股，左边一大股，生民祖父全得买，契据适质；右边一大股，又分为二股，内中杉株，栽手占一股，地主占一股。（生民祖父全买，栽手全买。）栽手之一股，其有地之股，分为六小股。生民祖父全得买五股，均有卖契可质。余下地主半股，系济川面下之木，当日王姓□□等，凭中议价买同之际，济川面当中客（二千六百五十完兑文五千三百二十五）。领济川面半股木价，并无议异（异议）。至于木客，亦随时将木扫砍下溪至河售卖，新旧二载，亦均无异。突至春三月，王士□□忽向生民□□称济川该有陈由道艮（银）两。今陈姓至江阻木等语。生民接称事不干己，与生民无涉。王士□□等，随时出门，并不转问，延至四月，不知王士□□与济川串架何局，而王士□□突架以艮（银）木面悬等由，控生民于县主案下，继今星王驾幸柱邑，不知又捏何局。冤控生民在案，切不思情，不可假事归实路。陈姓阻木，系济川该伊银两，现有陈姓与济川可审。至于陈姓又控王士□□，亦有陈姓与王士□□质对，均与生民无涉。似此与冤架害，明系白肉栽钉，万忌大人查情断晰，免累无辜。举室沿，思无暨多为此吞害录祈。

阁前查情劈断施行。

## 【蚁为姜宝周以串局匿碑等情妄控呈官求讯断事】

◎ 图 1-103

为呈图核验，恳赏断结。事缘素行惯讼之姜宝周，以串局匿碑妄控蚁一案，蒙委持之勘验，并赏差提，蚁等诉明在卷，曷敢再渎？惟是恶棍姜宝周，藐视王法，欺善超霸，若不缕晰验图呈验，天星何悉情。蚁等四大房，所共之乌格大求山，系在乾隆十八年间，四大房始祖将来昼拨入房，拈阄分占为四大幅。恶棍下房姜文祥、国政拈落第一幅；蚁祖父姜覆宇与启才为上房，拈落第二幅；黎属中六二房姜永香、弘道、文勤、文科等拈落第三、四二幅。各房界至明朗，碑文可据。各房各拈佃户栽植，并管业无异。窃蚁上房祖父等，分占此第二幅，先日本议七大股之山，上凭领，下抵乌格溪，左凭下房姜老望剖岭为界，右凭中房姜建□此水冲为界，四至明然。乾隆五十七年，招佃户周万益入山栽杉，佃字确据。因前所剩残木，卖伐下河，获价八两八钱。现恶堂兄姜佐周，亲笔分艮（银），分单□姜炳证。至加（嘉）庆八年，与佃户分立合同，均是□房祖父名字，并祖父等修理管业廿余载，亦无异言。且恶下房所拈之第一幅分为四甲，恶父隐和，此占下截之田。恶早于乾隆四十余年，卖与黎属藕洞龙正海。至加（嘉）庆二年，恶欺龙姓隔远，窥木长大，见肉眼红，盗砍发卖，反控龙姓。亦恶卖契四至，上凭姜先生，下抵溪，左凭姜文祥，右凭姜老望。现录恶案在卷呈阅，并四房山邻房长可讯。泣思及等良民承受宗业，一旦遭恶诬控，独不思蚁等自祖至孙，管业七八十载，反捏以串局匿碑，敢藉父隐和碑上有名，存簿为据。蚁等虽属乡愚，欠明圣教，后于买卖，俱立契饰，如果遭碑谋占，不惟恶父一人有名，四房祖父俱列于上，四房何年一人出首呈控？明系视蚁等良善，匿霸损寨。自二月至今，将及十载有余，理宜催差候讯，何待临审逃匿？似此无法已极，恳乞青天□□台前作主，饬差□提，罚恶安良，不惟蚁子孙□悉□。

蚁祖宗沐恩于地不朽矣。

## 【蚁为陈由道因济川欠银而阻木道，反冤控蚁等情呈官求讯断事】

◎ 图 1-104

为买卖两清。事缘王寨□等以受价不理控经天柱县主案下，又赴

恩辕妄控，理合禀明情因。旧七月内，士谕等凭中登门向生等买地名
冉中勇山杉木一所，共价色银二千六百五十两。原此山左右二块分
派，共木任派四十八股，除祖父得占四十七股外，济川仅占一小股，
别无所占，卖与王□等，生理艮（银）木两六钱□见无异词。后砍伐
出溪出河，新旧二载木经出卖亦无别异，买卖清分。不料本年三月内
末，伊等何故突向生等口称济川该有陈由道艮（银）两，至毛坪阻木
等语。然济川该陈佺艮（银）两，生等就中、就证，又就□□之人，
可有何涉？即之四十八股，济川占一股，应受之价已出字收清。此时
陈阻木，济川欠艮（银）应阻应还，只伊二比理论，而以受价不理妄
控，不思买木派价，各股各占，一不揹济川之艮（银），又不占济之
木，陈佺阻木，又不控济川，而反控生等，殊出情理之外。似蚁买卖
两清，遭伊等控累，情何以甘？为此禀乞。

　　大老爷台前作主电察施行，沾恩不朽。

齐五十八岁<br>
英年四十二岁<br>
君廿二岁<br>
突谓<br>
批质究<br>
五月十八日禀

## 【为范炳魁、范炳荣等盗卖强砍并殴伤人等情呈官求讯断事】

◎　图 1-105

　　为恶凶追杀，伤乎命危威悲签验下票，添提严缉究办。事缘查等
阴历五月朔三日，以盗卖强砍等情具控范炳魁、范炳荣、龙名泰、王
通柏、姜周礼、姜斌相等在案。一切情形载明原卷，只夺冤伸有日，
殊知祸害难证。□白号山木五百六十余株，本月初五之夜，被坐草为
王姜斌相、姜周礼、姜世法统带姜松祥、致祥与二人及素不识姓名土
匪四十余人，各执刀枪硬将木占放。鸣团理阻陆，遭世法、周礼、松
祥、政祥追击。□父世美与斌相执马刀毒杀，左颈深重伤痕，当时倒
地，人事不知，下胭一踢几乎命毙，而登儒等亦被斌胞兄槐相伊子周
廉、周朗及匪等佩铁尺毒殴，喊杀连天。幸姜正芬等力救，即刻伸鸣
姜应仕、姜肇彬、朱大智、姜开贤等验证。且□此木前月现被斌兄

弟衡相、范光昌、姜庚寅盗去廿余株。□伸凭范光华、范泰聪、姜熙候，书有口单为据。□出花红捉拿，不知衡相、光昌、庚寅逃匿何方。窃世法、庚寅籍录恩星，人民联合请票并移文府查关差协拿住斌相、周礼，概□木下河走，遭盥流之祸。□前月十六日解斌及三保局，被龙德风求保，到十九晨刻，斌相逃脱，□惟风是问，风称斌先进城已垫去银一百之多。反害□等语想恩星奉天而行，阴为黎水，明为秦镜，岂容斌鬼蜮其行。□后查风暗请二人送斌归家，将钱暗放，律法难宥。周礼、斌相虽有串谋之能，何以畏上，黎平只串地棍李选元提控搪塞，以免提解。窃思久告不离原案，周礼、斌相、世法岂能脱此法网。况□山恩辖地土，总要分攽，似此不喊恳签验，□父命在悬，系为此喊呈。

主端台前，电情作主，迅赏签验，下票严缉移火协拿到案究办施行。

计开被告　姜斌相系毒杀正凶犯

姜周礼系包揽瓜分犯

姜世法系恶殴抱杀犯

范炳荣、范炳魁系盗卖串谋犯

范光昌系串匪盗木犯

原　　告　姜登鳌、姜登儒、姜登香

验　　证　姜应仕、姜启彬、朱大智、姜开贤

团　　绅　范炳清、范炳政、姜为耀、范锡争

## 【为马世锦等混争鸟荣山杉木等情呈官求讯断事】

◎ 图1-106

为张冠李戴，越轨混争，诉恳依法传究，以维业权乎。窃民先祖姜钟芳，先年价买文斗河边曾良、曾毫弟兄土名鸟荣洞头山一幅。界：上凭红路，下凭溪，左凭岭红路，右凭冲岩鸳废，管无异。迨至本年，因山杉硕长，如自砍作贸，以觅蝇头微利，以济家用。其木由砍而运，抵达大河，突有开怒村马世锦、马配焯、马配祥等前来混争，民以息事宁人，乃请本保保长姜周畅父老姜步高、姜如英、向老三、姜元钧等，约该马世锦等程本年夏愿五月廿九日于文斗河边对契，谁是谁非丢休了事，以免蟊畅。届时双方揭契对照，民方告证郎然，地

名符合，该马世锦等契，地名务腰，界址如异。蒙保长及父老等当场直斥其照，以马世锦地名务腰，须自我务腰管业，毋得混争民鸟荣之山云云。民自承保长及父老等秉直指示后，以为该马姓等必自怨自艾，悔悟错误。谁知金春加属，民所修城之木排，用横蛮砍放，零散不堪。查民等地名鸟荣山与该马姓等务腰，距离各山三华里，如同天渊，似此越轨混争，真同张冠李戴，违法已极，为此具诉敬此。

谨处依法未究，以维业权，实沾德便。

谨呈
锦屏县司法管法鉴

## 【蚁为姜维新、范文通串匪与中窃蚁之木而反冤控蚁等情告官求讯断事】

◎ 图 1-107

为袊串阻害叩法严究事结。至于正月内贷借资本该艮（银）五百二十两，在清南哨地方买获杉木一单，砍法（伐）于三月内，拖拉下河。突遭同寨劣袊豪监姜维新、范文通串匪棍姜绍吕、姜相清等，窥蚁弱朴易噬，硬将蚁头等杉木号去三百余珠（株），价值三百多金。当伸寨长中证姜绍牙、姜宗德、姜通仪、龙玉宏等向理，袊棍等一味支吾。殊中姜绍牙等于中计串，领木耽看。不料五月内江水涨泛，伊等顿生吞害之心，称言木被水漂去。蚁复伸姜朝旺、姜绍和等向理，又被姜绍牙等巧饰延绥迨今，袊棍、中等串同一气，不仅不赔蚁木，反诬蚁窃伊之木，被水漂去。明系希图卸脱漂水之计。切伊等生长河岸，一遇水涨，别人杉木尚能救获渔利取赎，焉有自己领耽之木胡晋漂失？其中吞害之被已露。惨蚁借代（贷）资本只异稍获微利，同烟叶以生活，一旦遭此阻害毒吞，情同活屠生命。若不叩法严究，被害难伸，为此情惨迫切，只得备情匍匐告乞台前赏准作主法究施行。

批：佑准唤讯查夺。

被告　姜维新、范文通系串匪阻害袊监
姜绍牙、龙玉宏、姜宗德、姜通义系计串支吾藉水吞木原中

### 姜朝旺、姜绍和系后伸理退木保者

禀读禀为左提抵骗叩究刁恶事情。生蚁于七月廿三日以强砍席骇等由，具控滥棍杨霞东等一案。恩批砍去尔家杉木，前既央中让赔，仍原中理计等示，蚁遵批后向原中理计，恶等仗盗不耳，蚁复续禀。值恩庆贺万寿停告，冤伸无门。讵滥左提以串衿阻害等由控生蚁等在案，词称生蚁等窥滥弱朴易噬，平（凭）空串匪将滥等头木号去三百余珠（株）等语。不思滥等强砍生蚁杉木三百余珠（株），拖出河内，生蚁闻知，央请姜绍牙等理阻，滥恶见碍，哀中求赔免控，有姜绍牙等可讯。又中等耽留木株俟备归还。生蚁现有姜绍牙等切证为如。生蚁等平空串阻伊木，何至生蚁请人向伊理讲，伊又何至哀中求赔，中等又何至耽留木株寄俟备还生蚁。况杨霞东连应请人将木盗卖，有罗老隆活质种种，确情难瞒，思鉴如不诉，恳控集研讯，既遭强砍，反遭控害，情难甘休，诉告台前赏准电情作主施行。

姜述圣、范文通、姜绍齐  
中　姜绍牙、龙玉宏  
保长　姜绍和  
初三日未时至城连时词禀送爷分付后批

## 【为马配崑、配槐、配煜、世道等盗卖民之杉木并妄控民于恩案等情告官求讯断事】

◎ 图 1-108

为恃势鲸吞，籍甲霸乙，恳恩提（辩乞传）讯，以继祖业。事缘民叔侄突被南怒村之土豪马配崑、配槐、配煜、世道人等，控以造契倡争横行，阻滞歹等情，具诉民于钧□。今蒙通知，理合辨明，以免冤污。窃民曾祖姜映辉，于加（嘉）庆二十一年，用价买获本岩姜氏迈輋婶侄之杉山，地名番九朽。其山分为四股，得买贰股，余之贰股乃姜载渭所占。因先年姜载渭家子孙将此山下截杉木砍伐，强行管此山依管业，民占上节杉山木，历代管修□无怒，村素□霸占人山，□□烧马配崑、配槐、配煜、世道人等□叔侄摸□烧鱼肉可啄。串拴（连界之）马世道等，以占右边之山，霸占民所有与载渭分占一股之山木，盗卖与本村之□□砍伐，值价大洋一百廿二元八角。雇买一干亡命之徒，突然强砍罄尽。而民查，竟除上山号阻外，当经请岩湾岩绅□范□□等向伊理论，而马世道自知理虚，自愿照股补文艮（银）山价。惟该马配昆仗势仿分备钱存照，不惟阻拦世道，并且横不向理，不由调解，竟敢仗其买客及侠之威，将木强盘强撬，并将此木盗卖与岩湾村张化寨范姓□□印行，乘夜撬放排，意图乘夜偷放。因此，诚恐银木两空，是以经恳地方绅耆范□□等，封阻盖印，听候楚理。殊该不听，一味横蛮，□□良善可欺，以致反而先发制人。□朦同……控词民诉诬……民以山与……契字……地名……界限，各异如此。历管之祖业，一旦被该恶等恃势鲸吞，□左边山卖审，占民右边清白之山，强吞霸管，将来良善等不知受强暴之害伊于胡底矣。为此诉乞县长台前作主，赏准讯依律惩恶而维善良，施行论呈。

地方长老：范炳清　□□□

姜永应　传民陞

## 【为姜永标勾串李枝月妄山盗砍先祖遗留之山等情呈官求讯断事】

◎ 图1-109

为勾串基谋业覆砍仗恶混争诉，恳提讯究维民祖业。缘民等先祖遗流（留）下山场一块，地名穷老。优界耀朗。然不料恶等，滥痞勾串李枝月七月内妄山盗砍偷伐。民等即今山号阻敦，请地方父老上门向恶理论，豪不（虎视）曲民，民等又伸鸣河边。甲长黄老二，父老向义科、李仁云、姜变相。恶不肯理中，将山杉木代砍、盗搬运到河边，意欲偷放木植下江盗卖等情，民等无奈，只得具理由到瑶充联保主，任传恶判究，恶又不诉理，反勾串得恶棍姜永標、夏鳌，认为卖主具理到保。蒙主任传二恶与民对，判永標恶毫无买山字据，勾串党央姜纯金。

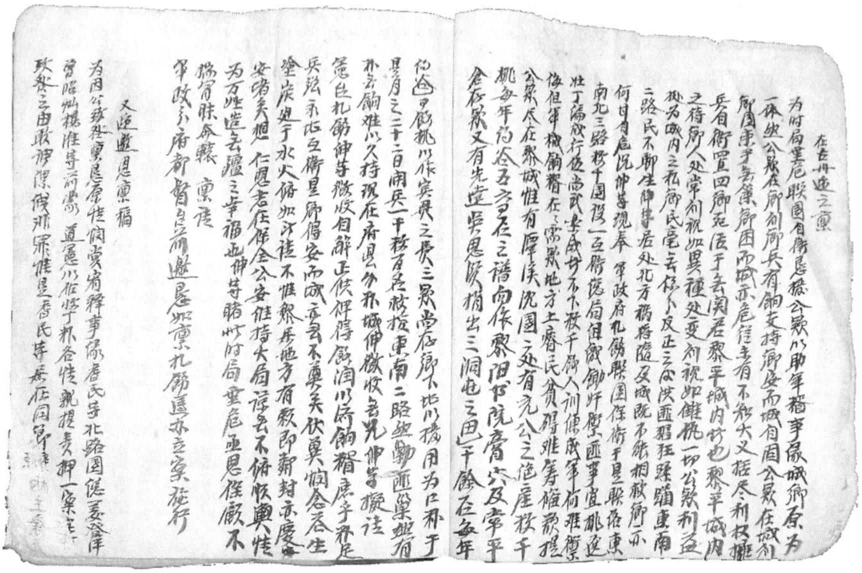

图 1-1

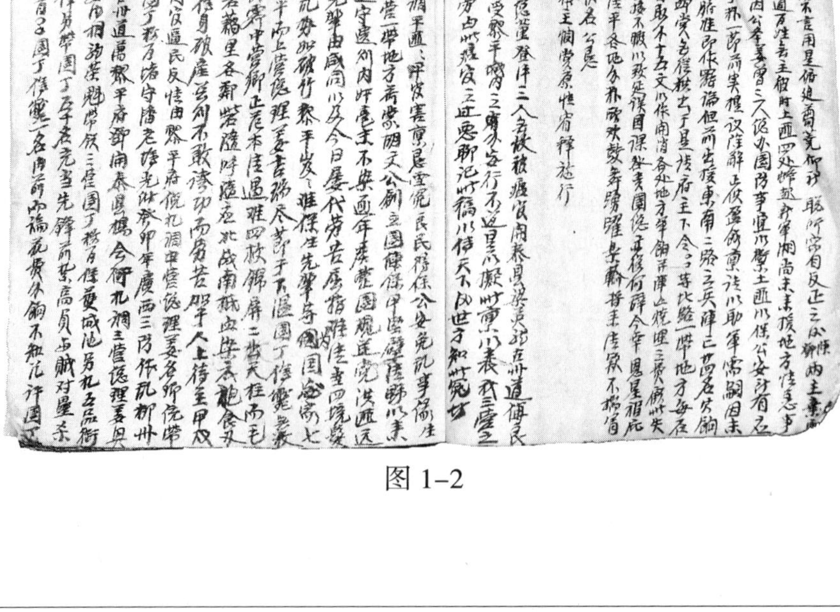

图 1-2

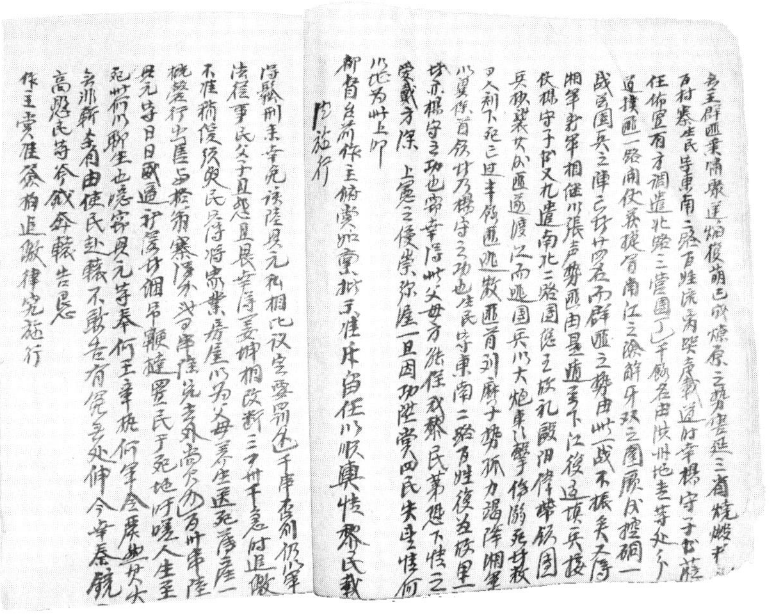

图 1-3

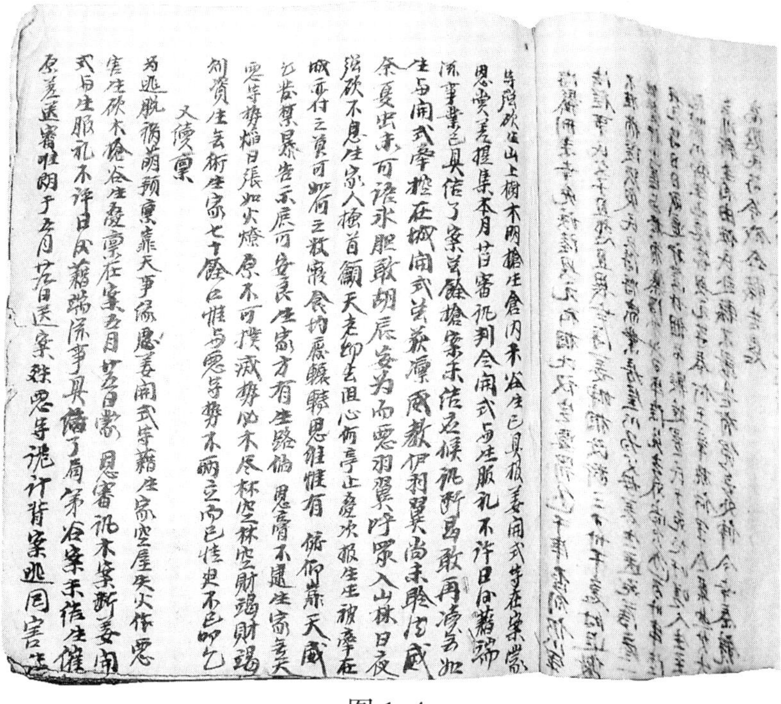

图 1-4

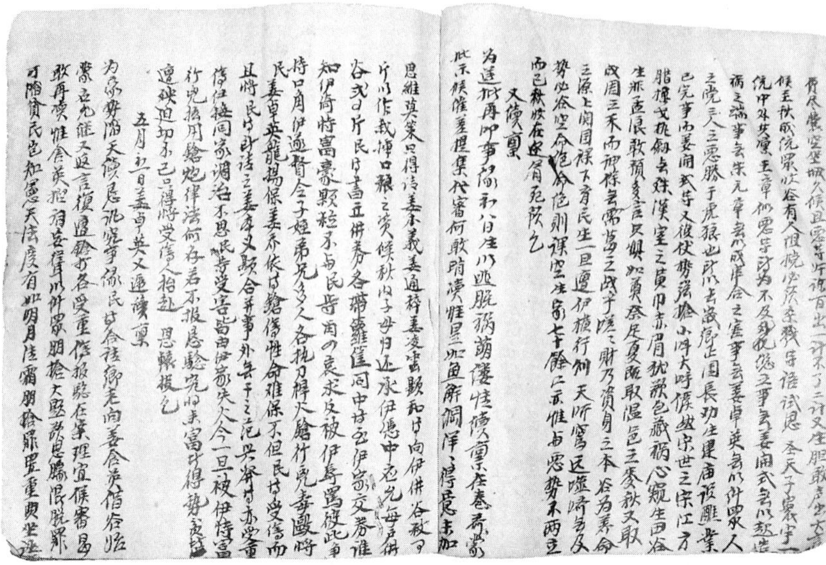

图 1-5

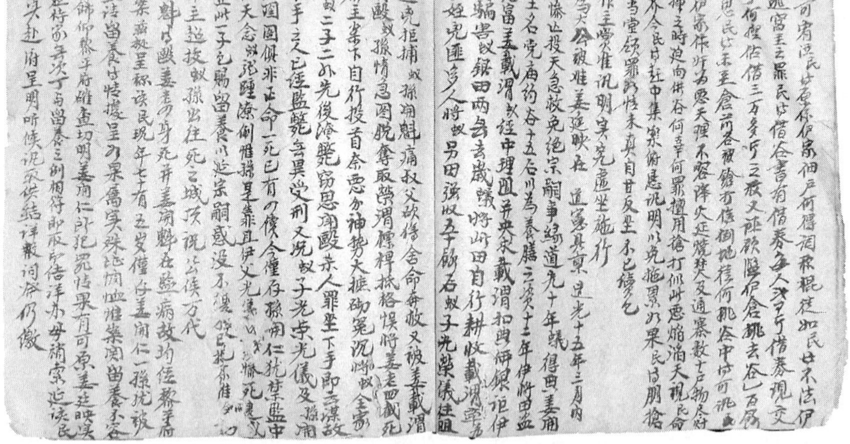

图 1-6

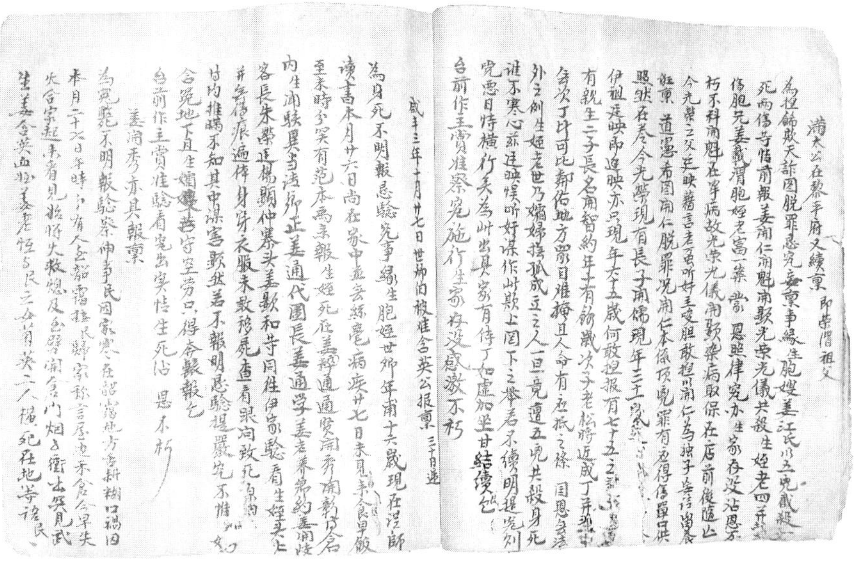

图 1-7

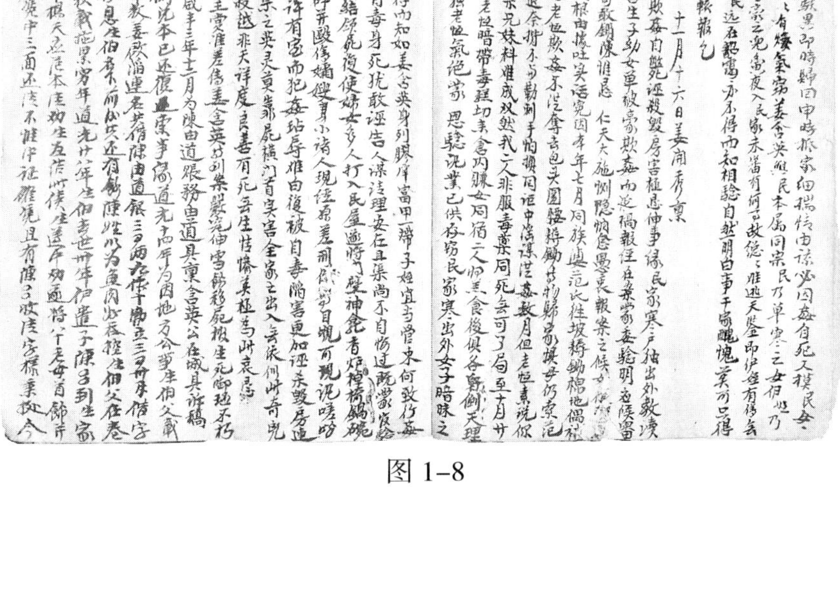

图 1-8

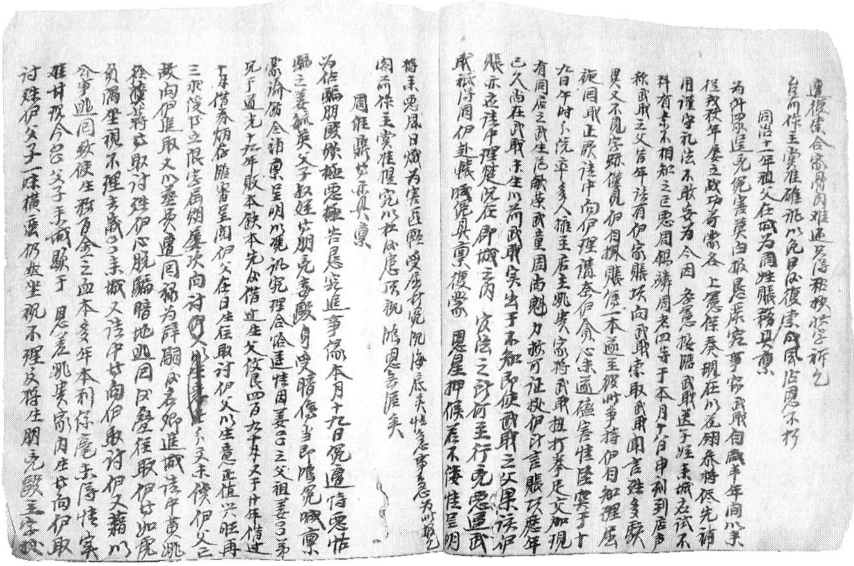

图 1-9

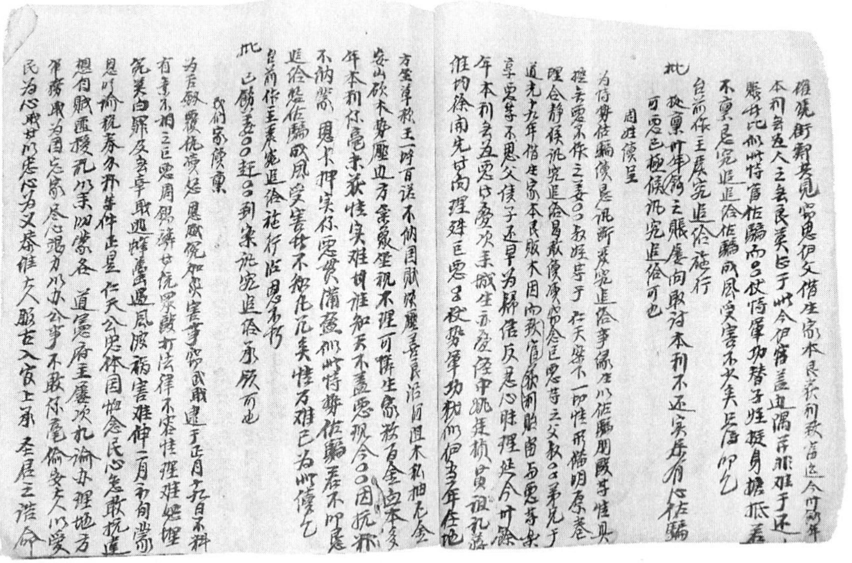

图 1-10

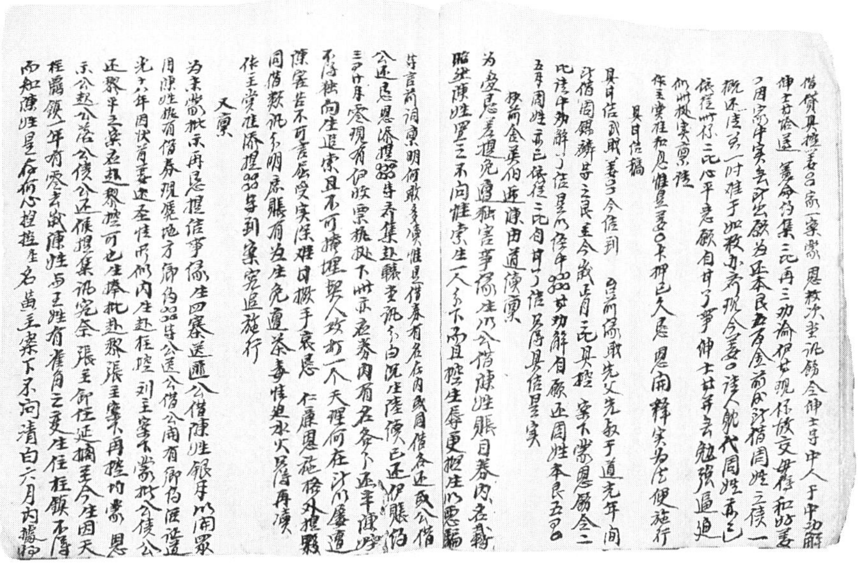

图 1-11

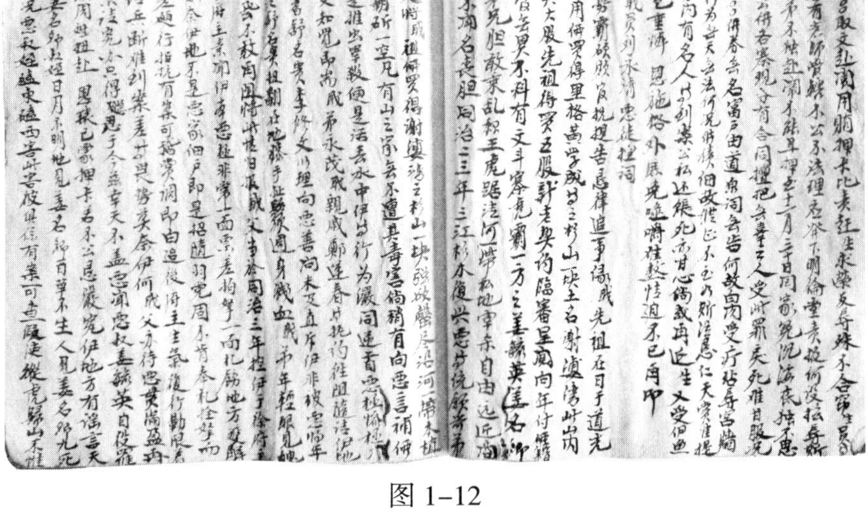

图 1-12

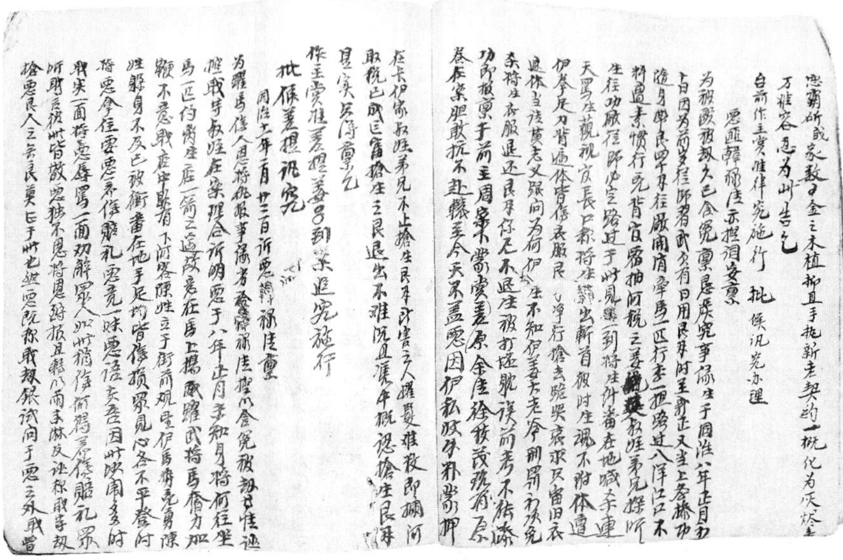

图 1–13

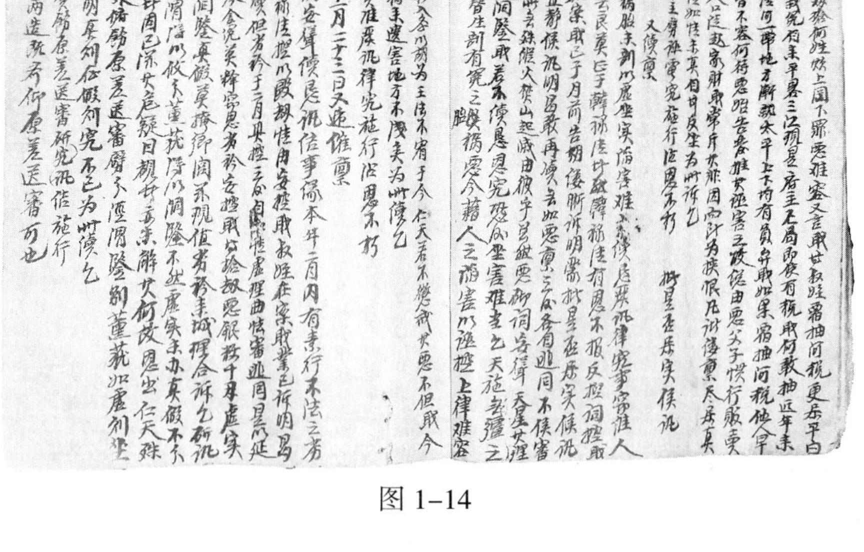

图 1–14

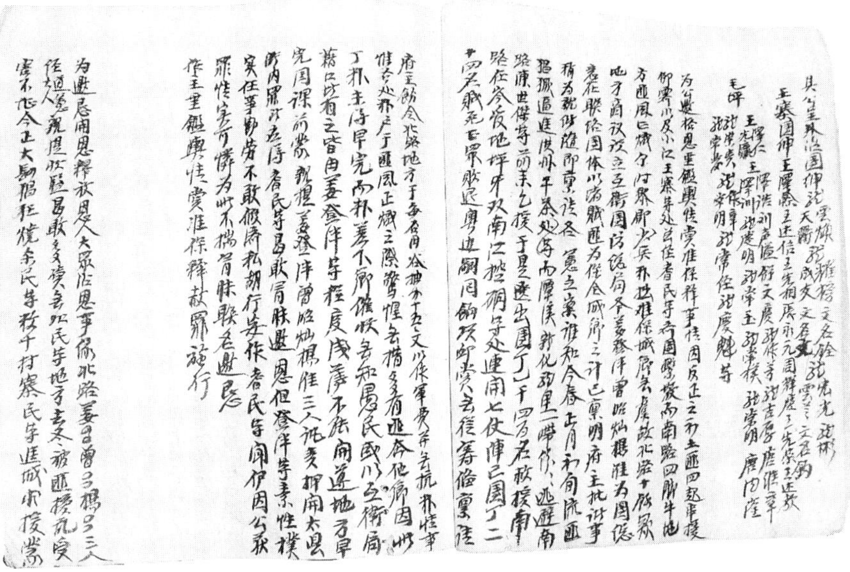

图 1-15

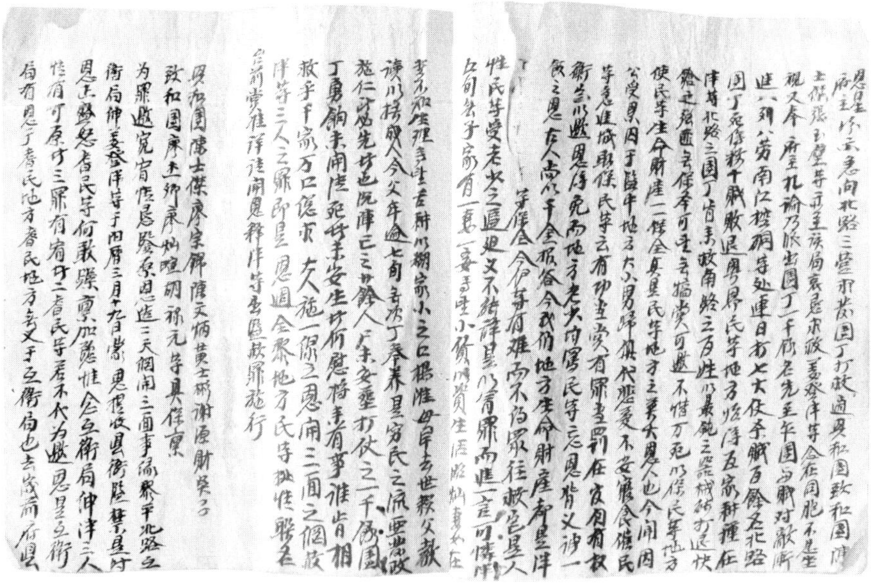

图 1-16

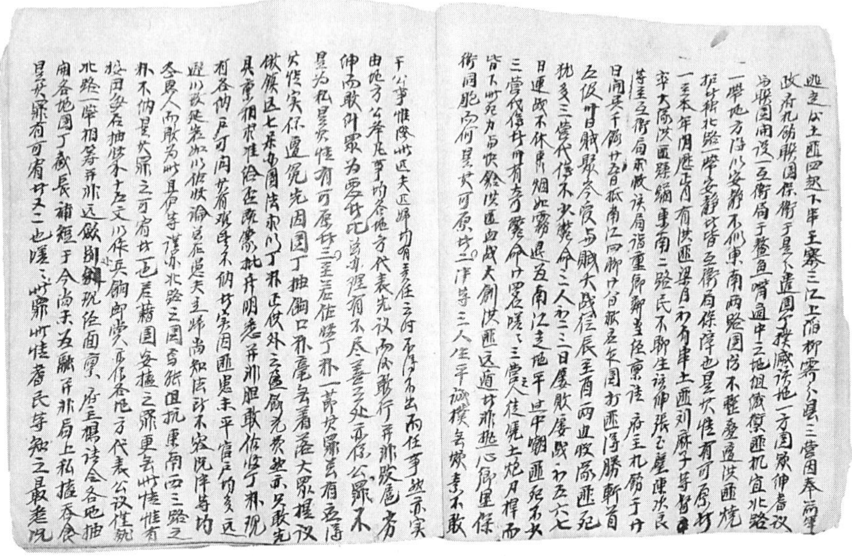

图 1–17

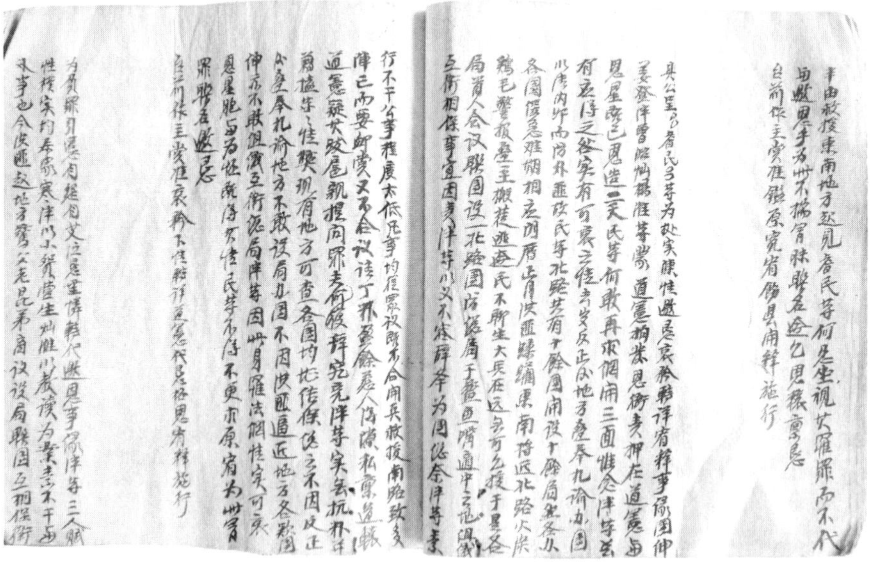

图 1–18

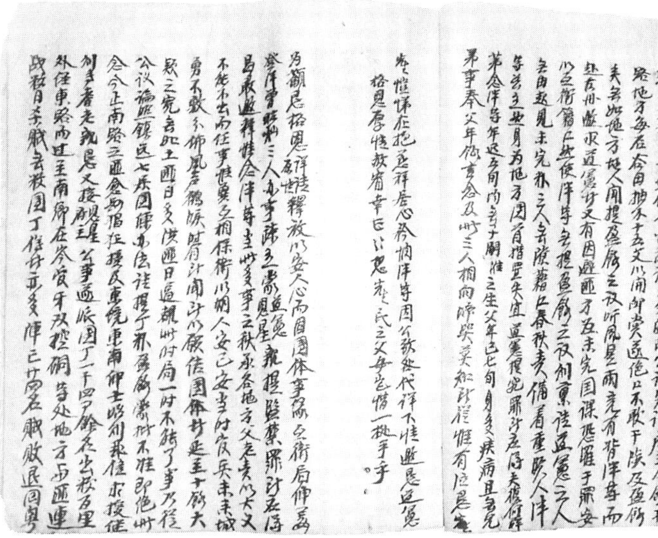

图 1-19

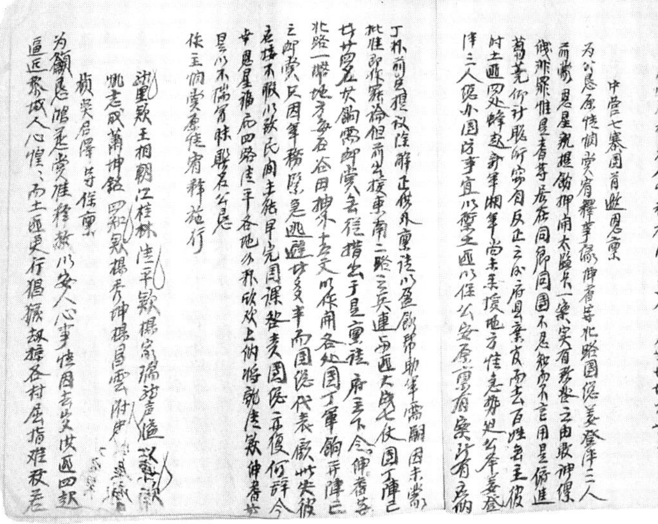

图 1-20

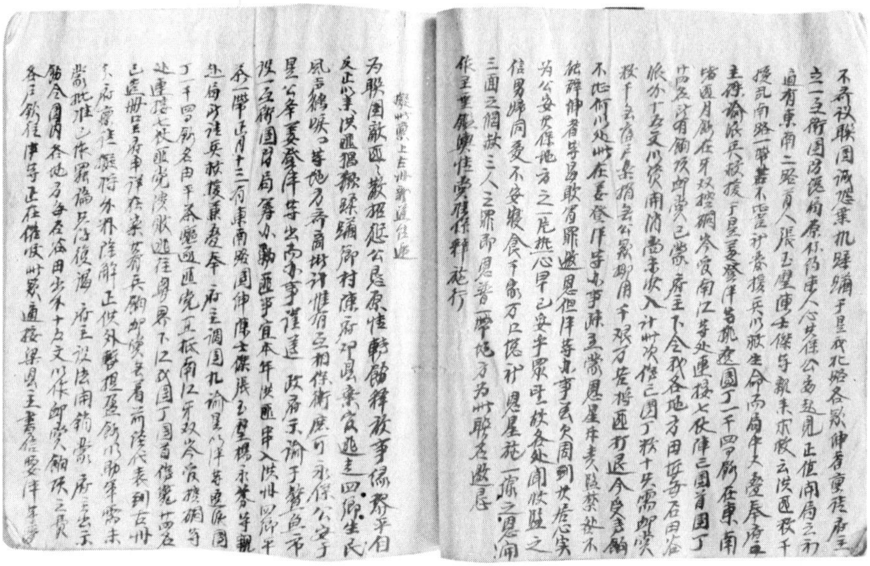

图 1–21

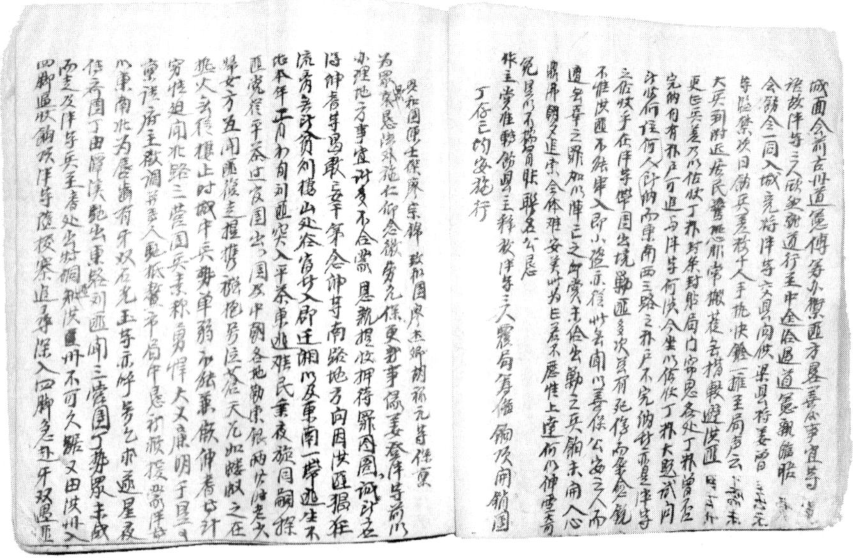

图 1–22

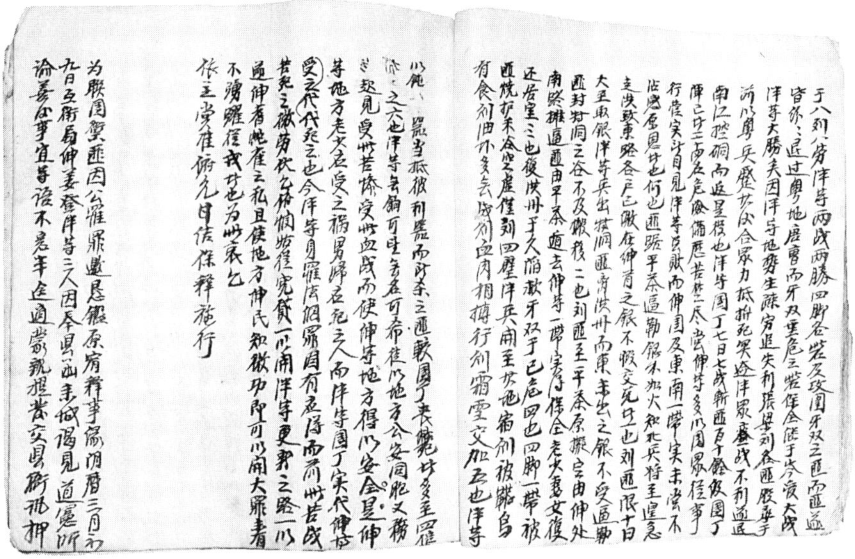

图 1-23

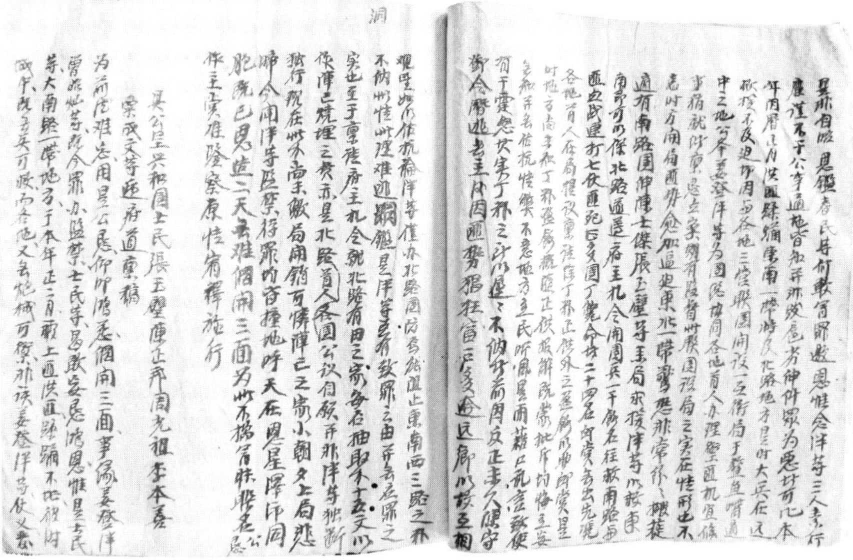

图 1-24

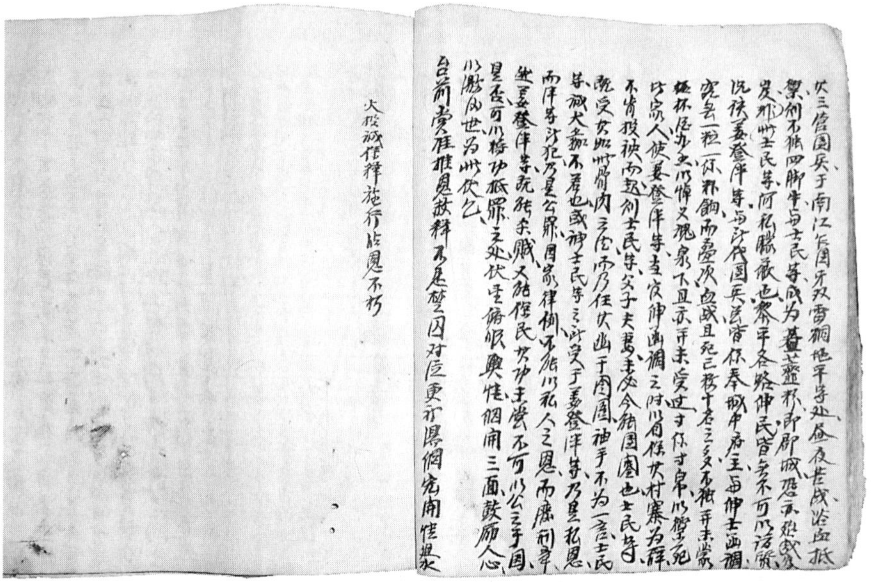

图 1-25

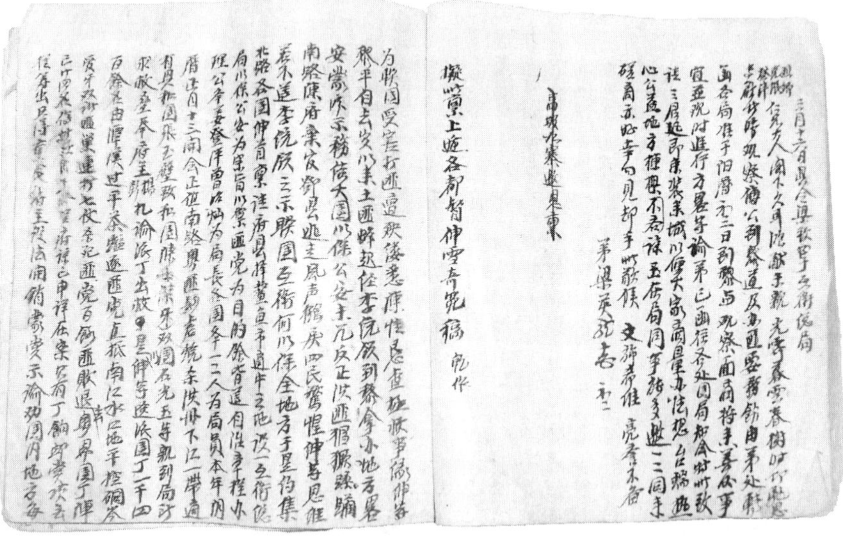

图 1-26

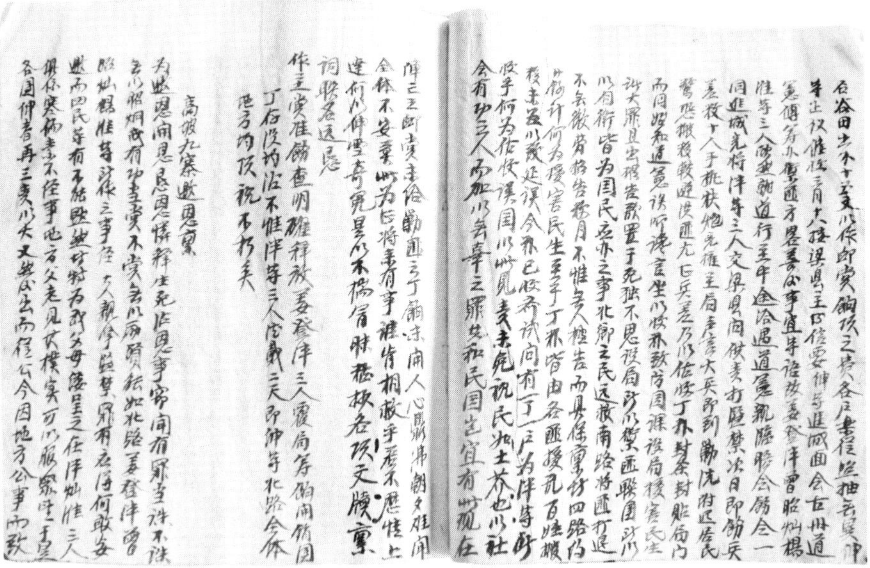

图 1-27

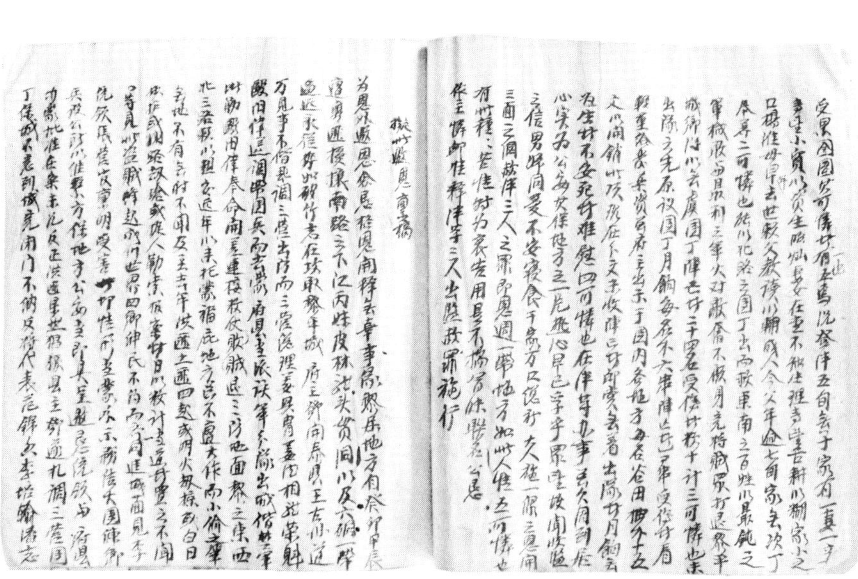

图 1-28

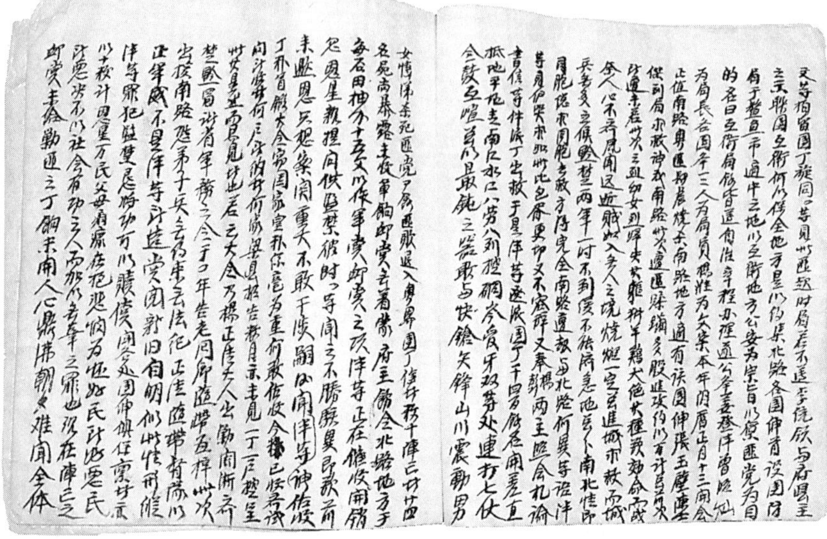

图 1-29

图 1-30

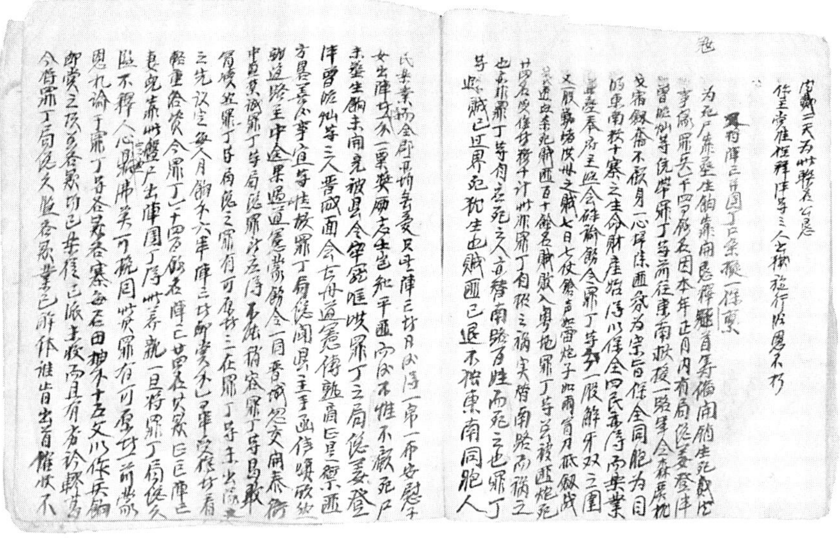

图 1-31

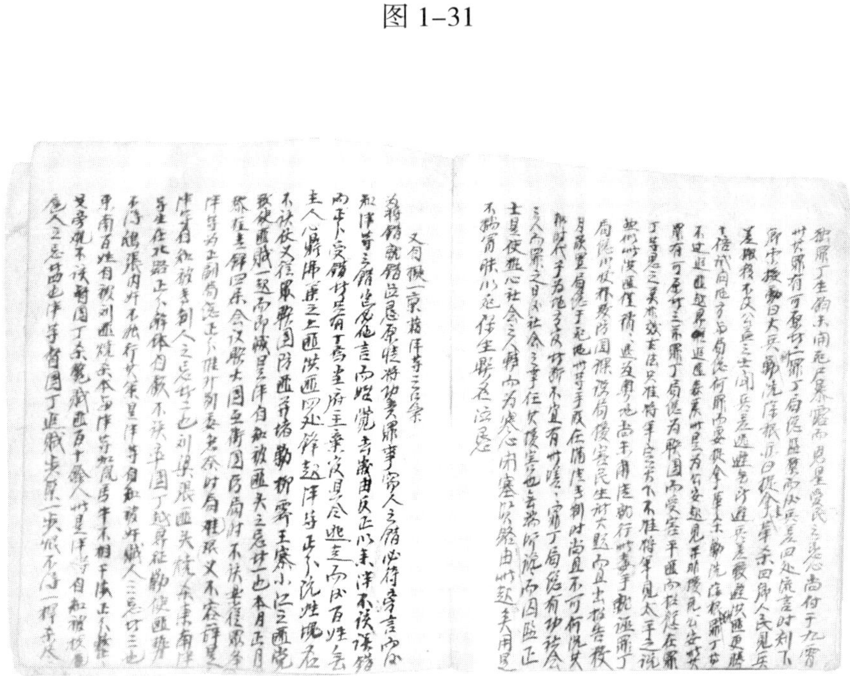

图 1-32

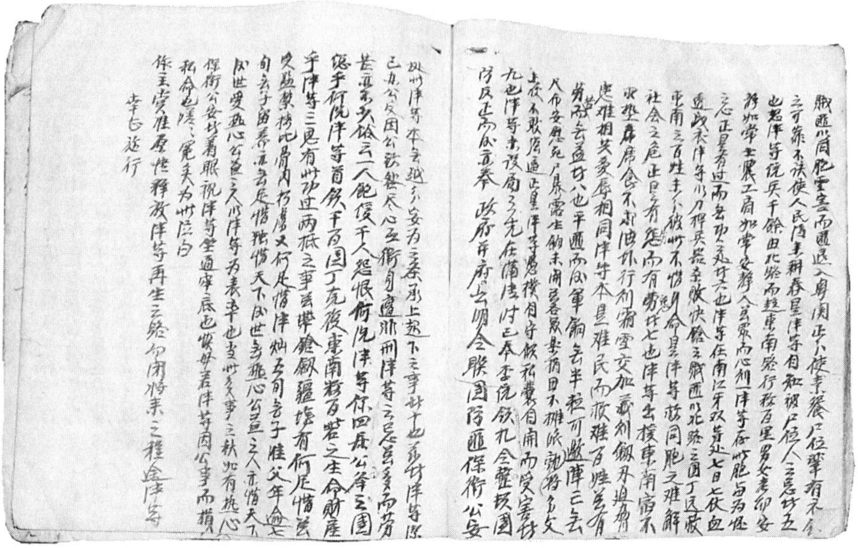

图 1–33

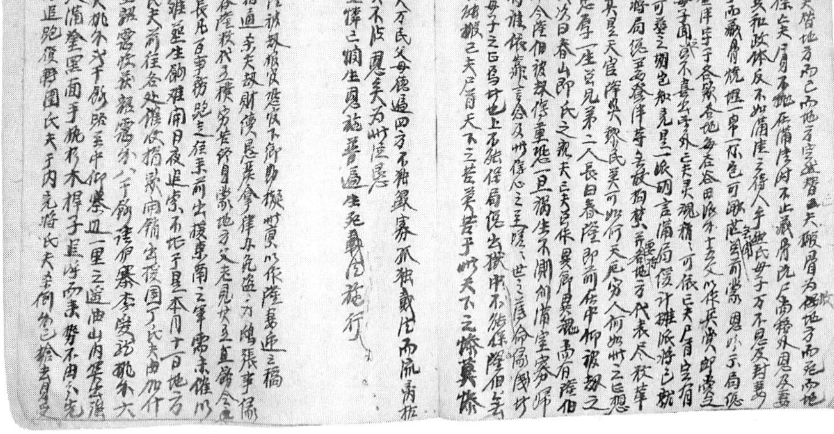

图 1–34

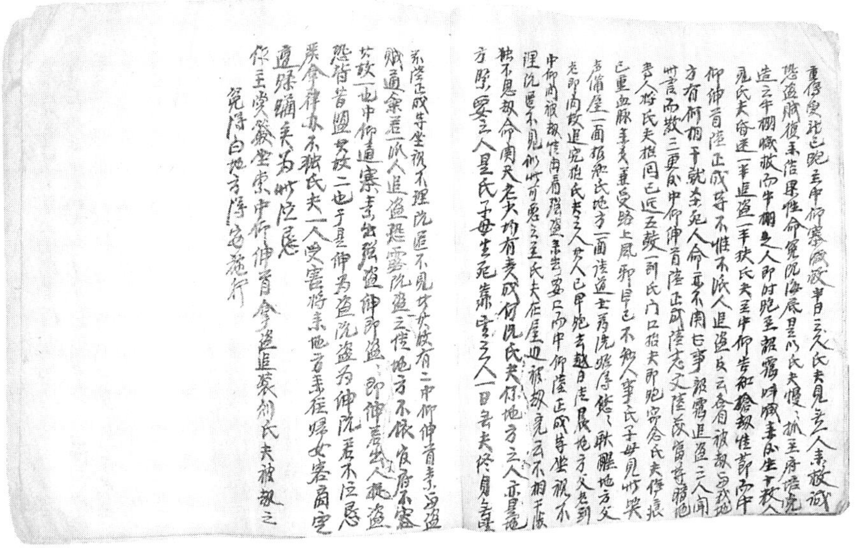

图 1-35

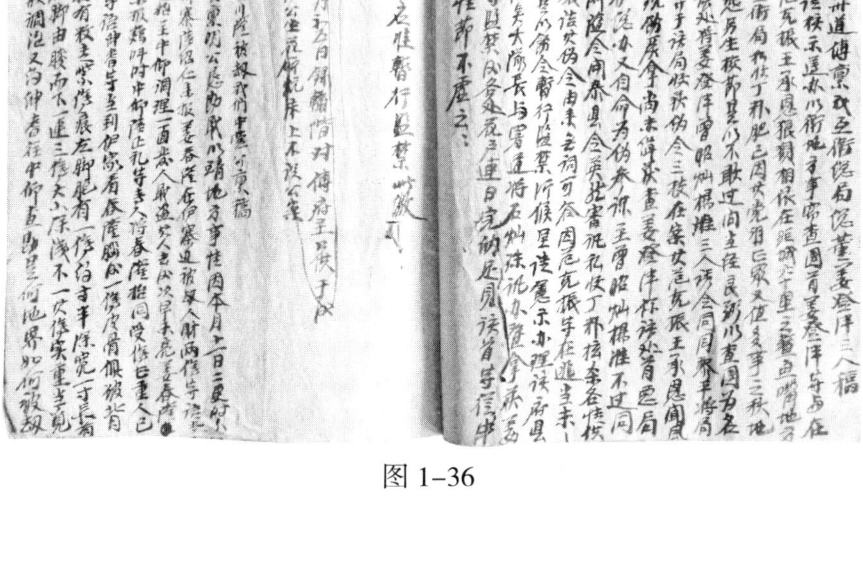

图 1-36

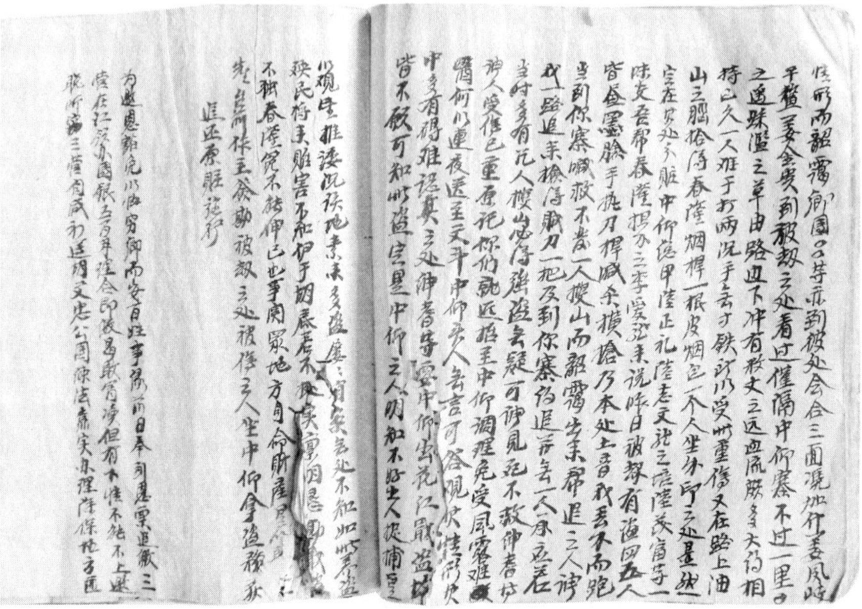

图 1-37

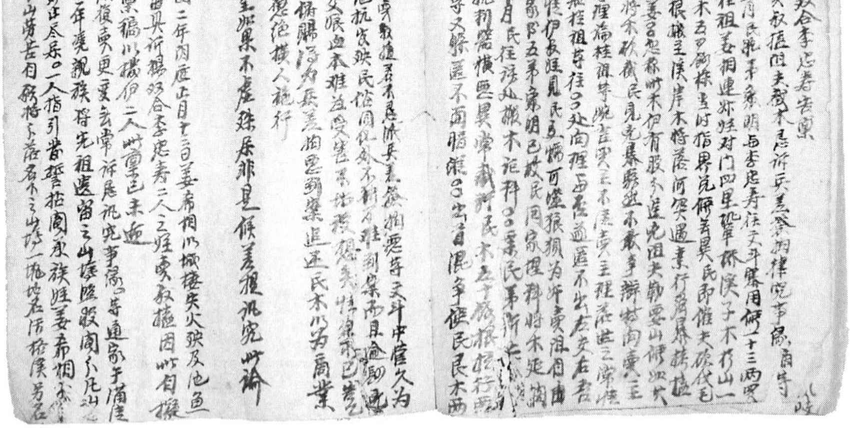

图 1-38

图 1-39

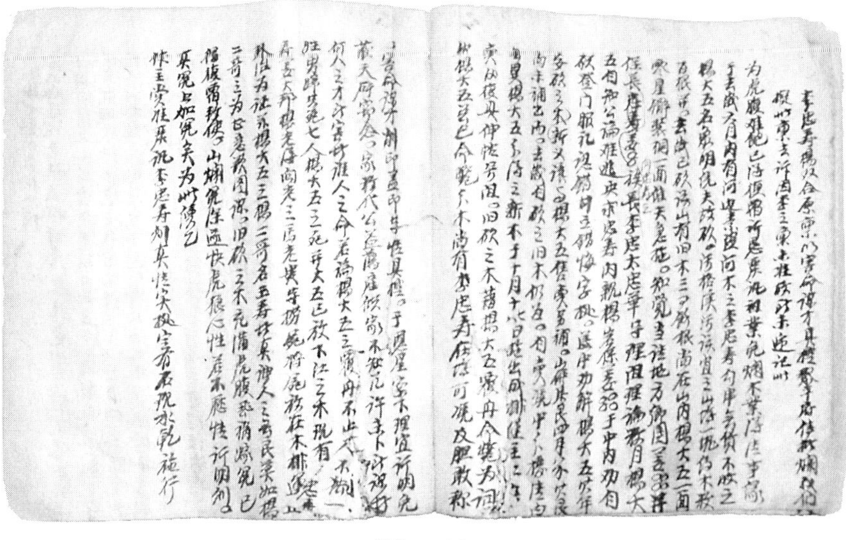

图 1-40

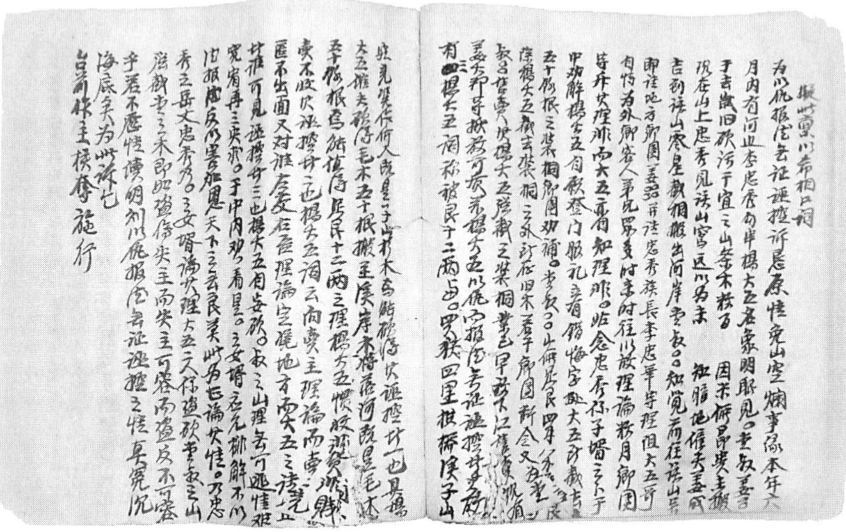

图 1-41

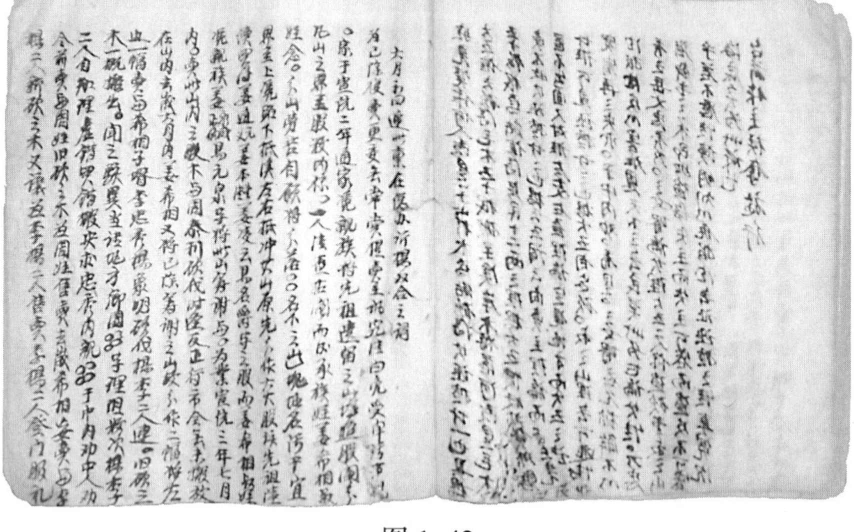

图 1-42

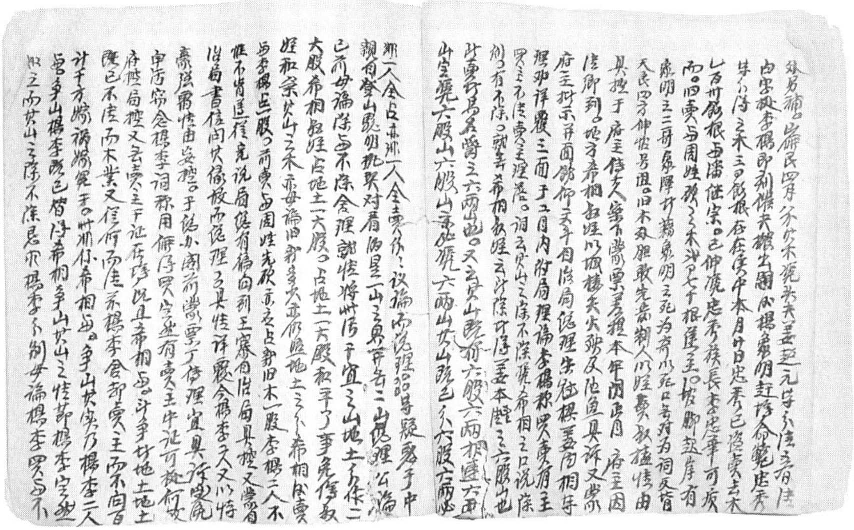

图 1-43

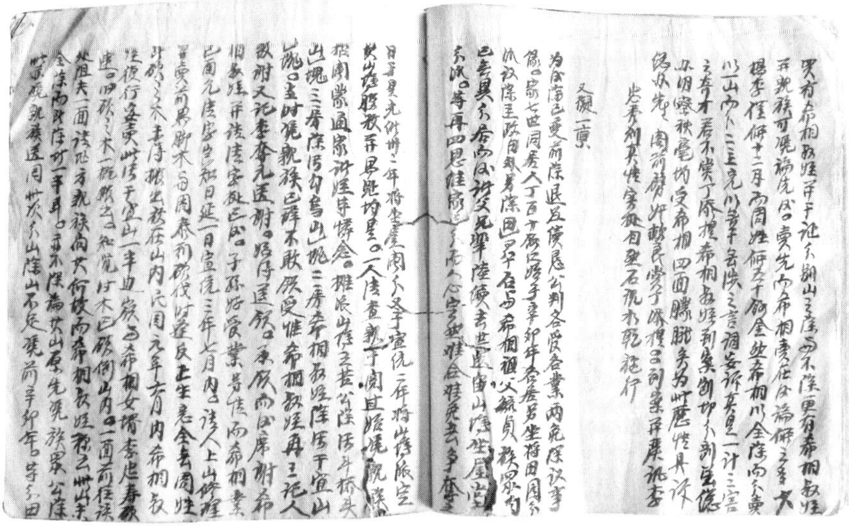

图 1-44

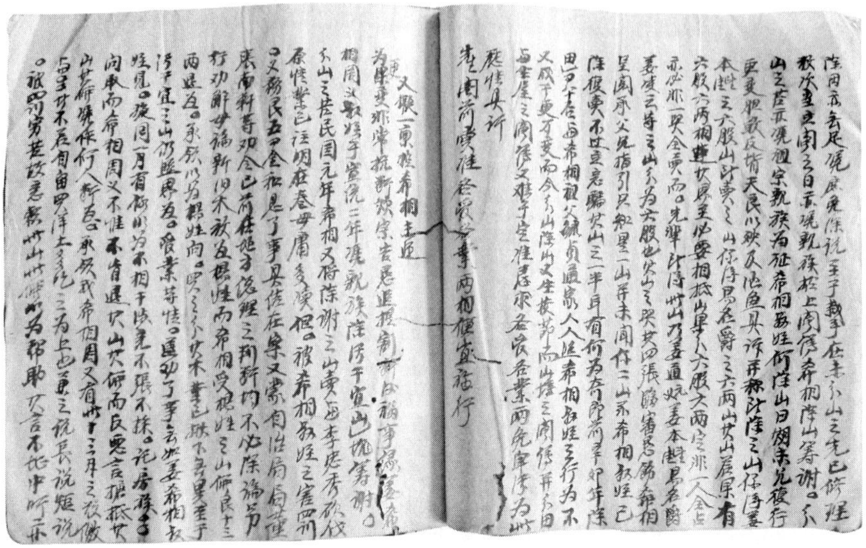

图 1-45

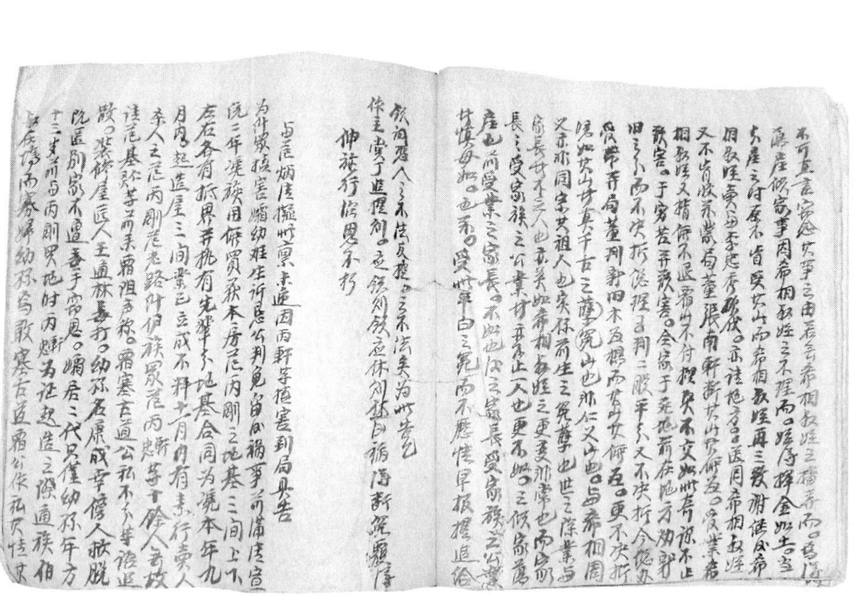

图 1-46

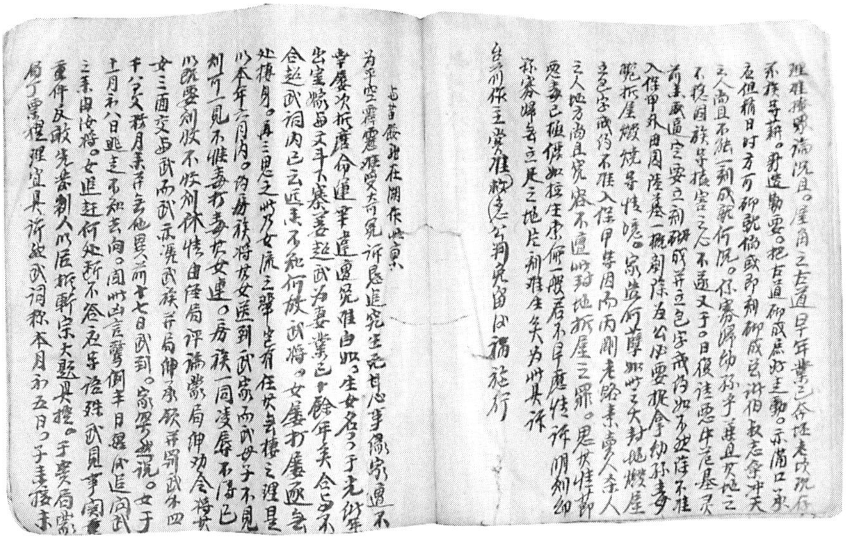

图 1-47

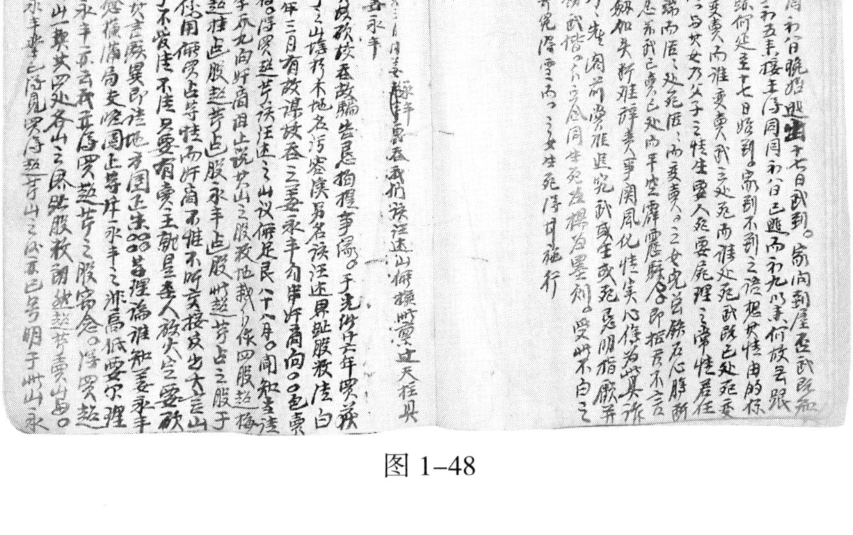

图 1-48

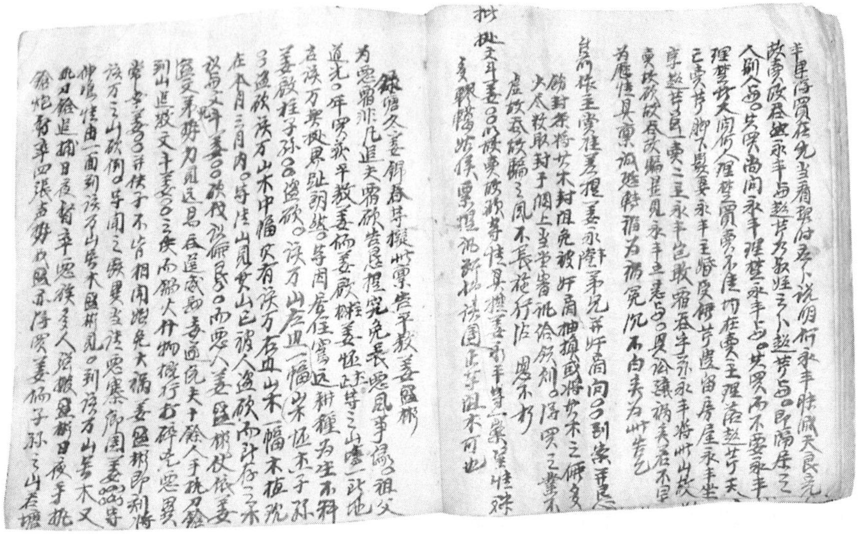

图 1-49

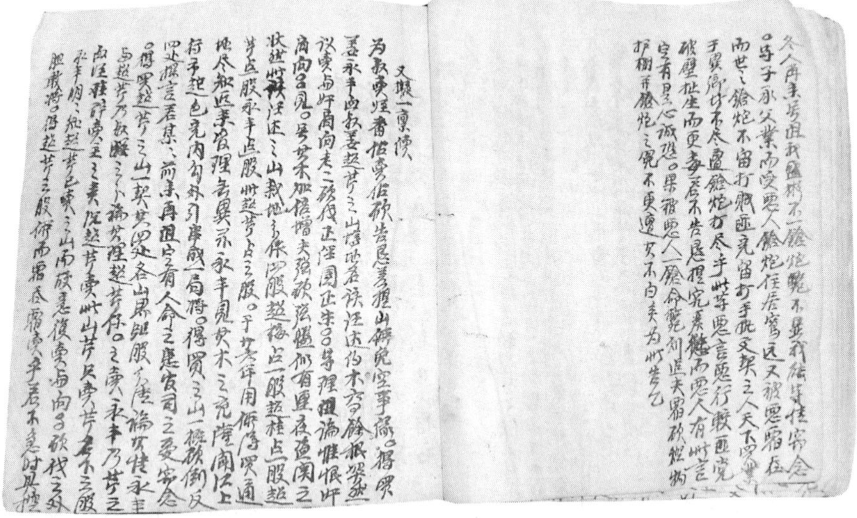

图 1-50

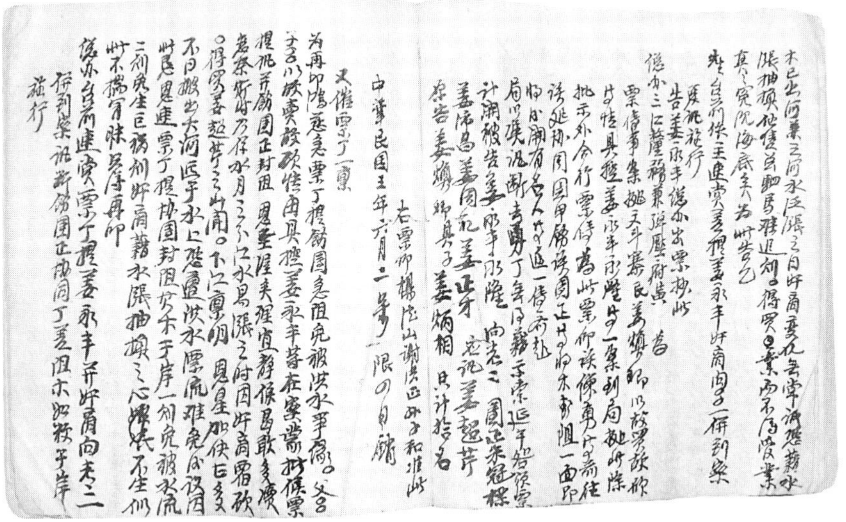

图 1-51

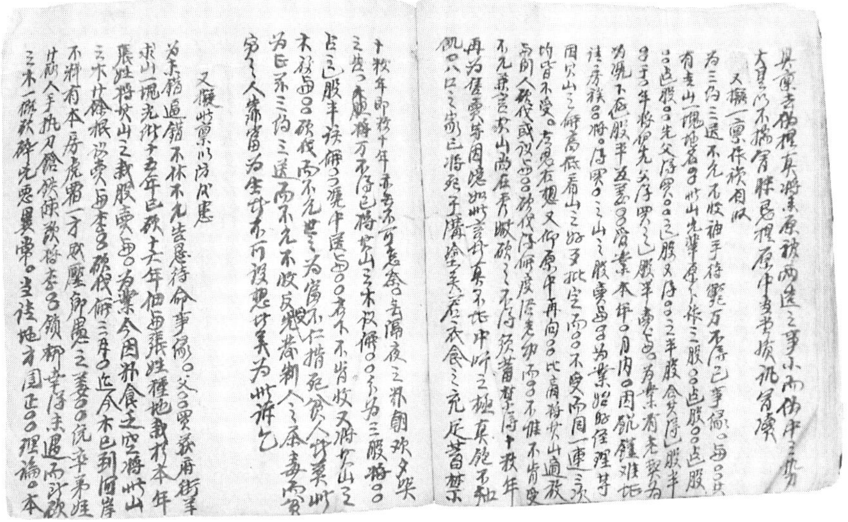

图 1-52

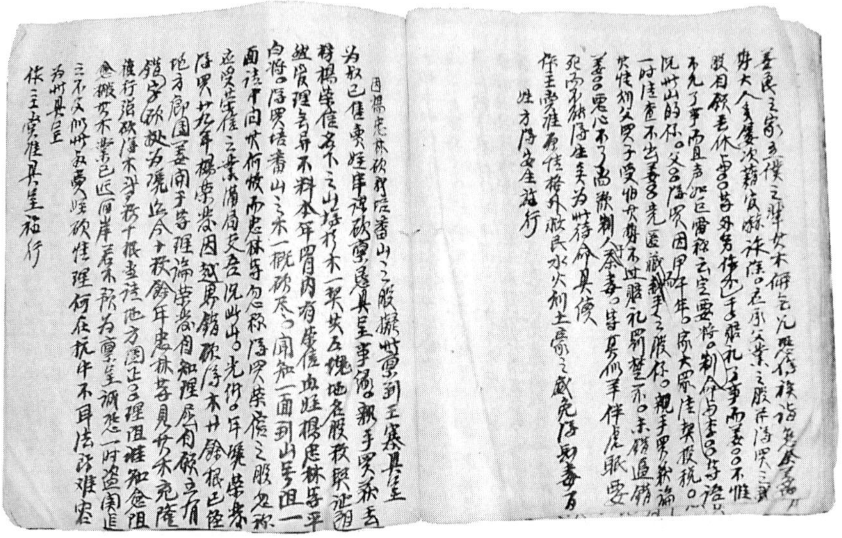

图 1–53

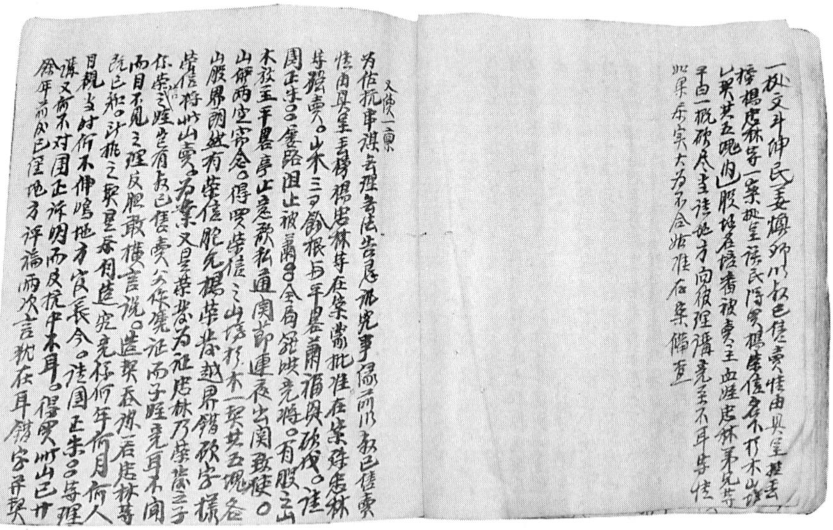

图 1–54

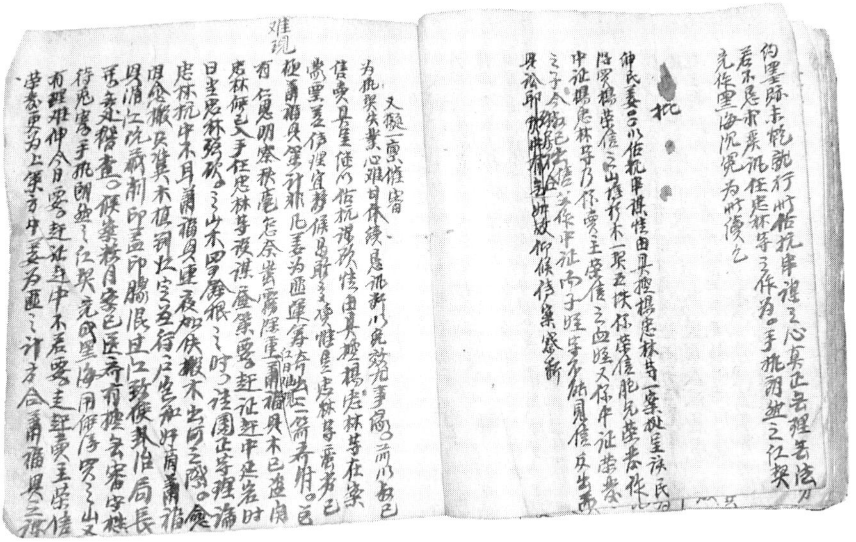

图 1–55

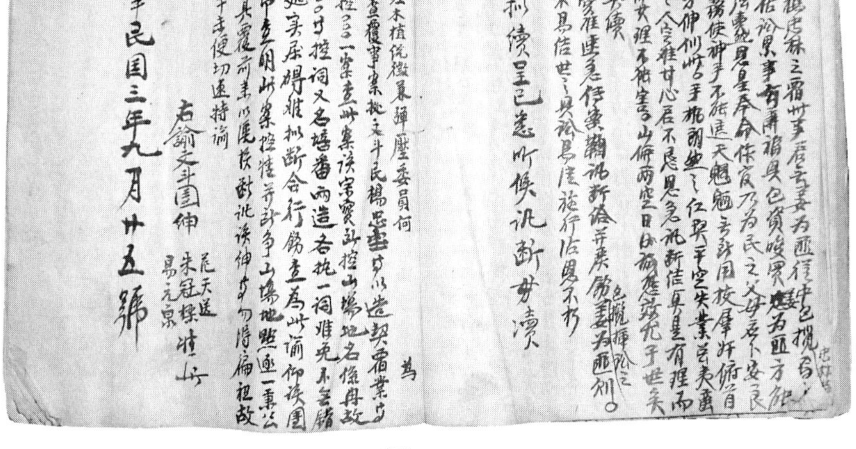

图 1–56

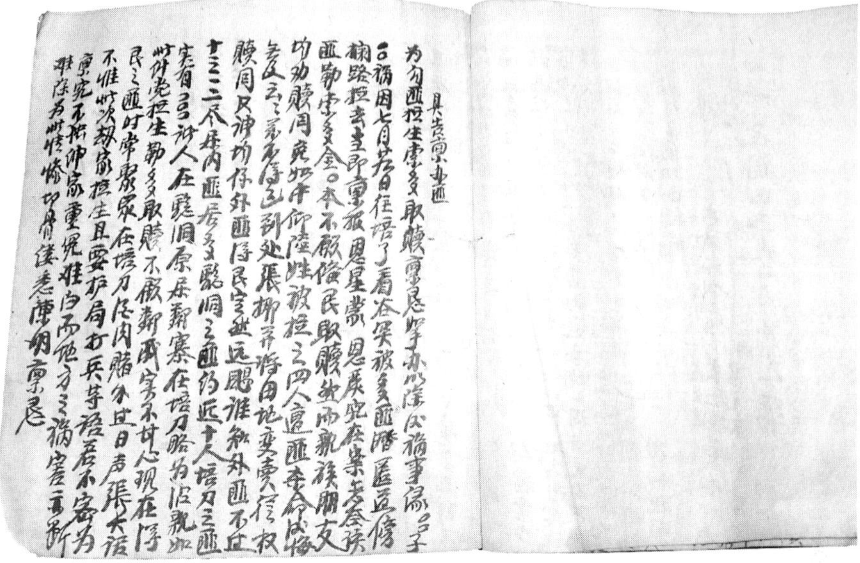

图 1-57

图 1-58

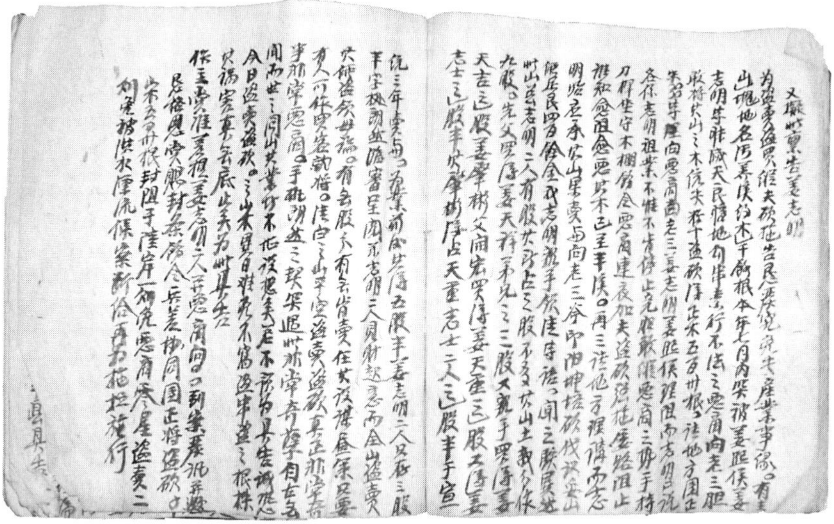

图 1-59

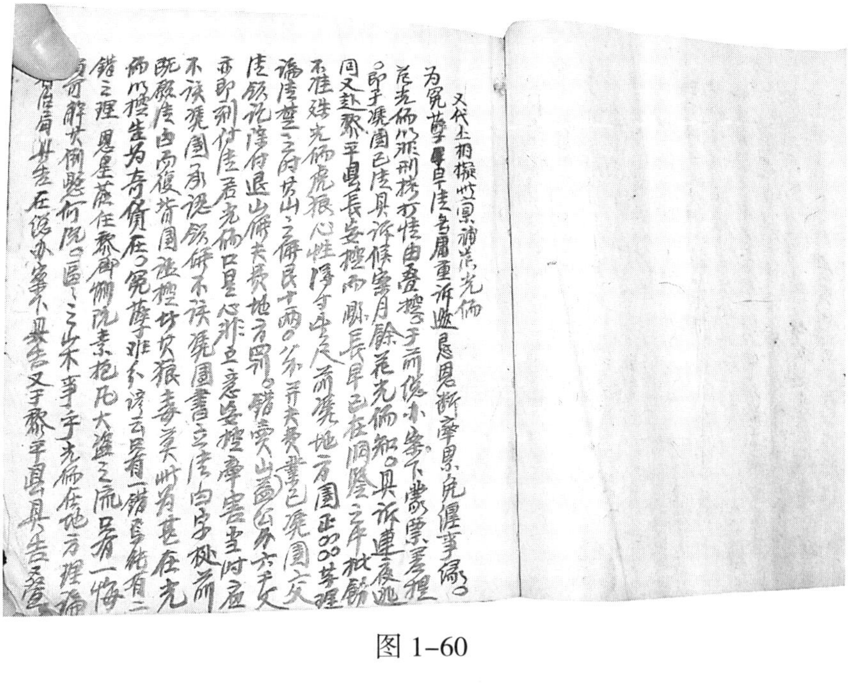

图 1-60

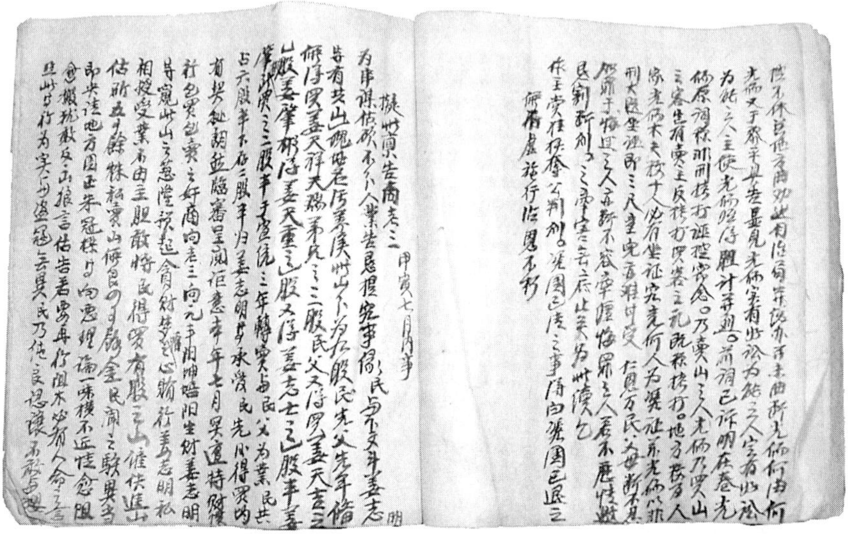

图 1-61

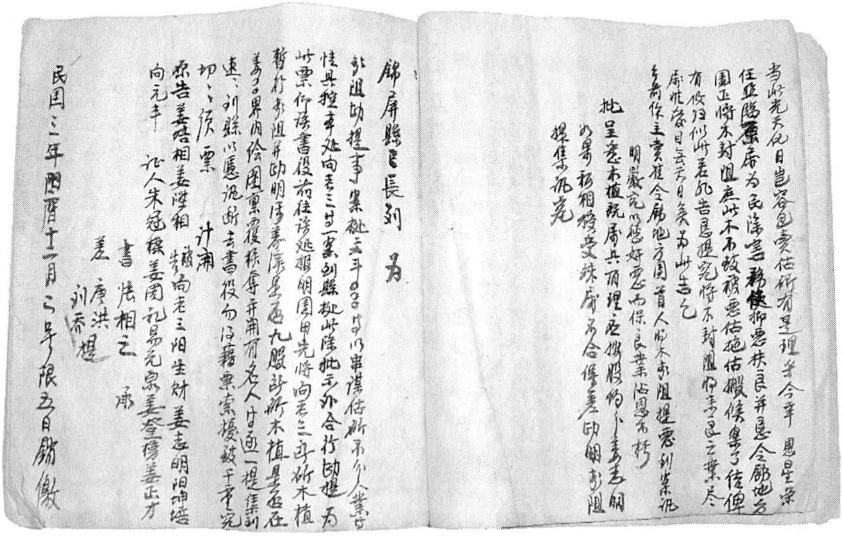

图 1-62

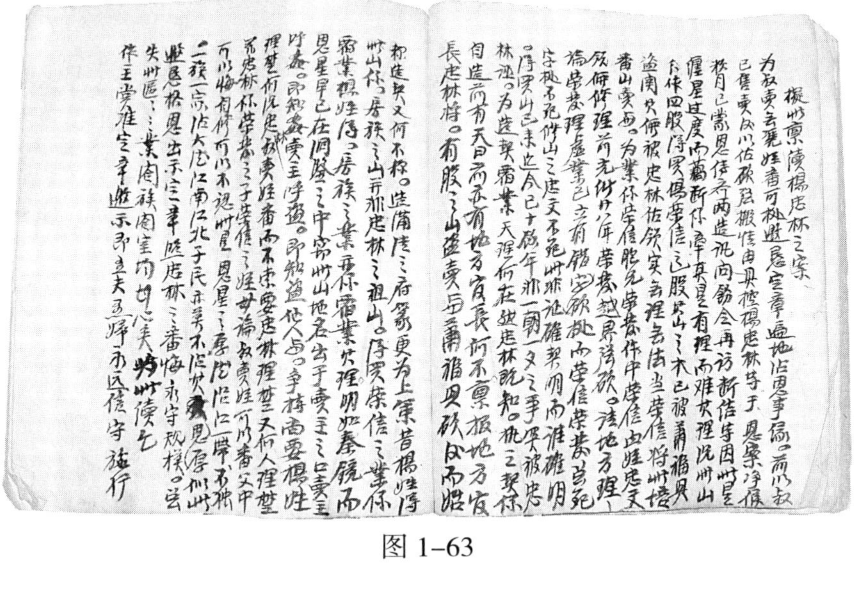

图 1-63

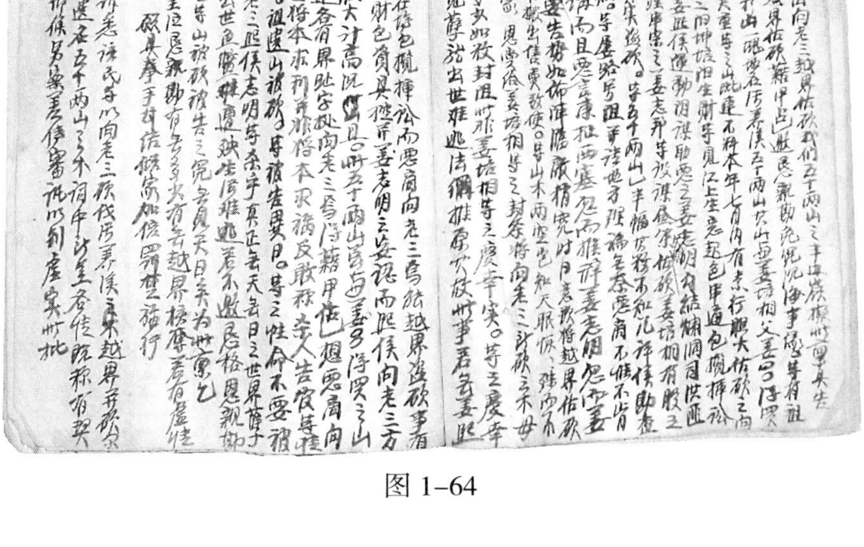

图 1-64

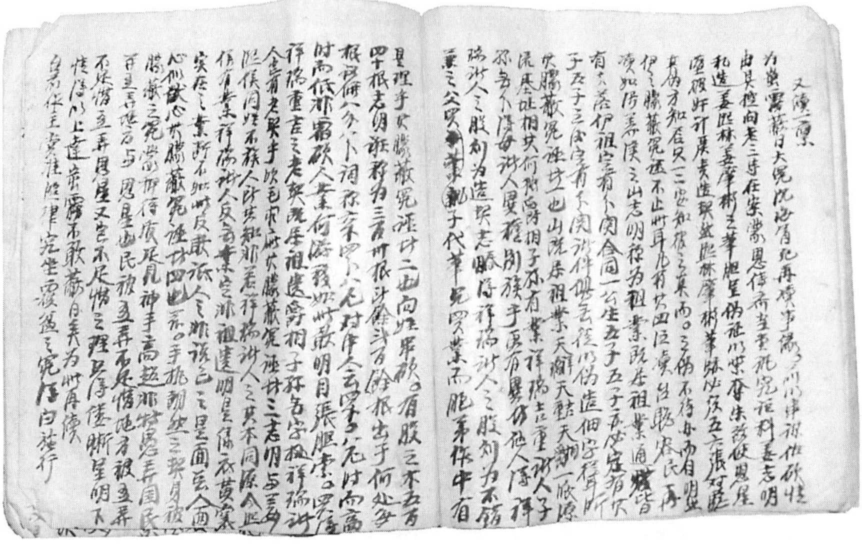

图 1-65

图 1-66

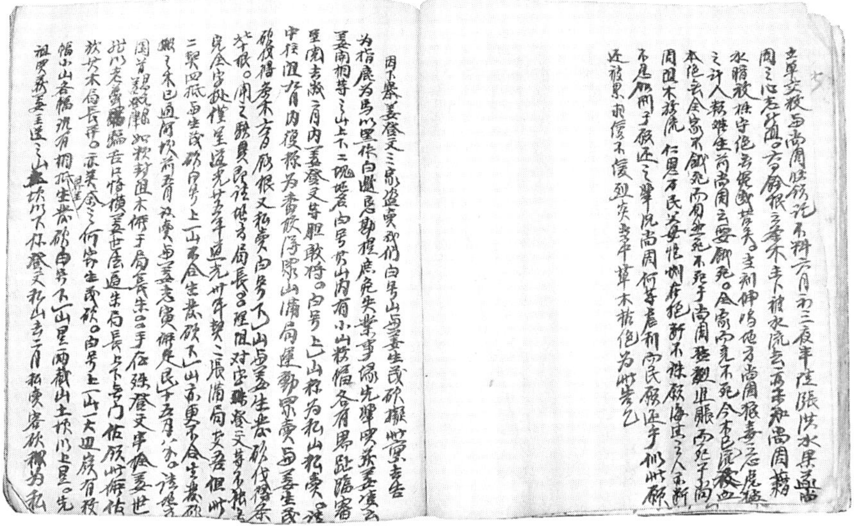

图 1-67

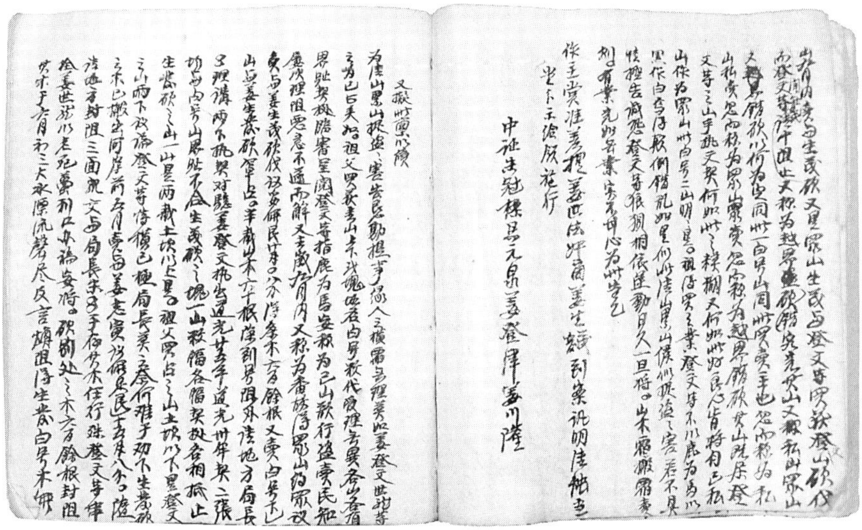

图 1-68

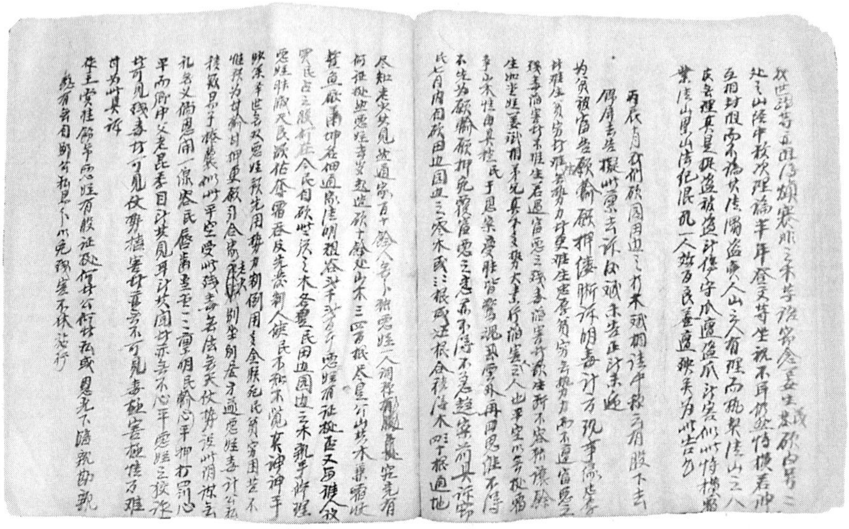

图 1-69

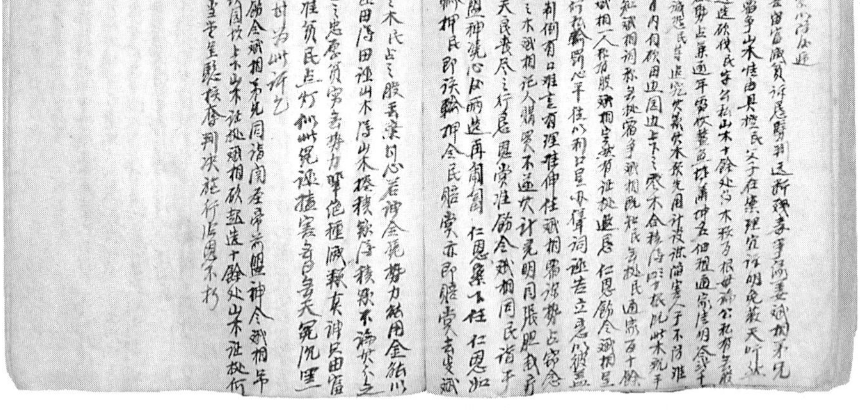

图 1-70

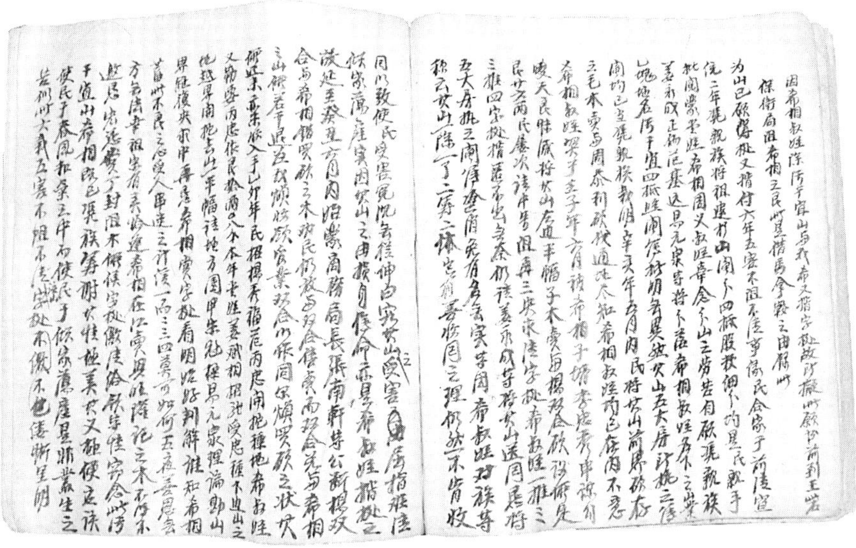

图 1-71

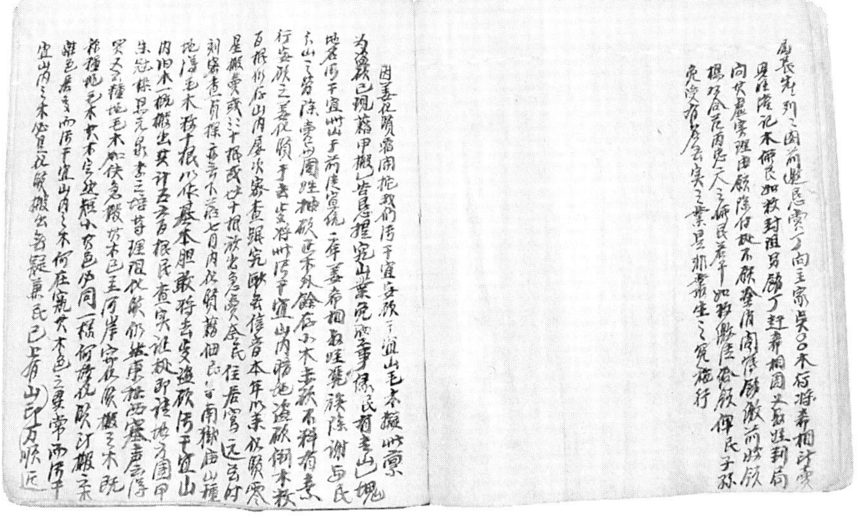

图 1-72

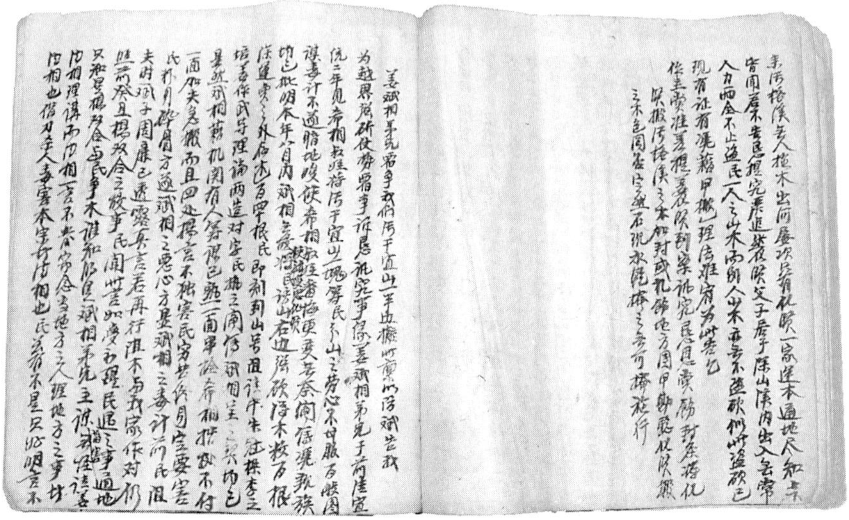

图 1-73

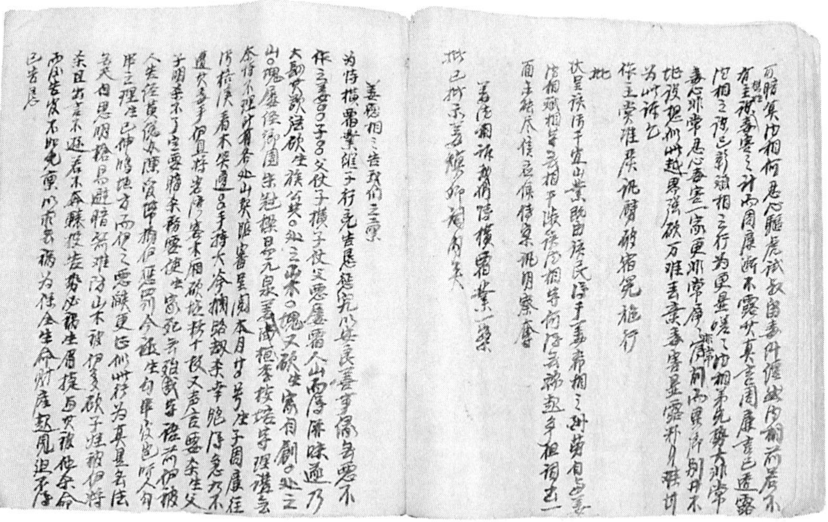

图 1-74

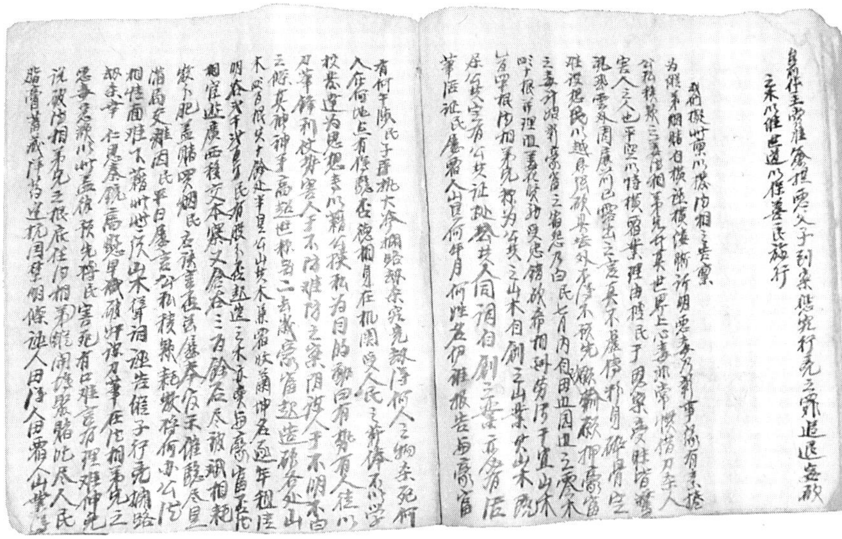

图 1-75

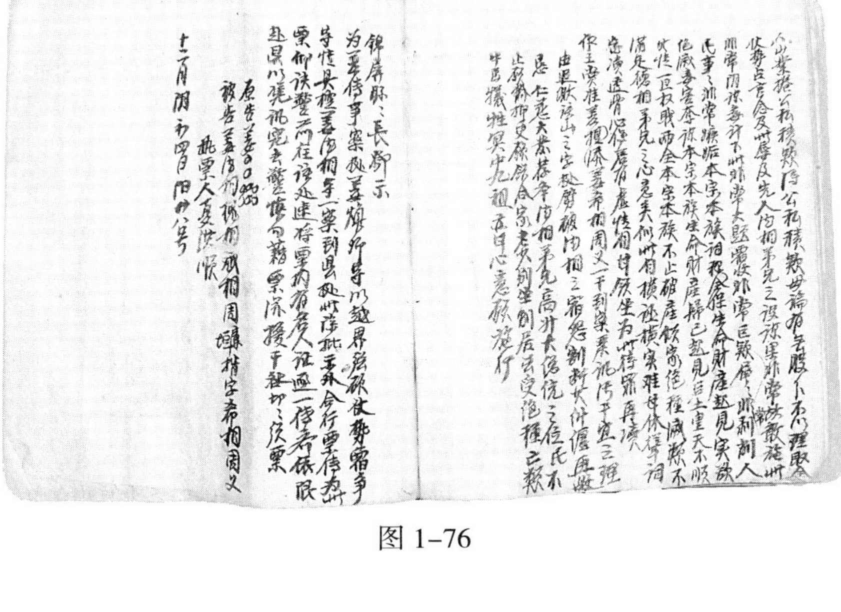

图 1-76

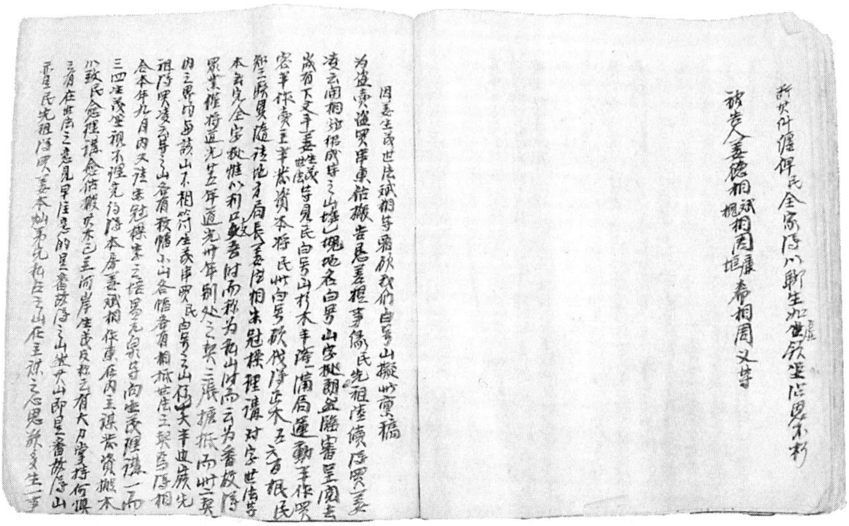

图 1-77

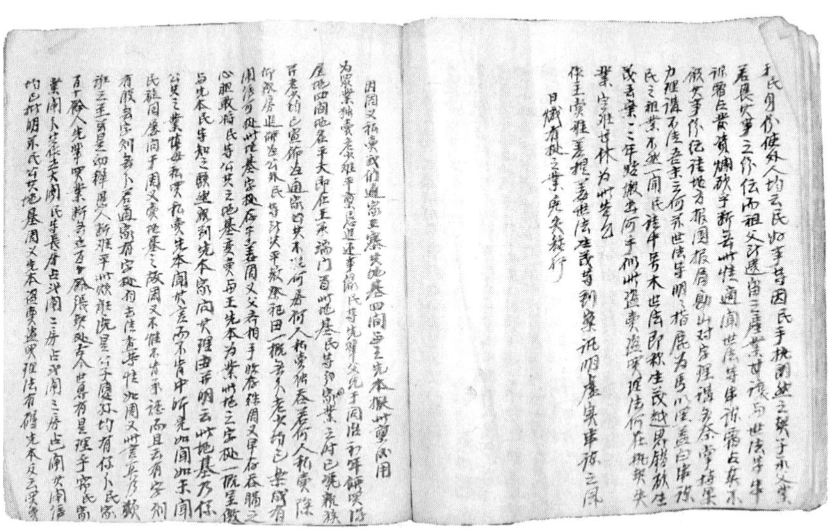

图 1-78

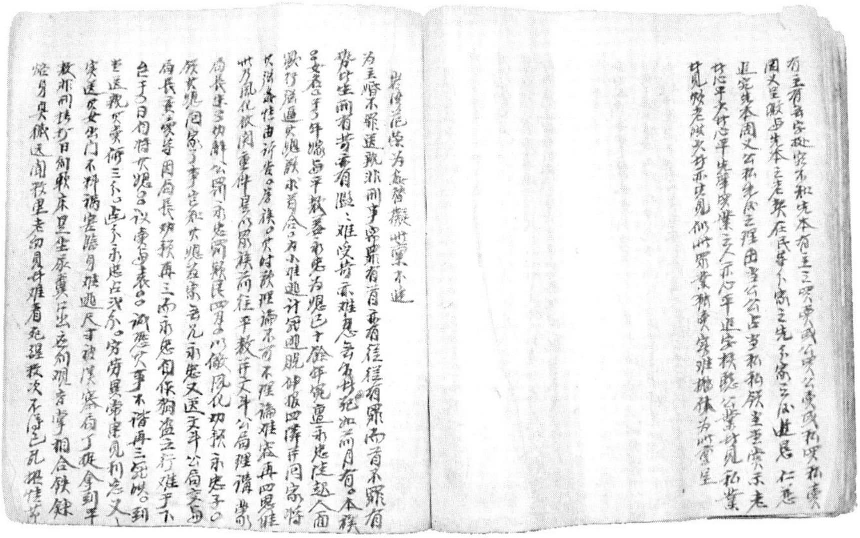

图 1-79

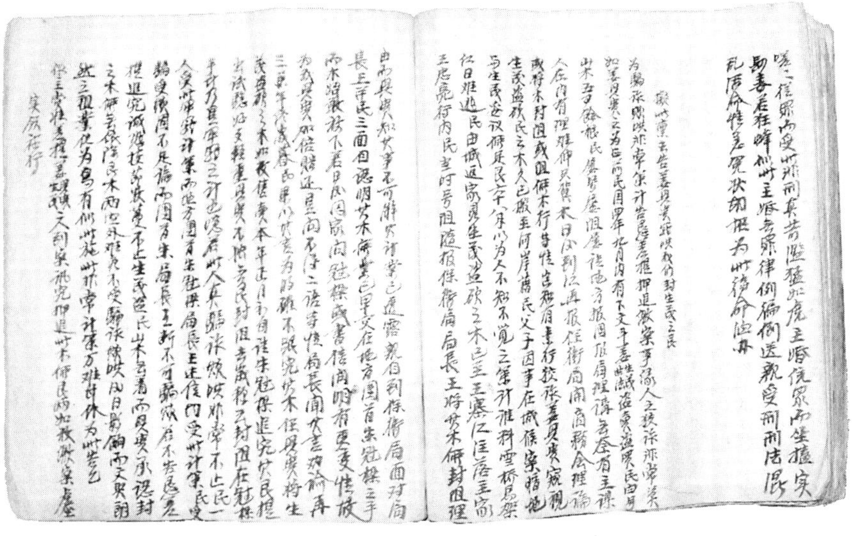

图 1-80

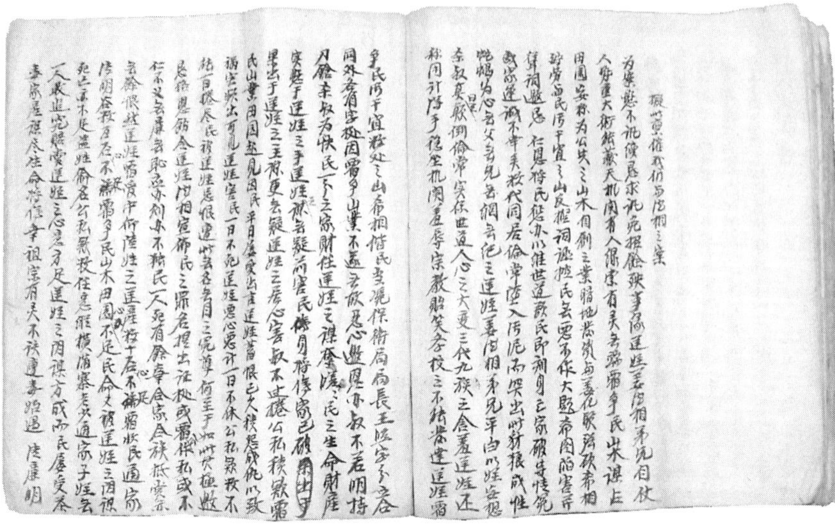

图 1-81

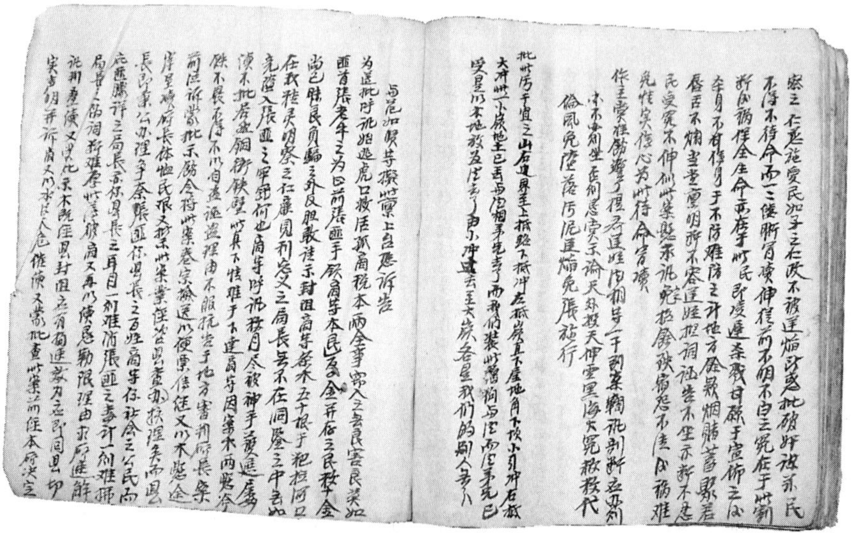

图 1-82

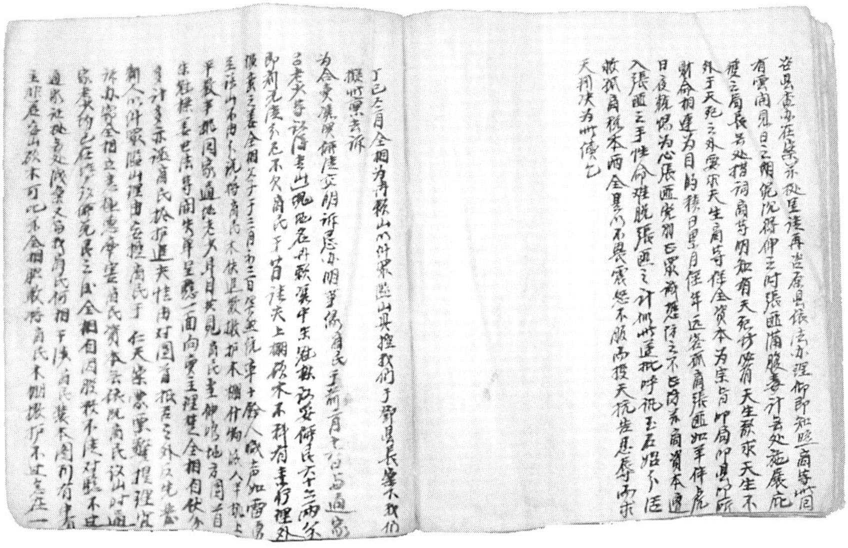

图 1-83

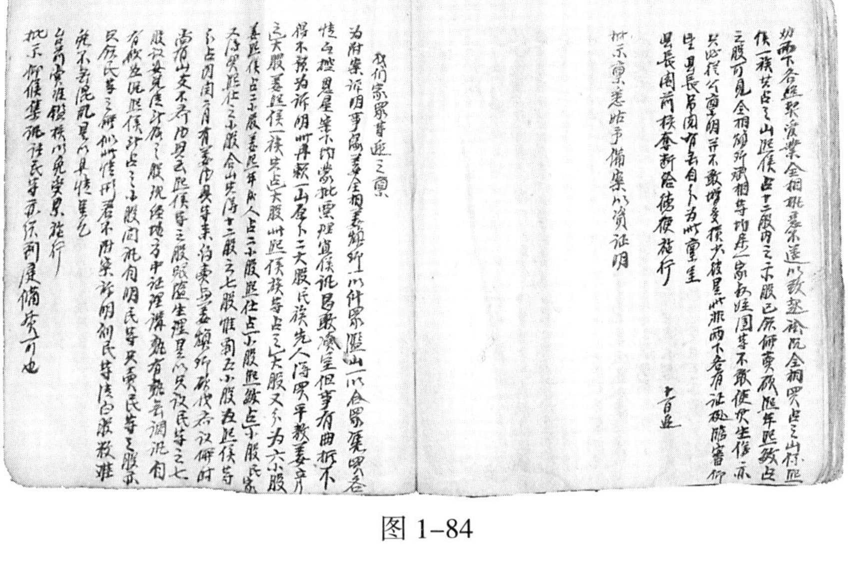

图 1-84

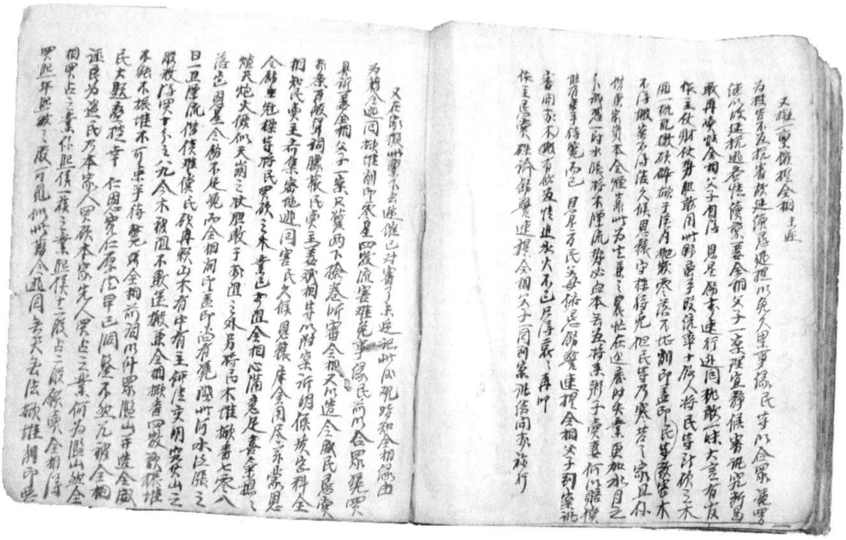

图 1-85

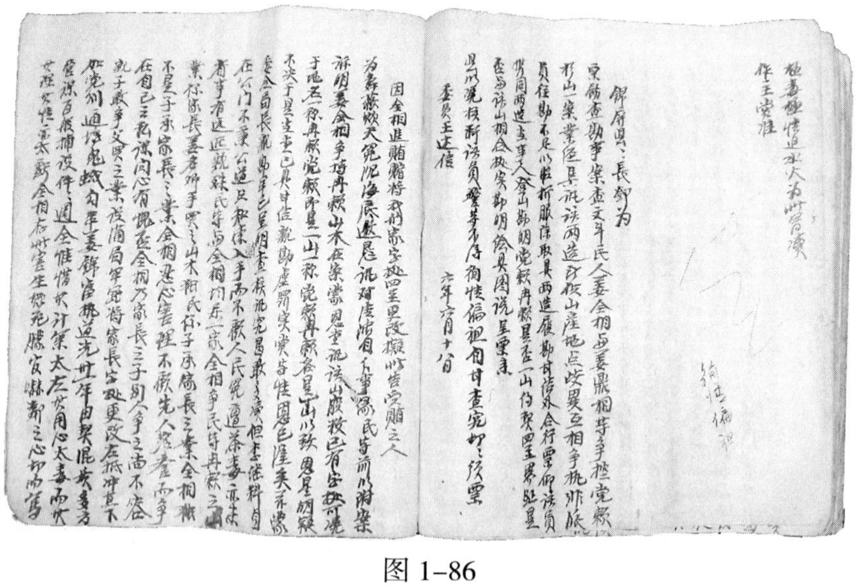

图 1-86

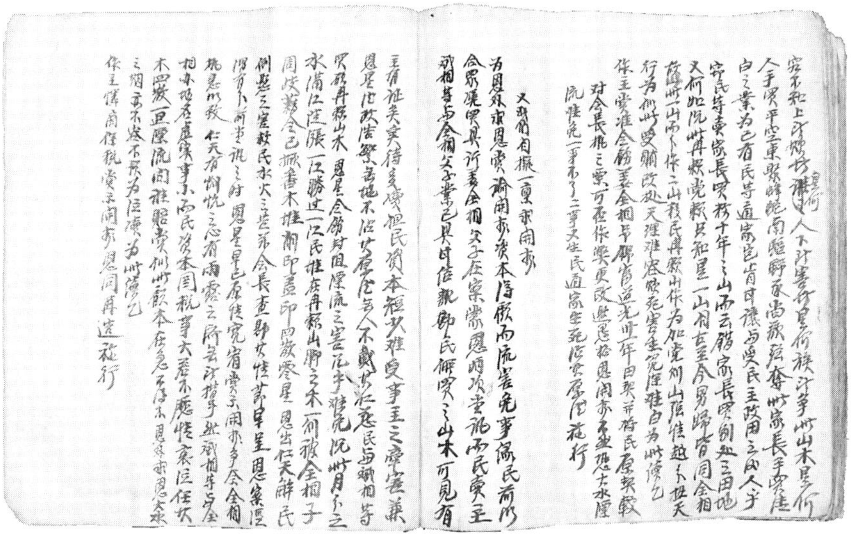

图 1-87

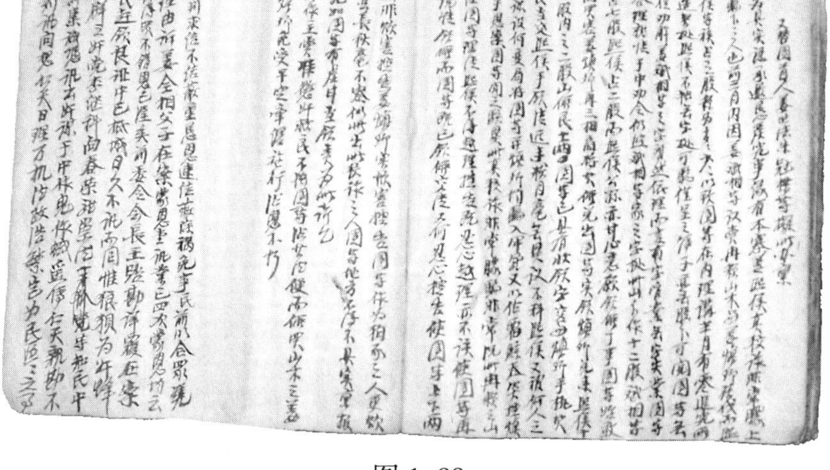

图 1-88

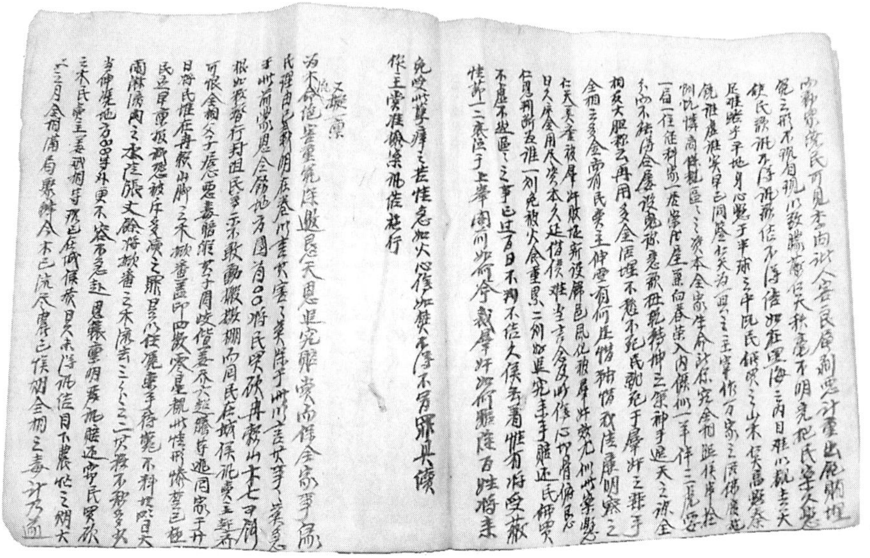

图 1-89

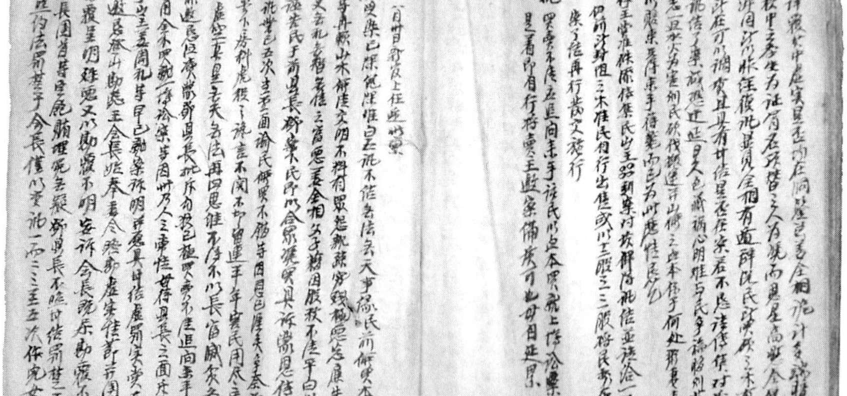

图 1-90

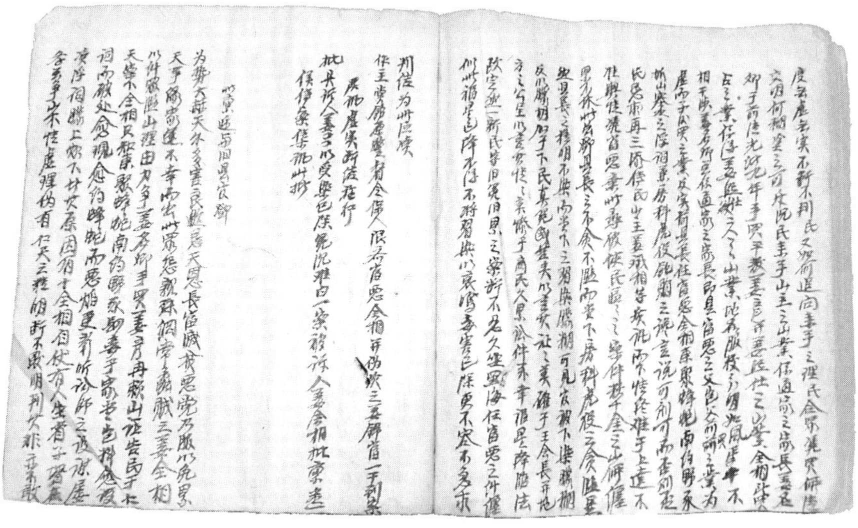

图 1-91

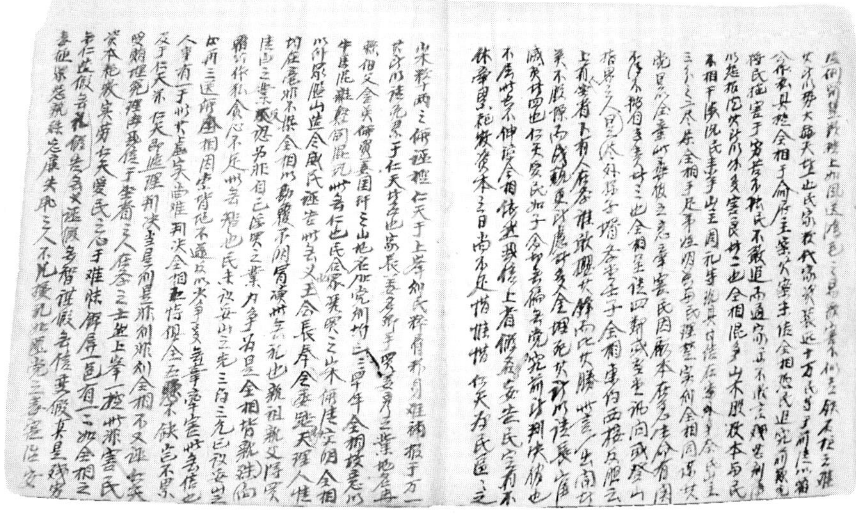

图 1-92

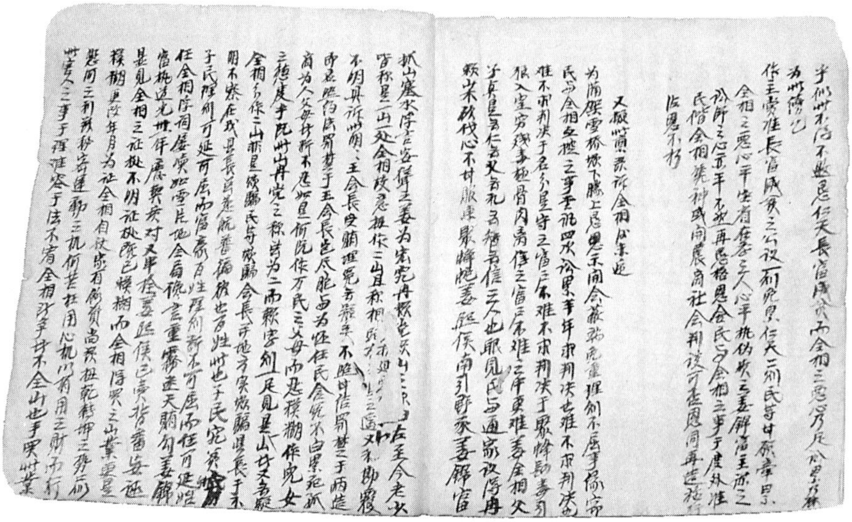

图 1-93

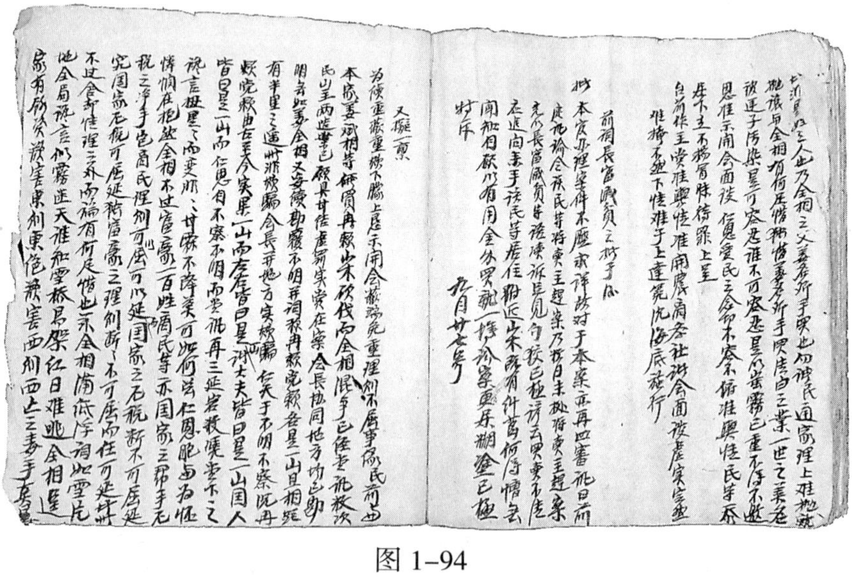

图 1-94

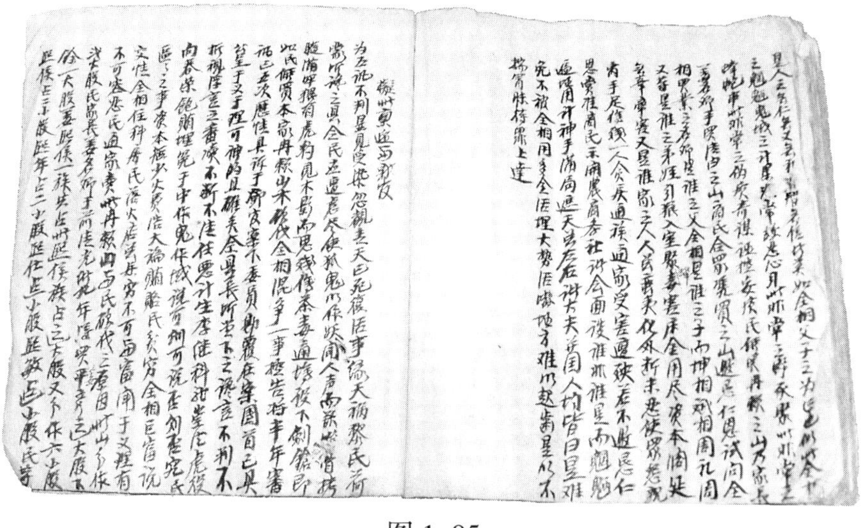

图 1-95

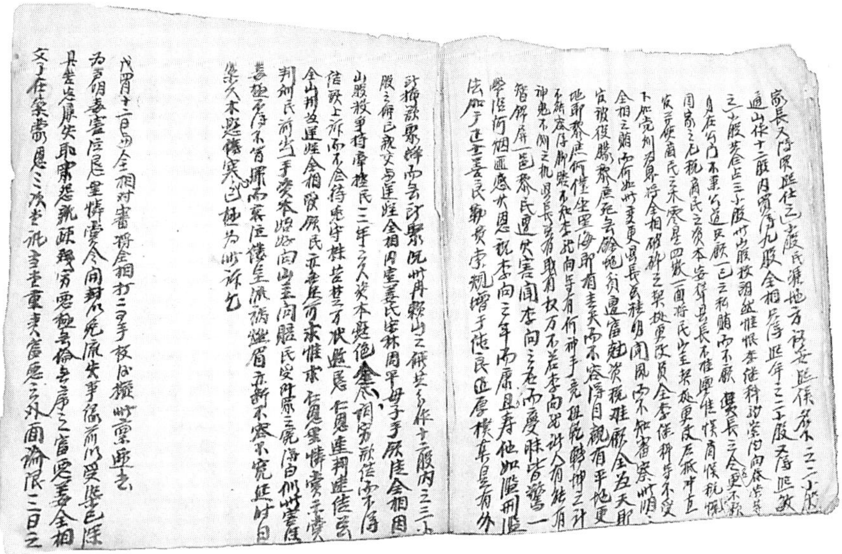

图 1-96

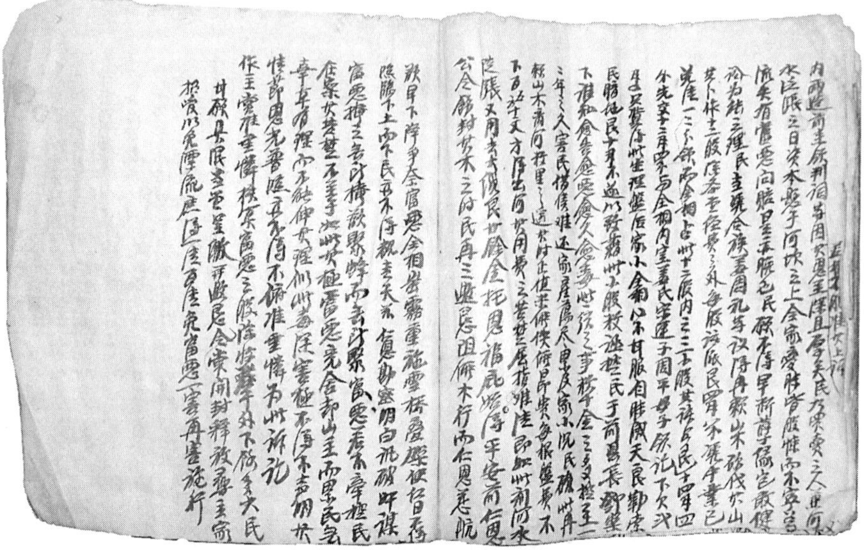

图 1-97

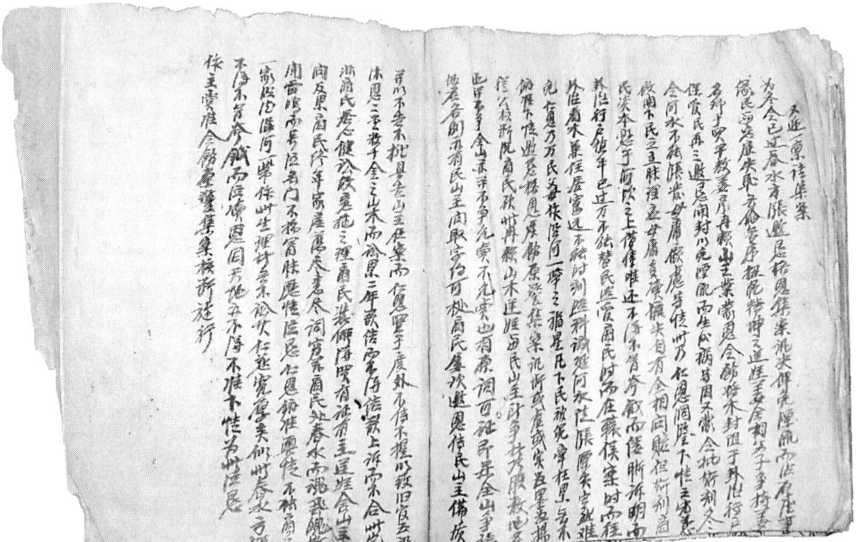

图 1-98

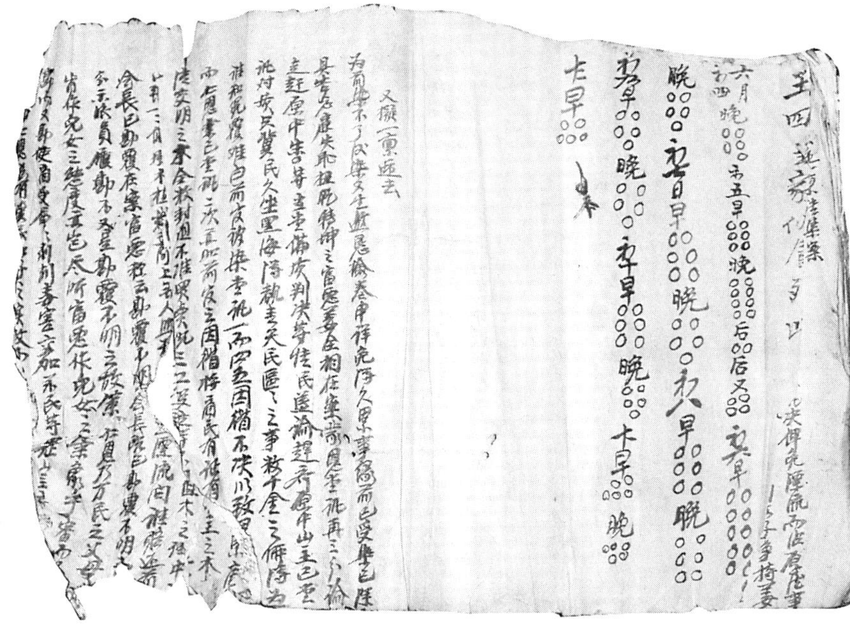

图 1-99

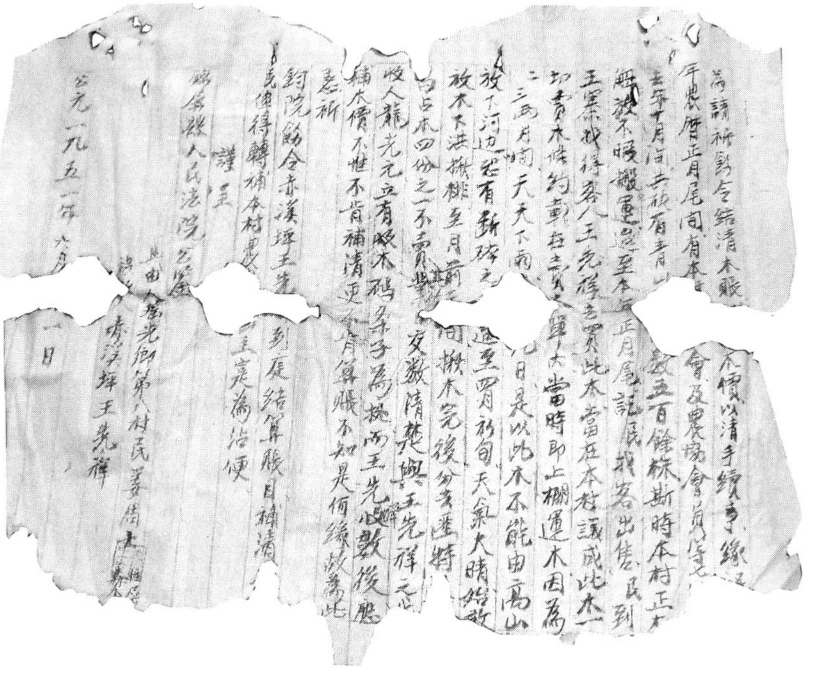

图 1-100

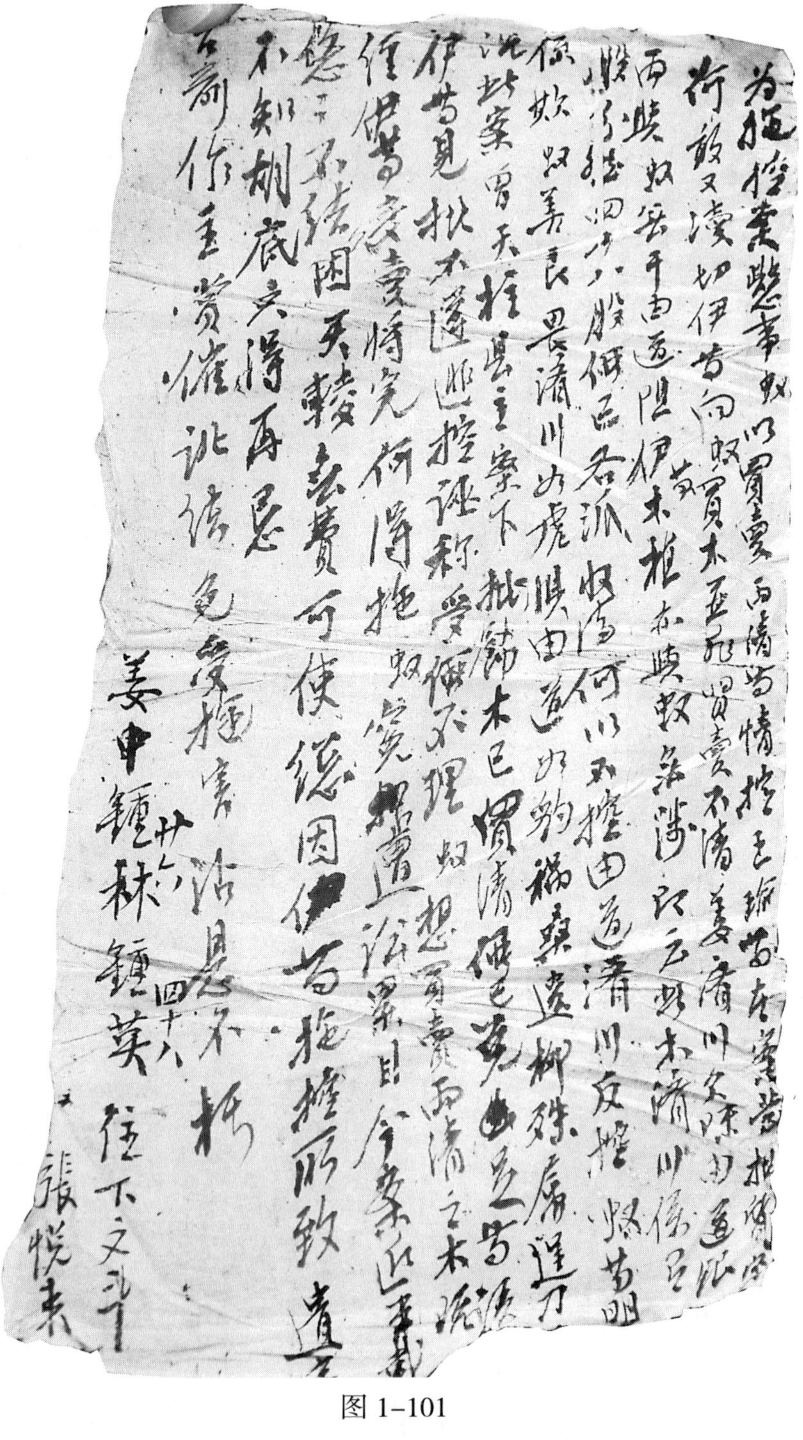

图 1-101

图 1-102

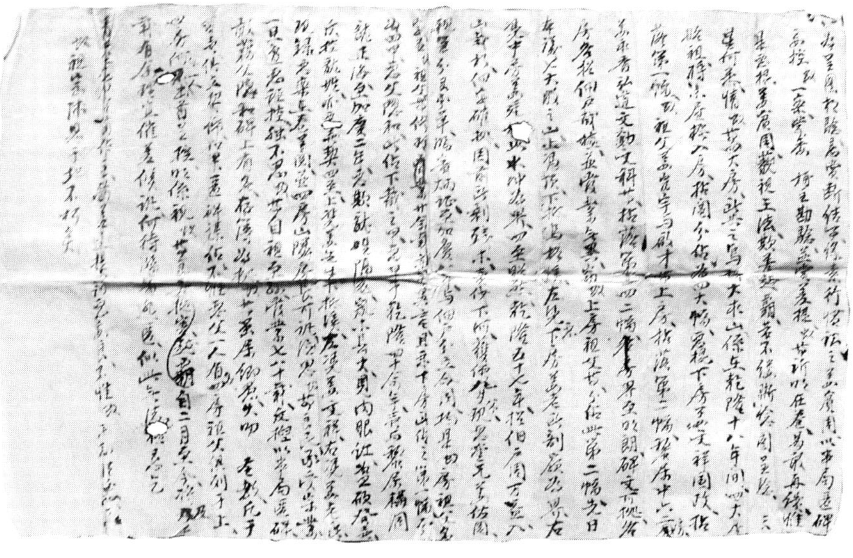

图 1-103

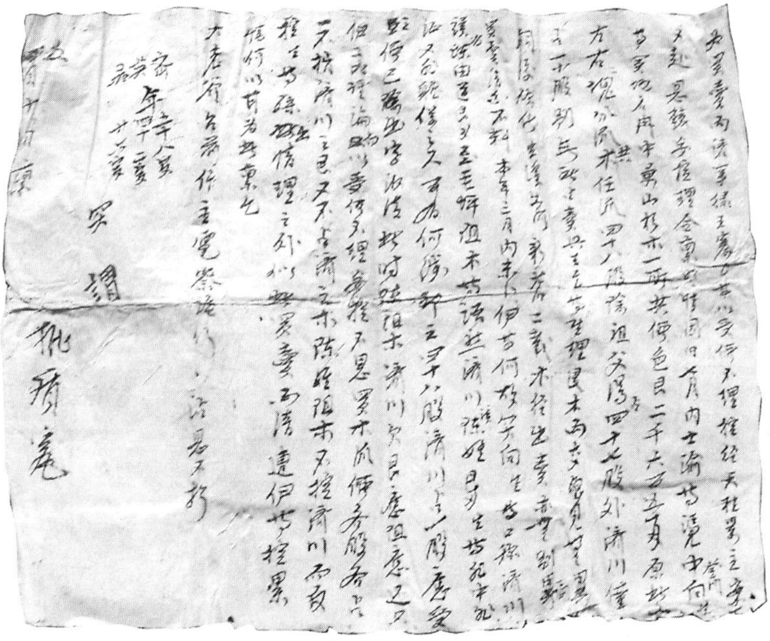

图 1-104

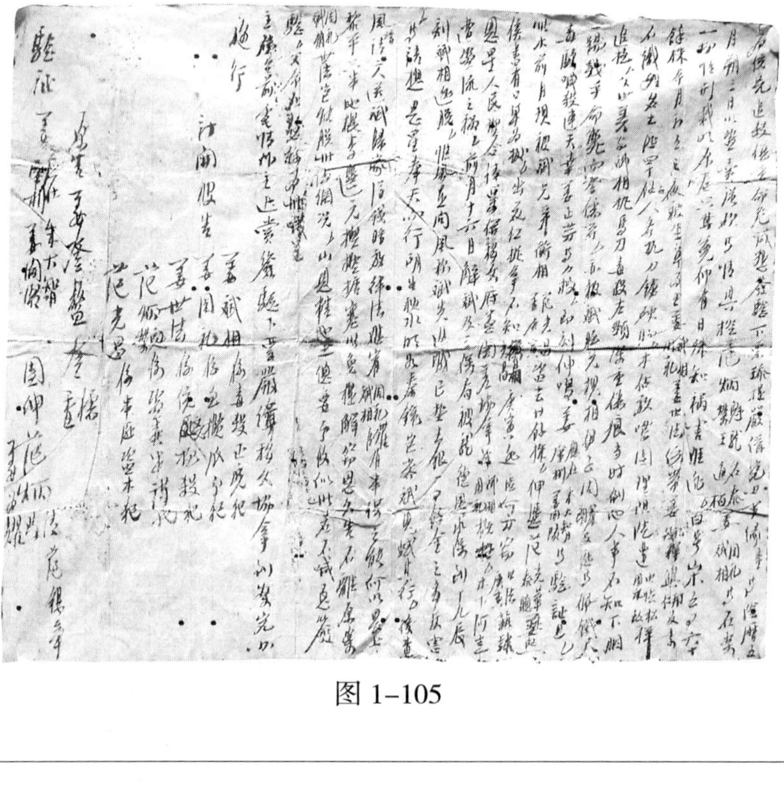

图 1-105

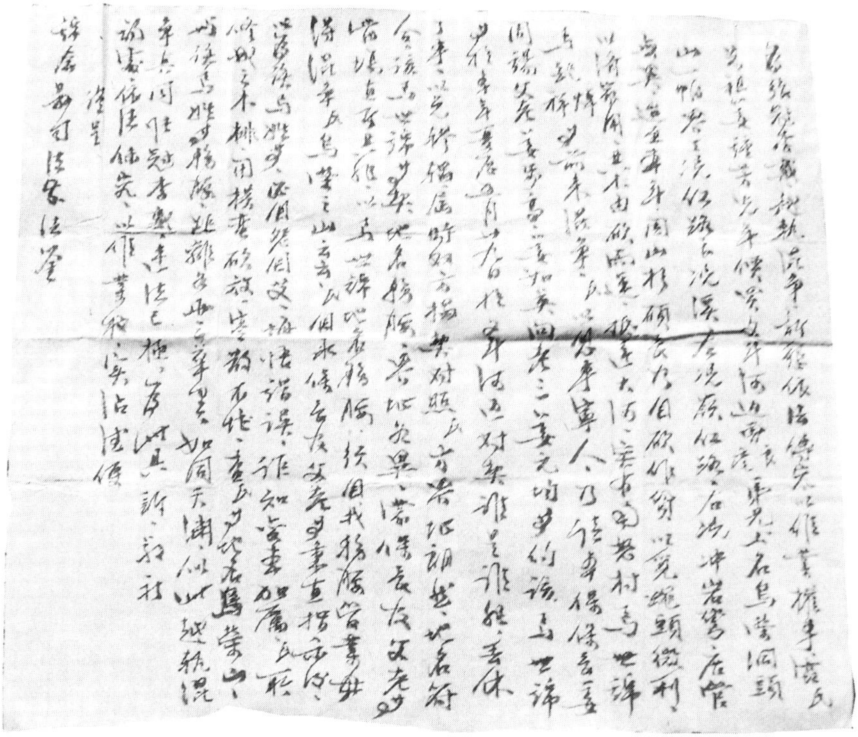

图 1-106

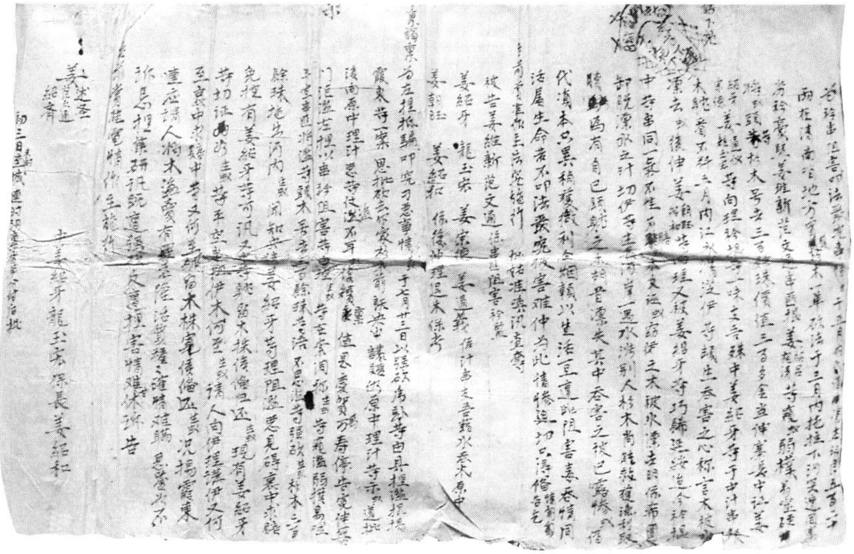

图 1-107

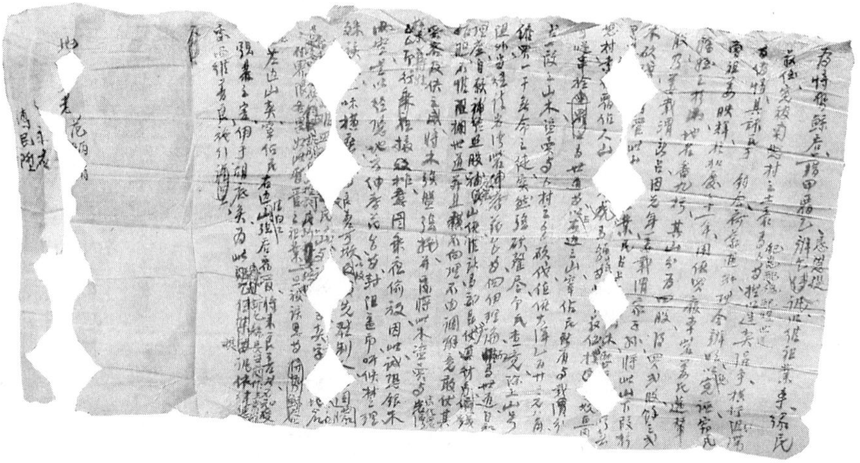

图 1-108

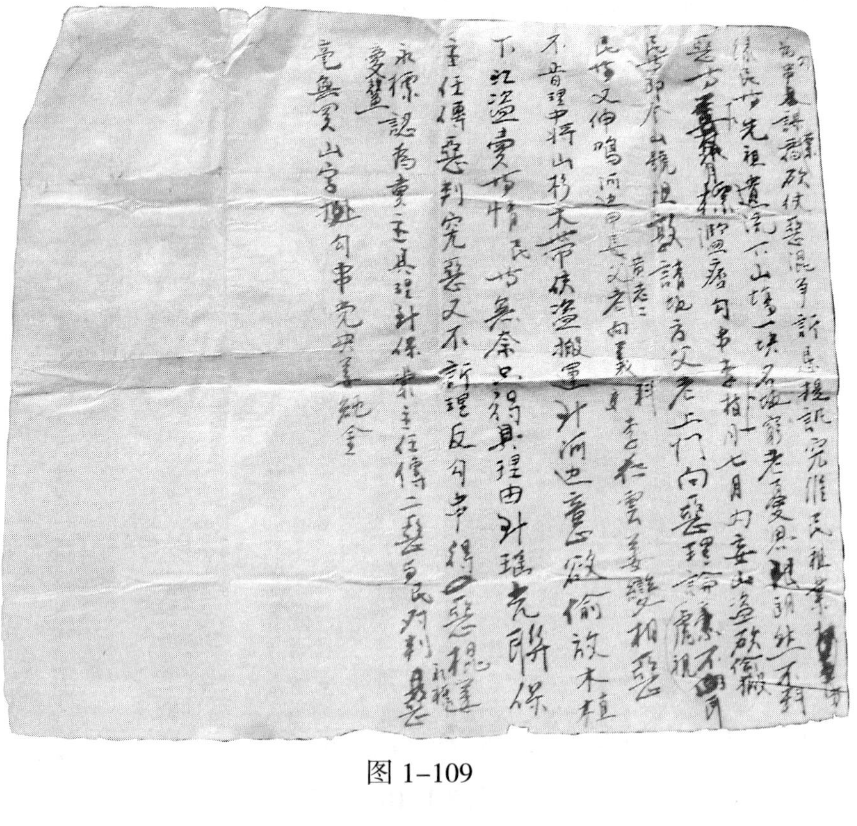

图 1-109

第二部分 家 书

## 【□□接得总局寄来长春堡告急求援文书并局内之信二封】

◎ 图2-1

**壬子正月初十日，接得总局寄来长春堡告急救援之信并局内之信二封**

北路三营列文诸公台鉴迳覆者，昨酉刻接读，瑶备悉盛意，诚为东南一带之幸也！仆当未蒙谕之先，每思依记结为唇齿，愧无德能，恐见弃耳！慈邀眷顾，莫不感铭而思惟命是从耶！但奈目今有匪千余，已出永从而入长春堡矣，限本日入中朝所，敝团危在旦夕。因思量者，贵路诸公率兵救困，克建大功。承蒙惠约耿乞援师，倘邀速率大兵前来救援，一路共而会商后事，此诚敝地一带之大幸也！所有……粮，敬备供给，竚望云师先所……

> 兴和团廖宗铺、陈士杰、陈文炳、陈士俊、
> 张玉璧、张玉灿、黄士彬、周光祖等同躬

上、中、下营诸代表均鉴议等去腊定期于今春正月十三日开联合大会，于本月初五、六日专局丁持书通告南、东路平茶、四乡一带地方。该地方绅首杨永芬等覆书，均望风怀照，愿来赴会。但此亦见我乡人之同生感情一班（斑）。但现在洪匪破永茫，据户所，声势猖狂非常。而东南之兴和团、保和团来总局求兵之书如枯苗望雨。事关重大，仆等不敢主裁。故持专音祈诸代表火速来局，一议开会事件，一商救援军情。谚云："当世界离乱之日，兆生民高枕之时。"信到祈诸君起行，是祷均安！

> 鄙人曾昭灿、杨枝道、杨永清书□

## 【彬信禀卸任清江府周老爷书信一封】

◎ 图2-2

……正月十四日，系抄……信书与卸任清江府周官，现南寨李老梅家

清廉正直，其不浮（负）重（众）望者，惟旧老爷一方面而已。萧贪官搜刮地皮，有人心者无不切齿，既千家怒，何不乘机藉重绅首

加以野蛮手段，次及代表各家，先摘关防，仍复旧位。大清大汉无非以除暴安良为宗旨，黄总统尚且如此，何况此等贪官，除之何妨？竟可决意与周君等筹备，幸勿迟疑致误事机。省中款项奇绌，纷无头绪，各府州县钱粮难收。自反正后公费似未核发，收来必由钱粮项下坐打，无非以本地之款保本地方而已。目下当事诸君不多熟识，碍难请托。俟新正后，且看如何。若规模稍定，外府州县再行闻机办理，老爷竟（尽）可稳坐清江，较省中似觉安静也，余容线禀。匆此即请均（钧）安！并请太太福祉！

彬信谨禀

腊月廿八日

## 【彬信禀卸任清江府周老爷书信复一封】

◎ 图 2-2

再者前次彬等在清屡受凌逼，实奸徒李升播散谣言，说我有数千金，勾结谭学海、丁耀堂、吴光楚及杨邓等种种损害以销私忽。其人居心叵测，老爷、太太视伊为忠仆，彬实信伊为小人中之败类也，所言所行不可深信。如旧老爷与李心元之交涉一事，请细思之。

彬　再禀

## 【彬信禀卸任清江府周老爷书信又一封】

◎ 图 2-2、图 2-3

老爷阁前敬禀者。全月廿七日，邮局送到周君友梅在羊老加寄包封一个，内信三件、禀笺一角。捧诵示谕欣悉合家出所，脱离凶地，曷胜欢跃！萧贪吏行止卑，活被房班挟制，易书办招怒斥逐，可见公道在。军队亦不敢再肆野蛮，拙千家怒，竟可安心听之。议董会禀笺，彬已细阅，词意虽善，但旧任一方面素得民心，自遭推倒之后，屡被蹂躏，人心切齿！各节似觉疏漏，既已缮好铃印，被得亲赴军政府投递，悉数日即可批发矣！现在省城异常慌乱，本月十八日彬行到贵定，即闻黄总统于十五日被戕身死，张名林、陈兰生等带军队数百由安顺一路逃走，其余张炳衡、曹伯昆均被抄家。一切旧相识，皆未会面。近日滇军到境，城中又复惊惶，各处秘密戒严，似恐变乱之像。时势如此，彬邀得在家闲散，不管是非，反觉快畅！幸此次回省托庇老爷福荫，清吉抵家。近日因省中变故，问（闻）路上又不清静矣！

**清江百姓问服**

敬再絜者，正封发间，廿八日酉刻周君魁士业已到省，当即来舍面晤。现批在逼密立法两院请愿，并由军政府具控萧贪官。务望推倒此等败类，以服人心，以伸冤抑。据称在途风闻在萧官被团骗逐，又云已被杀，却不识确否？遇便请信示知为贾田福，前次托袁太爷带交杜云台之物，杜姓业已收到，请老爷告明田福，俾免悬念。匆匆再请钧安！

彬　再禀

## 【登泮谨禀宝丞四叔书信一封】

◎ 图2-4

宝丞四叔大人尊前万福。敬禀者月之十七日由原差易顺远到慈谕，二角禀稿一纸展读之余，敬悉各位学中朋友筹款帮助，又蒙价卿、冠五二位仁兄格外相帮，侄何人斯荷叨眷顾？揆之管、鲍两贤，桃园三杰不是过也，又劳上控诉理冤情，此德此恩，捐躯难报。俟案结还柱之时，定当泥首申谢，乞吾叔代为致意。侄与卓相流木之案，侄愿倾尽田产赔赃，彼此遵断在案。至齐相、德相、国相、瑞卿等伯，砍我乌冉山之木植，官已断令照卓相每根补文艮（银）八钱。侄所以不肯取保下店者，一则禀官追缴此项，二则要札团首上山点株，三则上宪公事未到，故尔坚执不出，只商取保照、保津二人，奈银钱未便，故尔迟迟还让我叔与各友较商，如帮款凑齐，乞付二三十金以济急需；再向曾雨田仁弟求一良方，付来佩戴，以防仇人暗害，是为至要；再者觐廷，到时可以相劝熙侯等和息为是。

敬请：福安，并叩诸位仁兄均吉

侄登泮谨禀<br>暑月念白

## 【登科三弟青及接获来函一封】

◎ 图 2-5

登科三弟青及接获来函备悉，一是然粮事一节本拟亲诣天柱县面见县主，禀明粮事缘由，奈本案未结，实属难以分身。今付去续禀稿一纸，公禀稿一纸，着即赴辕呈递，其有公禀仰烦见田八叔并质庭弟，或酌派保长，或另选一妥适之人，前往呈递以赔慎重。俟登熙筹款到日，予定往古州诣见杨父台，禀请赐信商议现任天柱县林主，此案方能得行。再者接获熙弟条称登高弟有银一二十金，意欲赎党宜田耕种。此事尚属可嘉，但目下予要银费用甚急，可暂拨借一二十金对来以济燃眉。俟明年正二月，我等木案之银定就追缴，尔时如数付还，再为赎回，未为晚也。万望开道登高概然允借，勿吝是幸。三月之初三日，业已禀请札起去岁封阻国相木价银贰百两，谅必批准。所有老幺必须严饬读书，勿任游荡，有坏家规。如熙弟付银上来，看橘子平（便）易，可买二三十斤，鱼三四尾一并携来，以资馈送。余容后续，特此顺叩。

外批：如借得银入手，岭人至培亮与承烈借马一匹送来，以便往古州。

此信着呈与八叔并质廷登熙视之。

阖家清吉
（兄津手谕）
冬月初九日

## 【致世俊登科兄等书信一封】

◎ 图 2-6

字呈

姜老爷印，世俊、门熙、登科兄等，阁下福安，启者无别，套言不叙情。因旧岁弟到府扰厚，面言前后涂叹应补弟之银共叁拾陆仟捌百文，现有单具交与世凤、世龙手存，收清算对，明勿差得一。弟去岁收银二两，又收世龙钱三千。应补弟之钱三十千零捌百文，言限今春二月付还。日日验望，未见兄等下来，今将潘氏母子过来，望兄等谪议将此不补清文与来人付回，千急莫误。

## 【登泮致诏、熙诸弟之书信一封】

◎ 图 2-7

诏、熙诸弟青及月前廿四日，由培亮起身，廿五日抵域城叩清吉。月之初一日，当堂递禀，万太尊十分认真严追，不日定有差到。但此案在恶等，必不肯归宜机密，不宜张扬，是为至要。而家间日食不继，我弟可将里丹之田出典，买米以给饔飧至嘱。前在培亮癸去之信，云所应允拨借之银，至今尚未入手，不知此款可曾靠得着否？曹德丰于月前廿五日抵城，朝夕临寓，追索此债，急于星火，我弟竭力去借，或以田出典，得银卅余金全付来以资燃眉之急。俟龙秉震之款领得，直为开销。谅龙秉震之款，纵挨亦不去得几日矣。遇有便人，以熙弟白布帐子付来，此地蚊子比往年非常之多，病疾比年底更甚。家间大小事件，熙弟、奎弟代为斟酌理之，余容后续，肃此敬叩。

阖家均吉
兄登泮手书
四月初三日

## 【潘远昌致登泮表兄之书信一封】

◎ 图 2-8

登泮表兄大人阁下启者，其去取保之件谅必尽知，今新正开筹后连次追催到案。余将言缓限，伊等复声未便，称及有贿赂之说。余固认真，伊回乃外扬之语，不以实句，未能过分，兼事属兄之件种种怀恨而已，思维尤有损坏，不以为德，反以为仇。只得专人走赶，请即束装前来理案。一则免余耽（担）心，二则省主家愁烦。我两人获身清白，尔事皆容易办，诸皆周全。特此字达顺候。

升安诸希，爱照不庄。
所有来人照例给伊工力钱文切切

愚表叔潘远昌字嘱
专面交付姜先生登泮叶启
名内具

## 【世风、世后、世珍、世龙致登泮、登熙二侄之书信一封】

◎ 图 2-9

登泮、登熙二位贤侄阁下为晤，启者因别家已久，不知清吉否？家中老幼俱皆康太（泰），不必悬念。廿四、五［日］，因恶姜卓相在江之木放下青浪贰百余株，廿七日，专着世官、世法、登诏三人下壅洞封阻至胡德元字。德元上城会伊晚弟，伊云满口达（答）应，报（保）尔叔侄万无一失。德着官、诏二人回家备办艮（银）两，下来好请地方头首进禀等项费用。二人来至城，半路会德元，回家又至城，会刘齐人。伊对二人说，此事元卿廿一日进城，专着人进衙相串已。今县主受费，廿八日元卿进禀，当接恶进衙面言，说出冷言冷语"泮此事本县不得审断，让伊之事今奔上府具控，有我作主，实在心多。尔侄到家，有人上府报，尔侄宽坐十余天，不必赶及下城之"等语。承蒙朋友之挂念，尔各自有斟酌而行，敏得受人之及。侄在响水付来之信，廿九日兴化老爷上来完粮，代呈家人在府付来一封。官、诏初二至城接江，初三抵家，要付银两。奈得拨借不出，将侄白都之田出典，又无受主，将之鸠三老之山卖与上寨老四砍伐，得银四两八分。又借得来，共付来银十一两。年前付来登熙绵（棉）衣一件，小帽一顶，风帽一顶，契纸十一张。上面查收珍叔要侄定然在府寄一禀，看官出批如何，此情转赐一音或果然上省。奈得此艮（银）两难得拨借，侄只管动身，我等又去生方后着人戒来可矣。余不尽言，专此布达。

约安应

外批：宽生路费付来钱五百文转来不要付他。

癸巳十一月初六日愚叔世风、世后、世珍、世龙字

## 【益宗禀父亲大人之书信一封】

◎ 图 2-10

**字禀**

父亲老大人福安。家中老少俱皆清吉，不必悬念。但此事随父亲，各自见机而行，不要慌忙，随父亲主意而用，不必悬念家中之

事。但男等母亲病疾此时已愈，不必远悬。

外批：所有开据与砍我等界之木，系三月十二日砍。十三日姜朝魁、李天才莫得才登门改劝。

> 外赴来银两壹拾叁两捌钱正
> 又代来契约三张
> 父亲务宜查收
> 男益宗字禀
> 本月四二封
> 父亲开拆

## 【泮致田八叔之书信一封】

◎ 图 2-11

见田八叔大人尊前万福，敬禀者侄与卓相之案已经审确断结。凡事俱在侄一人担当，断不拖累叔等以及各弟兄一分一文。叔等尽可放心，各理各家事业。今犹在待质，所候案者请官追缴。国相、德相、齐相、瑞卿等伯，砍我乌冉山之木价薪，官分示侄取保候案，侄不遵依，定要缴足此项木价。尔时禀请开释，方为妥便。叔等千万莫听信他人谣言，致使一家纷纷乱乱，但所虑者刻下要银叁拾余两，方敷开销各项，如家间设法不出，可着一亲信之人下天柱城与宝丞叔及各位朋友商量，自然得出，以济燃眉，免受差人招汰，是为至要。再向曾雨田求一药方付来佩戴，庶免仇人暗害，尤为急着。所有老毛，不要乱出，亦不要到上寨行走。津、熙二人只在二三天定得取保出来。观凤、银莲亦不必焦虑，各自料理家事为重。侄泮手书。

六月廿一

## 【姜超助致其侄翰阶之书信一封】

◎ 图 2-12

**翰阶贤侄如晤启者**

　　侄之事情，叔时探消息，只闻二房已下来堪，犹未得其详悉，未卜果已堪否？前接侄来信，叔曾经留心询问旁人，均无异议。签云以先不读，则迎田水，即伊兄有当行当止之事。伊犹时尝婉言进谏，惟自客岁以来，看族内家家喂有马，亦甚高兴于马一事，此外别无他事等语。叔又察其为人亦是忠厚模样，对侄说此者人皆说素与伊弟兄赌赌不对，恐是好事者几代人发（反）覆者也。此等世道，若而人者甚多，吾侄其勿信也。至于乡试一禺，多承雅怀，本年叔三月秒方来上学，何听再耽搁，兼遭此年岁，家计尚属难据，又况训蒙多载，笔惯童式。若云举业之难造矣，惟望吾姑且将事情暂置，努力数月，倘天就瓜棚，神真不昧，果得丹桂高攀，则是我叔侄之义七年之矣。来人甚急，难以尽宣，特此饰覆，即询近安暨问列列均好。

　　　　　　　　　　庚　初一日　急　叔姜超助
　　　　　　　　　　为购颂来往　信

## 【登泮致宝丞、见田二位叔父之书信一封】

◎ 图 2-13

　　宝丞、见田二位叔父大人尊前万福。敬禀者侄于本月初一日以逃骗欺天各田续禀姜国相等一案，蒙批签派书差查点绘图，禀覆核断，谅我叔侄之冤有可伸雪之曰矣。为是特着登熙回来，乞我叔筹办银壹贰拾金，以便开销。夫马之费着速备就，仍令登熙一二人赶紧携带前来方好。催促书差前来勘验，迄今岁律云暮，为日无几，又虑官交卸将至，案悬无着。侄朝夕深为顾虑，故不禁大声疾呼，邀蒙批准，此诚我叔侄不幸中之至幸也。所有华相欠字，俟侄回家时面交，另有话议。再者津弟在柱候案，批示下否，着抄寄阅，以免悬挂。余容后续，肃此敬请。

　　　　　　　　　　均安并希慈鉴侄登泮　谨禀
　　　　　　　　　　冬月十二日叩

批：查此案前据两造开列木单数目并呈恳集讯查核，各执一词，木数悬殊，当谕俟姜卓相木案结后查勘。兹据禀呈前来仰候签派书差协同乡团查点、绘图，禀覆并提一干人证，撤讯察断。

十一日批

## 【姜钟泰致陆绍机、阳登魁、陆绍开之信函一封】

◎ 图2-14

请寻羁岸赋奏乐团遥想。三位兄台福趾（祉）均安，启者。弟因前年山场之事，放着弟侄赴城具控开录差提。蒙略、魁二位驾至贱地，与乡保亲戚苦劝，消案了息，照契收艮（银），至久无异议。不料于今年前几月，伊控弟叔与陆姓在卷。弟意欲请略、魁二位兄至舍挑理，自思途中难行。伊差至乡，弟即请近处前中向伊理论，言及前年之事，伊之叔侄弟兄银两收清、股数分明，现消案和息，清白股数，字为凭。若伊横行，任我中公执字攻伊，不干弟之叔与陆姓之事。故得中公之言，如此不知略、魁二位之意为何，如若与近处中公等言，回赐一书，再烦略驾，抄伊之告词付与来人，携回去不多寡。十二月初旬弟赴城诉伊，代不补清，厥不有误。草字不恭，尚此。

上达
陆绍机、阳登魁、陆绍开三位仁兄台照弟姜钟泰字据

念在知心，言不及叙，启者。弟等之粮今着来人带册并银付上，望兄烦驾代完。弟奈时运不辰，瞒叔忽染一疾，十分亦有九分之重，不得亲身蹿府，至今略愈，兄不必念虑是感。

## 【登泮致世俊、世清、世法诸叔父之书信一封】

◎ 图2-15

世俊、世清、世法叔父大人尊前万福言安。敬禀者侄自兴四叔至

城以来，已十个月余日矣，微躯幸叨悬，请勿遗念，谅家间老幼俱清吉如常。熙豪于六月十四日抵城，来即进禀，本拟随即诉明，奈捕主何性情太懦，一切田土细明细故，概置不理，只得静候新官。而新官乃是姓金，江苏人氏，已于六月初旬出省，而金官太太病故，故而尚假廿天，另娶异太，约在于廿三、四日方得出省。又六月初十，两边方抵天柱，俟官执照承办于邦洞处拦与呈递。而我等与恶所争之山，情由己交与何官说明，任恶百般夺弄，谅不做出甚事耳。近闻恶等所抬伽蓝神，置于我家门口，前谕登高、登弟回家，即速送此归位，何至今尚未举行？推原叔等业事，莫非俟禀进票差行看方送，亦未可知。果如是，未免延挨日久，亵渎神灵。为此特着老潘，并带特函，万注叔等将伽蓝神，作速送神归位，用红三、四尺批于神身，香币烛由原路送归。我谊明善之家，神明定然默佑矣。固所控之案，兹我等所禀之案，抄付于后，祈为赐审，余容等续。敬请。

外批：带□□□之翎顶、翎管，此官叔葛布衫一件，我之靴帽一套，并借□□□凉帽一顶载于帽盒，付下以免求人。

阁潭均吉。

所有再中勇之山，契清查付下，费神如欲可望，得暇与用人下来一转可也。过税又要登熙、登文清查，我等约契过。

有姜绍和代笔之契，并南从见山契，一齐付□□登泮。

□□ 六月三十日

补：我之母亲，每晚吃烟数口，要崇槁去烧，不可间断水烟，无了，祈登云代为赎买，一俟回家时，如数相补。

## 熙豪告词

为串谋霸争，恳恩赏饬票差严究追。事情□兄弟历代忠厚，务农度日，团保可结缘。□祖□祖姜绍宽于嘉庆年，凭中姜映荣，代笔姜绍道，价得买姜述盛等面分荒山一块，地名引仲，上抵岭，下抵土埂，左抵冲，右抵毫沟。得买姜晚二之木数代开荒，栽种□□□木□□□□□多年，屡管□共不幸。去岁，父亡故欠账，□兄弟卖山相还，□□势大声宏惯贪忿财之官豪姜世俊、登泮仗伊人势金多，起心不良，欺良弱，鱼肉是嚼，强横□□闻□活。央请黎府客总易贞铭□□□团甲人等理论，奈恶一味□□□，不日邀约定期于十二日盟神。恶霸一味支吾，概无由理，胆敢烧□□□□□欧□，非奔辕江叩□□□□□差提究追缴。其蛮横……契所……□业……台前作主赏差依（律）严……

易贞铭……朱大智、任五喜、姜开智、杨吉星、姜恩成、范镜湖、姜大兴理论□

## 我等告词

为几串强砍，执伪翻身，叩禀□□断给。事情生民祖于嘉庆年间□买姜官保杉山一块，地名活休，木四百余株，历管无异，绘图、抄契呈阅。于去岁又月内，被地棍姜熙秀、熙猷，串通（地）痞姜言秀、会匪龙老六等数十余人，□□将杉木强砍罄尽，当我查知□□□□。恶等见事有碍，诡计业生，言发□为买。□熙豪认为卖主，凭中□□□□对验，恶契与此山四抵不符，地名亦异，理曲词穷，自愿央请族戚姜德芳、朱大智劝补□□□□□两，登门赔礼认错，□审可质。□□□□□四百余株之木，所置将近二百二金，所□共及（计）什□□□何以心甘情愿照株分木，格外照依款论罚？□□□不遂恶意。俟后□知□何□主□□□□，本□□经中理阻恶□视不□，胆敢于六月十二日，有买会匪龙老六、无赖龙满生，抬伽蓝神置于□□首，□适赴辕控以霸争大题，控生□于何□□案下，希图□害。生民如属霸争，恶等未必有补价赔□，地方亦不能录木□□。况凭中对契之时□□□□见恶契四抵：上抵岭，下抵绍韬，左抵朝□……□边之幅，乃通义、嗣之山，□□□□于……获。有契有质，右边之幅，乃姜□习□□。恶已央求补价赔礼了事……乃民之曾祖也。恶控何主案下，词称□□□抵土埂，改填四抵，故欺之以……其方以南，罕北必罔之以非其道。似此□□□□业不叩提经究，强暴得……惯横行，良善祖业难保矣。为此哀叩伊我□□□□台前作主赏差签提□案。敬请给施行不该顶祝不朽……

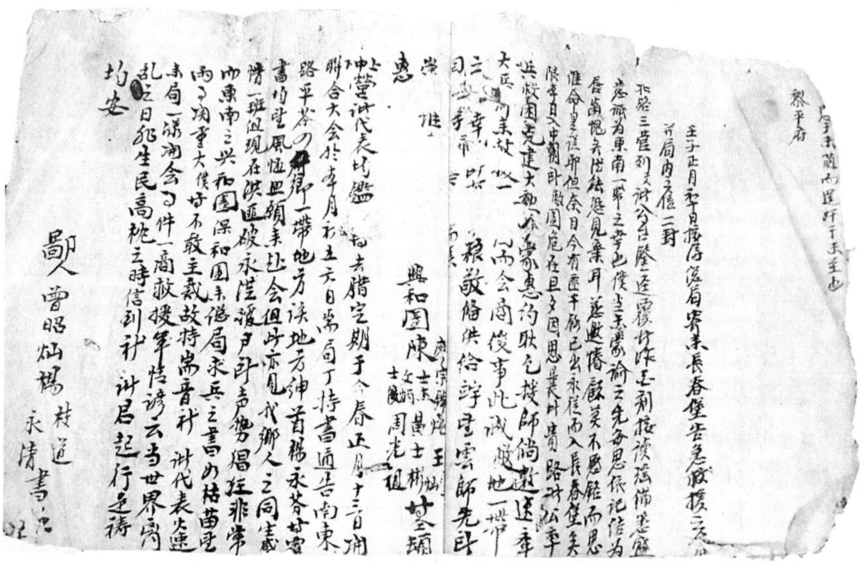

图 2-1

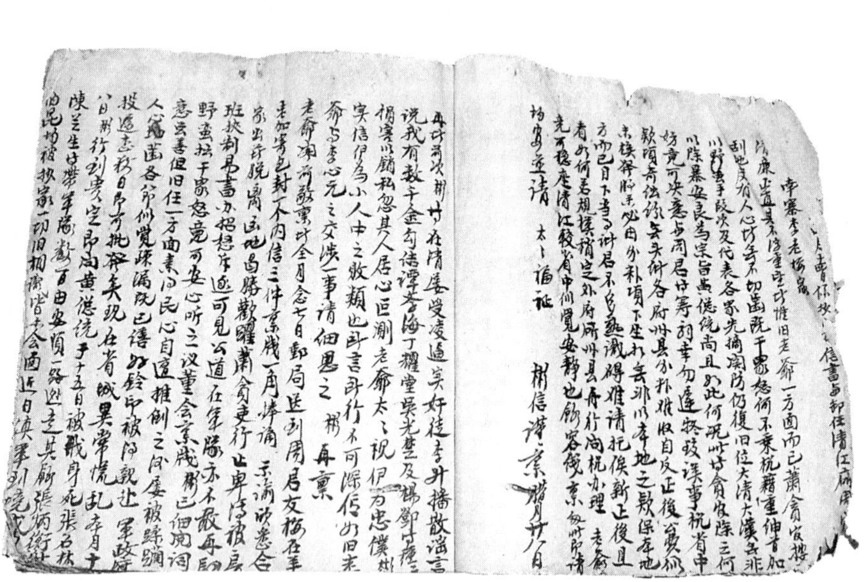

图 2-2

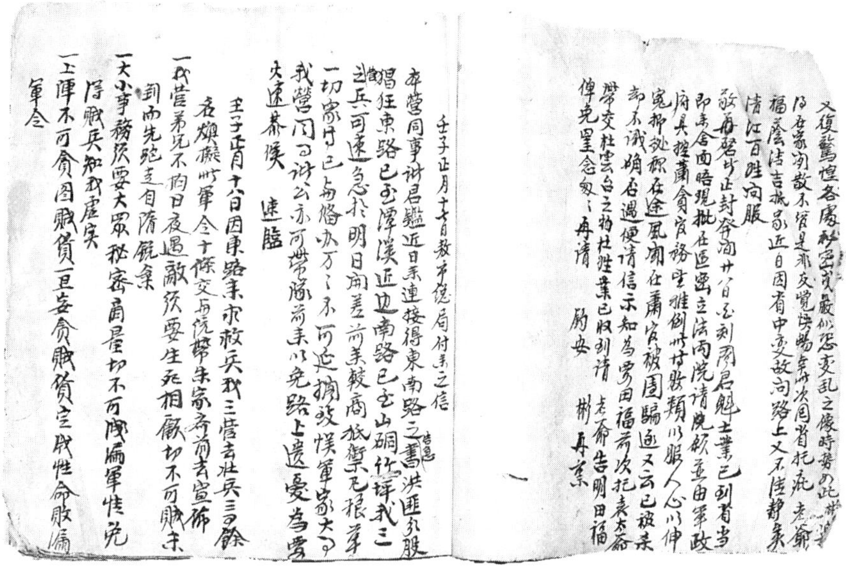

图 2–3

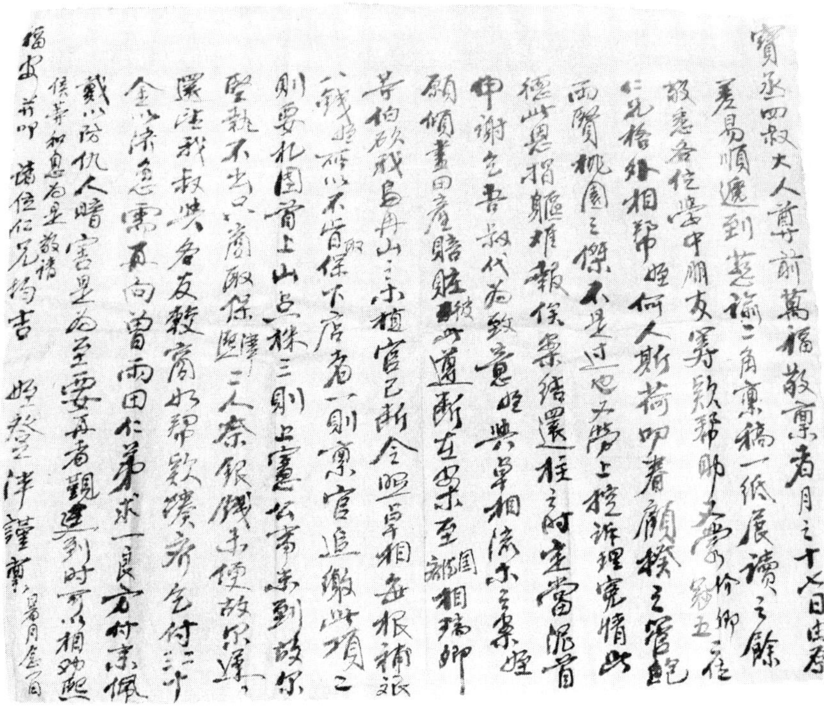

图 2–4

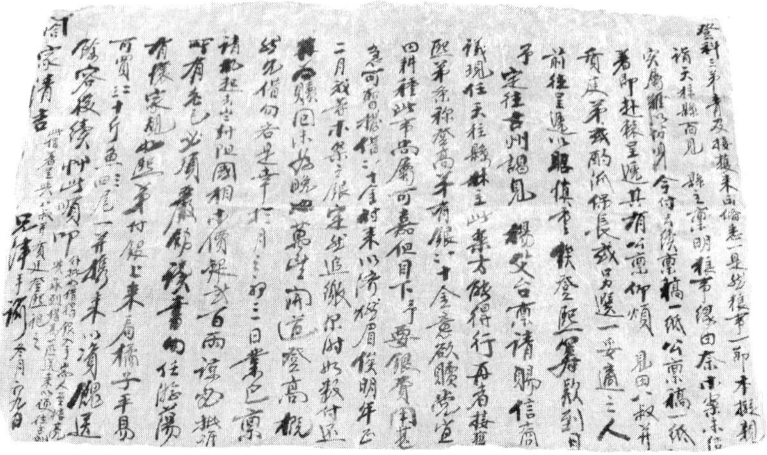

图 2-5

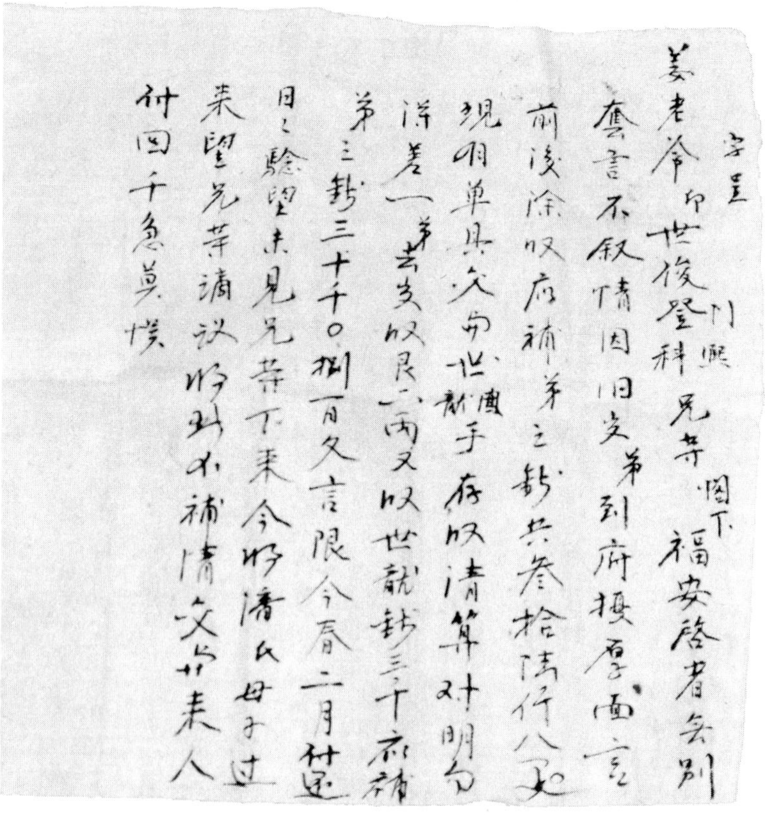

图 2-6

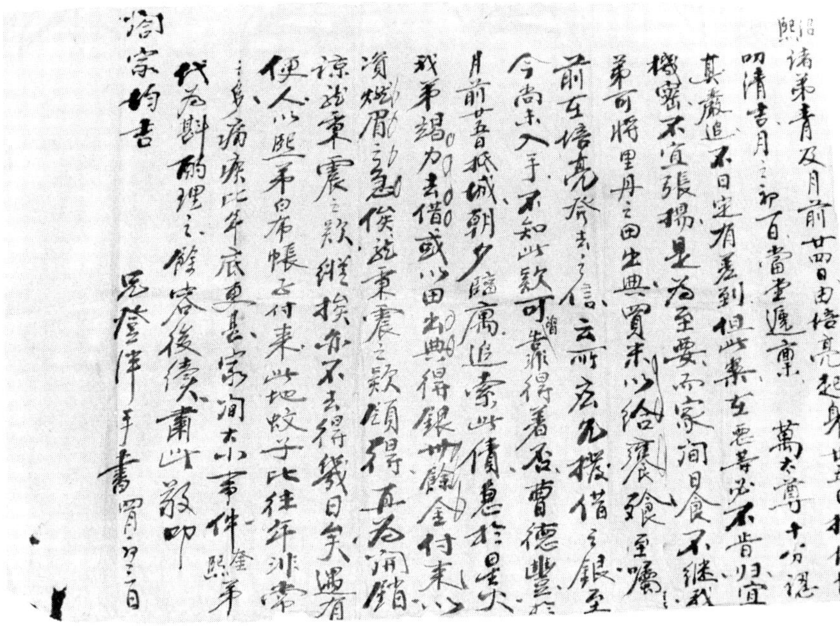

图 2–7

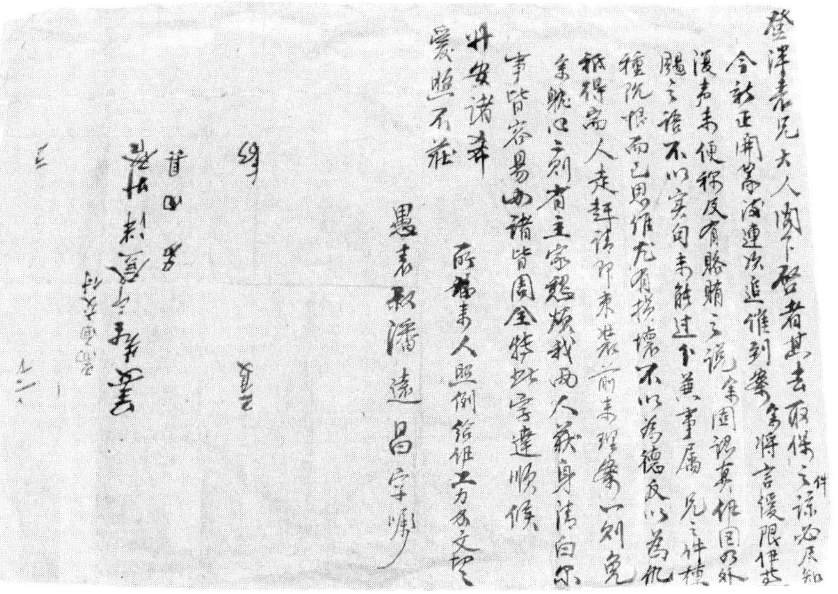

图 2–8

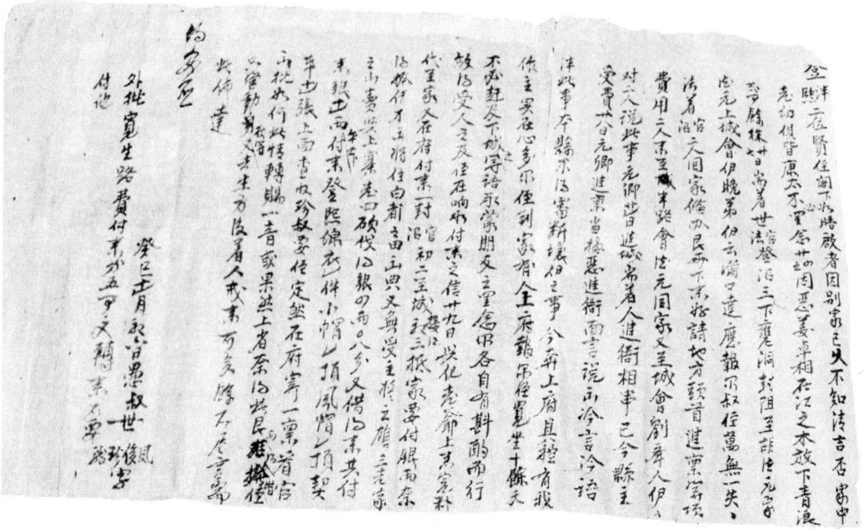

图 2–9

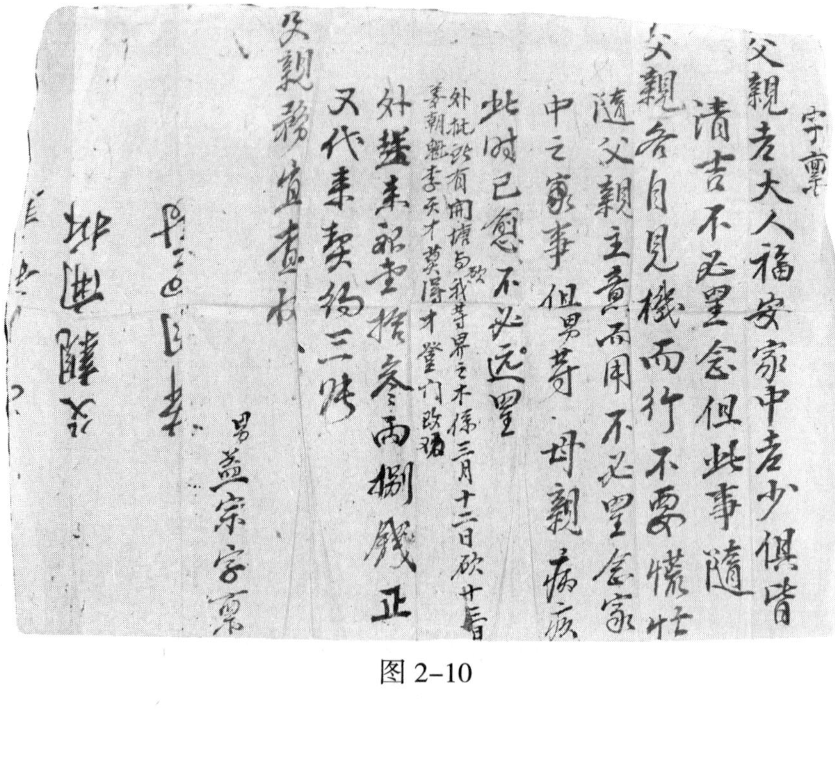

图 2–10

见田八叔大人尊前万福敬禀者姪与卓相三弟
已经审杂断结尾事便至姪一人担当断不
捱累叔等以及各弟兄一分二文叔等懔而放心
各理吾家肇业今犹至信卖而候禀者请
官追缴祖相併卿苟伯敢戎乌阜山之木价缴
嶽官分示既取保候禀姪不遵依定要缴
足此增小价众村禀清渊完为多便叔等
千万听信他人谣言致使一家纷乱但卿
宪者列下要银叁拾馀两方断洵箭各项
此家涧役信不出可着一亲信之人下天柱城
峡宝游叔及各位朋友商量自我得出以
溶媒眉宏受美人招沐是宪要再向曹
两田来一药方付末佩戴庶免仇人暗害无
为急着可有若毛不要乱出尚不要到上寨
行主与二人只在三天定得取保出末视风常不
必惧一宪各自料理家事为宪经洋年书有廿二

图 2-11

临阶贤姪如晤客比姪之事悟每探消息祇前接
房已不来勤稿末负详悉来下果已勤吾前接
姪来信叔曹任留心询旁人均呈异籍会云
先不读则延田水助伊先看当止伊独可云
愿肯进谏惟自宪需以来看族内家之暖有岛
叔婴兴作为一事此外刘等他事及语叔文察自居
人分呈虑厚模样对姪说此比会省卖与伊事
无烦此不对恕呈姪好事比姪代为此思道
着内人姑息勿信也已手乡试一同科
雅怀平年岁我言抄方来上学何听再航搁票
笔惯辛年家计尚居难接又况训蒙多载
道此年岁家计尚居难接又况训蒙多载
姪且将之策断置努力毫自偶天地辰棚神真
不睬果山丹桂高攀则是我叔姪之多幸多幸
来人甚急难以尽宣叔四佈覆即询
近迂暨阅
列之闿好
　　愚叔　姜趑助
多嘱颂来往家信

图 2-12

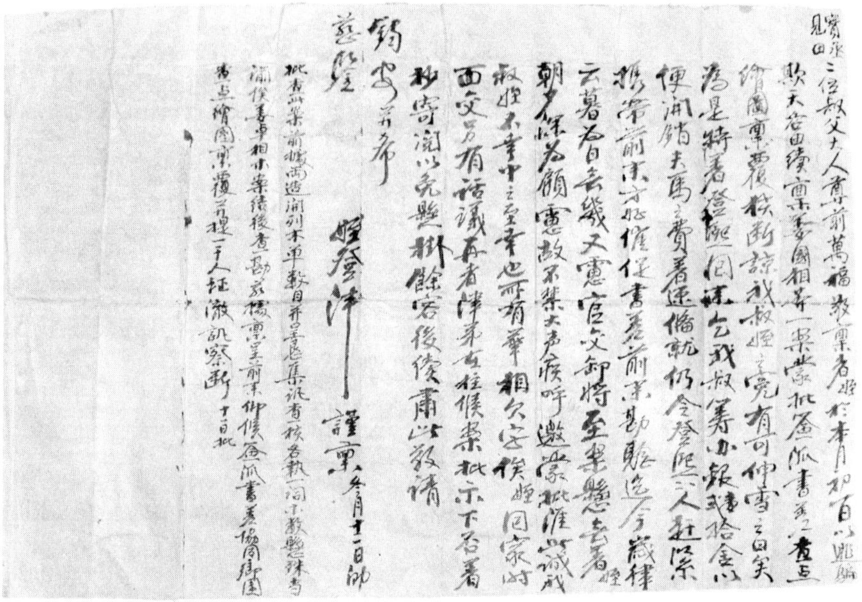

图 2-13

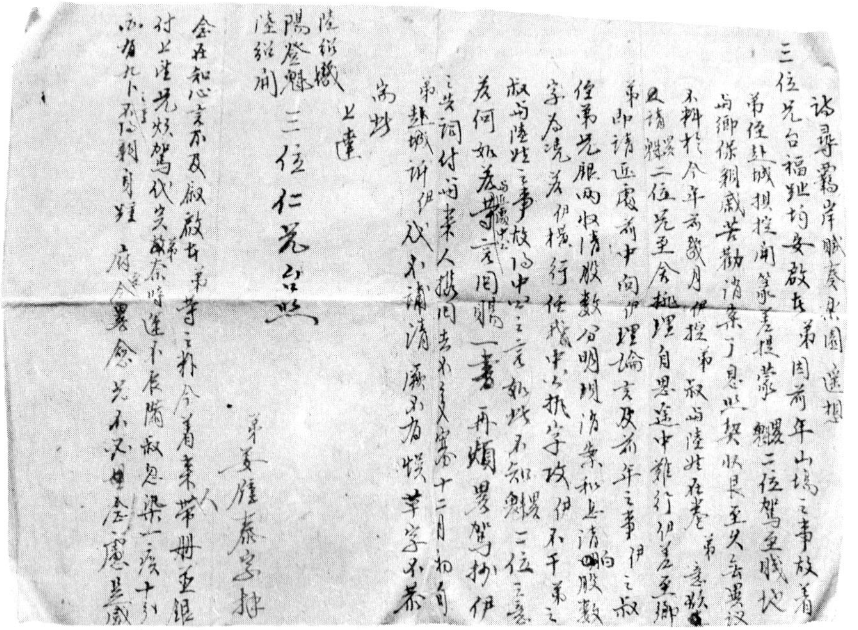

图 2-14

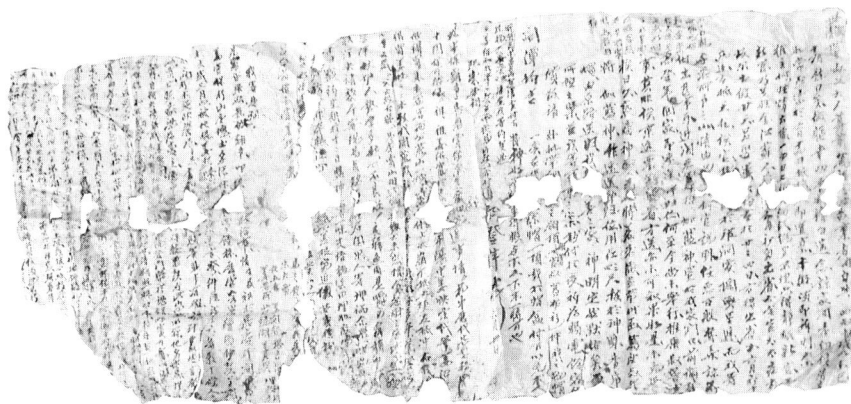

图 2-15

第三部分　官文书及其他民间文书

# 【文斗团绅为重整团规事呈黎平府文并附十条款禁】

◎ 图 3-1、图 3-2、图 3-3、图 3-4

**存案禀并十条，呈与黎平府胡大人**

　　……盗贼频仍，人心摇动，整顿团规，佥恳查核。事窃维靖地方荼……保甲，御外侮必先除内奸。在道［光］、咸［丰］、同［治］间，粤匪猖狂，土……群城岌岌难支，乡里遑遑逃命。生等团内先人恪遵……团练章程，竭力奉行实事，是以地方无蹂躏之……烧杀之苦。于是各处告急，无役不从，七援黎平、日□、柳霁，孟应、锦屏、天柱，进守本境关隘，出剿各处地方，所到皆克，内保桑梓，外援邻封，皆得力于团练之法者良非浅鲜也。迄今平日久，防务虽云积殊，团规未尝弛废。近来会匪鸱张，流寇蠢蠢，日则拦路劫抢，夜则破门护掠，受害者固多，隐忍者益众，层见迭出，更朴难数。至于鼠窃狗偷之辈，无寨不有，无时不有，盗贼蜂行，成何世界？生等地方依何而居？上则清江朗洞，下则藕里三江，前面滥洞，后皆古州，四处尽属匪巢。生等目睹时势，忧心如焚。于月之初七日齐集文斗公所会议，重整团规，再申款禁，用此公拟条约缕晰陈明，若不公恳严究，必致疏成燎原之忧。其有总理姜德……西。试用州判已经到省，此席恳毋另委与其滥竽遗……何如虚位以待之为愈也。合并声明，为此公禀。

　　……准示禁查核施行，地方者幸，生民者幸，实为公便。

　　敬呈条约，开载于后。

　　一议：地段宜分设守责成，方有攸为。近来邻境，盗劫蜂起，风鹤时闻。大抵由于保甲之不严，亦半由地段之淆杂，彼推我诿，以致宵小有托足之区。自议之后，各于要隘设卡看守。如有三五成群，身带兵器，形迹可疑等，势难拘留，一面尾踪侦探，一面飞报地方，齐团缉拿。查确实报者偿钱一千三百文；匿盗不报者，罚钱五千文。如有值日不守，守不终日及派老弱幼小备具人数塞责……惩，以儆效尤。如违，禀官提究。

　　真证……以成犄角之势，……保甲犹……宵小必萌窥伺纠劫之祸。此所谓藩篱既决，鸡犬……不预谋昼策，必致亡羊捕（补）牢，悔之何及。我三管事同一体……历有年所。今试以三营为创始，东联藕礼三江，西联柳霁柳付，南联婆洞三爪，北联高坡九砦，结成团体，共济时艰。拟请约定会团章程，或一季一小会，周年一大会。各将团内已办事件详加细叙等事宜交相勉劝，保护地方在此一举。行见四邻，转相联络，愈推愈繁，则村落乡居无异金城汤池矣！

一议：军械各宜备办，临时方便取携。若不先事预防，一旦有儆（警），如驱赢羊以攻猛虎，其不遭吞噬者几希矣！自议之后，各砦团首急宜随时开道，各家各办，以期合手。况坚甲利兵乃保身杀贼之具，为目下必不可少之物。又宜于农隙之余，正好讲武，挑选少壮子弟，讲求抬炮火铳风雨情差之法，短刀长杆跳跃搏击之方，紧要关卡战守奇正之略。技艺既熟，胆识既高，不特为今日保守地方之资，即为异日储待国家之用。倘敢视为常谈，抗傲不办者，公同议罚。如违，禀官重究。

一议：我团中或白日拦路劫抢，黑夜斩关抄掠，失事地方立即鸣锣，执戈向前，救援杀贼，老弱随后发喊，以壮声威。一面飞报邻砦团首，各带壮丁体察情形，或遏其头，或折其尾，或横击其腰，四面兜剿。该盗虽有插翅之术，毋能携赃飞越矣！但今日之盗，凶险异常，势必拒捕。有能革（格）杀一盗，生擒一贼者，每名赏钱六千文；如捕盗受伤，视其轻重，量给药费；或因伤毙命，公给埋葬钱三十千文。有幸灾乐祸、袖手旁观者，即系与盗贼同情，公同从重议罚。如违，禀官重究。

一议：办理地方公益件件，非钱不行。各砦既无存款，若不未雨绸缪，必致临渴掘井。自议之后，宜为就地筹款，以公济公，载在簿处，交与公正绅耆收存。如有应行提用之处，必须实抵实消，庶免经手侵蚀、营私分肥之弊。如违，禀官提究，治以私吞公款之罪。

一议：田中禾谷、山上杂粮以及牛马猪羊，各种各收，各养各得。近有行险侥幸之徒视其人家良善易欺，起心偷窃，此种极恶，实为民蠹。今日既惯为窃贼小人，异日必肆行纠劫大盗。自议之后，如有胆敢故犯者，或经失主捉拿，或经他人指明，团首再为查明，赃真证确，公同酌量分别罚处。倘该贼恃势逞凶反……准其当时革（格）杀报团，饬令该盗族人领尸安埋。如违……官治以同恶共济之罪。

一议：近来有不法之徒，药迷人家妇女，拐往他方贩卖；窝依聚赌掷骰，愚弄富家儿郎；勾通他乡滥棍，讹诈本地良民。此等穷凶极恶，不但为遗羞门户之贼子，实为败坏风化之渠魁，为论及殊堪痛恨。自议之后，如有胆大妄为者，一经发觉犯奸拐者，即将男妇照依旧规处治，并将私通线索之人重罚，驱逐境外，家产一概充公。犯赌薄（博）者，窝户除将抽收地皮，钱文充公外，公同从重议罚。犯赌之人，分别议罚。犯串搕者，除追赃还失主外，加倍议罚示惩。如违，禀官严究。

一议：挖土开荒，栽杉种树，为我地方历来有之本业，出产之大宗。近来公土私业多就荒芜。推原其故，一由各家少壮出外托木营生，贪图目前小利；一由乱放野火延焚，遍岭满坡青山变成赤地；加以盗砍零木椿桐私行贩卖。即如上山砍柴之人，不带旧扛随身，挞伐子杉作扛，大砦数百烟，小村数十户，每人每日新砍柴扛一根，周年通盘打算，必致盈千累万。山间之出产有限，人生之取用无穷。兴言及此，深为可惜！此条屡经议垦议禁，无奈开者寥寥无几，犯禁者比比。而是情节较轻，碍难罚处，关系正大，实为厉阶。拟请特示颁谕，酌定办理章程，则地方之利由此而兴，弊由此而除矣！

一议：我团中每因婚户、田土、银钱、细故，动辄兴词告状，以致荡产倾家。言念及此，深为扼腕！自议之后，毋（无）论大小事件，两边事主诣本地公所，各设便宴一席、一起一落，请扰首人齐集，各将争论事件实情一一说明，不得展辩喧哗，强词夺理。众首人廉得其情，当面据理劝解，以免牵缠拖累、播弄刁唆之弊。如两造各坚执一词，势难了息，即投营上团首。再将一切情节详细告诉众等查问明确，体察情形，妥为议决。倘有负固不服，逞刁扰公，立即联名禀官重究。但我团首不得徇情左袒，偏执臆见，以昭公道而服人心。

一议：应办事件，不论难易，款内各砦团首、绅耆务要协力同生死相顾。为人即是为己，人安己方得安。若存小见，临事退缩，欲求自保，当此时势岂有一人能自保之理乎？群攻抗众，罪由自取，各自谅之，大家勉之。……但管窥蠡见，是否伏允鸿裁，倘蒙俯允……

患于未萌，而逞奸于未至也。

黎平府

## 【我三营救援地方拒洪匪信并附军令十条】

◎ 图 3-5、图 3-6

**壬子正月十七日，敖市总局付来之信**

本营同事诸君，鉴近日来连接得东、南路之告急书。洪匪分股猖狂，东路已至潭溪近边，南路已至山洞竹坪。我三营之兵可速急于明日开差前来较商抵御。凡粮草一切，众等已与备办，万万不可延搁，致误军家大事。我营同事诸公亦可带队前来，以免路上遗忧。为要火速，恭候速临！

壬子正月十八日，因东路来求救兵，我三营去壮兵三百余名。烦拟此军令十条，交与统带朱家齐前去宣布。

——我营弟兄不拘日夜，遇敌须要生死相顾。切不可贼未到而先跑走，自堕锐气。

——大小事务，须（需）要大众秘密商量。切不可泄漏军情，免得贼兵知我虚实。

——上阵不可贪图贼货。一旦妄贪贼货，定戕性命，败漏军令。

——我营弟兄，收队须步步为营。切不可暴躁，乱走乱跑，致使军威败坏。

——每到乡村昼夜住落，谨防贼兵劫营。夜间须约一口号为证，一日一换。

——我营弟兄不可以得胜为喜，逢败为忧。胜者不可卸甲，而睡军器定要随身，更加笃严巡更放哨。

——我营弟兄每得胜之日，不可与客兵争功夺利致伤宗旨，共保公安。

——不可放肆打牌、赌钱、狂饮，混乱军务，自败锐气。

——牌官、对官并统带每到何乡村，须要见景生情，审熟地利，设法制敌。何者安，何者行，免受贼兵围困。

——我营弟兄在家为父子，上阵为君臣，须守法遵令。每到乡，毋使奸淫妇女，留心保民。


## 【黎平府各乡代表为选举舞弊呈请特饬复选事】

◎ 图3-6、图3-7

**具禀黎平城内人、各乡代表禀。由贵州军政府立法院抄藤（誉）**

为藉公舞弊，选举失宜，呈请特饬复选，以给舆情。与窃以代议为一届人民之表率，应由一届人民之选举，庶于一届之民情无碍。而一届之公民又未能聚族而居，乃分为无数选举区，俾各区各选，周达无遗，始合各区被选者票数计算，得最多者为当选。此虽满政府之旧制，反然正后之增加临时议员，莫不暂认为不效而未尝变更于其间也。黎平自奉公文以来，各乡概未遂知，徒听劣绅李春华、赵本晋、朱德仁等把持舞弊，互相推定，未经选举，滥膺厥哉。知其公于难逃也，托以洪匪题目，谬言："绅董不能下乡调查，公民不能上城选举。"夫以下乡、上城均有洪匪，岂由黎进省独无洪匪？况临时议员本系直接选举，而以前之调查合格者为限。果为公益起见，只须通知各区各选，既不必在（再）为调查，亦无事召集入城。此种舞弊手段显而易见，在城在野烦无啧啧。金泄城乡内外，凡有法定之资格者，莫不应有选举之权，即不舞弊而当选，皆城中劣绅。恐于民情未尽……宜难，必其无反抗之事。况以未至选举而来者，谁肯为之公议耶！故其各区公民请求复选不一而足，究其所至原理，犹属以一二人而夺多数人之公权也，亦实于全省前途关系匪轻。为此理由，代表等只得呈请俯准舆情，除呈军政府外，肃呈大府院请转饬复选，以杜后竞而挽前失，实为公便。须至呈所。

军政府、立法院一份
中华民国元年二月□日呈

## 又抄黎平城内议长张志滨、胡昌基，总董黄之华等为呈报

事窃黎平府知府陈守、开泰县邓令早经撤任，由下游军政分府委梁倅之升代理府事，梁倅英龙代理县事。代府者即陈守幕友，交替可以随时。耆民等以洪匪四起，黎城岌岌可危，未便遽易生手，极力留阻，交代不成。其代县者犹未至也，旋闻枢密院檄委天柱属杨议员前来署府，兼理县事。耆民等咸知其夙与黎平争江拔地，曾有旧嫌。兼之所举之姜登泮，原本天柱诸生，本年新拔，黎籍必不输服，连名人士亦只三营一隅，并非自治全体，殊不足以昭大信。在上流社会犹可鉴原，而下流社会愚民不免异议，连日齐集议董事会，要求一面具呈辞谢，一面另行选人。因公举得彭君汝涛任知府事、廖君葆真任知县事，与本月十一日邮呈愿书在案。殊陈府、邓令于十五日夜去，次早以十六期函示到会场，府县印信及衙署监狱均交梁倅等。因一时合郡人民仓惶无措，陆续到会，愈集愈多，迫请彭、廖两君暂照副署章程，即于十七日任事。彭、廖既难受逼，又恐滋事，只得权宜副署，人心始安。所有日前愿书如蒙俯允，则副署职任，再为举行补报。否则分别加扎，各专责成。

除禀军政府、枢密院、行政总理外，是否有当，伏乞。

立法院鉴核施行。

十一月十八日具　正月初三日到
副议长　胡昌基、议长张志滨、总董黄之华

## 【乡绅联团自卫因缺饷少粮呈请特饬自行征收事】

◎ 图 3-8

### 在古州递之禀

为时局垂，危联团自卫，恳拨公款以助军粮。事缘城乡原为一体，然公款在乡，则乡兵有饷，支持乡安而城自固；公款在城，则乡团束手无策，乡困而城亦危。从未有不知大义，括尽利权，拥兵自卫，置四乡死活于无关，若黎平城内者也。黎平城内之待乡人，处常则视如异种，处变则视如雠仇。一切公款利益，据为城内之私，乡民毫无系分。反正之后，洪匪猖獗蹂躏东、南二路，民不聊生。绅等居处北方，祸将随及，城既不能相救，乡亦何甘自危？况绅等现奉军政府札饬，联团保卫。于是联络东、南、北三路数千团设一互卫总局，组织锄奸、御匪事宜。挑选壮丁编成行伍，尚武乐战者不下数千余人，训练成军何难御侮？但军械饷粮在在（再再）需款，地方土瘠民贫，碍难筹备。欲提公款尽在黎城，唯有潭溪、沈团二处有充公之绝产数千挑，每年约谷五、六百石之谱，向作黎阳书院膏穴及常平仓存款；又有先达吴思贤捐出三洞屯之田一千余石，每年约谷一百余挑以作宾（兵）具之费；三款尚存乡下者，以拨用为口粮。于是月之二十二日，开兵一千数百名救援东、南二路，然剿匪巢，有粮无饷难以久持，现在府县钱粮城绅征收无几。绅等拟请宪台扎饬绅等征收自解正供，俾得余润以济饷粮。庶乎粮足兵强，永堪互卫，是乡得安，而城亦无不奠关。伏异悯念苍生涂炭迫于水火！俯如所请，不惟黎属地方有款，即邻封亦庆安堵矣！想仁恩志在保全公安，维持大局，谅无不俯顺舆情，为万姓造无疆之幸福也！绅等睹此时局垂危，亟思保顾，不揣冒昧奔辕禀请。

军政分府、都督台前邀恳如禀，札饬遵办，立案施行。

# 【平匪团总姜登泮等三人为县官梁英龙冤咎布告公众书】

◎ 图 3-9、图 3-10、图 3-11、图 3-12

为奉调平匪，匪平官害，禀恳雪冤，良民得保，公安免乱。事缘生北路三营一带地方苟蒙胡文公创立团练保甲，坚壁清野以来，数代遵守遗则，内奸毫末不染，逐年严整团规，逆党洪匪远避。然先辈由咸［丰］、同［治］以及今日，屡代劳苦屈指难清。当四境发匪作乱，势如破竹，黎平岌岌难保，生先辈等为国忘家。七救黎平，而上营总理姜吉瑞尽节于下温，团丁伤毙无数。八救柳霁，中营乡正范本清遇难。四救锦屏，二出天柱，而毛坪、王砦、藕里各临砦随呼随应，北战南抵，血染衣袍，食刃枕戈，伤身破产。虽则不敢夸功，而劳苦加于人上。待至甲成六洞因官逼民反情，由黎平府凭札调中营总理姜名卿统带三营团丁数百堵守潘老场。光绪癸卯年，广西三防作乱，柳州失守。古州道万、黎平府邓、开泰县杨会邓札调三营总理姜兴胄、姜德相、龙荣魁带领三营团丁数百保护城池，另扎五品衔欧阳伟另带团丁五十名充当先锋，前扎高员与贼对垒，杀死贼首某某，团丁伤毙一名。由前而论，花费钱饷不知几许，团丁伤毙不知若干，舍家舍身方得保全黎境，而所用所毙，谁人恤怜赔赏。黎城内外均属百姓，而生等北路三营而苦用苦毙者，其故何也？当其时无生北路三营，黎郡谅难保守，有生北路三营，而黎平不致蹂躏。生等出死入生之时，不言生等为匪，世界反正之际即诬生等为匪，而世之昧灭天良者，莫如城内之人若也。处乎常则视乡如异种仇敌，处其变则待乡狡诈矜媚。从去岁府县匿逃，而后人民无主，人心动摇，兼之东南洪匪猖狂，中嘲、洪州、乐双蹂躏不堪，彼时人心惶惶，无所安靠。于是我东、南、北三路并柱、清、台三属绅耆子弟公举三营姜登泮、曾昭灿、杨淮等照自治谘议章程团练保甲，坚壁清野规则，充当正副总董，一则堵御洪匪，二则严除内奸。生等在未联团之先，已奉黎平府胡、开泰县邓扎谕姜登鳌、张冠英开办自治总局，奈款费难筹，地方窄狭，碍难办成，又接得府县扎函中营总理督办成功。虽已统三营而立自治总局，其规模狭小，选举资格有限，不若上联清、台两属之反浩，南加搅庆堡等砦，下联柱属之远口处四十八砦，东联锦屏十款八款，西联汉砦、皮夏黄白九砦，始合谘议镇市资格，选举人才无限。一面禀明前军政府都督杨、赵并以民为匪，泣邀借冠情由叠呈于军政府大府案下，蒙都督念下民之冤深超同胞之苦海，分饬生速速联团保甲以卫地方，以保公安。生等遵示回里，始于正月十一日约东、南、北路并柱、清、台三属同胞之绅耆父老子弟，徼各处之分局共设立自治互卫总局于鳌鱼市中。生等局设未几，声闻洪匪逼近，生等率地方父老团丁出去堵守潭溪，岂知团丁未至潭溪，连接南路张玉璧、陈士杰、杨永分等求救愿书。生等展（辗）转思维，统兵前去不可，不去救援亦不可，又接得黎平府杨、彭照会殊谕，云今楚、湘两军已到，尔等可速急开兵至南江会剿洗洪匪。生等团丁始开，殊谕现存。生团丁由正月廿一日开去，直抵南江，只冀官军会剿，谁知新军、湘军义勇诸军竟徘徊观望。生等团丁进退两难，救同胞念切，保公安情愿，本月廿八日至二月初八日，生团丁连接七仗，轻生如毛奋战血战，杀死贼匪百十余名，不料反被贼炮毙管带吴灿并团丁廿四名早已汇册呈报。生等见势不利，暗算有人收兵回局，越日撤丁为里，保卫各处隘口。生同事自量恤赏兵饷无出，满局较商，莫若仍照先辈团练章程，富者出资，贫者出力。禀请黎平府杨核定，每石谷田派出钱十五文，以作恤赏兵饷之数。派捐将已赞成，不料于十七日连接开泰县手札，称云："古州道傅到黎，要生等各代表晋（进）城相商善后事宜，剿匪方略。"生总董三人于十九日晋（进）城，路至中途，果遇古州道。而古州道傅言论之间，逼总董晋（进）城，忽行野蛮手段，竟将总董三人禁监于开泰县。衙中县令梁、古州道傅，当堂讯问生总董三人，尔等估收丁粮并打匪办匪，系奉何宪札委等因。生等闻言骇异，然估收丁粮，诚问收何村？何花户？何人代纳？何人出首？具控有何为凭？而平匪办匪，自古来乱臣贼子，人人可得而诛之。县令出此不忠不白之言，非是保民、救民之县令矣，实是养盗、害民之县令矣！县令姓梁，匪头亦姓梁，匪头梁月楚杀害数十砦，匪头族弟县令梁英龙意欲残害数百砦。生者受害，死者埋怨。县令监生总董，而后所派捐之恤赏兵饷钱文解体无为。前所出平匪之团丁一千数百名，兵饷无着，阵亡之廿四名，恤赏无依。在生兵饷尚不足惜，独惜阵亡之人，妻儿子女抱恨终天。照此想来，梁县令下此毒手，日后不知如何下台，生死遗恨。若生总董三人不被此害，团丁兵饷早有着，阵亡恤赏定有依。不惟生死均感，地方亦赖安静矣！嗟嗟梁月楚扰害东南，梁县令英龙残害东北，黎平四境数百万生灵遭此两不良之荼毒，死无余辜矣！兼生等东南北犯县令之忌者，实因攻打县令族弟匪头梁月楚也。县令英龙与梁月楚同谋共串者，其证有三。梁匪头广西人氏，梁县令亦广西人氏，县令之行为动作与匪头无异，其证一也。县令开口问总董三人奉何宪札委平匪办匪等语，然叛逆作乱之人，在家为逆子，在国为贼臣，人人可杀。梁匪头烧南路数百砦，鸡犬不生，通地尽知，恨不得食其肉而寝其皮。又何要何宪札委而方办乎？出言可疑，其证二也。黎平砦石灿珠自出家资，联团打匪，被县令诈罪入城，不问情由被杀；生等东北路联团御匪，出兵剿匪，亦诈调入城，将总董三人禁监；南路王故里亦带团攻匪，几乎误入牢笼而亡。处之各代表督团打匪保护公安，梁县令竟起不良之心，杀者杀，监者监，捉拿者捉拿。此梁县令之毒手，与梁匪头之恶心无异，其证三也。梁县令立砍除尽四厢平匪之人，任匪出入黎郡，加之不明、不智之吴管带，疲毛背角、见利忘义之傅观察，四凶共聚于我黎平。生等四厢如鸾凤之高飞，虽四凶重聚，谅难尽捉。惟惜黎郡中贤者〔不〕多，不肖者不少，一旦外害不及反故内者，方悔是引虎入山，请盗守户，一郡之生灵不为灭尽，定为粮饼矣！回忆生等统兵扎往南江与洪匪对战，城内按兵不发，地方告急不援。在城之人以为生等中城中之计，借洪匪之刀杀生四厢之人，自称计高谋远，谁知洪匪无仁无义之刀焉能染我至正至明之身。县令为地方官者，不保全地方，反纵匪贼残害地方平匪保民之代表。果获何罪，宜杀乎？宜监乎？宜捉拿乎？狗县令故系久坐我黎平有时，定将你骨肉分张，方消生之恨。今若不缕晰数明，则梁县令之养盗殃民、杀民纵匪之毒无休之日。不独石灿珠被杀，总董被监，王故里被捉拿，东南西北数十万之生灵性命均为灭烬矣！为此布告。

中外条界、商界、工农界诸君子具公愤不平之心，将生黎平北路三营之奇冤展（辗）转阅历。虽生总董三人命在九泉亦得庆幸，而四厢数十万生灵即为粮饼亦均庆幸矣！

## 【黎平团绅百姓呈贵州省府禀恳杨子书留任书】

◎ 图 3-12、图 3-13

### 具此禀上贵州省留杨守子书留任稿

为肯来既慰，将去何堪？禀肯留任，保我黎民。事生民等黎平一府，地处黔道，东界湖湘，南连粤桂。数年以来，群匪串入，蹂躏不堪。前在满清宣统二三年间，虽蒙胡、陈两前守禀请各大宪檄委李统领、张营官带兵前来四处巡剿，捉获匪党数十人，先后并戮，不过少挫匪锋，未能尽除匪党。以故去岁反正之后，守令匿逃，黎民无主，群匪乘［机］啸聚，逆焰复萌，已成燎原之势，害延三省，烧煅数百村寨。生民等东、南二路，百姓流离，哭声载道。时幸杨守子书莅任布置有方，调遣北路三营团丁一千余名由洪州、地青等处分道扑匪。一路开仗获捷，冒南江之险，解牙双之围。厥后控硐一战，虽团兵之阵亡者廿四名，而群匪之势由此一战不振矣！又得湘军、新军相继以张声势，匪由是遁至下江。复返填兵接仗，杨守子书又札遣南、北二路团总王故礼、欧阳伟带领团兵抄袭其后，匪遂渡江而逃。团兵以大炮轰，击伤溺死者数百人，刻下死亡过半，余匪逃散，匪首刘麻子势孤力竭，降湘军。以异保首领者，乃杨守之功也。生民等东、南二路百姓复为故里者，亦杨守之功也。窃幸得此父母，方能保我黎民。第恐下情之爱戴方深，上宪之忧崇弥渥，一旦因功陞赏，四民失望，情何以堪？为此上叩。

督都台前作主，俯赏如禀。批示准斥留任，以顺舆情，黎民载德施行。


## 【为姜开式羽翼不遵判令复强砍民山林呈官乞发禁暴告示】

◎ 图3-14

等强砍生山上树木，明抢生仓内米谷，生已具报姜开式等在案。蒙恩赏差提集，本月廿日审讯判令开式与生服礼，不许日后藉端滋事，业已具结了案。虽余抢案未结，应候讯断，曷敢再渎。无如生与开式牵控在城，开式虽获凛威教，伊羽翼尚未聆德威。奈夏虫未可语永，胆敢胡辰妄为，而恶羽翼呼众入山林，日夜强砍不息。生家人搔首愿天，老幼去阻，心何亭止，叠次报生。生被牵在城，亦付之莫可如何之数，寝食均废，辗转思维。惟有俯仰靠天威，乞发禁暴告示，庶可安良，生家方有生路。倘恩膏不逮生家，无天恶等势焰日张，如火燎原，不可扑灭。势必木尽林空，林空财竭，财竭则资（滋）生无术，生家七十余口，惟与恶等势不两立而已。情迫不已，叩乞！

## 【姜廷映为留养承嗣等情呈官释放其孙姜开仁事并附官批示】

◎ 图 3-15

### 为大公被难，姜廷映在道宪具禀

道光十五年三月内，为四命惨亡，投天急救，免绝宗嗣。事缘道光十年，蚁得典姜开泰之田，地名党庙，约谷十五石，以为养膳之资。十二年，伊将田盗卖与恶富姜载渭。蚁经中理阻，并央求载渭扣典价银。讵伊勾拴硬骗，害蚁银田两无。去岁蚁将此田自行耕收，戴渭率弟荣渭、子侄凶匪多人，将蚁另田强收五十余石。蚁子光荣、[光]仪往阻，恶等逞凶挹捕。蚁孙开魁痛叔父砍伤，舍命奔救，又被姜载渭毒凶朋殴。蚁孙情急图脱，夺取荣渭标杆抵格，误将姜老四戳死。当赴黎主案下自行投首，奈恶钱神势大，撼砌冤沉，将蚁全家拘禁，致蚁二子、二孙先后淹毙。窃思斗殴杀人罪坐下手即云谋故重情，而下手之人已经监毙，无异受刑。又况蚁子光荣、光仪及孙开显惨死囹圄，俱非正命。一死已有四偿，今仅存孙开仁，犹禁监中。俯恳仁天念蚁龙踵潦倒，惟孙是靠。且伊父光仪已然惨死，遗憾寡居，止此一子，乞赐留养以延宗嗣。感没不……

台前作主，超控蚁孙出往死之城。顶祝公侯万代！

批：查姜开魁等殴姜老四身死，并姜开魁在监病故，均经黎平府详报在案。兹据呈称该民现年七十有五岁，仅存姜开仁一孙，犹被监禁，呈请留养等情据呈。如果属实，殊堪悯恤！惟案关留养，不容稍有捏稀。仰黎平府确查切明姜开仁所犯罪情果有可原，姜廷映实系年老应侍家，无次丁与留养之例相符，即取印结详办，毋稍索延。该民亦即据实赴府呈明，听候讯取供结详报，词发仍缴。

## 【太平天国王策论一篇并具王策条十二条】

◎ 图 3-16、图 3-17

### 录天国太平具王策论一篇并具王策条十二条

臣弟江言，伏惟大王首事之初，笄发易服，欲变中国二百年胡虏之制，筹谋远大，创业非常。知不以武昌为止足之境也，明意今日之举，有进无退，区区武昌，守亦亡，不守亦亡。与其坐而待亡，孰若进而犹异，其不亡不弃，此时长驱北上徒苟安。目前懒散军心，诚无□也。清初吴三桂起兵之时，不数月而南六省皆陷，地广人众，自□称雄。然遣将四出，不出湖南一步，扰攘十余年终底灭亡，前车其可鉴也。或□武昌襟带长江，控汴梁而引湘鄂，握险自固。然后间道出奇，以一军出秦川，定长安扰彼关外者。或以一军，趋蔓广取成都，定四川以为基业者，不知秦□回塞地错，边鄙、人悍、物啬，粮食艰难，且重关叠险，纵我攻必可克，大费兵力，劳而莫必固赖，反悔得不偿失，亦弃前功。况削其兵爪，究不若动其腹心之为愈也。至于四川一局，今昔异形，其在蜀汉之时，先以诸葛之贤，继以姜维之智，六出九伐，不得中原寸土，赖吴据长江之险，以为唇齿尚难得志。况今日□方，今天下财库，大半聚于东南，当此逐鹿于□谳之时，欲以四川一隅敌天下，知江无能为也，以江愚昧不若久矣！纳贿捐名□，然民上缙绅之途亦已污矣！磅薄（礴）□结之案久而必伸，有王者起。孰不欲去其旧染之污，拭目而观新命之鼎，□□置调度，此其大略也。欲成基业，愿勿他图，夫草茅崛起，缔造艰难，必先有包括宇宙之心，而后有旋乾转坤之力。知民之为贵，得民则具；知贤之为宝，求贤则治。如汉高祖恢宏大度，如明太祖之夙夜精勤。一旦天人合应，顺时而动，事机之来莫可言喻。否则分兵而西，武昌固不能久守，且我之势力一涣，即彼之势力复充，久而久之，大势一去，不能复振，噬脐之悔，诚非吾属所忍言者矣！江自论交与寒贱之中，奔驰于患难之际，外记君臣之义，内联兄弟之情，义重恩深，方粉身不足图报。况夫误国之谋，何忍坐视？兼透观大势，力审机宜，就谨管见乎？及拟定具王策十二条，伏乞采择施行。

条案十二款列于后

一、方今中国大势，燕京如首，江浙如心腹，川陕、闽粤如手足。断其手足，则人尚可活，若取江南，而□其腹心，则里危矣。故以先取金陵，彼使南北隔截，然后分道，一由湖北进河南，一由江淮进山东，会趋北京以断其首。待北京既定，何忧川陕不服？是当先其急，而后其缓。

二、我国新造，患在财政不充，而关税未能遽设。当于已定之省，在商略议加抽，而任其保护，于商业每两征抽一厘，名曰厘金。取之过微，而商民又得其保护，何□不从，而我积少成多，即积巨款，但宜节制，不宜勒滥苛民。

三、自满清道光以来，各国交通商务大进。商务盛即为富国之本，能富即能强，宜与各国更始立约通商，互派使臣，保护其本国商场。以中国地大物博，如能逐渐推广，三十年内可以富甲天下矣！

四、我军既以财政为患，当于圜法讲求。今我国尚未与各国通商，可以目前限制我国银元入口，即所定之地，可以不准清国银元通用。如此商民必以为不便，然后我可铸银与商民易之，易彼之银而铸我银，我可权宜。以五六成银色鼓铸，凡银不论高低，只求上下流通，一律准用富户。以我不用清银，必来交换，即我可用由二千万铸至二千万，由是夹佩纸币，则三千万可以立就矣。

五、百官制度宜分等级，官位，自官位爵典，自爵典大王既加封各王已……

### 【姜登泮、曾昭灿、杨淮等接得县令梁邀请面商卫匪、善后事宜之函】

◎ 图 3-18

**三月十六日县令梁某于互卫总局**

列卿、克振、登泮仁兄大人，阁下久耳鸿猷未亲，光霁暮云春树时，切驰思□□者。昨观察傅公到黎道及办匪要务，饬由弟处转函各局，准于阳历初三日到黎，与观察面商将来善后事宜并现时进行方略等谕。弟已函往各处团局知会，特此致请三君迅即束装来城，以便大家商量办法。想台端热心公益，地方栋梁，谅不吝玉。在局同事，能多邀一二同来磋商亦好。幸勿见却乎，此敬候！

文施希维亮誉不备
弟梁英龙志初二

### 【地方民众为匪患害民呈官求对策事】

◎ 图 3-19

**拟此禀去报案，因对河南晚溪口被劫**

为团体已解，匪势鸱张，恳求良法，商民两保。事缘□等地方在反正已（以）前，屡蒙各大人札令，准地方齐团振队，驱逐滥人，并奉革杀勿论之令示。是以□先辈由咸［丰］、同［治］以及今数十年之保获地方无虞者，实地方赖得贤后之力，贤后信地方之为，上下相信，盗贼无亭足之所。宣统三年，李统领剿匪办匪一事，洪匪满地屈指难清。独□三营上抵南加堡，下呈三江，沿河一带往来客商无忧，父老昆弟毫无尘染。李统领知□地方人心不乱，作事老成，办公努力，饬令□等速急联大团保卫地方。□等遵令，适逢反正，始无内顾之忧。本年三月内，蒙古州道宪将地方代表姜登泮等监禁，而后叠受兵差之惊恐，四处流言，动曰捉拿革杀，亦曰剿洗除根，而地方素热心公益之人解体自顾。近来各处大道日则三四十为夥，夜则二三十同行，皮码快枪明亮如电，号衣旗帜红若火燃。□等地方父老欲进城具禀报案，又恐有入无出，兼之数代至朴，叠遭惊惶，谁肯以身试尝，谁肯冒锋抵锐？以致土匪窥此情形，照此兵差出入，难办谁兵谁匪。于某月某日在对河下首污晚溪口被劫；于某日又在污或溪口被护；愈抢愈近，男妇上山打柴亦被护奸。地方之受害，由古至今未有如此其极者也！在□等进退两难，欲不追究，往来客商难行；欲齐团堵守，诚恐祸害重生。□地方思维宁愿祸害重生，祈求良法，不忍客商受害，恳祷奇谋。若恩星视民如草芥，置民如路人，任贼势鸥张如火燎原，车薪杯水较东南之百姓，临时掘井之难补救矣！为此禀乞。

## 【阵亡团丁姜春生之妻呈官求恤禀】

◎ 图 3-19、图 3-20

**拟此禀以作春山阵亡妻女求恤禀**

为生死无依，泣恳格恩，悯亡怜生。事缘氏夫姜春山于阴历壬子正月内从局总姜登泮等出军东南救援，而岑管一战，氏夫不料被洪匪炮毙于此处，伤哉苦矣，亡夫已露骨而尸抛矣！意欲搬尸回乡，自恨无门可靠，儿小女幼，沿街乞求，更惨举目无亲。只冀亡夫替地方而亡，而地方定然替亡夫搬骨，为救地方而死，而地方亦保亡夫尸身不抛。在满清时，不止藏骨隐尸，尚格外恩及妻子，而共和政体反不如满清之待人乎？然氏母子万不恩及封妻荫子，而藏骨烧埋一帛一丝岂可渺茫无闻。虽前蒙恩吩示局总姜登泮等于各款各地每石谷田派钱十五文，以作兵赏恤赏之数。氏母子闻之，虽不喜出望外，亡夫灵魂稍稍可依，亡夫尸首定有可搬可葬之期。岂知竟是一派胡言，满局缓计。摊派将已就成，竟将局总姜登泮等无故拘禁，并要将各地方代表尽数革杀，此真是天宫降奖，黎民莫可如何，天厄穷人何如此之甚？想亡夫忠厚一生，虽兄弟二人，长曰春隆，即前在中仰被劫之保长；次曰春山，即氏之亲夫亡夫，虽作异乡异魂，尚有隆伯可靠。今隆伯被劫伤重，恐一旦祸生不测，则满室寡妇孤儿将谁依靠？言念及此，伤心之至，嗟嗟世之薄命缘浅者莫如氏母子之甚焉者也。上不能保局总出狱，中不能保隆伯无灾，下不能搬亡夫尸首，天下之苦莫苦于此，天下之惨莫惨于此！仁天万民父母，德遍四方，不独鳏寡孤独戴德，而流离枯骨亦莫不沾恩矣！为此泣恳！

台前作主怜亡悯生，恩施普遍，生死戴德施行。


## 【不明案件并差提票一纸】

◎ 图 3-21

壬子六月内，因李忠寿勾串卦治杨大五、斧印杨双合统夫数十人强砍我们污格溪、污干官山木数百根。我们请中理论，而杨、李二人理虚，登我们门服理，立有错悔实据，补我们山价艮（银）四两八钱正（整），义让木一半与杨、李售卖。嗣后杨、李得木卖后，复来霸阻我们之股，并具控在黎。于十二月初一有票差提姜希相等三人，票子录后。

**署黎平府兼开泰县事傅为**

差提事案据卦治民杨双合等以侄卖叔据等情具控文斗姜桂祖等一案。除批示外，合行差提。为此票仰该役前往该处协同乡团即将后开有名人证，逐一提齐，依限赴府，以凭讯究。去役毋得藉票延扰干咎，火速须票。

计提被告　姜桂祖、姜向连、姜庚发
原　　告　杨双合、李忠寿
工　　书　刘胜、罗得
中华民国元年十二月卅一号计程一百四十里，限……

## 【锦屏县为处断杨忠宝等造契霸业案谕文斗团绅勘查公文】

◎ 图 3-22

### 总办三江木植统征兼弹压委员何为

谕务查覆事，案据文斗民杨忠宝等，以造契霸业等情，具控某某某一案。查此案，该宗实所控山场，地名系冉故，张而某某等控词，又名培番。两造各执一词，难免不无错误之处，实属碍难拟断合行，饬查为此谕，仰该团等讯即查明此案控情并所争山场、地点，逐一秉公详查，具覆前来，以凭核断讯该绅等，勿得偏袒故延，致于未便，切速特谕。

右谕文斗团绅　范天送、朱冠梁、易元泉　准此

中华民国三年九月二十五号

## 【锦屏县为处断姜培相、姜杰相为向老三、姜志明等私砍共山木等情呈官以求讯断勘查公文】

◎ 图 3-23

### 锦屏县县长列为

封阻勘提事案，据文斗某某某等以串谋估砍不分人业等情，具控本处向老三等一案到县。据此，除批示外，合行勘提，为此票仰该书役前往该处报明团甲，先将向老三所砍木植，暂行封阻，并勘明污养溪是否九股，所砍木植是否在姜某某界内，绘图禀覆（复），核夺并开有名人等，逐一提集到，速速到县，以严讯断。去书役勿得藉票索扰，致干市究。

切切须票　计开

原　　告　姜培相、姜杰相

被　　告　向老三、阳生财、姜志明、阳坤培、向元丰

证　　人　朱冠梁、姜周礼、易元泉、姜登榜、姜正方

　　　书　张相之承

　　　差　唐洪、刘乔提

民国三年阳历十二月二号限五日销缴

## 【锦屏县为处断姜焕卿为姜德相兄弟等仗势霸争等情呈官以求讯断传票公文】

◎ 图 3-24、图 3-25

### 锦屏县县长邓示

为善传事案据姜焕卿等以越界强砍、仗势霸争等情具控姜德相等一案到县，据此除批示外，合行票传为此票仰该警前往该处速将票内有名人证逐一传齐，依限赴县以凭讯究。去警慎勿藉案票济扰干咎，切切须票。

原　告　姜焕卿、某某、某某、某某
被　告　姜德相、槐相、斌相、周廉、周垣
揹　字　希相、周义
执票人　夏洪顺
十二月阴［历］初四日、阳［历］廿八号

断其纠缠，俾民全家得以聊生，如虚领坐，沾恩不朽。
被告人　姜德相、斌相、槐相、周廉、周垣、希相、周义等

## 【锦屏县行政公署为姜焕卿与姜全相父子争控冉赖杉木事训令】

◎ 图 3-26

### 锦屏县行政公署训令令文斗团绅朱冠梁等

案据文斗民人姜全相等以纠众滥山等情起诉姜某某等一案到县。据此查此案曾经票饬警传，未据诱当事人到案质审。并据姜全相续请将木封阻，前来自应照准，除批示外合行令饬。为此仰该团绅等遵照，即将该姜某某与全相等控争土（地）名党赖，堆存河岸之木，一并暂行封阻，毋许搬运。一候案结，木断为谁，再行给示搬运可也。切切此令！

六年五月廿三号邓卓汉

## 【为姜焕卿与姜全相父子争控冉赖杉木事地方公禀】

◎ 图3-26、图3-27

### 地方公禀

为禀明核夺。事缘团等自因德薄才浅，毫末之事费我县长爱民之心。因该处有姜全相、姜焕卿叔侄争控冉赖山木一件，荷蒙县长令饬团等将姜某某砍党赖山木暂行封阻，毋许搬运，候木断为谁，再行给示搬运等情。团等不得不从公禀明，查姜某某砍之木在起讼之日，诚恐大水漂流，仍存于冉赖山脚，尚未动搬，惜零星四散。兼姜全相以纠众滥山，并造令威民，理由叠控，其理太疏。全相等因山股数不符，团等理劝之时，知姜焕卿买砍之木系与本房姜斌相等通家合卖之木，通地尽知。然斌相等通家之契，此冉赖山原分作贰大股，斌相等先人姜名卿手买获平敖姜彦之一大股，姜熙侯一族共占一大股。此熙侯族共之一大股，又分作六小股，姜熙侯占二股，姜熙年后人共占二小股，姜熙仕、熙敏二人共占二小股。斌相等先人又买得熙仕之一小股，合山共占十二股之七股。据全相执之契，系得买姜熙敏之一股，又得熙年后人之贰股，合山共得十二股内之三股。至于熙侯占十二股内之二小股，亦卖与焕卿砍伐，领价无异。因全相称云此山分作六股，斌相等称此山分作十二股，团等苦劝两下各照契管业，全相执意不遵，以致起诉。况全相买占之山系熙侯一族共占之山，熙侯占十二股内之二小股已领价卖砍，熙年、熙敏占之股可见。全相、焕卿、斌相等均属一家叔侄，团等不敢使其生伤，亦只好从公禀明，并不敢增多损少，彼是此非。两下各有证据，临审仰呈县长审阅，有无自分，为此禀呈。

县长阁前核夺断给，德便施行。十一日递
批示：禀悉姑予备案，以资证明。

## 【锦屏县为处断姜氏同族争冉赖杉山派员勘查公文】

◎ 图3-28

### 锦屏县县长邓为

票饬查勘。事案查文斗民人姜全相与姜鼎相等争控党赖杉山一案，业经集讯。该两造所供山产地点歧异，互相争执，非派员往勘，不足以昭折服。除取具两造履勘甘结外合行，票仰该员携同两造当事人登山勘明党赖、冉赖是否一山？约契四至界趾（址）是否与该山相合？据实勘明，绘具图说呈票来。

县以凭核断，该员警等不得徇情偏袒，自甘查究，切切须票！

委员王达信
六年六月十八日

## 【府县官为姜焕卿呈官长富灭贫情由之批示】

◎ 图 3-29

### 前词长富灭贫之批于后

批：本官办理案件不压求详，故对于本案亦再四审讯。日前庭讯谕令该民等将卖主赶案，乃数日未据将卖主赶案，竟以长富灭贫等语渎诉，显见勾狡已极。谚云买卖不清，应追向来手。该民等居住附近山木既有纠葛，何得懵无闻知，自愿以有用金外买就一场讼案，更属糊涂已极，特斥！

九月廿七号

## 【续韩禄清并禀逆首再科稿】

◎ 图 3-30

### 续韩禄清并禀逆首再科稿

为叛恶未除反遭肆毒禀恳坐究。事缘职于十一月廿三日以控词妄准等情续控韩禄清在案，蒙批两造既齐，仰原差送审，莫不沾恩。但外批职佥姜某某等霸砍他人杉木等，因耿见批之后惊然骇异，耿即专人抵家房查号，始知叛恶王再科具控。耿又专人回家询问，此山各系塘兵向文星等为商贩砍其生理，耿佥又无股分（份），叛恶妄为声告，欺狂（诳）仁天，情理安在，律法难容。窃思叛恶先年文三党等称王作号造逆欺天，罪当灭族。于同治五年十月内，叛恶统带数百多人烧杀，耿等在内小庄名冲棃廿余家猪羊、房屋、货物烧护（掠）一空，至六年正二月又勾串清柱两匪复来烧杀，职团中南四里塘、张化、甘乌、八洋、藉洞一带苦不堪言，是以耿等督团防剿，团丁伤毙无数，凡一切情形垒次，各处均有具报公禀在卷，蒙前府主周拘执叛恶监禁拟罪，不意周主卸任，仁天降临，幸邀恩释德已厚矣。今叛恶尚不思改恶从善，仍然肆毒流殃，妄行诬控，真是蛇不改曲、虎不改噬也。伏乞。仁天俯为坐究律办，除凶安良，地方得以安堵，不然将来难免不测之患矣。为此禀明。

阁前作主坐究律办施行，沾恩不朽。

## 【平敖攻韩老喜公禀】

◎ 图 3-30、图 3-31

### 平敖攻韩老喜公禀

为缕晰禀明愿思严讯实究虚坐。事缘韩老喜以统众抄护等情具控姜玉保等一案，蒙赏差严提原被均收，听候在案，恭维青天大人标藻□之明禀至公之德，是非之见枉直洞然。乡团等曷敢冒陈以渎天听，窃以乡团等身属地方，理宜□事一□得不具实上叩台前哀鸣垂鉴。惟念江氏系文斗寨之女，已字□与乡团平敖寨姜玉保之弟福保为妻，数年来事姑相夫，颇称贤顺，不意于四月廿一日身负背篓，一人上坡打菜，至晚未回。伊弟兄四路寻找，□无音息，访至廿七日查悉该媳所负背篓在韩家收存。姜玉保当请姜康凤、庆秀等向韩家跟问人、物何在，亦属好言相吊，无如韩家多方搪塞，一味支吾。现凭黄□□退还江氏物件为凭，乡团等查历情形，事已确现，理亦昭然。至于统众抄护等情，不惟目无所见，亦且耳无所闻。乡团等本拟缕情早报以免蔽或，奈大军旋进无常，逐日应夫（付）不暇，致蹈迟误。仁天一心德泽，万种鸿慈，恳赏鉴原于不幸中之大幸也。嗟嗟光天化日之下，岂容法地成夷！江氏之生死，固是不明，抑乡团等地方深为大禁，目前虽无坐实之例，终久难免不测之虞。仰恳仁廉俯赏，严究庶兄，诱江氏之缘由者可知，收江氏之物带者亦可知，而江氏之生死更无不可知矣！事跡既然，人心即平，失人者平，而地方闻知亦无不平，而大人爱民如赤之心更无不平矣！事关风化要件，不得不缕情上叩。

## 【保乡会议方案】

◎ 图 3-32

**保乡会议方案三月古历廿七日**

一、议此次承蒙各父老及孙长推崇委（任）远阶充当我处联保主任，窃远阶于政治学识全一等，当示公事叠来之秋，远阶实不能信位，请公推贤者接办，抑或应留吴君自德传位，亲属可以如何之处，请众公决。

二、凡为前镇长及前主任全面之各项手续，请众清理。

三、此次壮丁队到来清乡，每天负担食洋数元，据训练二天，等全清乡到此，就把我处之土匪肃清，不能离□□地长此泾众前□负担，日重应如何筹措负担，请众公决。

四、□□□□□□□本会请□组织壮丁队，以便随时清匪，而吝地方，寨保应组织壮丁若干名，食洋由何负担，壮丁队长何人，请众公决。

**办照**

壮丁队成立后，所有壮丁应由每保负担派送六名，每名步枪壹枝，子弹十板。至于壮丁年龄，须在十八岁以上，三十岁以下。除壮丁队外，各保各组织为一个队。保长兼队长，其余各中队分为三个分队，须举年壮力强稍知术科者充任，限议决后三日内，举定并须各中队□□□名，具报前来，以信清二字，而毋责成。

五、此次严令限期在本月内把境内土匪肃清。对于本保土匪，更应肃清，至于肃清方法，除清查内奸外，其次要赏罚分明，然应如何赏罚，请众公决。

六、本保义各息款，兹经会议议决，提作购办子弹之费，业既已通过在案，除吴主任任内已服之义各息款外，其余应限期缴清，以便赶速购办子弹。至于已缴者则已，其未缴者，限何日缴清，请众公决。

七、此次本会派之新保安经费，及枪款与榕江剿匪临时费款，共计五百四十元。现此款催解正急，各保甲应限何日缴清，请众决之。

八、查本保办事处之食及开支，每感不能接济之困难揆其原因，皆由各保甲□承兆之月款月末，不催不……

## 【李宗秀为兄康刀山场与李仁云争之处理】

◎ 图 3-33

杳文斗河边李宗秀，与四里塘李仁云，为争地名兄康刀之山场一案。李宗秀于二十九年二月十三日，以恃强霸业，无契横争等情，具愿李仁云一案到处。除望予排解外，曾于十四日令丁前往传被告李仁云，因时间匆促，该被告展限于二十日到此，以候排解。但该被告自违期限，拒不来此，殊属不合。经本处验明原告李宗秀所呈契据，理由正实，认为被告李宗云无充分理由，原告所砍之木，被告不得妄行隔阻。此饬。

民国二十九年三月二十八日

联保主任　姜于荣

## 【姜氏连妹子相林母子鸟大球山股份之堂判】

◎ 图 3-34

十二年三月八日立清白字合同姜某某

堂判

廿年三月卅日，连妹亲手收来恩涛宝艮（银）八两五分九钱，收清是实

光绪十一年十二月十九日文艮（银）合同是实

府正堂全判据天柱孙申送前据姜恩慈以欺齐覆争等情，具控姜恩桃等一案人卷来府。讯因该姜姓乃祖遗山，地名鸟大球山，一连贰幅。左幅计八股，分派姜恩桃等之祖姜朝瑾、姜朝甲、姜朝笏、姜国荣、姜国桢五房共六股，姜恩慈之祖姜朝奇贰股。右系姜恩桃等五房

公业，姜息慈无分。光绪十七年十一月姜恩连、恩清、恩茂等私将读该山贰幅杉木砍卖与姜国相七百余株。姜恩桃等查阻，姜恩连兄弟怂恿贤民姜恩慈控叔讯断不遵，复使姜恩慈来府上控。嗣因姜恩秀、恩慈、仕郡病，特经本府断与幼子姜相连。癸因该县讯断，复据申送两造前来，查姜恩桃、恩慈系共祖弟兄，私砍公木，本系姜恩连等之咎，姜恩慈因属贤月，竟被姜恩连等愚弄，客死他乡，情殊可矜。遗妻姜江氏寡母孤儿，无以为生。兹断令姜恩桃一人出艮（银）卅钱正。姜恩显、恩泮、恩高、恩锦、恩波、恩相、恩顺、恩洪，姜交名、交字、交年、交贸，姜有志、有长，姜天顺、天相，姜自癸、自名，姜老袁等，公出卅钱正，共合六十两，给姜江氏作为抚子养赡之资。其艮（银）限于本年四月内自移交付姜江氏一半，年底交清，不得短少。遗许姜江氏鸣官偿追。姜恩桃、姜恩显二人，嗣后山场左幅八股，内除姜恩慈二股，仍归其子姜相连分发不计外，其余六股，应分三股归姜恩桃一人，分叁股为公众。右幅贰股，亦归姜恩桃一股，公众一股。姜恩连、恩清、恩茂系起衅之人，本应传责，因未到案，应传谕恩连弟兄不得再争此项山场。如违，许该合族捆送地方官衙门讯究。各愿遵依具结完案。除札天柱县立案，并将姜天相开释明。各经印判遵守为据。

批：我母子之贰股，业于光绪廿三年六月初六日出断卖与中房姜杰相弟兄是实，中：范基建笔

　　　光绪三十一年四月又银合同是实
　　　光绪十一年十二月十九日又银合同是实
　　　判给已故姜恩慈之子姜相连等权执
　　　四月二十九日收去宝银一十五钱姜氏连账手收
　　　乃是家等之银众等四钱整交明年
　　　中笔姜照成十二月二十九日姜氏连妹去收
　　　光绪十一年四月十九日又去宝银合同题
　　　光绪十二年十月又书合同照笔
　　　三月卅日连妹手收来宝艮（银）一十一钱领收应用
　　　光绪二十一年三月廿五日判
　　　光绪廿一年十二月廿九日收来恩涛宝艮（银）六钱四分一厘，交明笔
　　　四月廿九日收来恩涛宝艮（银）一十五两正
　　　此堂判仔抄自姜氏连妹子相林母子　堂判

## 【范炳荣为炳魁屡次发卖已卖于炳荣之山场之声明】

◎ 图 3-35

具伸告白字人岩湾寨范炳荣，为辱宗玷祖，怠惰吹烟，不顾负子儿孙，浮卖与人承，先祖遗留之山场早卖与荣，今而屡被炳魁发卖，未报老幼。有人想贪平易（便宜），与魁重买，早出有伸鸣多处，并知勿许谁人乱买。再伸鸣团近各位，有为创业留祸子孙，慎勿与伊交买，如有不信再与伊交买，此日后清出，勿怪言之不预早也。

民国十二年六月十八日　具伸鸣（声明）


## 【锦屏县司法处关于李忠秀、李仁元等确认山场树木的调解笔录】

◎ 图 3-36、图 3-37

**锦屏县司法处调解笔录**

原告：李忠秀、李忠灿

被告：李仁元、姜周士、姜周锡

右当事人间，因确认山场树木调解事件，于民国二十九年五月十六日，在本处调解成立，兹记其大要于左。

调解结果：系争兄康刀之山由原告等照契管业，被告等不得混争，李仁元卖与姜周锡、姜周士等树木归姜周锡、姜周士等放卖，李仁元所得木价，由买主姜周锡等担保交兑原告等拾元以息讼争。

到庭当事人　李忠秀、李忠灿、李仁元
右笔录当庭朗读无异签字。
李忠秀（后为签字画押，在方框内划一个"十"字）
李廉生
李忠灿（后为签字画押，在方框内划一个"十"字）
姜周锡
李仁元（后为方框内写"指模"二字，下注明"右二指）
李仁元当庭呈缴法币拾元，由原告等当庭领讫。
李忠秀（后为签字画押，在方框内划一个"十"字）
李忠灿（后为签字画押，在方框内划一个"十"字）
贵州锦屏县司法处民庭

书记官　吴思海
审判官　王鸿业

右件证明与原笔录无异。

中华民国二十九年五月十六日

## 【札饬督催各寨各户赶辕投税事】

◎ 图 3-38

**钦赐花翎即补清军府署镇远府天柱县正堂金**

　　为札饬督催赶办事案。据该绅首等以再恳酌减等情公禀到县，除原禀叙人告示饬差各处张贴并通饬各里绅首一体督催赶办外，合亟札饬为此札仰，该团绅等遵照，札到立即督催各寨业户，务将买田房白契赶紧赴辕投税，切勿仍前观望，隐匿其有税价。本县俯从该绅首之请，格外珍恤民艰，定章减为每千收钱十三文，外加本署纸笔、房费等钱二文，团绅经手盘费三文，绝不格外索取，抑且随到随印，并不稽迟时日。倘各业户仍敢隐匿抗延，准该绅首指名具禀，以凭提究。该绅等务须实心赶办，勿稍狗延，切切特札。

　　右札仰循礼上团绅姜恩成、刘容邦、龙露森、姜登泮、姜超贵准此。

光绪十八年十一月廿一日　　札

## 【饬令保甲清窝藏盗贼之户事】

◎ 图 3-39

札

**钦加运同衔调署镇远府天柱县正堂余**

　　为札委事照得保甲之设意美法良，外足以卫盗窃之徒，内必先清窝藏之户，然须认真办理，乃能保厥始终。查循、查礼、查里九甲文斗，安总理姜登泮，团首、乡正姜超梅、世臣、开宏，姜恩成、恩照，保长姜大兴等，均公正可靠，合行札委，为此札仰姜登泮即遵照充本团总办，姜登泮均充本团帮办，务将本团所编联户随时清查，不准团众为非，以致匪党混入，尤宜和衷共济，历久不衰，不惟自保身家，各安生理，兼可永绝盗患，造福一方。总办等切勿有误委任，是所厚望，切切特札。

右札仰总理姜登泮，团首、乡正姜超梅、开宏、世臣、恩成、恩熙，保长姜大兴等准此。

光绪十四年十一月一日札

## 【黎平府岩湾寨牌甲李祯祥、范庚寿，团绅姜海闻、范庚兴等为范炳政妄控姜世模在案据实屡呈邀恩原谅事】

◎ 图 3-40

具邀恩字黎平府属岩湾寨牌甲李祯祥、范庚寿，团绅姜海闻、范庚兴等为据实缕呈邀恩原谅，以息终累事情。生民团内是范炳政于前月，以仗衿盗砍笼还仄抗情由猥控，恩辖循谨里文斗寨姜世模等在案。当经生民理论，世模原系老业，契据朗存，四抵载明，又引生民登山验界，果然并无越砍。讵料炳政阻砍，因争起寡，并不伸……朦混。仁廉虽然是否属实固难逃恩秦镜，而生民闻此不忍以乡曲小事烦扰上心，即遣人赶政回，言语劝斥，遂使政赴仁天悔讼，只意一旦了息，不致鹬蚌相持。殊政自畏情亏，投奔青（亲）属，佣工度日，民等诚恐，仁天滋怒且模等无辜，遭伊冤抑，殊何剖诉。兹生民忝属团绅，用是不得不据实缕呈邀字。

大父师、老爷台前赏准原谅，齐威免揿宝心，施行沾恩不朽！
十一月十五日请人面邀，廿四日批下据字已息。

## 【饬令镇远府天柱县编连保甲事告示】

◎ 图 3-41

钦加同知衔特授镇远府天柱县正堂加三级纪录十次曾

为编联保甲，以靖地方事照得。柱邑为黔楚交界之区，管辖插花之地，向系五溪十峒，八达四通，极为辽阔。虽地方瘠苦，而风俗顽梗，民情刁悍，素称难治。本县在省闻之熟矣，及莅任后稽查积年旧案，大者淫掳烧杀，小者刁拐奸情，以及敲磕窃盗等件屡见叠出，殊堪痛恨。若不教之于前，徒为惩之于后，是谓不教而诛。本县当不若是之忍也，教之之法仅有科条，其最切便者，莫如编联保甲，设立门牌，俾各村之中甲长得以约束牌长，牌长得以约束花户，务令安分守己，各谋生业，毋许再蹈前愆，自投法网。倘有不轨之徒不遵约束，有犯条教，许牌甲等投明。团保指名具秉来辕，本县即提案惩办，决不姑宽。该牌甲与团保等既不得徇情阿比，反是为非，亦不得挟短虚污，指鹿为马。本县另有访闻，一经查出，亦必治以虚污反坐之罪，合行出示，剀切晓谕。为此示仰关邑绅粮、军民人等一体遵照。须知此举原为保护地方、安抚善良起见。尔绅民人等各宜仰体至意，实力奉行，倘有劣生刁棍徒中阻挠，任意把持，许该地方团保等禀请签提，照例惩办。本县言出法随，慎毋悔之晚矣。切切懔遵特示。遵

今将保甲条规开列于左：

——钱粮，国课所关，宜早完纳，不准拖欠，违者治以应得之罪。

——团内不得以下犯上，以少凌长，违者送县严究。

——编联保甲之法，十家为一牌，十牌为一甲。所有各里团绅均由本县择贤札委，以专责成。至于牌长甲首，即有该团绅择尤（优）举充。

——保甲原古人守望相助之义，每甲各置小锣一面，无分昼夜，远近凡遇有命盗劫抢重案，该处牌长立即鸣锣，齐众捆捉解县。倘凶犯持械拒捕，格杀勿论；如坐视不理，致彼逃逸，罪坐牌长、邻右家长。

——各寨如遇临近诸寨有事，立即鸣锣往救。如赴援不力或坐视不理，惟该寨团首牌长是问。

——门牌团册，今年乃系本县捐廉自办，不取分文。该团保等挨户填好，务将男妇丁口姓名、岁数及工人、仆妇、邻右并作何生业，田亩、丁粮如系佃业，交租若干一并注明。门牌表悬门首以便稽查。

——绅衿富户，尤为盗贼所窥，庵观寺院更易招引匪类。保甲所以安善良而除奸宄，自应一律编查。

——深山穷谷多有零星小户，原以便于耕田，但僻远单村，善良既易于受害，匪类又易于藏奸，嗣后团保、牌甲等于此等户口须认真编联，使零户附于大寨，易于保护，亦易于稽查。

——盗贼生发，必有窝户容留，保甲查察尤重于窝户。而弭盗之法必须互相稽查，你查我家，我查你家，小民不敢窝留盗贼，自必潜消。如一户为窝，九户能举报者，分别轻重有赏；不举报者，连坐，与窝户一体同惩，决不轻纵。

——客商旅店最易藏奸，店主须自立号簿一本，每日将所寓客商姓名、籍贯、作何营生、来往何处、一行几人填注簿内，每日由牌甲等往查一次，该团保等亦随时前往稽查。并本县因公下乡，以便调查。如滥留面生歹人者，准该团保等禀官重究。

——各寨子弟，尤宜严加管束，勿使游手好闲、摇钱赌博，违者惟该寨甲长、家长是问。

——夯龙船，假充虎匠，以及高大强汉（悍）无疾而作乞丐者，不许入寨，立即趋（驱）逐出境。倘敢恃强估扰，准该团保等捆送来县，从严惩办。

——不准佩戴刀剑枪炮，如违，惟该家长、甲长、牌长等是问。

——以上各犯、已犯者，务宜改过自新，未犯者亦宜愈加警省。一年之中团内无有前项不法等事，皆由该团保、甲、牌等办理妥善，本县另有褒奖，以示鼓励。

　　　　　　　　右谕通知
　　　　　　　　光绪十七年八月二十二日
　　　　　　　　告示　实贴　文斗　晓谕

## 【饬令镇远府天柱县编连保甲、稽查匪类事告示】

◎ 图 3-42

札

**钦加同知衔特授镇远府天柱县正堂加五级纪录七次杨**

为札饬遵办事照得。为政之道，首在安民，而安民必先除暴诘奸。县属界连楚境，且与黎平清江镇远台拱各处在在接壤，五方杂处，良莠不齐。本县前下车后，当经严饬各乡编联保甲，稽查匪类在案。乃近日访闻各里地方，竟有不法之辈，游手好闲，强乞估讨；或成群结党，遍游乡村，日以乞食为名，踩明路径，夜则肆意偷窃，孤独烟户，受害实深。凡遇嫁聚丧葬，若辈则聚众兹闹，必饱其欲而后已。甚至用药迷奸妇女，持械拦夺客商。种种不法，实为地方大害。若不认真拿办，其何以靖闾阎？除饬差札团查拿解究，并示禁外合行札，札饬为此札仰该团首等遵照，查到速即编联保甲，遇有面生可疑之人，即行驱逐出境。如有强乞恶讨、聚众兹闹者，即将为首人首拿解来辕，讯究以儆刁风。倘有持械拦夺、用药迷拐匪徒，立即严拿解案，以凭□法惩治，用惊凶积而安善良。尤宜密查窝留分肥之家，如有确实证据，许指名密禀提究，决不稍事姑宽，以清盗源。该首等务须实力奉行，不得虚应故事，更不得挟嫌妄拿、妄禀，并干查咎。各宜凛遵毋违，特札。

右札仰循礼里上保、上正姜登泮　准此

光绪二十四年十月十一日　札

外批：现在奉宪三百里飞札，饬认真整顿保甲，并因刷印册簿未竣，速将该生草簿造成，每十家设牌首一人，百家设甲长一人，两百家以上设保正一人，均由该生派公正殷实之人充当。限二十日呈辕以凭核夺，另册誊清。

## 【其不遵禀官告示】

◎ 图 3-43

### 其不遵禀官

逐日问报册本各保公议一人，以洽其人早晚必当面伸，以杜疑心至开报毕。众户首、甲长同具领收领出丁册。

——各寨有田屡年被水打、砂（沙）堆崩坏之田，近来问整云丁册均摊，或系新垦成熟之田，一概挨次开报，毋得欺隐。如违，众同禀究。

——凡冲之内尽系一寨之田，宜先分大界，东抵□人山，南抵□人山，西抵□人山，北抵□人山。安清界后，山腌（淹）田管，方将冲内之田逐坵作形，开请禾把。数坵田共一冲，亦宜分大界后毕，然后分清四至，鱼鳞开报。不得朦混欺瞒，如违，禀究。

右仰通知

乾隆四年八月十三日　示

## 发地冲张挂晓谕

### 刘太爷均摊三里田批

查尔所造鱼鳞册尚大差，但大小四至或坡或岭，必须开清土（地）名，不可糊涂，只开坡字、岭字，其左右之田仍照条示逐细挨开。倘膊田中夹有小冲楼梯田，须另开清四至，在右膊田开于左，在右膊田开于右。开完在左，即统清右；开完右，即统清右，以便直接大可左右统同开报。若将某冲处及左右两膊开完，一起招起一□冲，不须在近□寨字样不难省缔笔，且简明便查明也。若将□寨大小各冲开完，或有附近□寨。小寨于然后亦照前式逐一开后，总要据实问清，不得隐匿遗落，假更不可以上作中、以中作下，希图瞒官舞弊。挨开完后，本县临田清查。如有前项弊端，一经查出，或被告发，除田入官，其户首、甲长连名互结之人，一概治罪。条规俱在。

### 又批

查鱼鳞册之说，凡自上而下、自左而右，挨次顺序，犹如鱼鳞之有层次而不颠倒、错乱、遗漏，非必各坝、各冲合一全鱼形而始谓之鱼鳞也。今开尔等此呈彼阳等处图形甚为清白。尔等当以依硐水沟分定左，先开左右。先开左右须自上而下，逐坵挨开，即是鱼鳞。开完此冲又开彼处，有何难辨之事？仰即速照前正发来册式妥协办理，毋得迟延观望、推诿，干咎原册并发。

## 【声请书】

◎ 图 3-44

具声请拨粮完纳人第五区文斗乡姜登廷、姜元红（即登鳌之子）、年不一，住文斗下寨距城六十里。为粮随田纳，报恳拨册俾免无田受累，国课有着。事窃民先兄在登鳌在日，田未出售之时，民弟兄合应纳柱粮壹斗贰升卅八合四勺。至先兄登鳌没后，庚午年元月承前征收局长委催丁粮员范炳立到乡催收。民即与登鳌之子元红等相议，将己巳年以前未纳完之丁粮上与催粮员范炳立，手收清楚，当给有粮单执存为据。自己巳后，民弟兄田业卖罄，粮随田走，国课应由买主完纳。曾经地方父老及催粮员范炳立等，约集各受业主，将买约质对，按照田谷多寡，公摊纳粮，批明于买约尾内，并云至庚午秋收后，各照买约批纳粮数完楚等语。不料诸买业户等岩（延）至于今，数载尚未纳楚。兹蒙钧长派警守催，民等闻知不胜骇异，即问各受业主等均云各自会纳，不与我卖主相干等情。窃思国家正供，系毫为重，若不声请拨纳，民等田产早卖与该受业主等完尽，兹无余产一合，从何而有纳税耶？迫不得已，缕晰陈明，并恳俯念贫民按照后开买业主人应纳之丁粮，拨册完纳。祈将民弟兄纳粮廒册老户注销，免久累贫民受害无底，而国课不致空悬无着。实沾德便为此报恳。

　　　　　　　　锦屏县征收局长公鉴施行
　　　　　　　　附粘买业主等姓名及应纳粮数于后
　　　　　　　　民国二十四年三月　日具

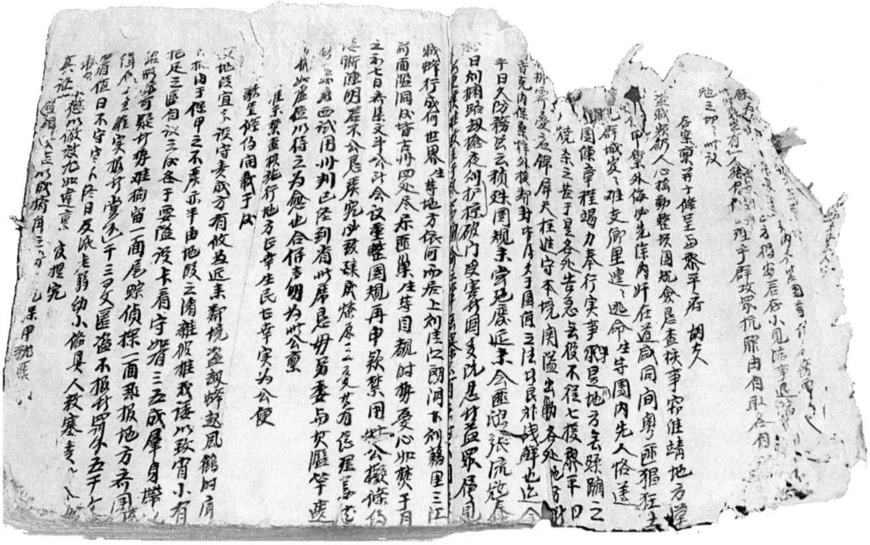

图 3-1

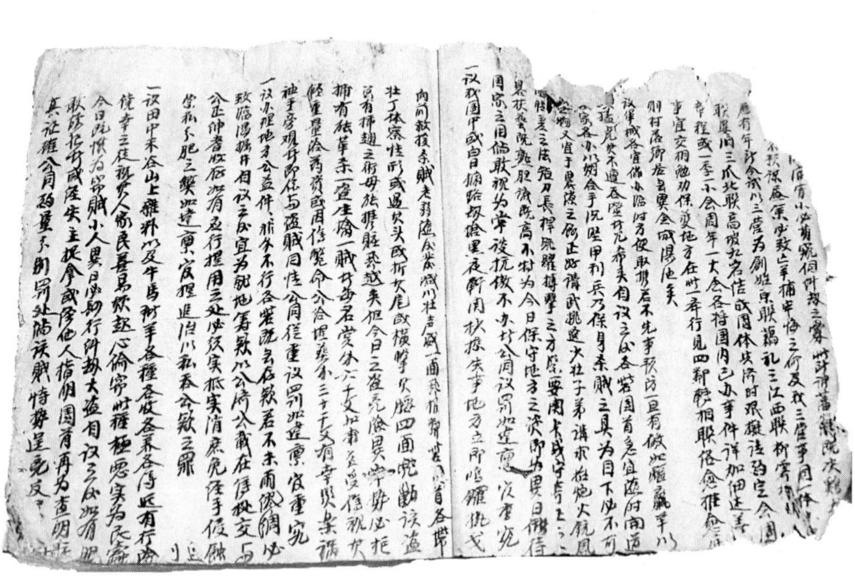

图 3-2

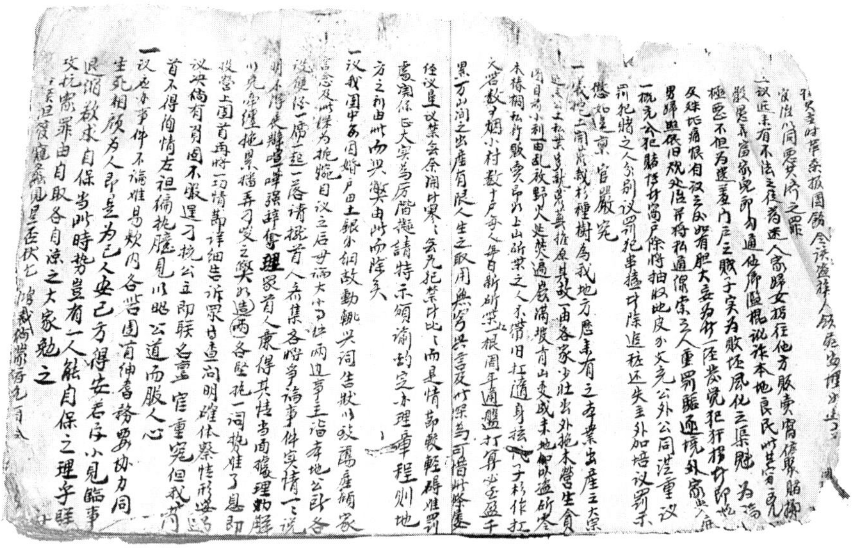

图 3-3

图 3-4

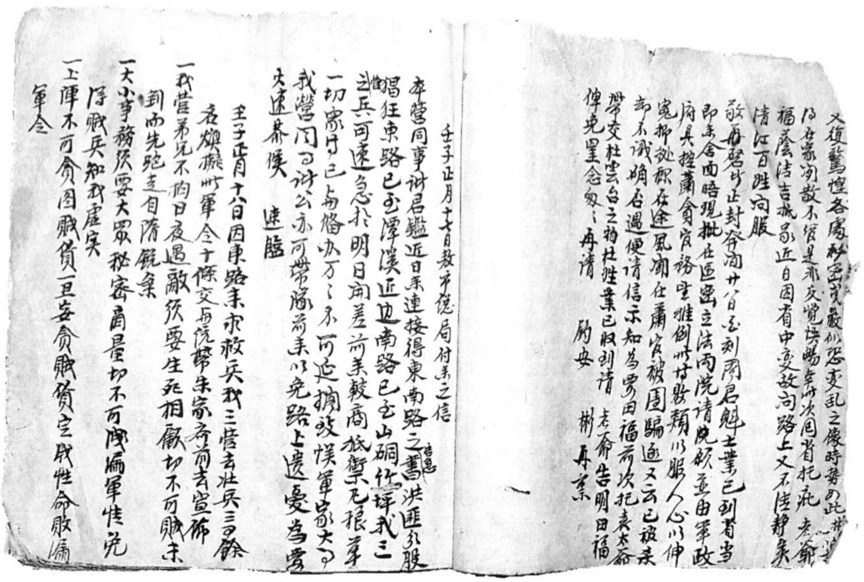

图 3-5

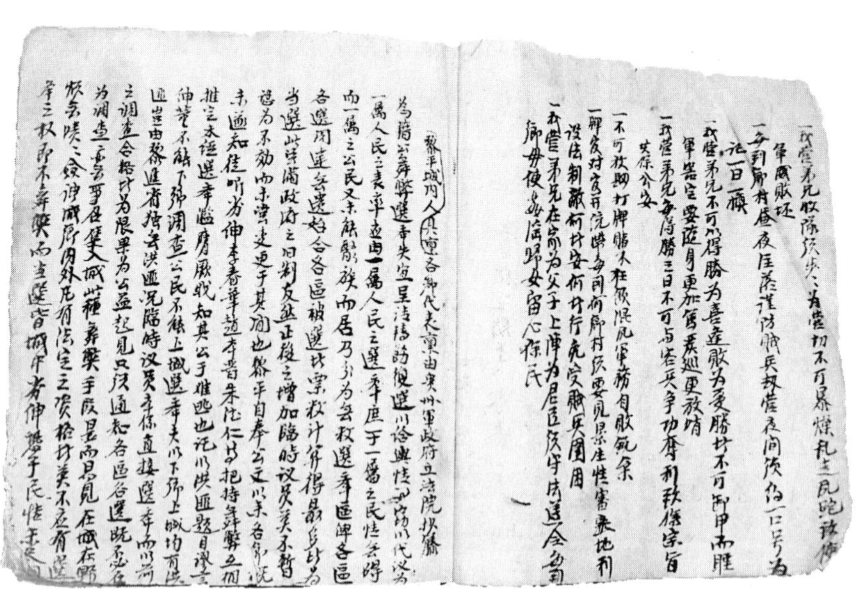

图 3-6

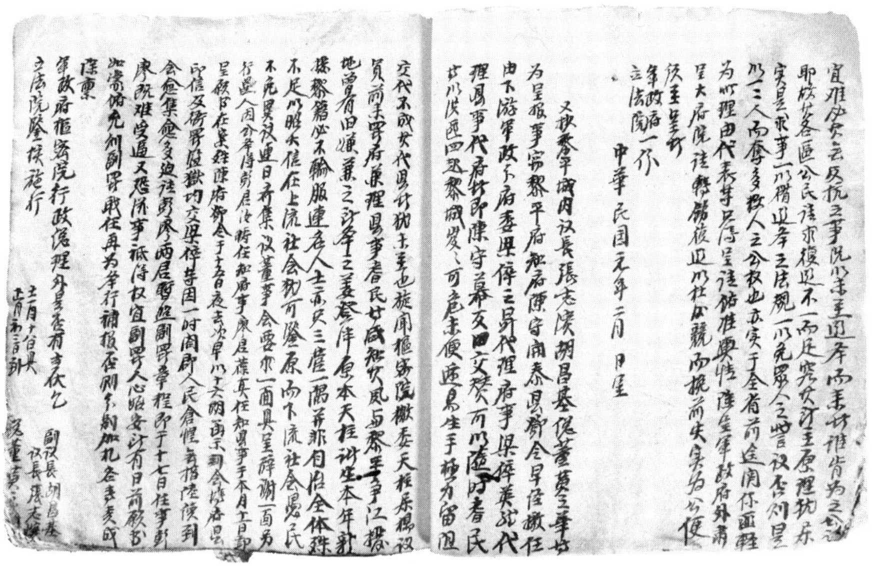

图 3-7

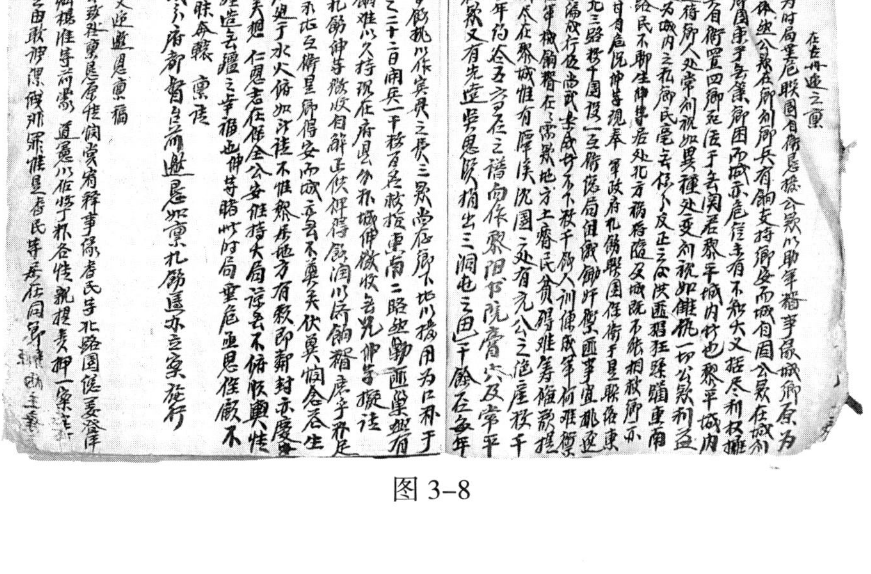

图 3-8

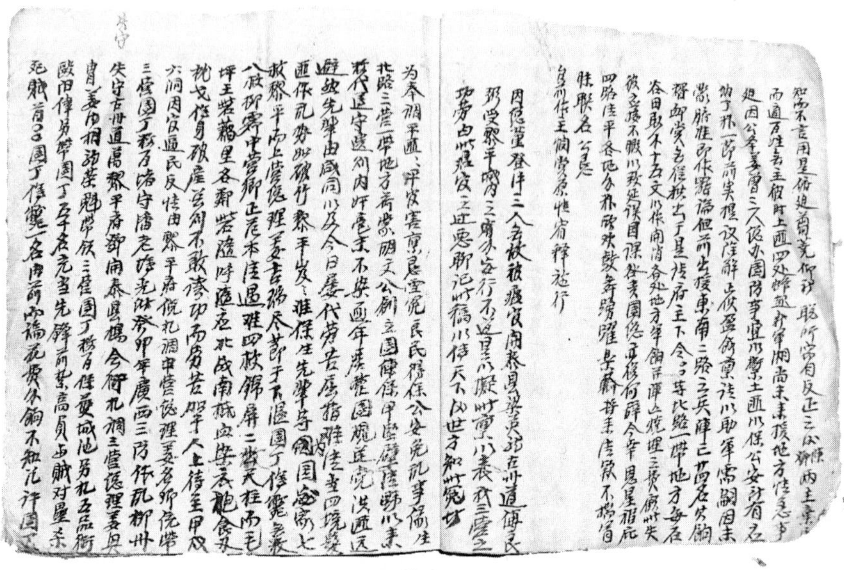

图 3-9

图 3-10

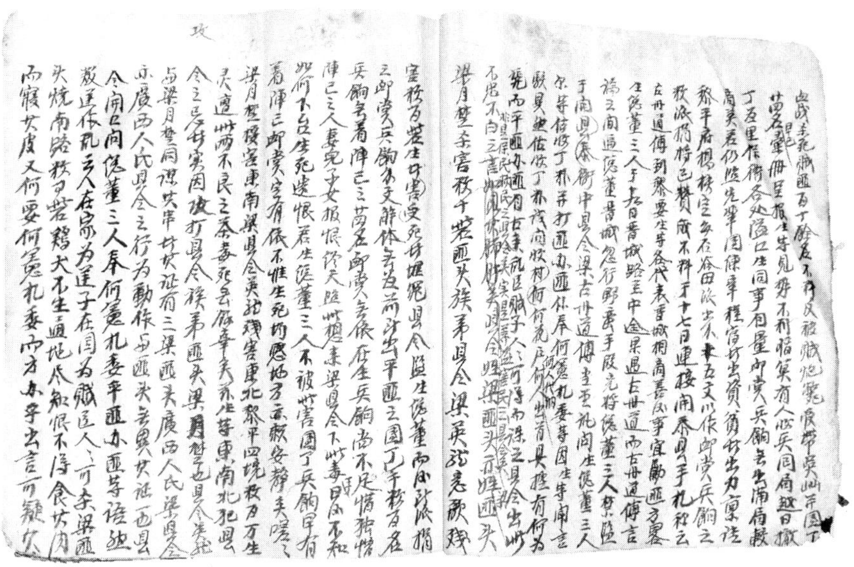

图 3-11

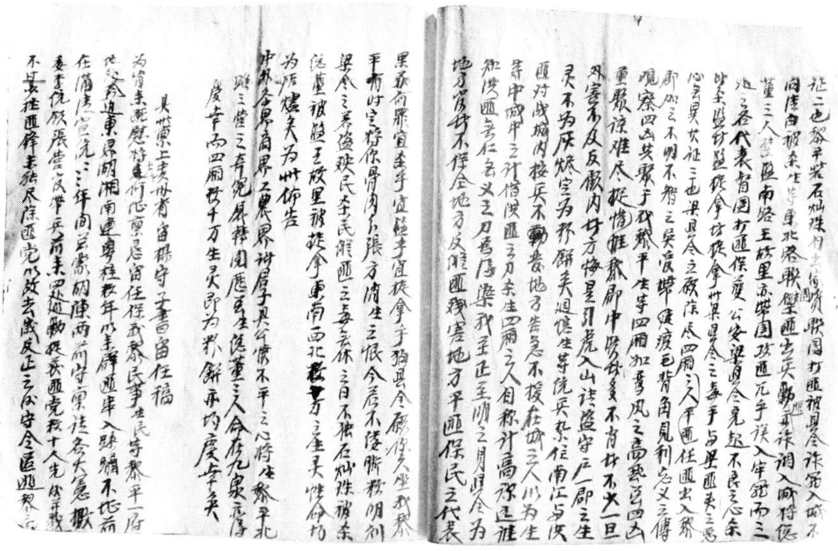

图 3-12

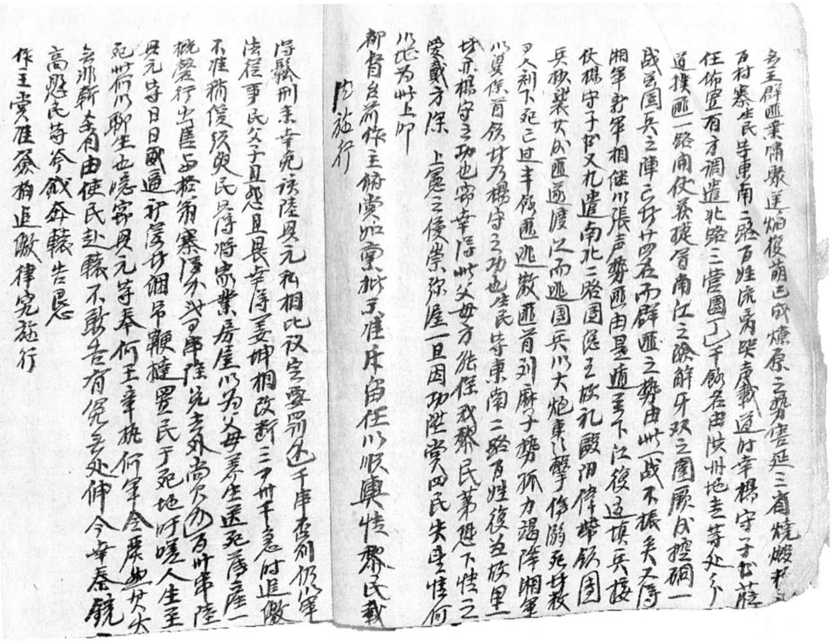

图 3–13

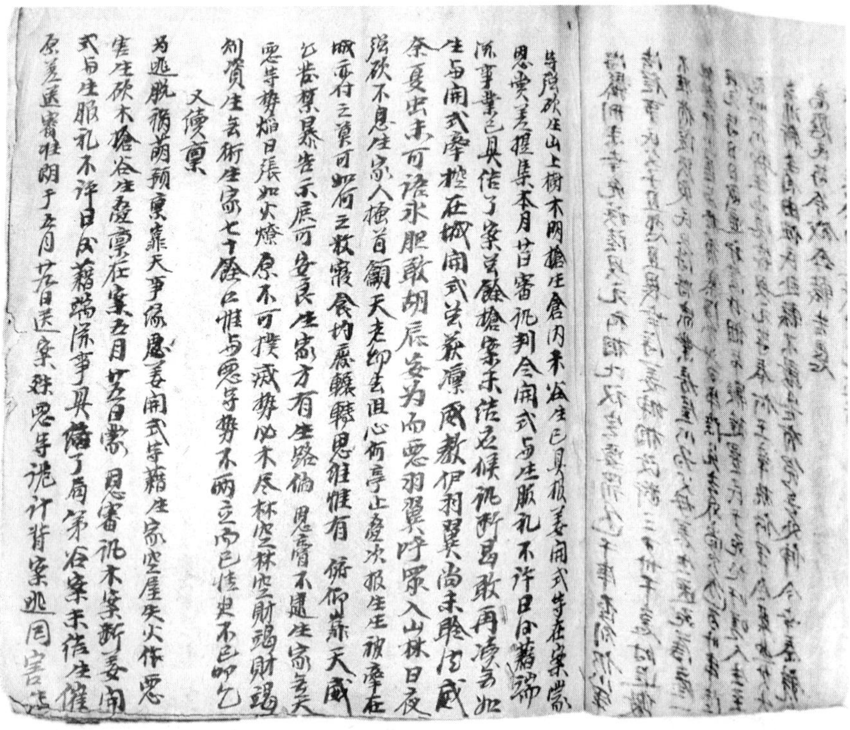

图 3–14

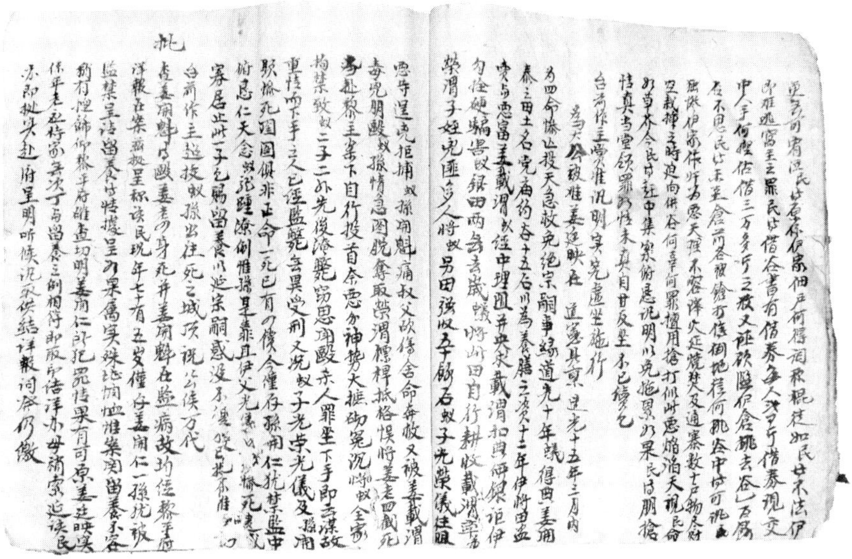

图 3-15

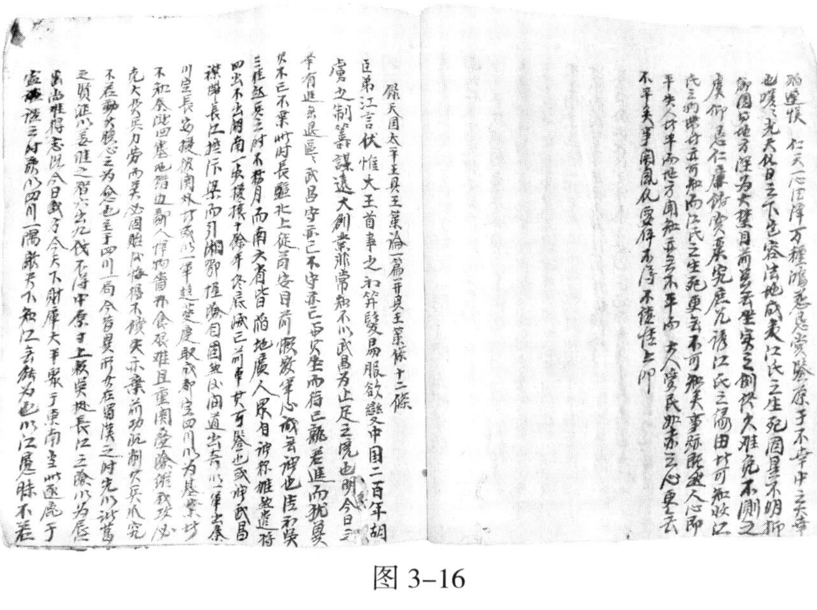

图 3-16

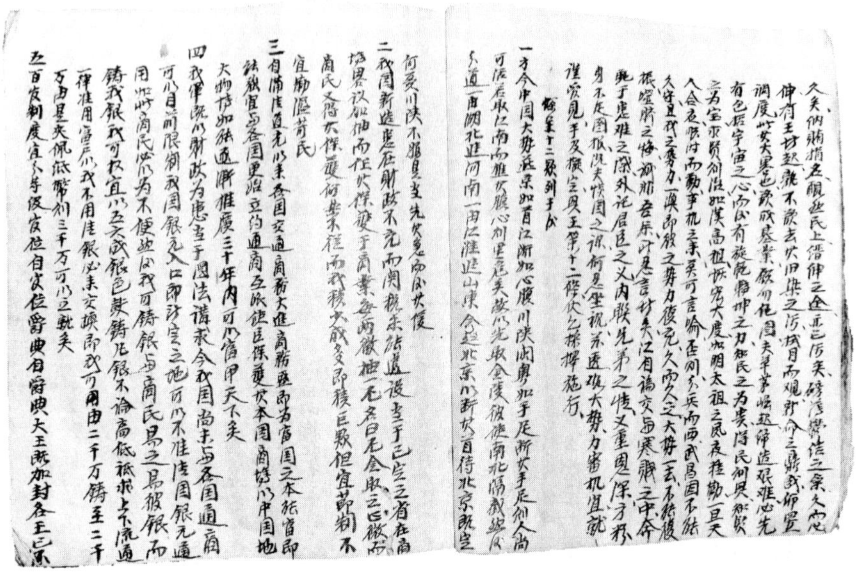

图 3-17

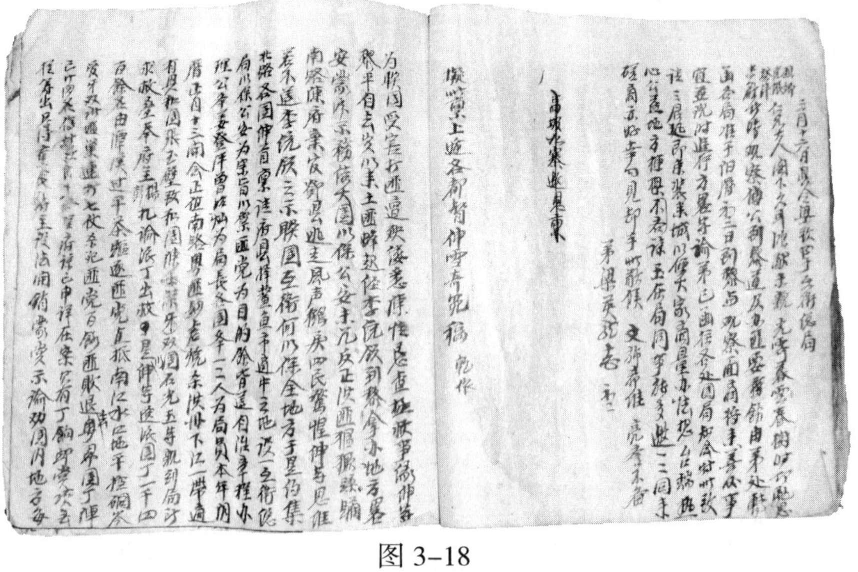

图 3-18

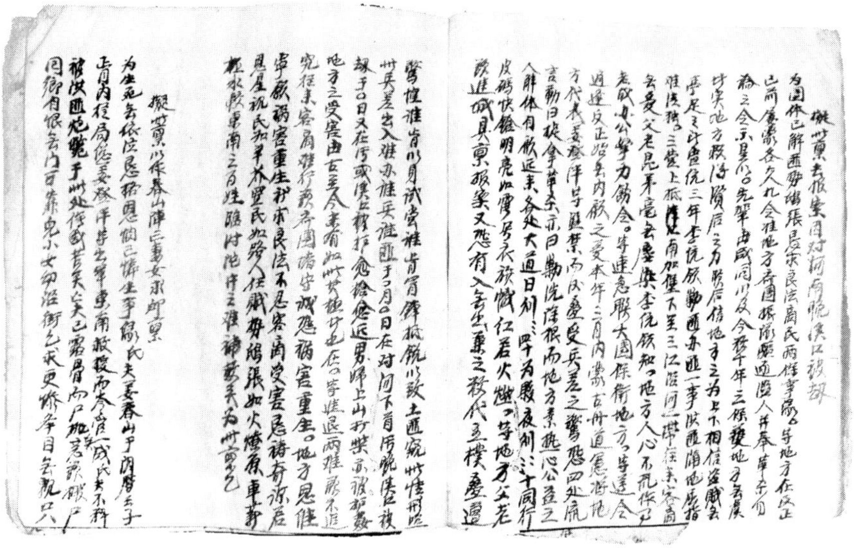

图 3-19

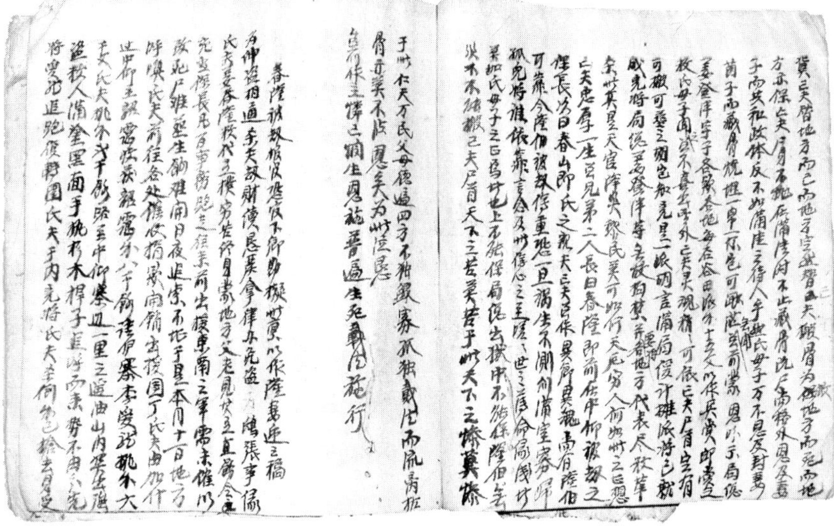

图 3-20

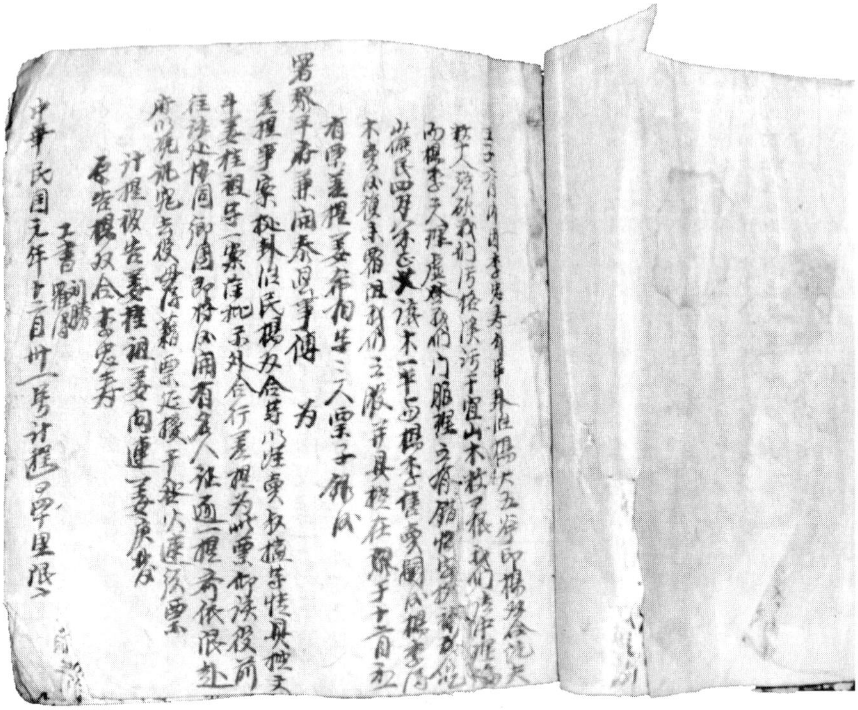

图 3-21

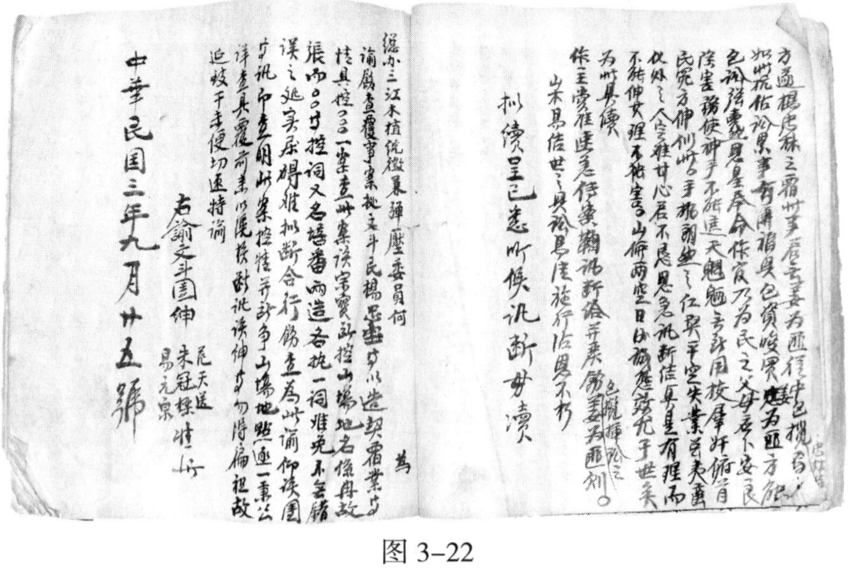

图 3-22

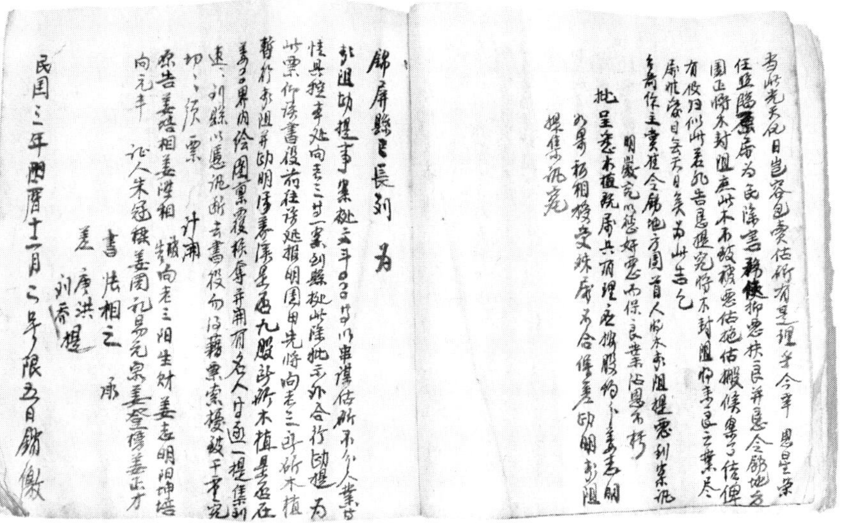

图 3-23

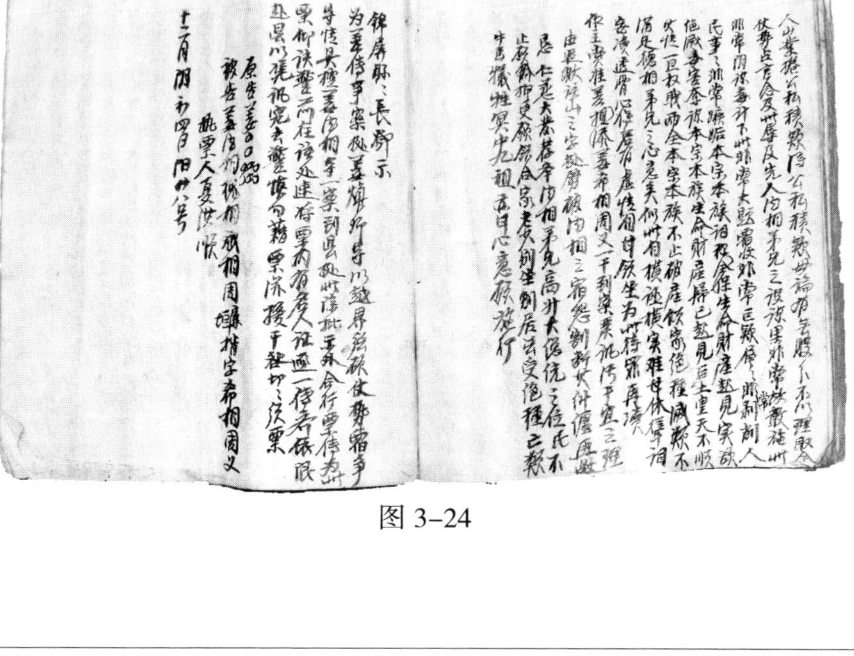

图 3-24

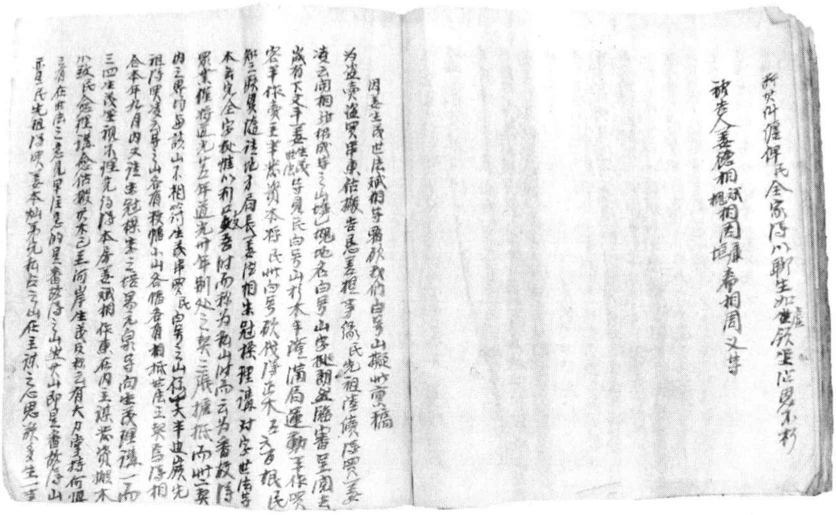

图 3-25

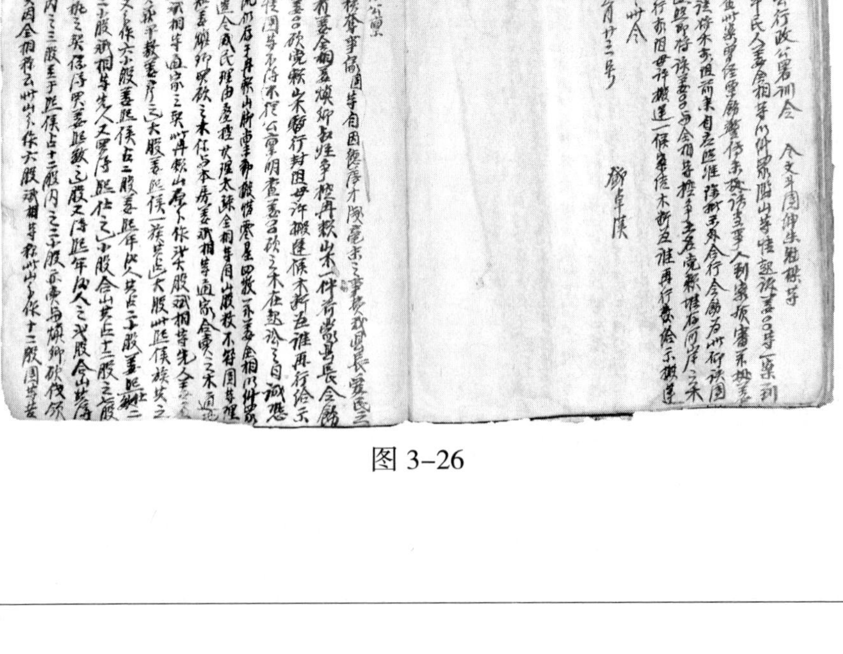

图 3-26

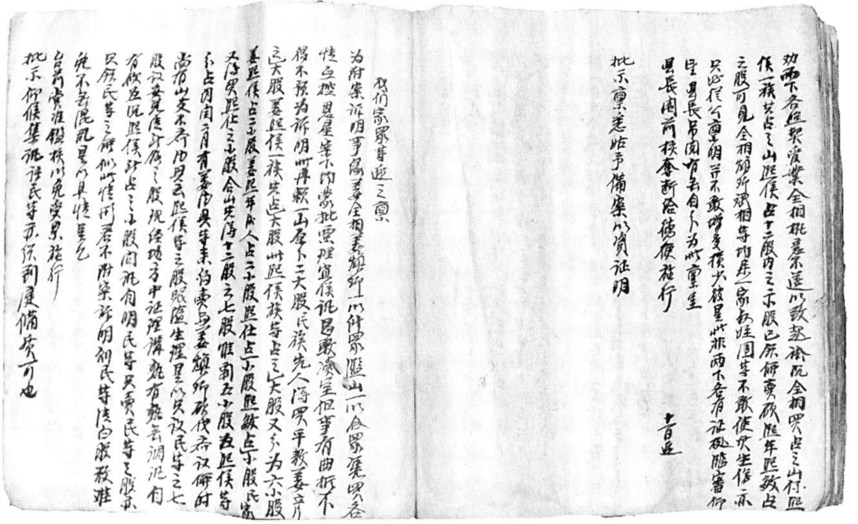

图 3-27

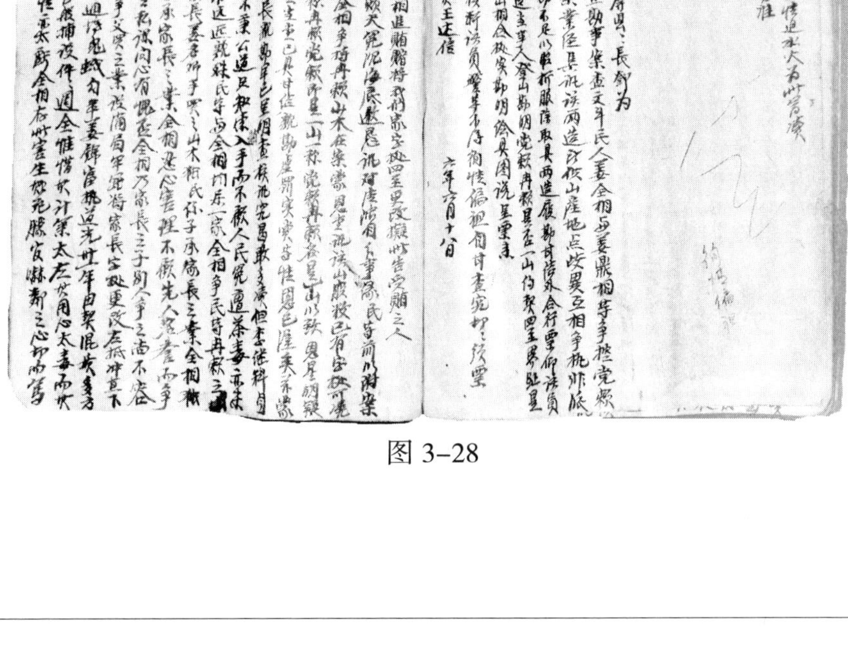

图 3-28

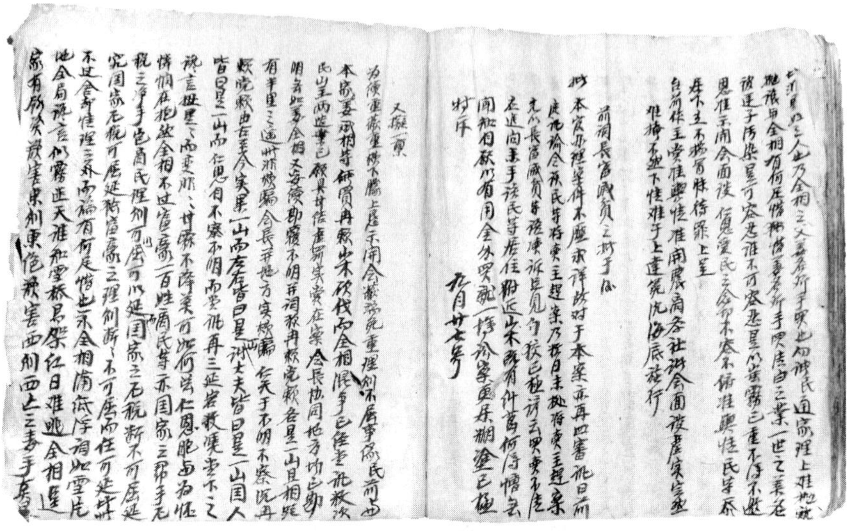

图 3-29

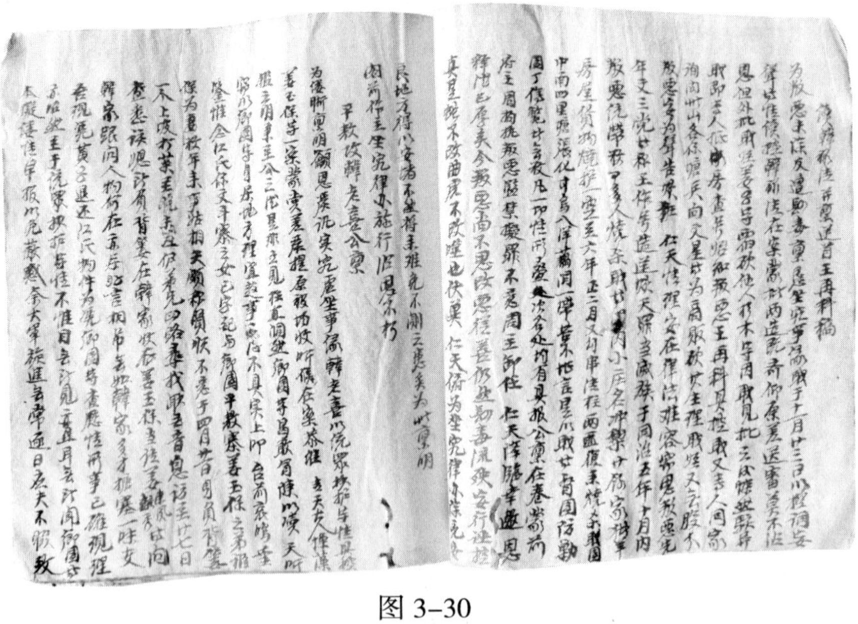

图 3-30

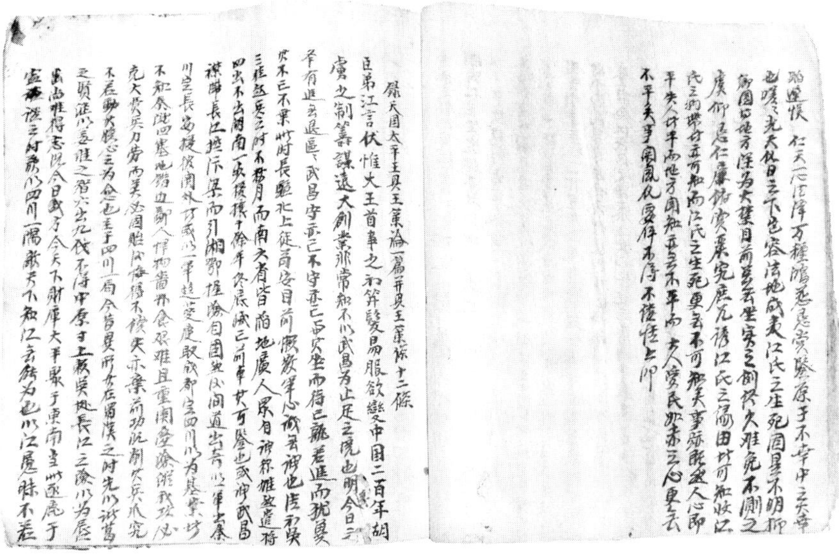

图 3–31

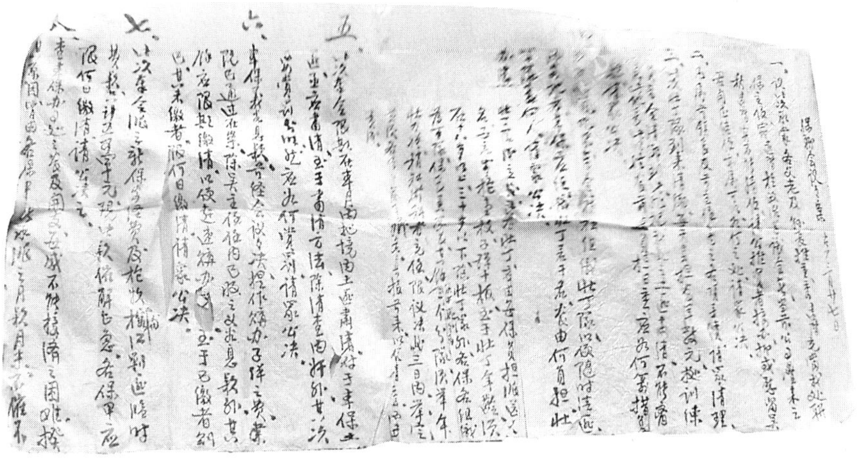

图 3–32

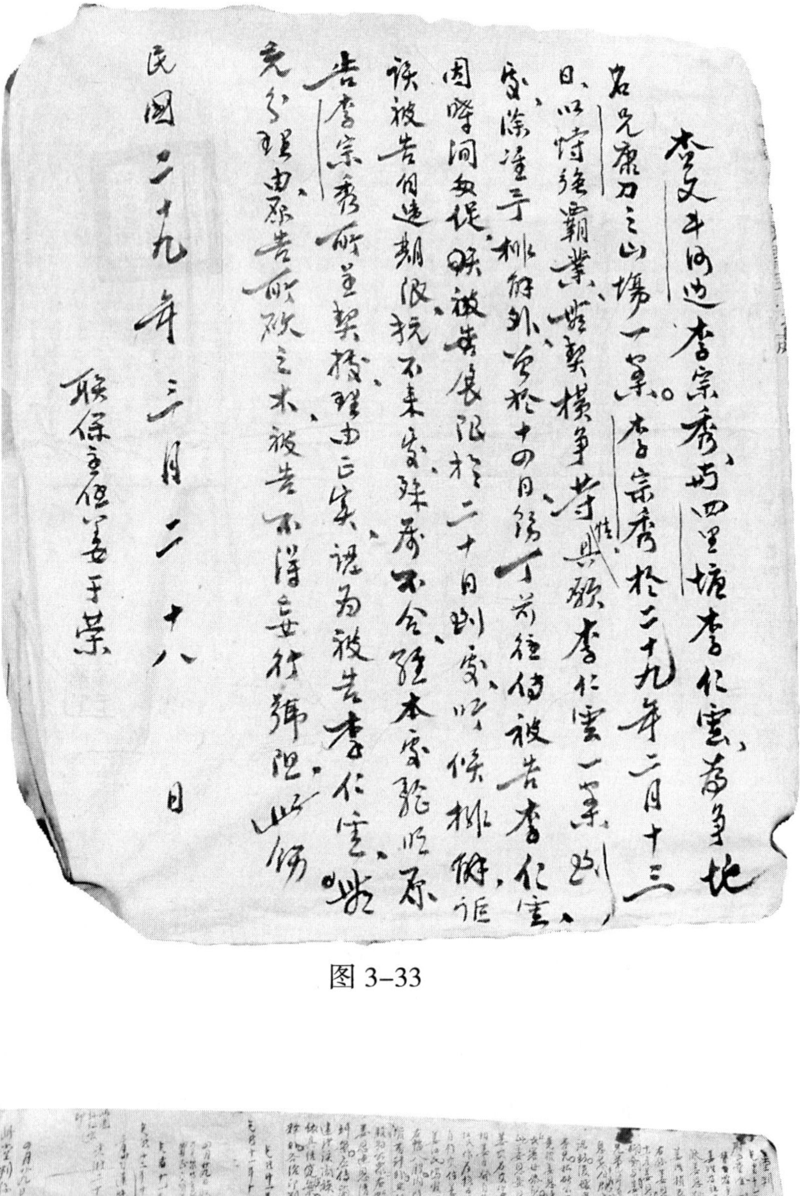

图 3-33

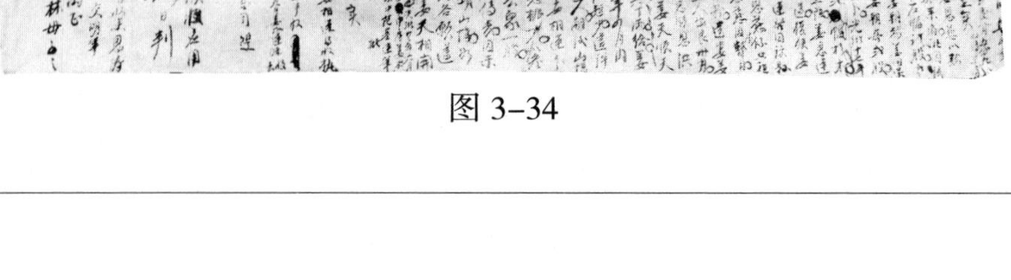

图 3-34

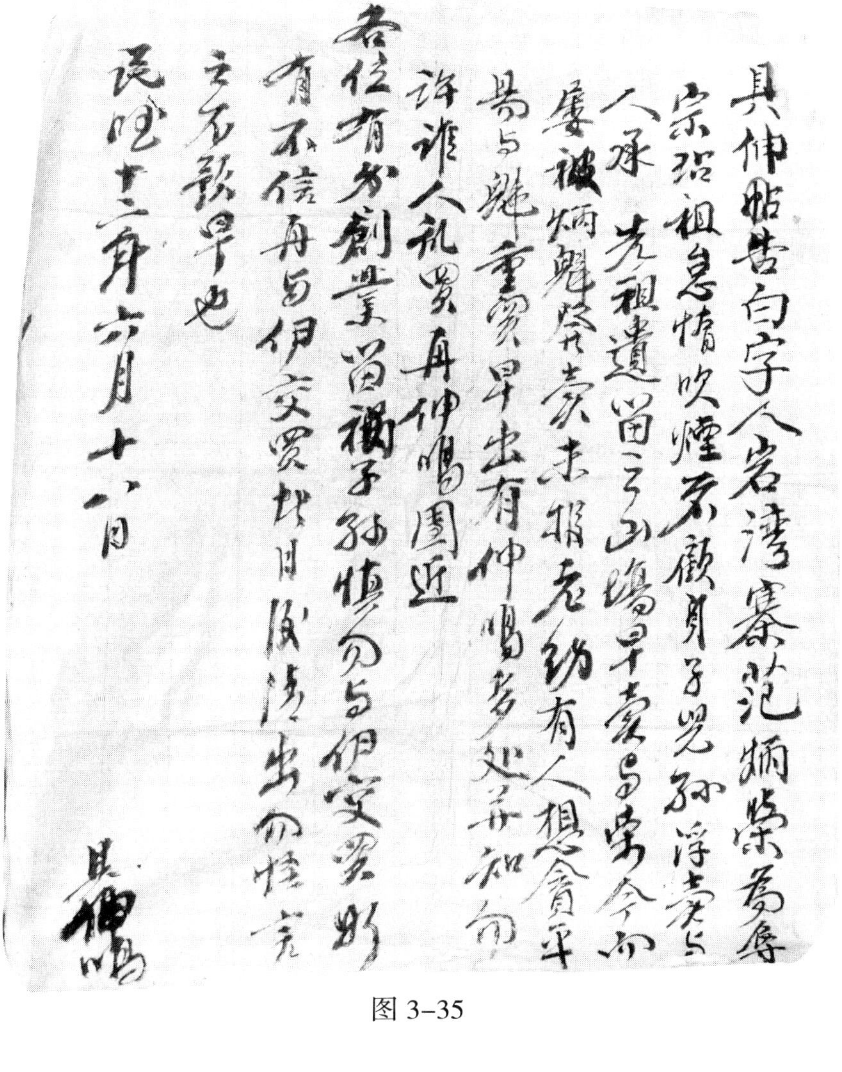

具伸帖告白字人岩灣寨范炳榮為辱

宗沼祖息惰吹煙京顧身子兒孫浮蕩以

人承 先祖遺留之山塲平蒙易賣今所

屢被炳魁霸賣未得老紗有人想貪平

易与魁重賣早出有伸鳴多処其祖向

許誰人乱買舟伸鳴圖近

吞位有分創業留禍子孫情為与伊交買野

有不信再与伊交買此日後憑出白帖完

立白帖早也

民咙十二月六月十一日

某 伸鳴

图 3-35

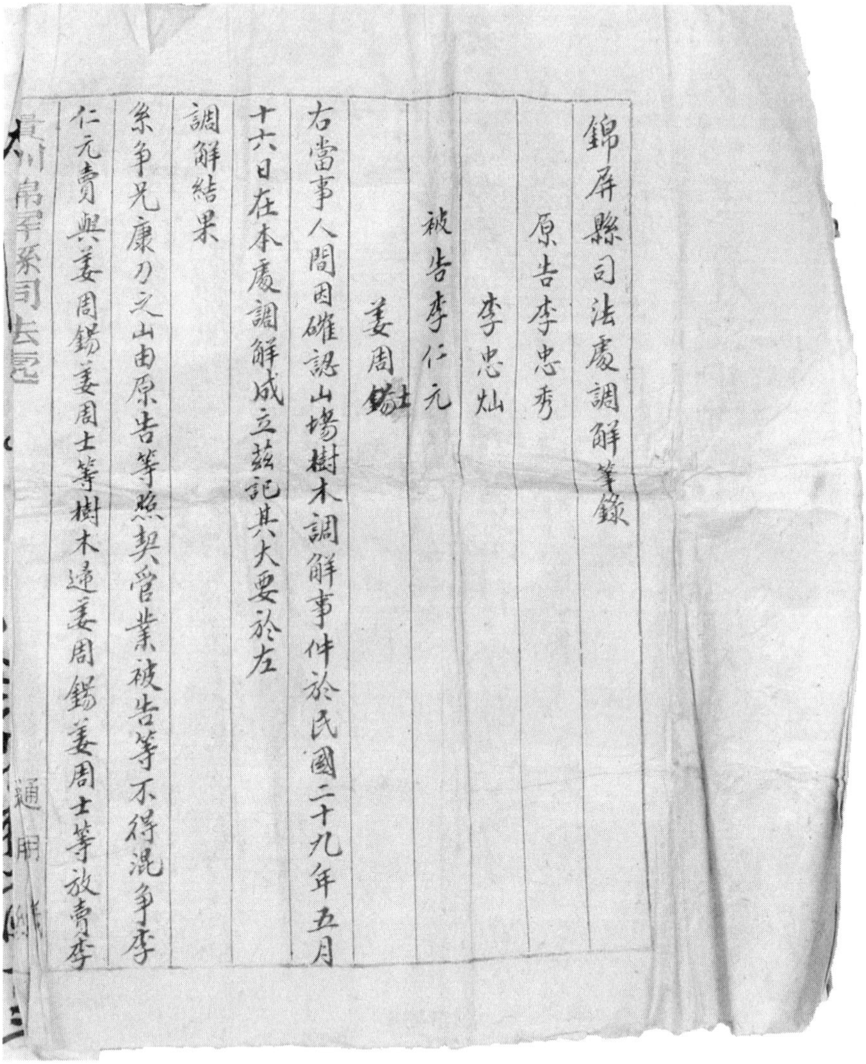

錦屏縣司法處調解筆錄

原告李忠秀
　　李忠灿

被告李仁元
　　姜周鎬

右當事人間因碪認山場樹木調解事件於民國二十九年五月
十六日在本處調解成立兹記其大要於左

調解結果

系爭兄康乃之山由原告等照契營業被告等不得混爭李
仁元賣與姜周鎬姜周士等樹木递姜周鎬姜周士等放賣李

图 3-36

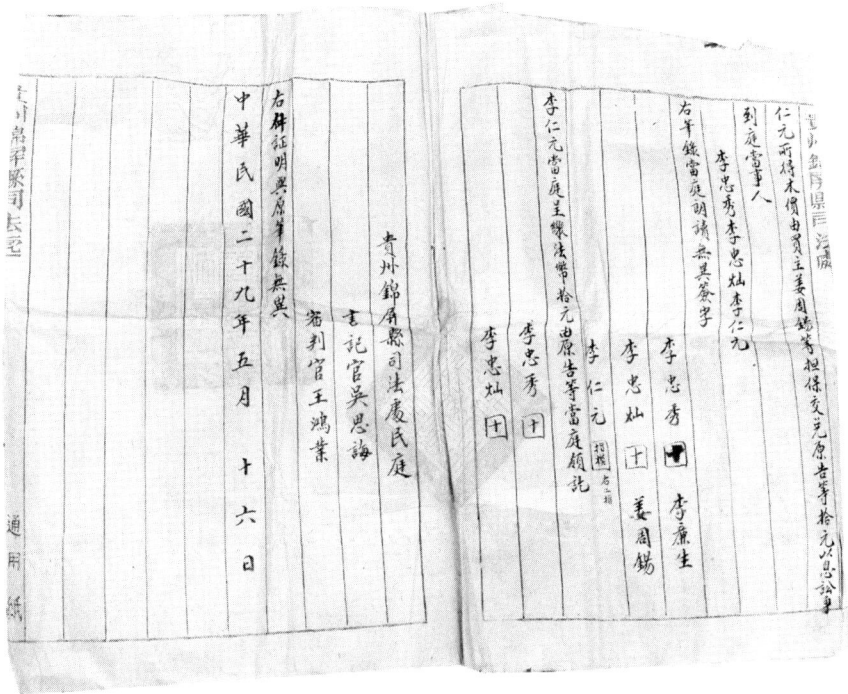

图 3-37

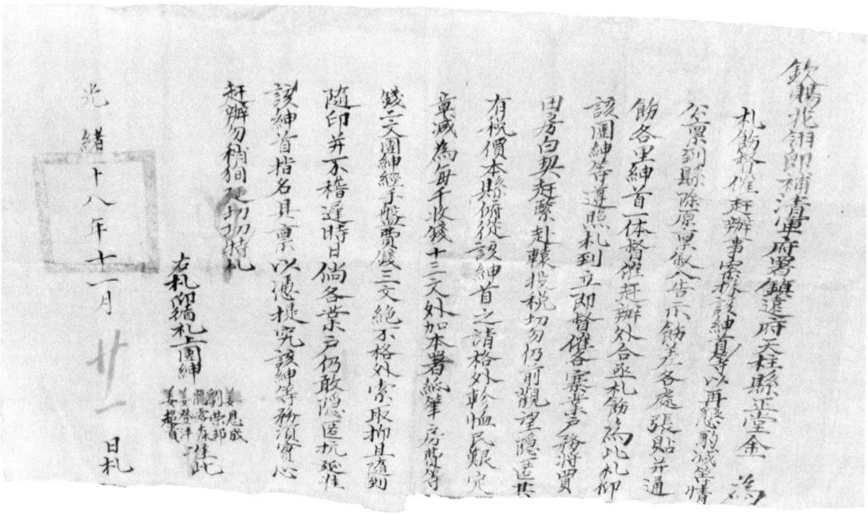

钦加兆翎即补清军府镇遴府天柱县正堂金 为

札饬事窃照差绅道奉以再案以减章情

公票列县除原票敬告示饬令右各处张贴并通

该围绅首一体查照札饬办此札仰

该围绅等遵照到立即督修等事务将买

田亩自契赶紧赴县投税切勿仍观望隐遣违

有税价本赔偿该绅首之请格外轸恤民艰定

章减为每千收钱十三文如本署给笔房散等

钱文遇绅经手监票层三交绝不恪外索取柳且随到

随印并不稽道时日倘各业户仍敢隐遣延挨

该绅首指名具票以凭提究该绅等称须实心

赶办勿稍狗私切切特札

右札留社会围绅

姜见成
刘忠邦
龙奉麟 准此
姜起祥

图 3-38

钦加运同衔调署镇遴府天柱县正堂余 为

札委事出籍保甲之设意美法良外先以乐益之

烧内查宪藏之户然须真办理乃能保赈始终

稽里甲文年安总理姜登洋姜见成慎良姜

查里几甲文年安总理姜登洋姜见成慎良姜

大兴等均公正可靠合行札仰

该户均公正可靠为此札仰姜登洋印

札委事切勿园界为非以致党混众心宜和

职凑各园遵照姜登洋均先本园报办符本园所需

卖共潜慝大不长不许自保月算各佳先须甚可永起

岁应随时清查并以登界各安先须甚可永和

切谕札

右札仰总理姜登洋等准此

姜登洋
刘世盛 赵桂林
龙奉麟

图 3-39

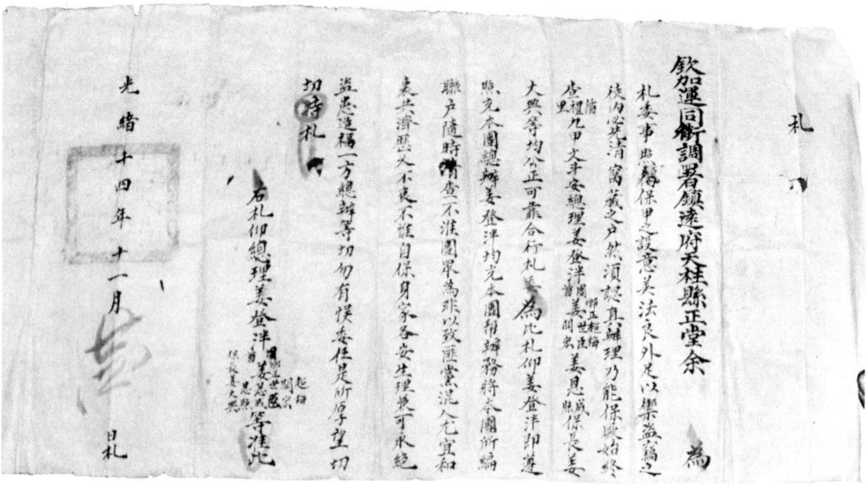

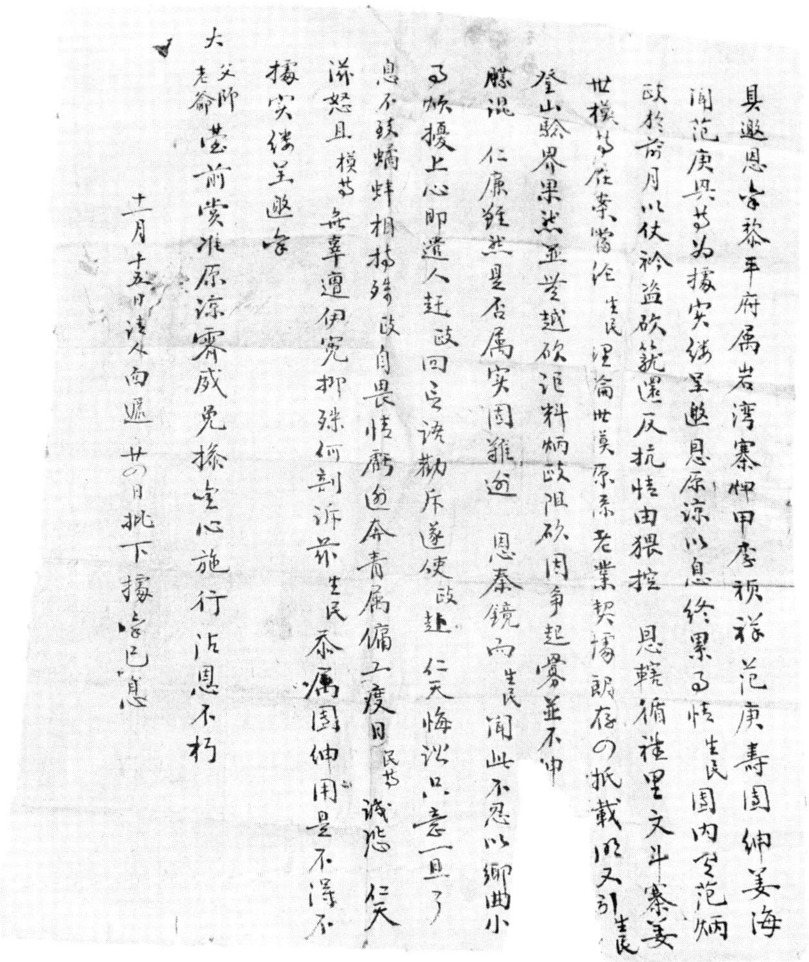

图 3-40

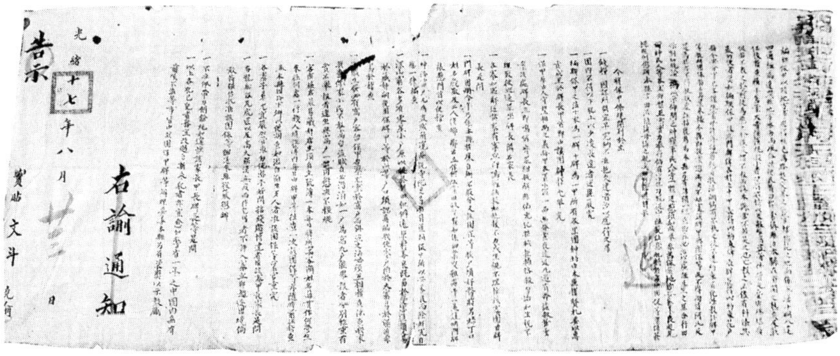

图 3-41

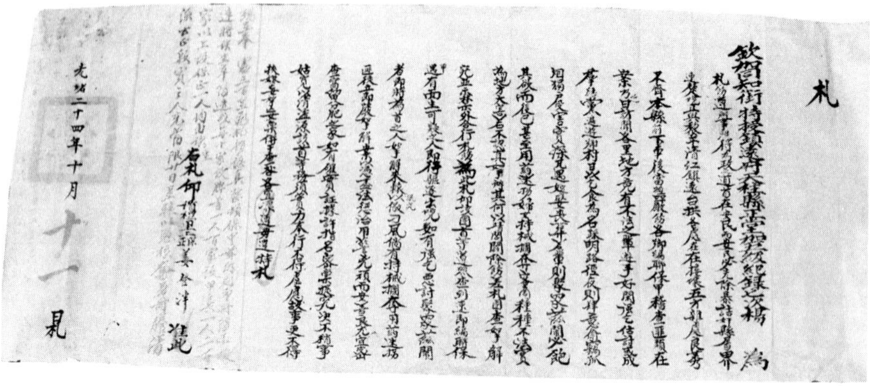

图 3-42

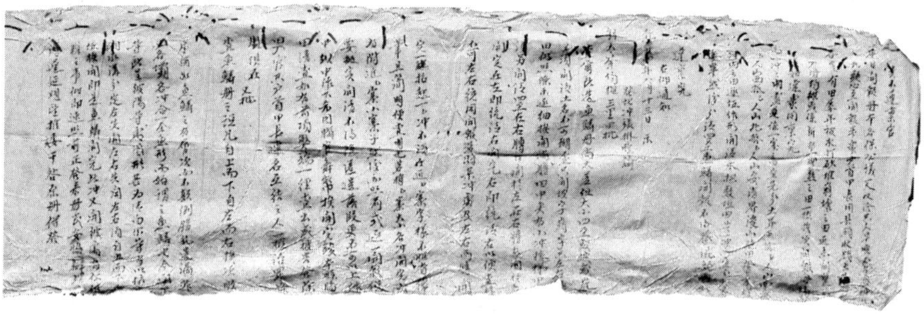

图 3-43

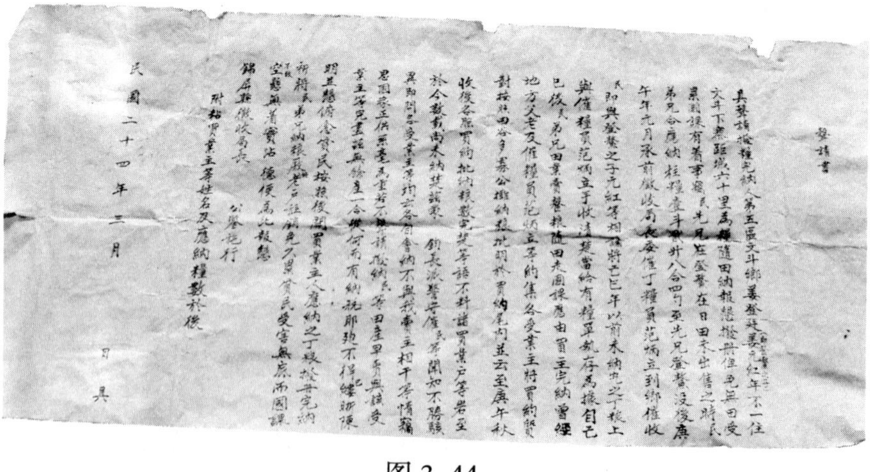

图 3-44

# 第四部分　调解文书

## 【周锡麟为借贷具控姜毓英家一案具甘结稿】

◎ 图 4-1

借贷具控姜毓英家一案，蒙恩数次堂讯，饬令绅士等中人于中劝解。绅士等恪遵宪命，约集二比，再三劝谕伊等，现系故交，毋伤和好。姜某因家中实无所出，愿为还本艮（银）五百金，前后所借周姓之债一概还清。虽一时难于如数办齐，现今姜某请人耽（担）代，周姓亦已依从。此系二者心平，意愿自甘了事，绅士等并无勉强逼迫，似此据实禀请。

作主赏准和息，惟是姜某卡押已久，恳恩开释，实为德便施行。

**具甘结稿**

具甘结武职、姜某某今结到台前缘职先父、先叔于道光年间所借周锡麟等之艮（银），至今岁正月二比具控案下。蒙恩饬令二者请中劝解了结。是以经中某某、某某、某某等劝解，自愿还周姓本艮（银）五百零五两，周姓亦已依从。二者自甘了结，只得具结是实。

## 【姜永标、吴成际清白字合同】

◎ 图 4-2

立清白字人，文斗寨、党秩村姜永标、吴成际为二家争论地名冉抵山场一块。为股数不清白，蒙中改劝，此山分为四大股，永标名下占主遗山叁大股，吴成际得买永辞一大股，为成际管业。其山界趾（址）：上凭凹，下凭交冲，左凭岭，与成际得买名卿山内夹小冲，下至栽岩为界，右凭洪路，与大冲为界。四字（至）多清，口说无凭，日后不得争多论少，二比不得异言。今欲有凭，立此合同字纸为据是实。

合同二纸各执一纸【半书】
平鳌寨代笔　姜和春
加什凭中　姜纯良
民国二十二癸酉年十月初一日　立

## 【姜朝望等错字据】

◎图 4-3

立错字人姜朝望、朝吉、光禹、光照、光宗、光典、广珍、大垠、绞生、光限、钟英、老宋、广买等，为因错卖姜相荣、相魁、相开、宗揆、光文、光本、光祖、天相等之山，地名加十塘，别名冉抵，卖与客人彭太和砍伐。相荣弟兄等查出，将木阻止，当请乡保理论。我等自知理虚，蒙寨老、乡保求到相荣等，念在知之样情，朝望、光照众等自愿登门倍（赔）谢，出立错字为据，勉使日后我等不得籍故生□。如有此情，自干不便，立此错字为据。

凭中　范锡寿、姜永发、姜绍看、姜德宏
保长　罗志记
代笔　李天才
道光二十八年十一月十八日　立

## 【文斗、加池、塘养之协议书】

◎ 图 4-4

毛主席语录：团结起来，争取更大的胜利。

### 协议书

兹有文斗上下大队，家（加）池大队，塘养生产队有共山壹块，地名井计，又名冉抵。其山界址：上凭场颈，下凭力嘴，左上截凭岑，下截凭小冲，右凭洪路抵大冲为界，四抵分清。此山原是塘养生产队杨维森栽种，现已砍伐，共大小条木六百余根。按原合同，此山土地分为四大股，文斗占贰大股，家（加）池占壹大股，塘养占壹大股。此山砍伐盘运时发生纠纷。现经文斗上下大队，党支部姜周祥、姜永祥，家（加）池大队革委杨术新，塘养生产队革委姜均国、姜家望等人约定集中到塘养共同协商解决，达成协议如下，日后三方共同遵照执行。

（1）此山按原分合同土地占三、栽手占二，五股均分。
（2）此山全部让给塘养生产队搬运下河，种地更新，土栽，重造立合同。

（3）此山木头检尺出售后，劳动、盘运和土股按三七成分配。土股占三，砍伐盘运占七。塘养光出售部分木材场列入予支。恐口无凭，特立此决议共同遵守，日后不得争多论少。文斗下寨、上寨、家（加）池、塘养各执壹纸存照为据。

一九七四年古历十月初九日　于塘养

## 【龙梅珍等清白投字据】

◎ 图 4-5

立清白投字人龙梅珍、陆富宇二姓，为因徙外，无地方安身，立意投到文斗寨界内，地名中仰住居。蒙众头公姜祥元、姜现宇、姜隆宇、姜科明等，把我二姓安身，大家相为邻寨兄弟。自投字之后，勿论前后左右，寸土各系文斗地界，我陆、龙二姓不过借以安居，莫生歹心。如肯出力，勤恳挖掘者得吃上层之土皮。倘蒙伯佔之心，天神鉴察，假文斗众等不许挖动者，抑天神鉴察。所有管不到之处，任凭中仰打草、打柴过活。挖种、收租等情，如弟如兄，大家不使以强欺弱。恐日久人心不古，立此清白投字为照。

代笔中　陈艾宇
康熙二十三年正月十五日

## 【范振远、姜士朝清白合同】

◎ 图 4-6

立清白合同字人岩湾寨范振远，文斗寨姜士朝二人，今因本年四月，范振远砍伐地名皆烈之木，有姜士朝混争。二比请中理处查明俱皆得买……据此之山。今中人公断其地二股均分，士朝占一股，振远占一股，山内砍伐未尽之老木四股均分，振远占一股，士朝占三股，山内嫩木先年士朝所栽各归士朝。倘日后振远各栽一边，士朝不得阻党（挡），二家不得争租。今恐无凭，立此合同，各执一纸为照。

批：此山界限，上凭凹，左边凭冲，右边凭大岭，下凭田沟为界。

合同一样，不得反悔【半书】
凭中　姜弘运、姜廷
代笔　姜廷望
乾隆五十年六月二十日立

## 【姜登科、姜登文自愿了结字】

◎ 图 4-7

立自愿了结字人姜登科、登文兄弟叔侄等，为因先年将田一注卖与姜德相、铨相、斌相、坤相、槐相、周智、周信等，因粮事……清，互控日久，未得结局。今承姜登熙、姜鼎相念在族谊，不忍坐视，从中劝解。将所控之二斗八升零以作两家，派当我登文承当八升零，所余贰斗全归姜德相、铨相、周智等完纳。二比以后照此派纳，不得异言。俟拨户口之后，各家仍照此摊，倘有反悔，任登熙、鼎相，照直鸣官惩治。口说无凭，立此自愿了结字交登熙、鼎相收执为据。

内添户口二字。
民国五年九月廿一日登文笔

## 【姜国珍等与姜廷伟等之清白分山合同】

◎ 图 4-8

立清白分山合同约人下寨姜国珍、启才、应飞、周杰、俨党、与才等，上寨姜廷伟、姜明光、周龙、文奇、龙香保等，为因白号山场早已分清栽木无异，今有姜与才所栽杉木在白号山头，二比混争，意欲与讼，族人亲友不忍坐视，于中释纷解劝，将与才所栽之山并地公处拾贰股，将拾一股断与姜启才、国珍等五十两之山纸上有名六人收租、管业所有，一股断与姜明相、文龙、文奇十两之山有名人等收租管业，日后不得异言。恐后无凭，立此合同各执一纸存照。

立分合同为据，映飞手承一纸。

凭中　姜廷式、姜士朝、姜廷盛、姜岩生、姜官科
代笔　姜文勣　　　　　　　　　　　　　　勣
乾隆五十五年八月初九日　立

## 【岩湾台光保等错悔字】

◎ 图 4-9

立错字人岩湾台光保、范绍英，为因生理木植，错过文斗寨姜开泰之山，地名八牛山，自古并未开洪放木，不意道光十一年，我等拖木一单，错过姜开泰之山。蒙中解劝，我等自愿书立错字，倘有别人照此路放木，俱在我台、范二姓包承。今欲有凭，立错字是实。

凭中　姜大受、姜显祖、姜廷贵、范绍尧
道光十一年二月十二日绍英亲笔　立

## 【姜绍怀清白字据】

◎ 图 4-10

立清白字人姜绍怀，今清白到姜宗玉名下。情因宗玉得买上寨姜通圣叔侄之山，地名龙望坟也，因我等不知，以为绍怀山内有股，当请凭中理讲查实，二家俱立有合同可据。坟山二彼公共，其坟边之山界限，上凭载渭之山以小路为界，下凭土坎，左右凭冲。此界内山杉宗玉管业，绍怀、通圣无分，其界外二家各有合同可据。日后不得异言，自愿立清白字，永远存照。

凭中　姜映宗、廷贵、宗德
绍恒亲笔
道光七年四月初四日　立

## 【姜宾周清白错字据】

◎ 图 4-11

立清白错字人姜宾周，因横争姜绍韬、绍略、绍吕三家之乌大球山，以致律讼。蒙县主公断归家，姜宾周屡屡向三家乱行滋事，蒙寨老坐视不忍，入中直斥解劝，宾周自今以后不得借故生端滋事，余有宾周所存字约，日后以为改纸，立清白是实。

凭（中）族长姜绍牙
代　笔　姜荣
道光十年四月初五　立

## 【连妹悔错字据】

◎ 图 4-12

立悔错字人我，娶我为室，我自过门以来新旧八九载，夫妻本系和睦，太显如何诡计。自来文斗寨夫家，言说外妻罗氏二莲，言说要请中，尚亲夫异论等语。我连妹骇然……相贤同兄太显约数十人，往文斗寨夫家抄掳赶来……鸣地方乡保验明，即往天柱县主禀报抄家……往黎平府主台前捏词具控亲夫逼氏另……爷相贤同兄太显送母旧熊应昌、应贵、王……唐姓人等，并母旧罗姓，王世毫同兄太显众等。自立据起姬文斗寨姜述盛等，入中将氏并耕牛□二害两寨中人并夫家等情，今我唐氏虽不会写鸣两寨中人等，之后据若我连妹有心悬梁藉故生非兹（滋）事与讼等情，如有生端别异，任凭中人并立为据。

（后附有手印一个）
道光九年八月渭　立

## 【范长庚等错悔字据】

◎ 图 4-13

立错悔字人张化寨范长庚同侄登榜，为因补良莠之山木植，早年先父已出卖与文斗寨姜载渭老爷名下为业，今复妄卖与下文斗寨姜映江砍伐。不意或被买主查拿，请中理论，自知情亏理虚，自愿登门哀求容情施恩不咎，自愿悔过自新。日后不敢仍蹈前辙，倘有再犯，任凭原主执字赴公众究，自甘领罪。恐口难凭，立此错悔字为据。

凭中　向文星、姜凌云、姜映江
代笔　李先科
……九月初五日范登榜押　立

## 【李先祥、范本性清白合同】

◎ 图 4-14

立清白合同约人李先祥、范本性二人所因拉道之田，先年本性父亲典与朱达泉、朱达泮弟兄，朱姓又典与李先祥。今本性上门与李姓照价赎回，而朱姓未肯到堂，二比异论。蒙中劝解，二比自愿清了局中。等当照朱姓所典之田价分派拉道之田一垠，派落典价纹艮（银）五两整。今李先祥凭中实受过派落典价文艮（银）五两整。日后朱姓来续，李、范二人执此清白合同字收价为据。

内添九字，涂一字。

外批：此田分为二截，壹股捐作练田。

凭中　姜名御、范本英
代笔　范锡寿
同治六年十月十三日　立

## 【姜名卿等清白合同】

◎ 图 4-15

立清白合同字人姜名卿、姜相珍、熙年弟兄熙麟、超梅等，为两家祖父与上寨姜国柱、大集、中仰陆通理、光清、光大等，所共映堆大山一所。除姜国柱、大集、陆姓等所共之股，二家因股数不清，延岩数日后，各吊契据合同对证。而此山原分为叁大股，羊报占一大股，羊厄占一大股，三寨柳官占壹大股，此大股份为拾陆股。国柱、大集、陆姓、绍宏、钟灵等共占伍股，余拾一股，姜钟奇私占一股，世扬占壹股，熙麟叔侄占一股，绍宏、绍望、绍恒、绍宽子孙自存一股，余柒股归绍宏弟兄、载位弟兄二家子孙平分，每家占叁股。自此之后，不得各照自单契据争多端少，永远照此，掉换清白合同分照为据。

凭中　杨胜长　潘继业
清白合同贰纸【半书】载渭子孙存一纸
光绪十三年五月二十四日熙豪笔　立

　　光绪十三年四月二十三日卖音（映）堆山一所，当中喊价玖十五两三十八钱，退甲吕文九十一两零二厘，内欠足艮（银）五分，又扣宝艮（银）一钱四分，世伯是交九十一两七钱一分，内除七两七钱七分开今食，只存足文捌拾四两正分账。地主、栽手占三股，予栽手占一股，艮（银）二十八两正，地主占贰股，艮（银）五十六两正。又作叁股分，每股占艮（银）一十八两六钱六分，羊报占一股，羊厄占一股，三寨柳官占一股，分为十六股，姜国柱、大集、陆姓、绍宏、钟灵等共占五股，钟奇私占一股，世杨占一股，熙麟叔侄占一股，相珍子侄等自存一股，余七股相珍叔侄占叁股半，艮（银）叁两九钱零六厘。名卿弟兄占叁股半，艮（银）叁两九钱零六厘，原系熙豪批后存照。

## 【姜恩相等清白字合同】

◎ 图 4-16

　　立清白字人下寨下房姜恩相、侄交贤，因我有共山地名鸟大球，内外贰幅，外幅作捌股均分。蒙中劝解了局，恩相、侄交贤二人之股自全。所以捌股之幅上下分为两截，上截春发公私山作伍股，恩相、侄交贤贰股自全。又内幅作九股均分，恩相、交贤愿了息木地，总归买主上寨中房姜杰相弟兄名下为业。以后恐有来历相争，先告堂判。此山系我原在谁个弟兄侄等，卖与买主，各照名字管要，除我二人未得。恐口无凭，立此清白字为据。

　　春发公之私山分为五股，交贤占一股，于宣统三年捌月十七日出卖与杰相兄弟管业。交贤亲笔当日批。

合同字永远发达【半书】
凭中　下寨姜熙豪、上寨姜玉恩
光绪二十四年七月二十七日交贤亲笔

## 【姜承豪等承认字】

◎ 图 4—17

　　立承认字人平鳌姜承豪、承伟、承善、承金弟兄，因有山一块在文斗，地名皆板冲界，与文斗姜周仕弟兄、姜国兴弟兄等所共。其山界限：上凭恩于台田石，抵板中大路，左凭冲，右凭岭。此山分为三大股，平鳌承豪弟兄占壹大股，周仕弟兄占壹大股，国兴弟兄占壹大股。我地在内，固本年六月间，我弟兄仿佛不知所共，是以全部卖与姜汉乾砍伐贸意（易）。后经为云请出字契，始得明瞭（了）。其木砍三份（分）之一。今我弟兄全领姜汉乾所议砍之价，其山上未砍之木，亦自愿留与姜周仕弟兄、姜国兴弟兄蓄禁。日后长大即由周仕弟兄、国兴弟兄二家砍伐，或出售我弟兄此届年股份，而此山之地后二届砍完之后，仍是照合同叁股管业，不得异言。恐口无凭，立此承认字为据。

民国七年所分存之合同批明
民国三十七年十月二十六日承豪笔立

## 【姜周栋退还祭祀田合同】

◎ 图 4—18

　　立自愿议让退还祀田字人姜周栋，为因辛卯年家族分居之时，我长房分落后龙坡加甲大田一坵，约谷五十石。我祖父、大伯、叔父等，共议此田当为春秋祭祀之田，永远不准各房子孙出卖，外人亦不得谋夺。当即刻碑，严为厉禁。数十年来，我父兄恪遵先人遗嘱无为。辛酉以还，频年饥馑，斗米升珠。各父兄当其拮据之时，承其出卖与我周栋名下为业。自此田之后，祭祀之费自然无着，此田以尚未能完买，亦属大半日夜筹思。先人既有此举，我周栋敢不周旋，今届秋祭祀之期，凭诸先人之灵前，自愿将本名所买得加甲祀田、各父兄之股一律退还，以作春秋祭祀之费。务望我父兄子侄等竭力保存。所有各人出卖之文契，本应退还原主，旋思此契一退，难保日后出卖外人之虞，既经出卖外人，祭祀之费仍无依矣。似此岂不辜负先人之美举？是以各人卖契仍存在我周栋之手。恐口无凭，我周栋自愿退还祀田，字据三纸，文轩满公、赞廷书相叔三处各存一纸，永远存照此据。

凭中　姜永成
分立合同，三纸各存【半书】
民国丙寅年九月秋祭日立周栋笔

## 【姜世臣等清白字】

◎ 图 4-19

壬子十一月内，因下寨姜世臣、世美，姜登敖、登佰父子偷卖我们翁提山一块，与杨德昌砍伐下河。界至：上抵大岭，下抵大台田与沟，左凭大冲于我们南或大山，右抵大岭与我们得买钟泰之山，中截抵我们卖与雷启泰砍之大山。此山系先年得买姜德宏、兰明元之山，姜登敖偷卖与杨姓。我们随木到张化寨秀阻木，当请张化团甲范光华、光荣、岩寿等理论，两下对字看验，而敖之字据左右系改过，并无老契。相所光荣等斥敖之理非（当时罚登敖银一两三钱），断令杨由昌补我们岭足银四两八钱正了事。而地股仍断为我们，世臣父子叔侄均无系分，木植又让与杨姓，看中人分上，日后我们子孙照此受业。恐有登敖来世再为争持，所执此字看之可也，现昼有图一张为计。

中华民国元年阴历壬子十二月十六日　焕卿亲笔记此

## 【姜正高戒约书】

◎ 图 4-20

立戒约人上寨姜正高居心不良，屡行盗砍木。今又盗砍下寨姜世德、世法、登泮、登熙、登科、登文、元标等叔侄弟兄之山，土名卧夭，杉木叁拾一根，被山主查之拿获。

赃真证确，自知情亏理曲，再三哀求宽宥，以免报款送官。今凭团首姜卓贤、熙毫、正才，保长姜寅郊自愿将盗砍之木退还失主，照依款上条规，罚钱壹千叁百文，已（以）后痛改前非，不敢妄为。如有再犯，任凭执字报款议罚，送官究治，罪所应得。口说无凭，立此戒约为据。

> 凭中　姜熙毫、姜正才、姜寅郊
> 卓贤　笔
> 姜正高左手大指押
> 宣统二年十二月二十一日　立

## 【姜老很等清白字】

◎ 图 4 21

立清白字人兄弟二人姜老很、老学，玉兴兄弟二人相争祖遗屋地基上下二块，请房族理论。中人处断上一块老很、老学占凭以旧坎为业，先坎在玉安管业下一块，玉兴名下占，二比自愿惠和好。弟兄二人研钩各业各管，日后不得异言，立清白字是实。

各照栽岩为界管业。

> 立分地基合同永据【半书】
> 凭中　龙玉洪、姜映宗
> 代笔　姜绍牙
> 道光七年十月初一日　立
> 此地基二人又后卖与绍滔公

## 【王承邦清白甘股悔咎合同】

◎ 图 4-22

立清白甘股悔咎人王寨王承邦，因同王士瑜、士元、述经、述选等，各于道光十九年用价得买文斗寨姜绍吕、绍齐、绍鸠、钟英、载渭等之木一块，地名冉中勇。坎（砍）发（伐）生理，嗣后木植出河，放至江市发卖，被黎平陈由道阻止。姜济川之股具控在案，施累延久，故于道光二十年王士元、士瑜、述先、承邦等，妄控拖累卖主天柱至黎。卖主具明，木已交清，自知情亏理屈，畏其审讯，逃脱不赴，策计施行赔补费用了局。至文斗请中向姜绍吕、（绍）齐、钟英、绍鸠等理讲，查实原系为姜济川之股不清，拖累姜绍吕、绍鸠、绍齐、钟英等之股，蒙中解劝姜绍吕、绍齐、绍鸠、钟英等，将杉木三块价值数百余金以作赔补费用，清楚了局。立有清白字样执照。原说我王姓有各之人，不得日后复行番（反）悔，拦阻兹事姜姓杉木等语。我王承邦奈自己吹情，背弃前盟，复生磕诈，又于去年八月内上文斗清中伸鸣，将姜姓一概杉木复行斧号栏阻，伸贴张挂。姜姓知弃，将清白字样约中与我王承邦面对朗诵，看验原载，王姓有名之人不得生非磕诈，阻止之语。我王承邦自知情虚理屈，无言可辩，无计可施，突入姜姓之家，窃行短计诬害。姜姓当时拿获约中道官究罪，幸赖中人救解我王承邦，情愿再立清白，甘股任咎，一以为后照是实。

内添"光"一字，涂"玉"字一个字。

凭中　姜朝理、姜大烈
道光二十五年六月初七日王承邦亲笔　立

## 【向义林等甘伏字】

◎ 图 4-23

立甘伏字人洪江菜头溪，向义林、义高、义德弟兄，为母亲亡故强葬于姜绍礼、绍齐、钟瑛、凌德、凌汉、凌云、相荣、寿长之山，地名眼东农。山之主查知我向姓强葬，请中理讲，向姓自知情亏理曲，自己登门央求山主只允葬一棺，坟之外送上下四尺，左右四尺，不许进葬。倘若再葬，恁滋山之主执字送官，自于罪累；其地归尺之外，恁滋山主进葬栽杉，向姓不得异言。今恐无凭，立此甘伏字为据。

内茶二字添一字
凭中　王老开、向文清
代笔　朱达材、朱达泉
道光二十三年四月初九日　立

## 【王士瑜等清白字】

◎ 图 4-24

立清白字人王寨王士瑜、述金、述先、承邦等，为因所买冉中勇之木，砍伐出河。因陈由道阻止，姜济川名下之股延搁日久，我等思维，理宜请中，向姜济川理讲，不关姜绍齐、绍吕、钟英等之事。兹我等请人与伊等，蒙中解劝，绍齐、绍吕、钟英等念在亲戚，让青山三块，一块刚培道，一块老虎洞，一块松宠与我等砍伐下河，生理二比自愿无事。所有黎平之案未结，上下盘费并衙内费用各用各还，不得藉别生非异言。再者所有绍齐、绍吕、钟英等三家所存之木植一概等项，日后我等王姓不得生非、异言、阻止，如有生非、异言、阻止等情，中人等执此清白字付公，自干不更。

凭中　姜述圣、姜春发
王述先亲笔
道光二十一年三月二十五日　立

## 【李国梁等清白字】

◎ 图 4-25

立清白字人韶霭寨李国樑，为因姜老外与姜钟英、钟华弟兄往黎城买货，殊至中途，受愚掉换假文艮（银），被唐宏顺店认实，扭禀县主。法危情急，通报李国樑伯侄在案。当堂讯明无干李姓之事，是因花费，请中尚理。今钟英弟兄甘补了局，日后二比不得滋端。恐人心不古，立字为据。

凭中　姜尚德、姜济太、姜琏、姜荣、姜开太、
　　　朱镐、姜通义、姜通粹
道光十七年十一月二十四日亲笔　立

## 【姜显祖错卖字】

◎ 图 4-26

立错卖塂坪代山场字人上寨姜显祖，情因文斗我四房公地坐落，地名乌堵溪头，与凄洞盘路为界，分落下寨二房所占，其山之内有一副（幅）塂坪并垦界之山。我父亲于嘉庆十年十月内，错将下寨二房之荒坪并山发卖与中仰陆正礼。今请中理讲，自知礼（理）亏，此塂坪原系我下二房管业。我显祖并无系分。恐口无凭，立此错卖是实。

凭中　姜朝英、姜廷辉、姜宗德
笔中　姜廷瑜
嘉庆十一年八月十九日　立

## 【姜光禹等错悔字】

◎ 图 4-27

立悔错字人姜光禹、光宗、光照、光绪兄弟，先年将抱中保山场杉木并地出卖与姜绍齐、钟英叔侄二人为业。不意光绪亡故，我兄弟三人不在家，弟侄不知，又将光绪安埋，又乱坎（砍）杉木。兄弟回家查识，自知理错，日后不转再葬。如有此情，任凭绍齐叔侄即字见官，自干受罪。恐口无凭，立此错字为据。

凭中　姜荣
光照　亲笔
道光二十四年十二月二十五日　立

## 【姜世官等清白字】

◎ 图 4-28

立清白字人姜世官、世俊、世珍等，情因上下二家祖遗共山冉中勇山。去岁凭中议同我叔侄等名下之三十二股，价银五百三十八两八钱。后奈度出不知谁砍伐情籍难怪下边叔侄惶恐。是已查实系姜永松、永康、李甲寅三人砍伐。他叔侄具控三人，蒙县主标黄仰首提究三人，依三人言定是客主招砍伐。然伊三人愿出书办差人路费，承中言定后奈打扫衙，情无任理，宜被告当检。蒙后中姜世法、肇彬、永和三人劝定，被告三人愿出此费，三面事主了息。而客主上山砍伐，亦不准卖主再三连四阻止，而银主限期有误，方准相阻。所有姜永松、永康、李甲寅三人凭中从此以后不准籍故生端，敲打他三人，亦不准转与异论关契。恐后口说无凭，立此清白字，以中人手执为据。

凭中　姜世法、姜贤清、姜开贤、姜尚文、
　　　姜永文、姜永和、姜肇彬
光绪二十五年七月十六日登熙笔　立

## 【姜恩临领人清白字】

◎ 图 4-29

立领人清白字亲夫姜恩临，因妻姜氏美音于本月十二日突至恩榜、永康叔侄家坐索饮食，似有疯癫之状。今凭团首并族长等将妻领回，自为管束，从此以后倘再逃走或行短见，俱不与恩榜叔侄相干。恐口无凭，立此清白领字为据。领字存登泮手。

凭　姜超梅、姜登泮、姜恩成、姜德芳、
　　任伍喜、姜世法、姜永兴
光绪十九年十二月十五日亲笔　立

## 【姜冠廷与姜登泮之出凭字】

◎ 图 4-30

立出凭执字人姜冠廷，今因与姜登泮等因木与讼。蒙府主陈数审，断令登泮等赔赃。窃此木原共流去，计赃七千余株，本名占木贰千捌百余株，满弟哲相占木四千余株。但本名之木虽经登泮之弟登津偕，藉命盗阻之，姜超桂、超梅等朋阻，自应与超桂等各赔一半。至哲相之木委因超桂等所阻，实只应向超桂等开问赔。兹超桂等未曾到案，是以与登泮合议，各投恳禀关提超桂、超梅。若果获提超桂等到案，自愿议让登泮赃银数百金，明遵官断，照数将登泮名下田产倾赔。立契与本名，暗则凭（中）张兰卿彼此共三人酌议，除将登泮本名山价及世臣山价共木五百捌拾三株由登泮议价，每根扣银八钱，合该银四百六十六两四钱，外候日后登泮追获国相等山价，再补本名艮（银）二百叁拾三两六钱以满柒百之数。若登泮不能全追国相等山价，亦由登泮另赔，再可由原中酌议减省，嗣案结，登泮赔清文艮（银）数，转由原中退还登泮。字契外有国柱山价，亦由登泮理清。恐后无凭，立此议字交付与原中收执为据。

凭中　张兰卿
光绪二十五年六月十九日立　亲笔

## 【陆文美等投帖字】

◎ 图 4-31

立情愿投帖字人陆文美、龙隆卿，湖南人氏，为因祖上移到文斗，地方中仰，坐住于乾隆二十一年。内有文斗头人姜文勒、姜文举、姜文学、姜文科、姜弘道、姜起才等，称言而中仰虽坐住，乃属我文斗上下四房地界，左抵苗馁内，右抵婆洞。二比无据，恐日久不法，何以为凭，于是我陆、龙二姓情愿立投贴字，以文斗众头公为执照，蒙众公当立字之日义让，不论邻近地方敢其挖种地路。倘或用价得买者，方为己业，勿惧荒山野地，寸土俱是文斗之地界，陆、龙二姓不得吞谋。假如后脉一带亦不许进葬，大家不过以为邻寨，必要安身守己，如弟如兄。恐人心不古，立此情愿投贴字存照。

凭中　曾元相姜年射盾

代笔　杨文彬

乾隆二十一年二月十八日　抄白

## 【陆宏兴等清白字】

◎　图 4-32

立清白字人陆宏兴、陆宏远、陆宏道，因先年胞兄宏贵得买姜九连之木，地名皆休，九连胃（谓）木不清，今凭中姜启才退转与姜映辉、范文玉，补价艮（银）八钱，退卖契。日后陆姓弟兄不得籍故生非。今欲有凭，立字为据。

凭中　姜启才

亲笔

乾隆五十四年六月二十六日　立

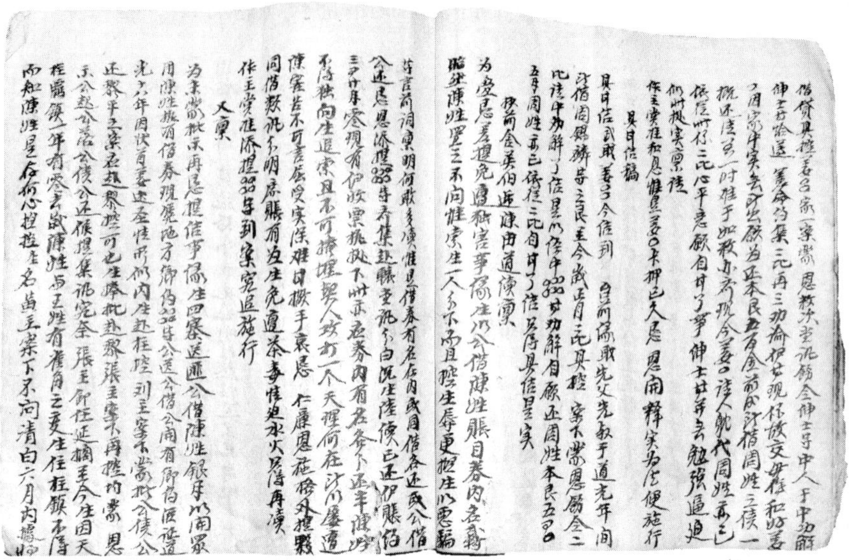

图 4-1

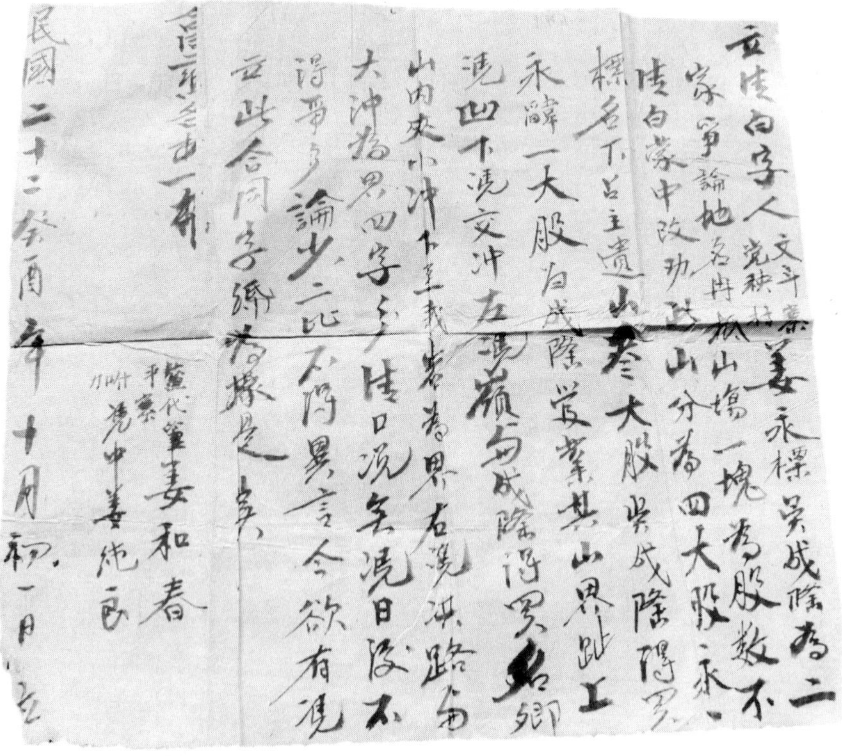

图 4-2

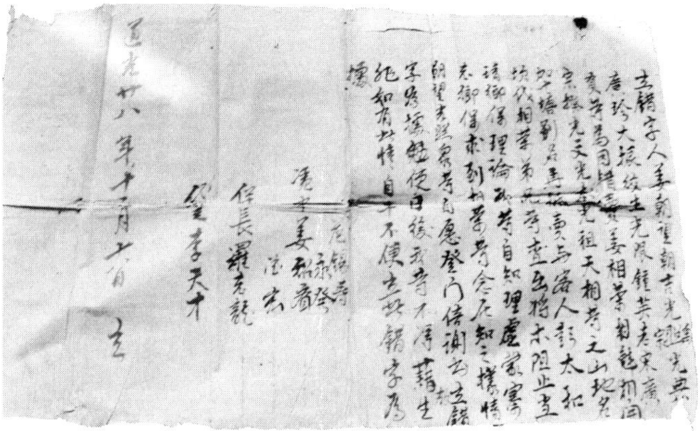

立错字人姜[illegible]……[illegible]

凭中 姜[illegible]

保长 罗[illegible]

笔 李天才

道光廿八年十二月十六日 立

图 4–3

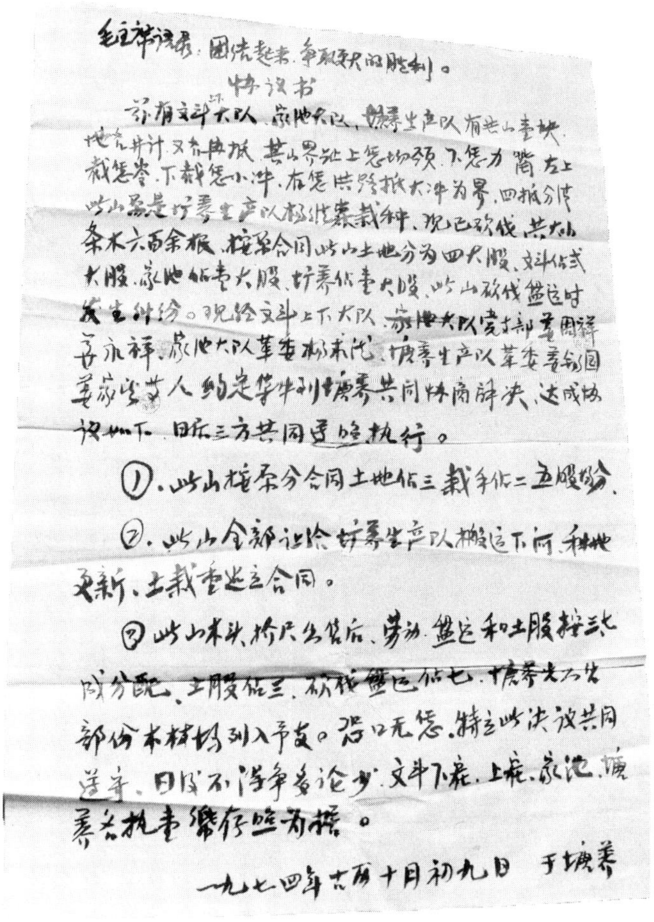

毛主席语录：团结起来，争取更大的胜利。

协议书

[illegible]有文斗大队、[illegible]地大队、[illegible]生产队有[illegible]山壹块，地名[illegible]，又名[illegible]，其山界址上凭[illegible]，下凭[illegible]，左上截凭[illegible]，下截凭小冲，右凭[illegible]大冲为界，四抵分清。此山原是[illegible]生产队[illegible]栽种，现已砍伐，共[illegible]条木六百余根。按照合同此山土地分为四大股，文斗占贰大股，[illegible]地占壹大股，[illegible]占壹大股。此山砍伐盘运时发生纠纷。现经文斗上下大队、[illegible]地大队党支部[illegible]、[illegible]地大队革委[illegible]、[illegible]生产队革委[illegible]等人约定在[illegible]共同协商解决，达成协议如下，日后三方共同遵照执行。

①、此山按原分合同土地占三，栽手占二，五股均分。

②、此山全部让给[illegible]生产队搬运下河、种地更新，[illegible]栽重造立合同。

③此山木头、[illegible]出售后，劳动、盘运和土股按三七成分配，土股占三，砍伐盘运占七。[illegible]部份木材[illegible]列入[illegible]。恐口无凭，特立此决议共同遵守，日后不得争多论少。文斗下寨、上寨、[illegible]地、[illegible]各执壹纸存照为据。

一九七四年古历十月初九日　于[illegible]

图 4–4

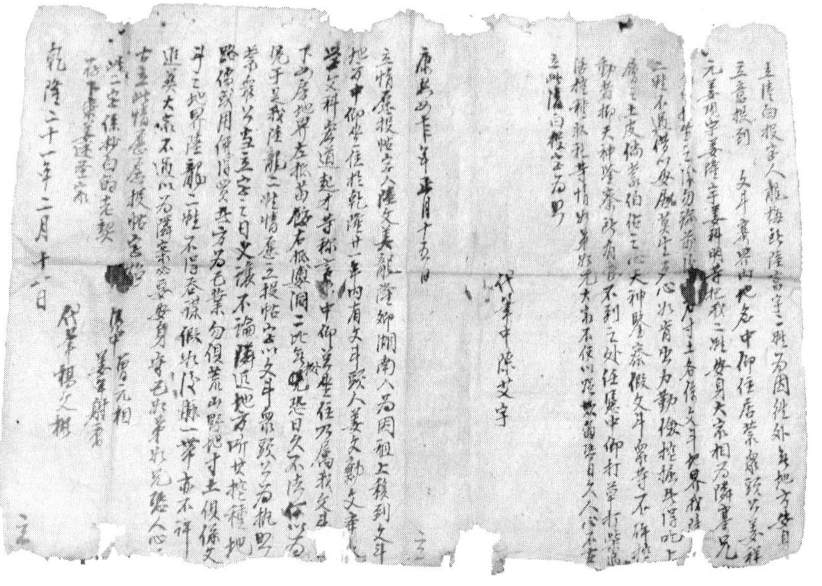

图 4-5

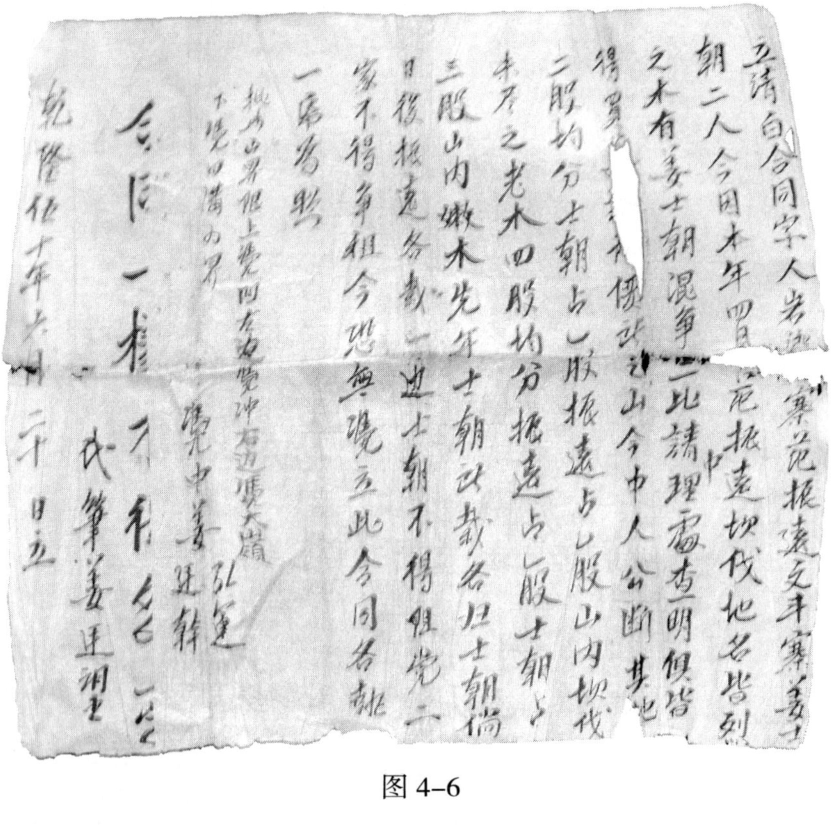

图 4-6

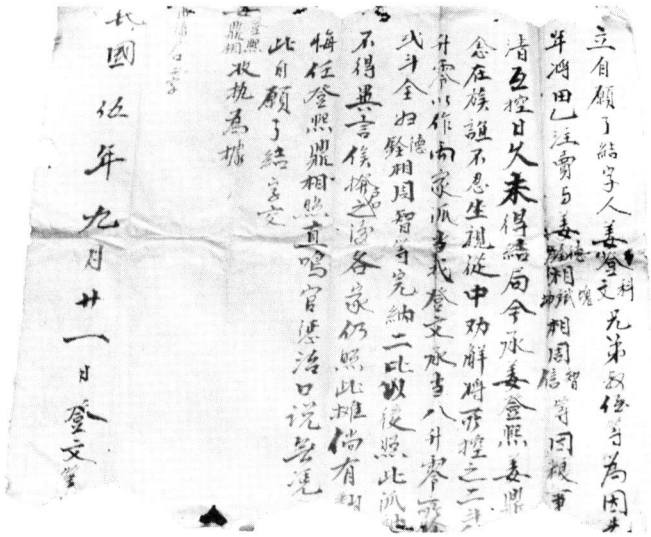

图 4–7

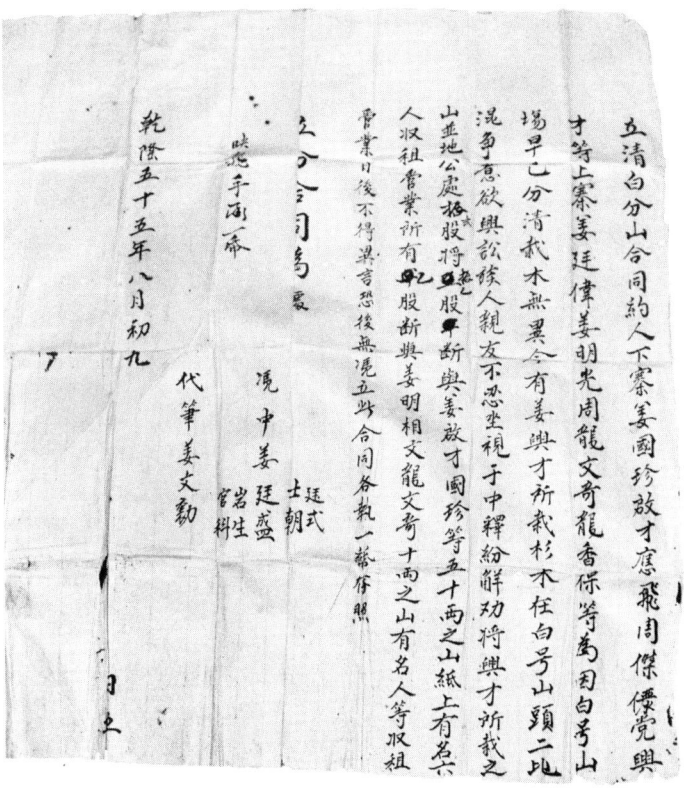

图 4–8

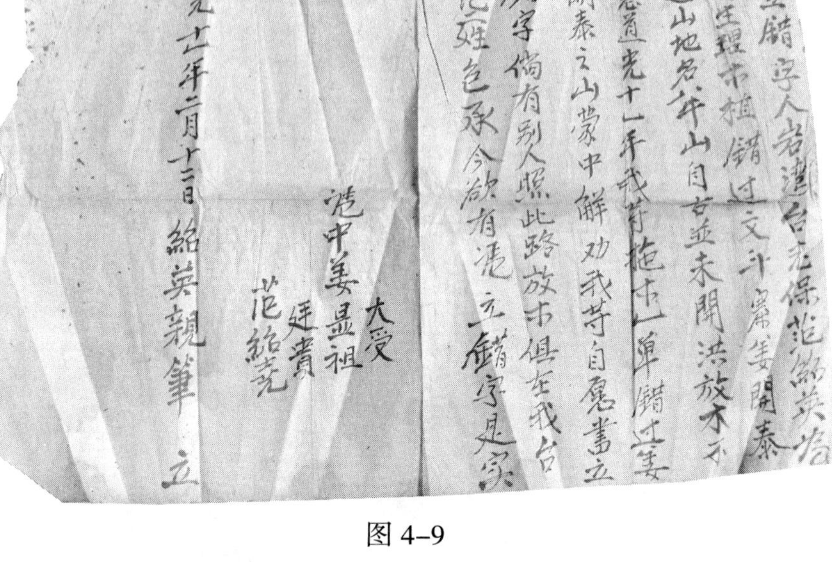

图 4-9

图 4-10

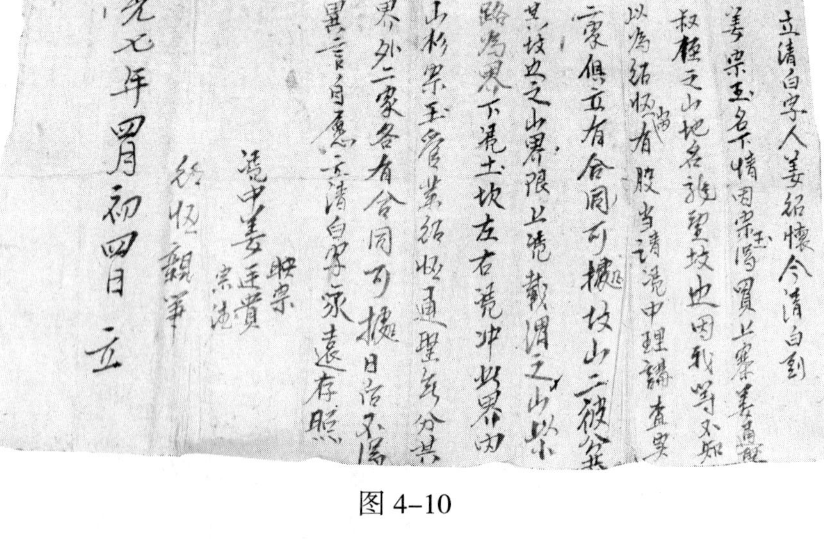

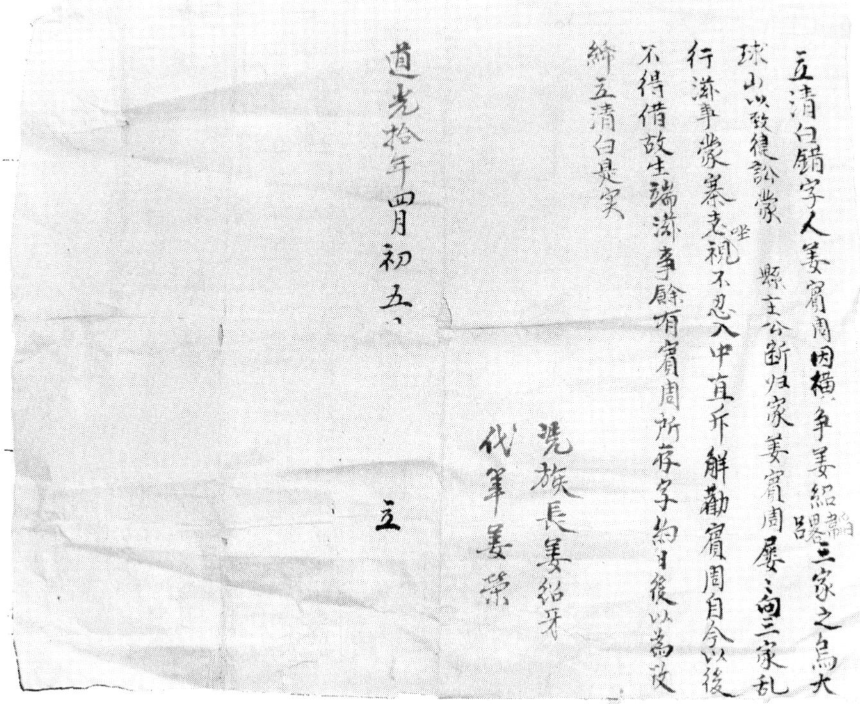

立清白錯字人姜寶周因樵爭姜紹噐器三家之烏大
球山以致徒訟蒙　縣主公斷歸家姜寶周屢次向三家乱
行漸事於案老祀不忍入中直所解勸寶周自今以後
不得借故生端漸亭餘有寶周所執字約自後以爲設
綺五清白是實

憑族長姜紹牙
代筆姜榮

道光拾年四月初五日
立

图 4-11

立悔錯字人...
...
憑族長
...
立

图 4-12

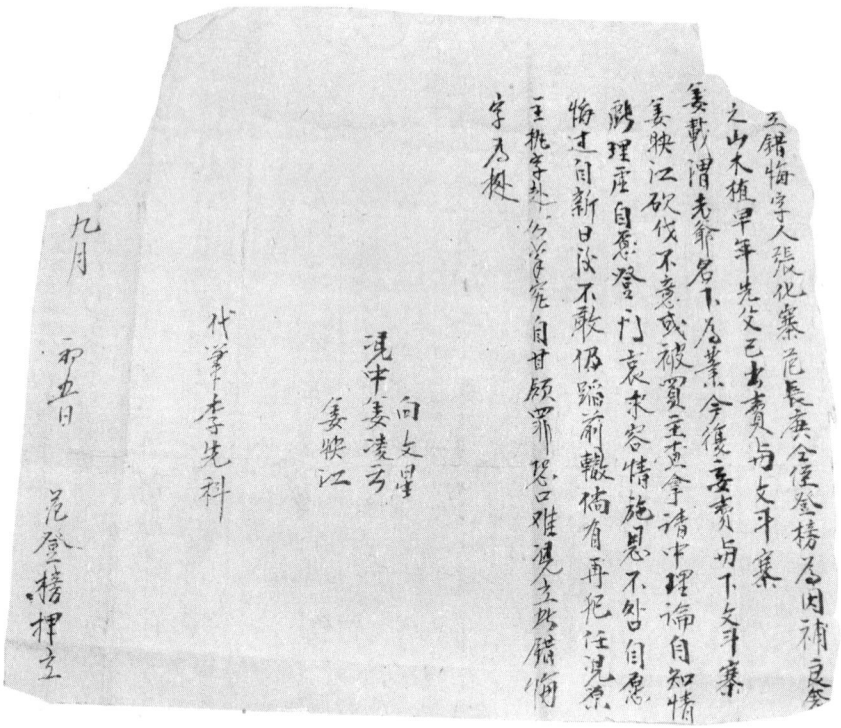

图 4–13

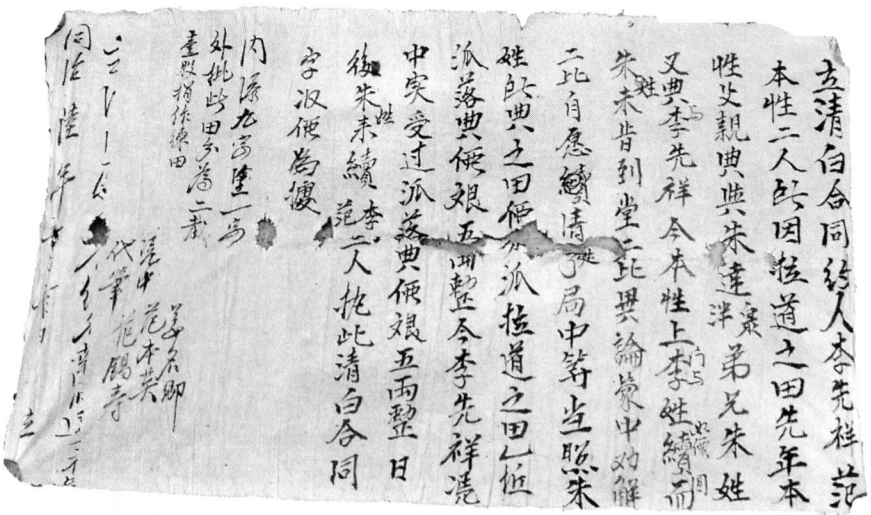

图 4–14

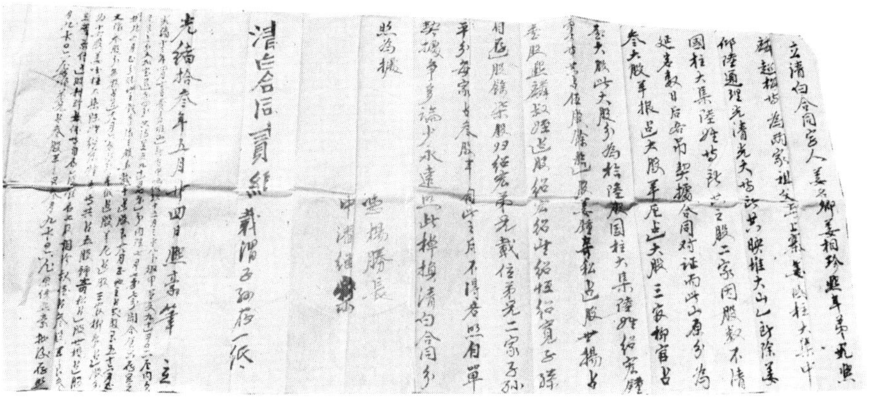

图 4-15

图 4-16

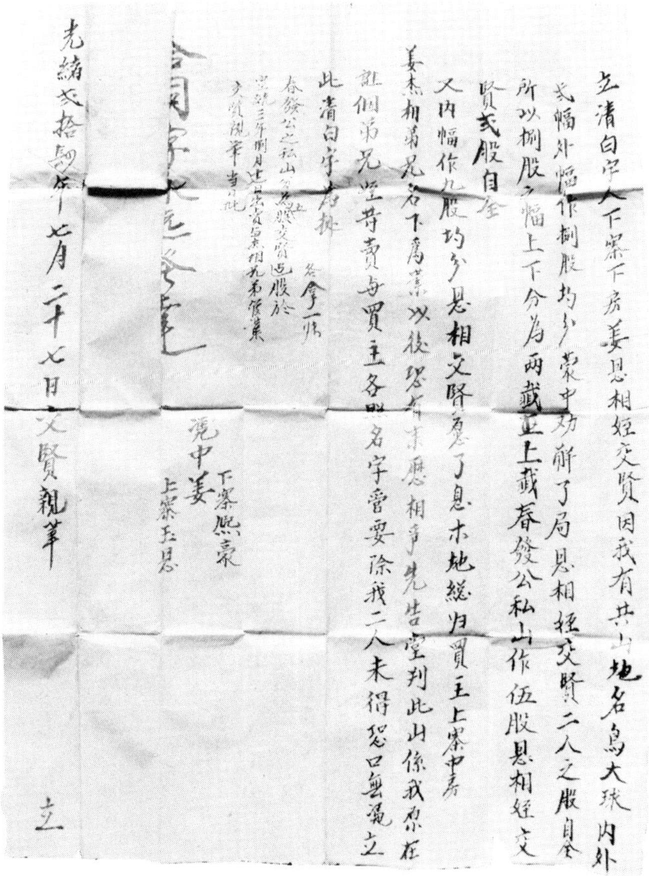

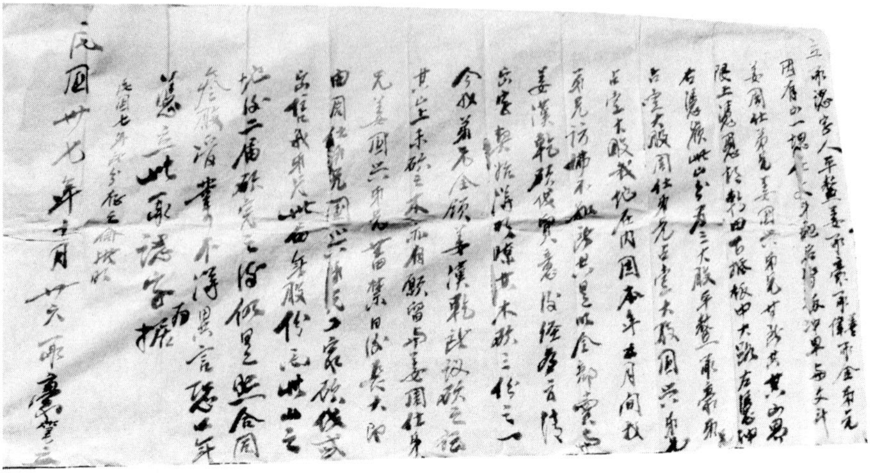

图 4-17

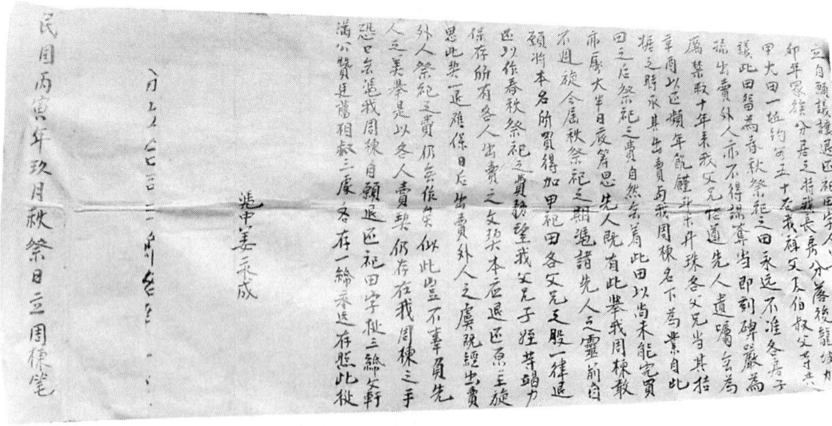

图 4-18

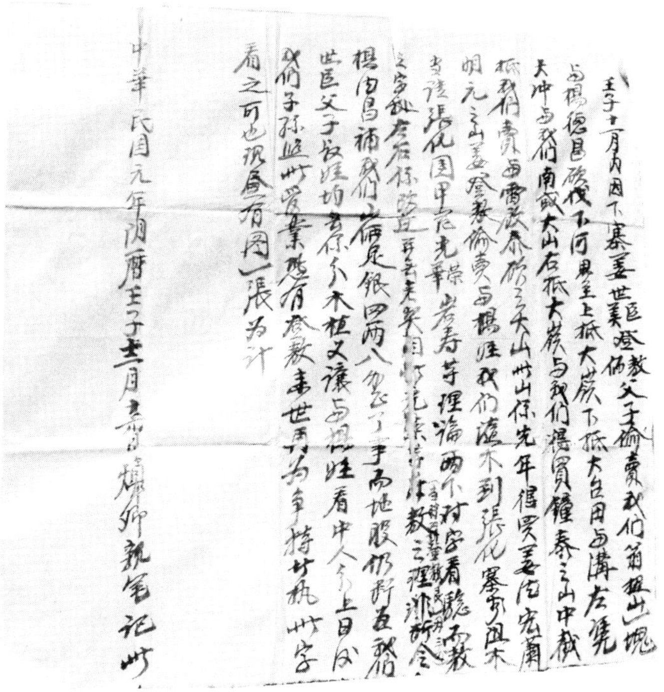

图 4–19

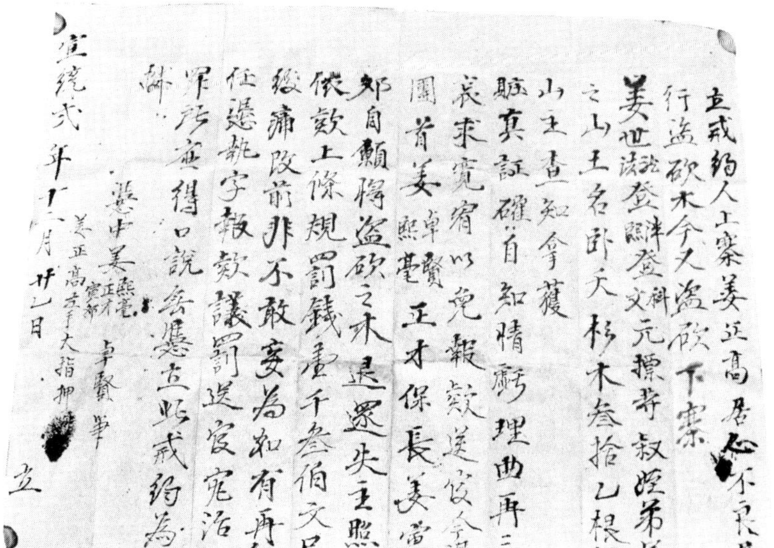

立戒约人上寨姜廷高，居心不良，屡
行盗砍木，今又盗砍下寨
姜世法、登熙、登泮、登文、登科、元标等叔侄弟兄
之山土名卧夭杉木叁拾乙根，被
山主查知拿获，
赃真证确，自知情亏理曲，再三
哀求宽宥，以免报款送官，今凭
团首姜卓贤、熙台，正才、保长姜寅
卯自愿将盗砍之木退还失主，照
依款上条规罚钱壹千叁伯文。已
后痛改前非，不敢妄为，如有再犯，
任凭执字报款议罚，送官究治，
罪所应得，口说无凭，立此戒约为
据。

凭中 姜熙台 正才 寅卯 卓贤 笔
姜廷高亲手大指押

宣统贰年十二月廿二日 立

图 4–20

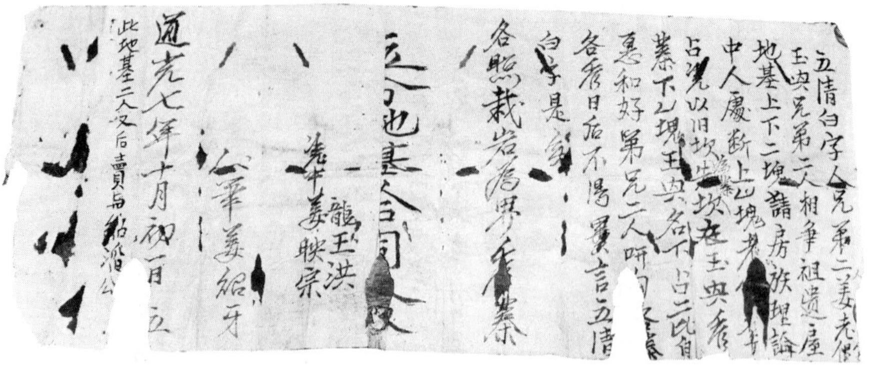

图 4-21

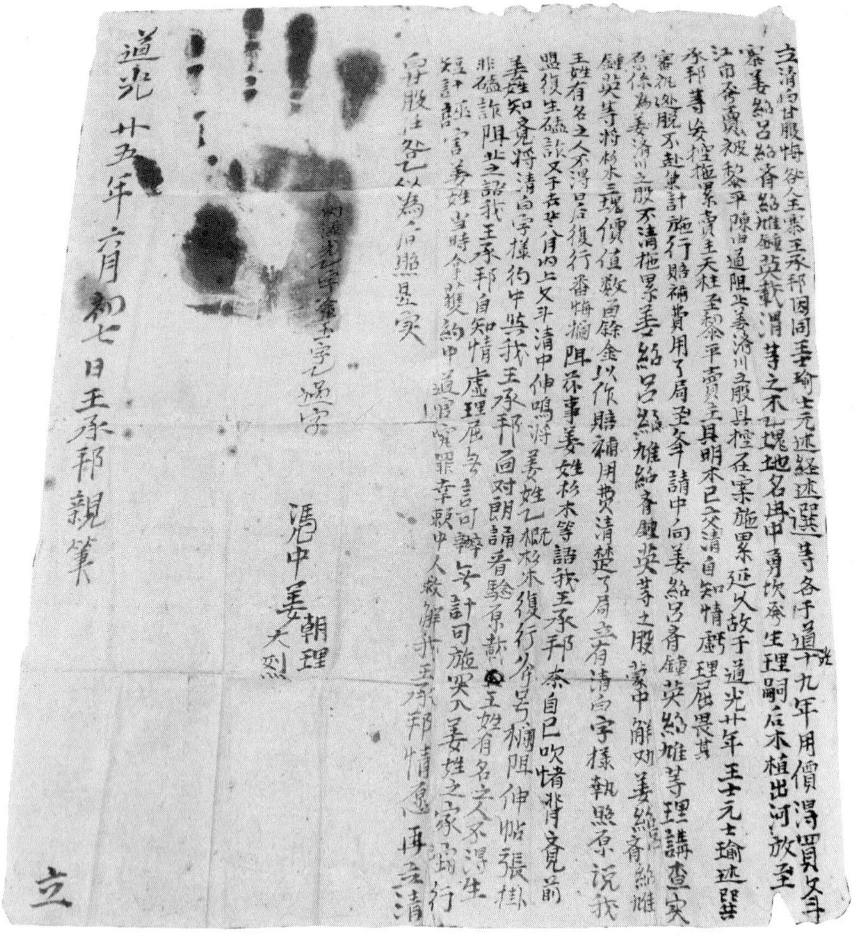

图 4-22

立卖坟穴字人浃江茅溪向义宽向□林弟先为因亲
亡故钟茔于姜绍新钟琢坟墓相茔寿长
之山地名眼东农山三主虎知我向姓钟茔祷
中理情向姓自己孙门种夫未
山主兄先茔一棺坟之外遯工□个四尺左右
四尺未许双茔偊苦再茔侒凕山主桃宫逆
官自于罪异此地啤尺之外侒凕山主
进茔载于向姓不浮异言今凭至凭立

内菜三宝添宫

凭中向文清
王老同　代笔朱达泉

道光二十叁年四月初九日立

图 4-23

立清白字人王衆王士瑜述金
述巽永邦寺为因所买冉中勇
之木砍伐出河因陈由道阻止姜
济川名下之股延搁日久我寺思
维理宜请中向姜济川理讲不闻
姜绍新钟英寺之事许我寺请人
典伊寺蒙中解劝绍吕钟英寺念
在观戚讓青山三家剛道一
块老虎洞一块松罷典我寺砍伐
下河生理二比自愿无异所有黎平
之棠未结上下盘费亚衙内赞用
各用名迩不得藉别生非异言再者
所有绍吕钟英寺三家所存之木值
一栈寺项日没我寺王姓不得生非
异言阻止以有生非异言阻止等情
中人寺执此清白字付公自干不便

凭中姜春镜
王述巽亲笔

道光二十一年三月廿五日立

图 4-24

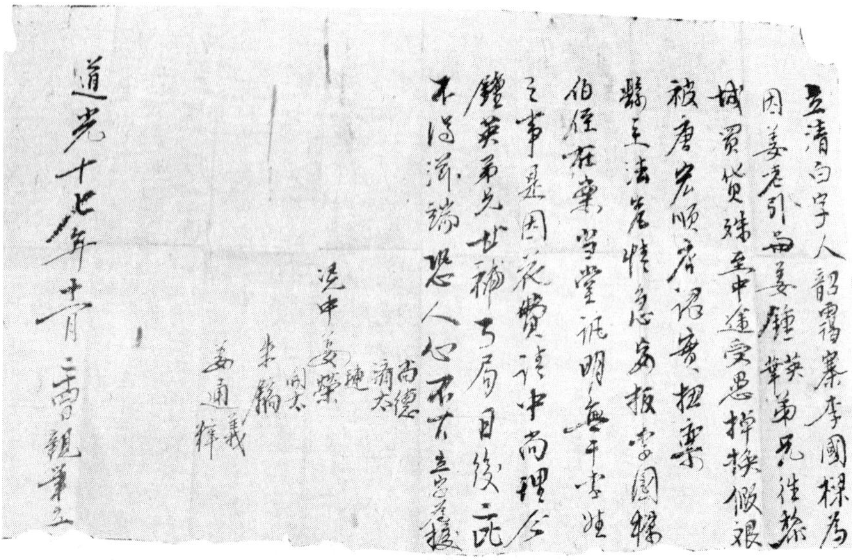

立清白字人韶霭寨李国棵為
因姜庭引而姜鍾禁弟兄往恭
城買货殊至中途受恩押换假艰
被唐宏顺店诶賣扣案
縣主法差情急报賣国糈
伯佳在桑當堂託明無平李娃
之事是因花費诶中尚理会
鍾英弟兄廿赫平局日後三氏
不得滋端恐人心不古立字为据

憑中姜榮　坤太
　　尚德　消太
　　李编
　　姜通祥

道光十七年十二月二十　曹祖筆立

图 4-25

立賣墢坪代山场字人上寨姜顕祖情因
文斗我四房公地些落土名烏堵溪頸興凄洞盤
路為界分落下寨二房所占其山之内有一副
墢坪並星界之山我父親於嘉慶十年十月
内销锉下寨二房之芜坪並山祭賣與中伸謹
正礼今請中理講自知礼筋些墢坪原係我下
二房管業我顕祖並無係分浚曰無凭立此
销賣是实

憑中姜連輝　宗德
朝英
单中姜連瑜

嘉慶十一年八月十九日　立

图 4-26

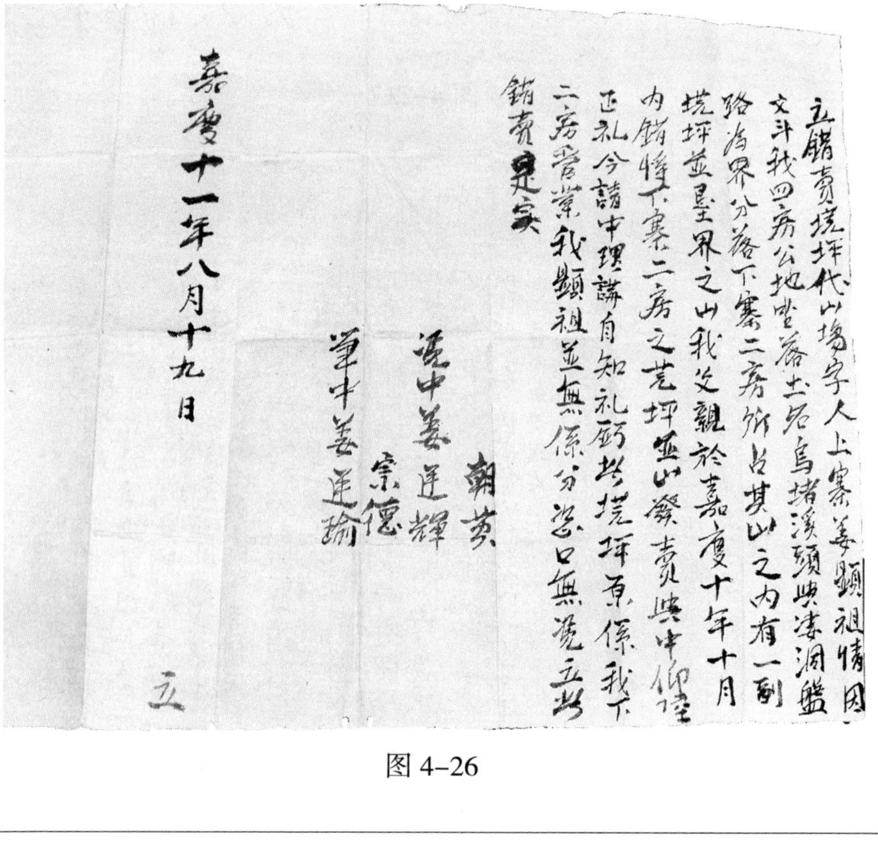

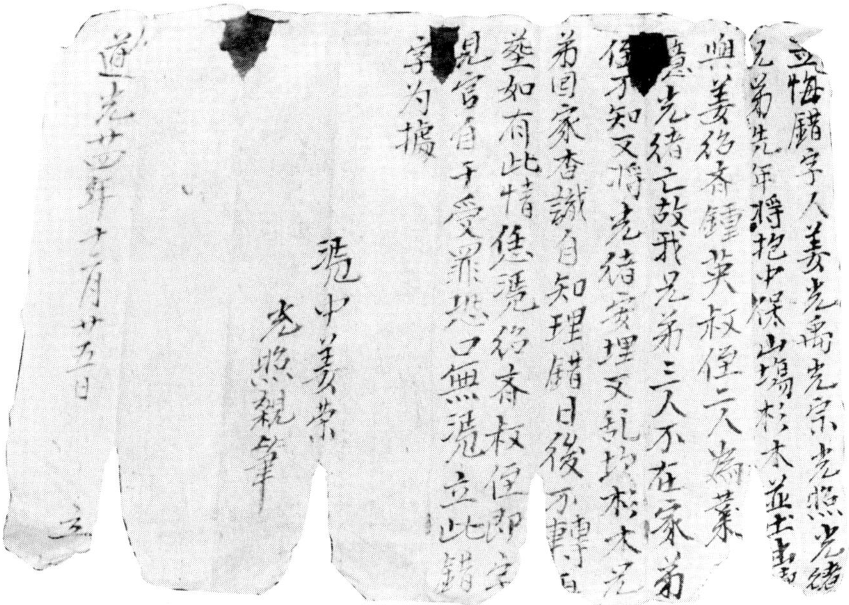

立悔赌字人姜光高光宗光照光绪
兄弟先年得抱中保山塲杉木並圡堆
興姜绍斋鐘英叔侄六人為蕪
慮光绪亡故我兄弟三人不在家第
侄乃知又將光绪瘞埋又乱埋杉木光
弟回家查誠自知理赌日後万轉日
葵如有此情侄憑绍斋权侄卽立
見官甘于受罪恐口無憑立此赌
字為据

憑中姜荣
光照親筆

道光卅年十月廿五日　立

图 4-27

立清白字人姜世璇等情因上下二家祖遗共山坲
中勇山去歲憑中議同我叔侄等名下分三十二股
低銀五百三十八〔貝〕八分後奈度出不知誰砍伐
精蕪雜怪下边叔姪惶恐是已查實係姜永康永松
李甲寅三人砍伐却姪坟拔三人嘗縣主標
黄卯首提兕三人依三人言定是密主招砍代然
伊三人愿出書此費三面事主心息而容破
掃衛情無任理宜被告当撥蒙後中姜肇松三人
劝定被告三人愿岀此費四此而良書事限期有
上山砍伐亦不准半壽主重四此二事
候方平相阻扣柏有姜永康
以後不准籍故生端敲打他三人亦不准中從
論囗樂愿恐日説無憑立此清白字以中人手為據

憑中姜世法　永文
前賢　肇松
省文　永和

光绪戊拾五年七月十六日　光照筆　立

图 4-28

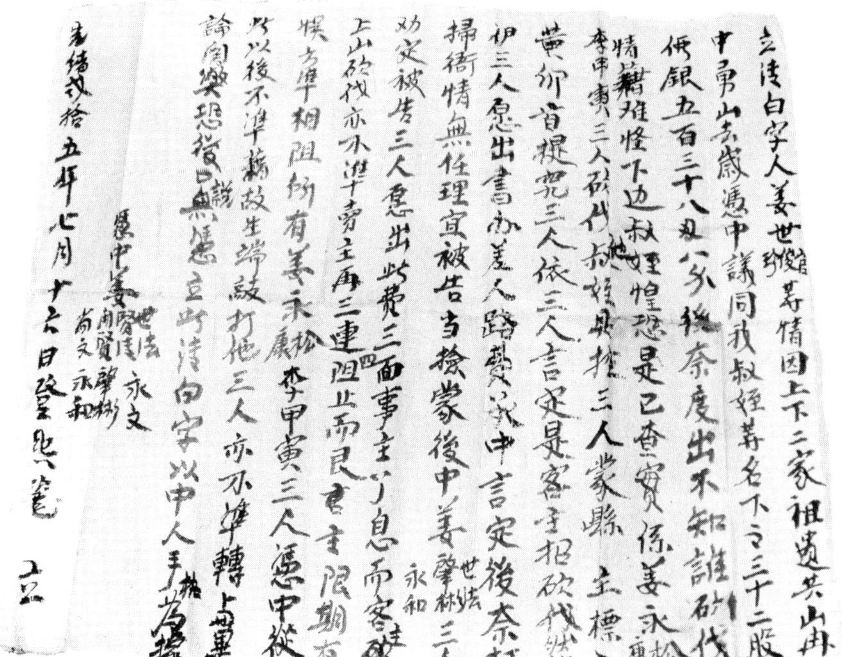

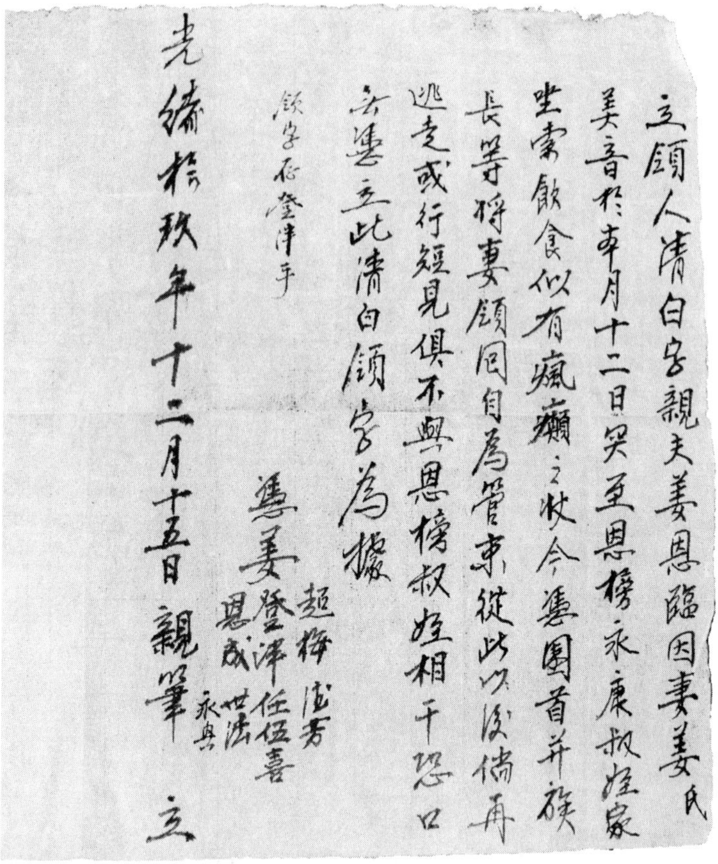

贵州文斗寨苗族契约法律文书汇编——易遵发、姜启成等家藏诉讼文书

立領人清白字親夫姜恩臨因妻姜氏
美音於本月十二日哭至恩榜永康叔姪家
坐索飲食似有瘋癲之狀今憑團首并族
長等將妻領回自為管束從此以後備再
逃走或行短見俱不與恩榜叔姪相干恐口
無憑立此清白領字為據

憑姜登洋任伍喜
　　恩成世洪永典
　　超梅德芳

鍬字先登洋手

光緒拾玖年十二月十五日親筆　立

图 4-29

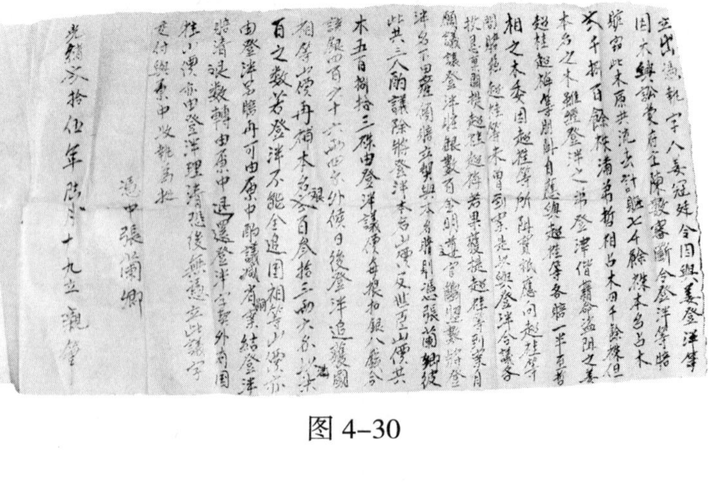

图 4-30

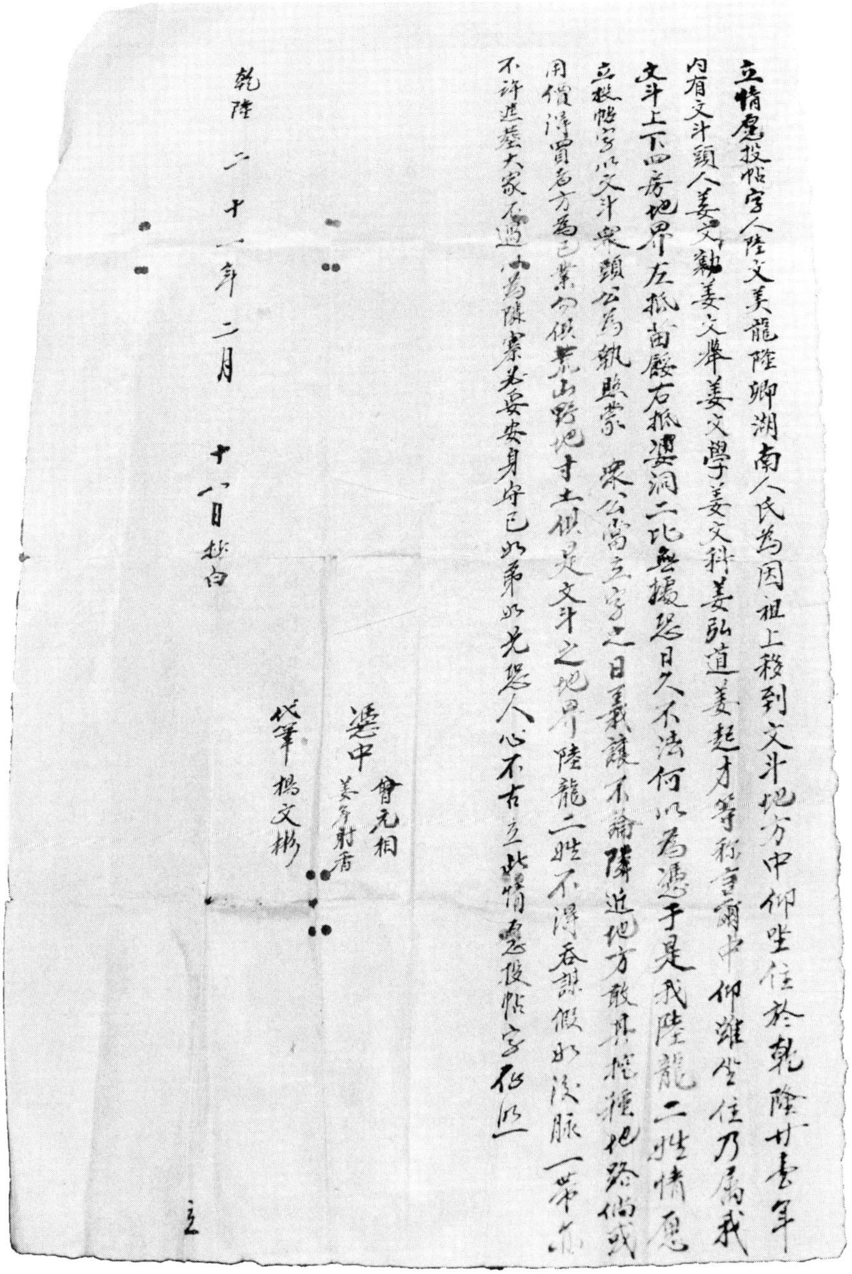

图 4-31

立情愿投帖字人陸文美龍卿湖南人氏為因祖上殺到文斗地方中仰坐住於乾隆村壹年

内有文斗頭人姜廷勲姜文舉姜文科姜弘道姜起才稱字爵中仰灘坐住乃屬我

文斗上下四房地界左抵苗嶺右抵婆洞二北無據恐日久不清何以為憑于是我陸龍二姓情愿

立殺帖字以文斗衆頭公為凯題崇　衆公當立字之日義讓不歸隣進地方散其墳種地路倘或

用價浮買意方為己業勾俱荒山野地寸土俱是文斗之地界　陸龍二姓不得吞謀假如没脈一葉茶

不許進葬大家凭遇（小為陳寡姜妾安身以已以弟以光恐人心不古立此情愿投帖字為以）

凭中　曾元相
　　　姜爵尉青
代筆　楊文彬

乾隆　二十一年二月　十八日抄白

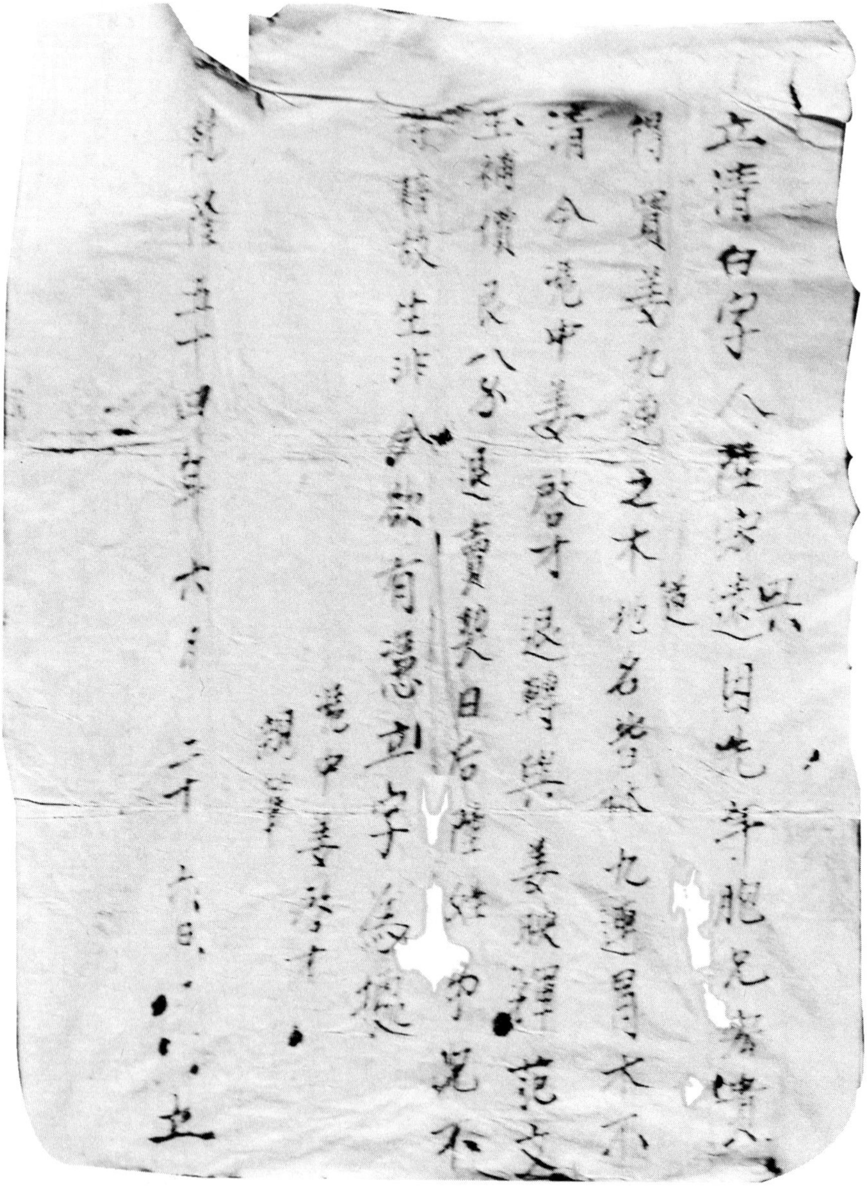

图 4-32

第五部分　碑文

## 【本寨后龙界碑】

后龙四房公地也，上始银矿坡，蜿蜒而来数十余里，下抵冲相，左起路坎上，上登土地坳，由板研奢大路扯至里甲，过丢活榜翻步苟，越中仰以塘东苗馂为界，右起大塘里山路，上登马道，登土地坳，过井幽兼乌冉尚，翻翁雾，亦越中仰以婆洞为界。康熙以来，书立有合同，界趾（址）至（字）迹为据。凡界内木植，各栽各得，起房造屋不取砍伐，下河者，二股均分，四房占一股，栽手占一股。兹众等恐世远年湮，后代不知详细，爰照先人字迹，将界内四趾（址）并木植股数备录分明，请匠刻石刊碑，以为万代子孙永远存照。

> 姜道粹、姜本宏、姜凌汉、姜道义、姜开仕、
> 姜光兆、姜道学、姜本义、姜相德
> 碑书　姜开秀
> 匠石　陈道信
> 道光二十八年戊申小阳月初十日　立

## 【文斗六禁碑】

**众等公议条禁开列于左（下）：**

——禁：不俱远近杉木，吾等所靠，不许大人小孩砍削，如违罚艮（银）十两。

——禁：各甲之阶分落，日后颓坏者自己修补，不遵者罚艮（银）五两，与众修补，留传后世子孙遵照。

——禁：四至油山，不许乱伐乱捡，如违罚艮（银）五两。

——禁：今后龙之阶，不许放六畜践踏，如违罚艮三两修补。

——禁：不许赶瘟猪牛进寨，恐有不法之徒宰杀、不遵禁者，送官治罪。

——禁：逐年放鸭，不许众妇女挖阶前后左右锄膳，如违罚艮（银）三两。

> 乾隆三十八年仲冬月姜弘道书撰　立

注：碑存河口乡文斗村。

# 【章山禁碑】

## 万古碑记

　　盖闻黎山蓄禁古术，以配风水。情因我等其居兹境，是在冲口左边，龙脉稍差，人民家业难以盛息。前人相心相议，买此禁山蓄禁古木，自古及今，由来旧矣。罕道光年间，立定章程，收存契约捐钱人名，昭彰可考。蓄禁古木成林，被要唆害，概将此木伐净。咸丰、同治年间以来，人民欠安，诸般不顺。至光绪七八年间，合村又同心商议，又将此本栽植成林。不料有不法行之徒，反起歹心，早捕人未寝之时，暮捕人收工之后，私将此栽之秧木扯脱，成林高大之苑砍伐枝桠，剥皮暗用，弄叶杀树。合村人见之，目睹心伤，殊属痛憾。自今勒石刊碑之后，断不扯坏。若再有等私起嫉妒歹心之人故意犯者，合团一齐鸣锣赔禁栽植，章程另外罚钱拾三千文。违者禀官究治。预为警戒。以是为序。

大清光绪二十三年二月谷旦公　立

　　注：碑存大同乡章山村。

# 【彦洞禁碑】

## 流芳百世

### 在任候补道调补黎平府正堂卓异加一级随带加一级纪录十次

　　为出示严禁事。案据念洞乡团罗永开、周文风、黄启安等以"公恳给示，以靖地方而除盗源事"："缘团等地方，山多田少，地脊民贫。于同治年间苗匪叛乱，冲杀破卡，死亡甚多，抛尸首安埋立冢，均有后嗣祭扫。近来有不等之辈，不顾人之坟茔，图就便道，专以擅放牛马，竟将葬坟之处朝去夕来，踏成大路，踩奔坟冢，露棺现尸。人皆父母，莫不切齿。兼团等地方，栽蓄杉、桐、腊并田中禾麦，沙泥田埂，亦被食踩，可恶至极。甚至游手好闲之流，三五成群，日在乡村探听，夜则挖墙劫掳，以及放火烧山。种种不法，殊勘痛恨。团等实因地方起见，不忍坐视不前。是以会同约齐首人，再四思维，惟有俯恳仁天案下赏给示谕，一并严究，俾地方横暴之徒不得再行故犯。禀请给示严禁"等情到府。据此，合行出示晓谕。为此示，仰军民人等一体知悉：自示之后，如有该地方栽蓄杉、桐、腊等树，无得任意妄行盗砍及放火焚烧、牧放牛马等情事。倘敢不遵，仍蹈故辙，准该团等指明具禀，定即提案重惩，绝不姑息宽容。各宜凛毋违。特示。

右谕通知　告示
光绪三十年十一月十四日立　实帖念洞晓谕

注：碑存彦洞乡彦洞村边。

## 【青山界防火公禁碑】

尝思天地之利莫大于五行，而火居其次。闻上古之世，茹毛饮血，饮食之制未精。迨至燧人仰观俯察，钻木取火，烹饪得以初兴，故孟曰："民非水火不生活"。是水火固人所赖以生，而不可一日无。况水火虽有裨于人，亦有时而损于人者也。无如天灾流行，何地没有？而我地方尤有甚焉。奈我地地密人稠，皆曰"人之大意"，而祝融之灾叠见。虽家多足食，斯造之匠工难持。是以先人立禁，罚重难遵。我等公同禁：自此以后凡起火之家，无论贫富，公议罚钱三千三百文，以为送火神之费。倘有不服，公同送官究治。今者世道变更，人心不古，故刊碑勒石以垂不朽云。是为序。

众首事　姜吉盛、姜开位、姜文佐、姜正贤、姜包架
光绪二年润五月二十一日　立

注：此碑立于青山界腹地黎平县平寨乡纪德村小学边老牛堂边，距锦屏县固本乡扣文村5公里。杨秀廷抄录。

## 【甘乌林业管理碑】

### 公议条规

尝思人生所需之费实本与天下当共之，故曰：君出于民，民出于土，此之谓也。夫我等地方，山多田少，出产甚难，惟赖山坡栽植杉

木为营生之本，树艺五谷作养命之源。夫如是杉木之不可不栽，则财自有恒足之望耳。况近年以来，人心之，好逸恶劳者甚多，往往杉之砍者不见其植，木之伐者不见其栽。只徒目前之利，庶不顾后日之财。而利源欲求取之不尽，用之不竭者难矣。于是与村中父老约议：凡地方荒山之未植种者，务使其种，山之未开者必使其开。异日栽植杉木成林，而我村将来乐饱食暖衣之欢，免致患有冻有馁之叹矣。是以为引之。条规列后：

——议凡地方公山，其有股之户不许谁人卖出。如有暗卖，其买主不得管业。

——议我山老兜一概灭除，日后不准任何人强认。

——议凡有开山栽木，务必先立佃字合同，然后谁开。如无佃字，栽手无分。

——议栽杉成林，四六均分，土（地）主占四股，栽手占六股。其有栽手蒿修成林，土栽商议出售。

——议木植长大，砍伐下河，出山关山。其有脚木不得再争。

——议木植下江，每株正木应上江银捌厘，毛木肆厘。必要先兑江银，方许放木。

——议谁人砍伐木植下河，根头不得瞒昧冲江，日后察出，公罚。

——议放木夫力钱，每挂至茅坪工钱壹百肆拾文，王寨壹百贰拾，卦治壹佰文。

——议我等地方全赖杉茶营生，不准纵火毁坏山林，察出，公罚。

——议不准乱砍杉木。如不系自栽之山，盗砍林木者，公罚。

大汉民国壬子年十月十五日
甘鸟寨首人　范基燕、范基相、范基朝、范锡洪、范锡剑、范锡林　立
匠人　刘松生


## 【亮江木材漂流赎取碑】

**俾垂久远**

**特授贵州镇远府天柱县正堂加三级随带加二级纪录一次□**

为严切晓谕，靖地通商事。照得清水河上自苗疆，下达两湖江浙各省，所有木商……扰害弊端，久奉大宪厘革殆尽。惟柱邑、上义里等处地方，于嘉庆年间争江……奉大宪咨部严办，自应痛改前非，各安生业，

永为盛世良民，乃本县下车伊始……窃讦控者，除照案饬提究追外，合行出示晓谕。为此示，仰该属居民人等知悉：尔等嗣后……岸遇有木商栽桩吊缆停泊簰，毋许拔桩砍缆，偷窃肆害。遇有木商放行簰把，毋许纠凶聚……阻肆害。倘值洪水涨发之时，遇有上河漂流，下河捞获木植，毋许藏匿，毋许毁废，务候该商……斧记确实，遵照示定木植大小酌给工资银两若干，准其取赎，商等不得悭吝，亏负捞获……而居民不得高揩执漂流之木。如违，许该保长指名禀究。该保长若敢通同狗庇，或经访闻……被告发，立即籤提一并倍处。各宜凛遵毋违。特示。

计开捞获大小木植工价：

——一尺内围木，每根准给捞获工价银四分。

——二尺内围木，每根准给捞获工价银八分。

——三尺内围木，每根准给捞获工价银贰钱。

——四尺内围木，每根准给捞获工价银叁钱六分。

——五尺内围木，每根准给捞获工价银八钱六分。

——六尺内围木，每根准给捞获工价银壹两五钱。


呈　右谕通知

道光八年六月二十五日　晓谕三帮五勷　公立


注：此碑存于县城飞山庙侧，碑已残缺。林顺炳、龙久腾抄录。


## 【王寨木材漂流赎取碑】

**总理贵州通省厘金总局　署按察使　曾**

为晓谕遵照事。案奉抚部院牌开，据管带湖南长胜水师营、兼办竹木厘务周提督禀称："木商运木，近年河水陡涨，多被漂流，沿河奸民或乘危斩缆，或捞获勒赎，有碍商旅，拟定章程，请饬遵办"等情，檄"行者照示禁"等因，奉此，除饬地方官并局员遵照办理外，合行亟抄录章程示谕。为此示，仰商民排夫人等一体遵照，勿稍抗违，致干查究。切切。特示。

计开捞木赎木章程

——被水漂流木植，沿河居民捞获者，无论整排散木，不准削记改记，锯断藏匿。掉放河边，报知地保点明数目，速书招赎字据，开写斧记、数目、捞获日期粘帖泊排各坞，上下木商来认，会同地保合对，斧记相符，照章取赎，木商不得短价，捞户如有违章卡赎者，准商禀官提究。

——捞截木植定限四十日候木商取赎。如逾限不到，准捞户鸣知地保，投行照价售卖。

——捞截木植无论水势大小，均听木商于定限内取赎。如遇陡涨漂江洪水，每两木码准取赎价钱贰千文。满河水每两木码准取赎价钱壹千文，平常水木植漂流无多，听木商酌给捞获钱两，不准持强多取，木商亦不得悭吝少给，以昭平允。

——水涨之时，如有乘危潜至水底附近排边斩缆强放，被木商捕获告发，即照抢夺拟罪。若捞减、削记盖记、锯断私卖，被木商查获告发，即照偷盗律计赃科罪，以示惩儆。

——排夫包运客商木植放河洑、德山一带，沿途藉端卡索客商银米、故意羁留岩滩，迟延时日，而途图加价。嗣后再蹈前项情弊，准木商就近赴县禀明严加惩办。

右谕通知

光绪五年三月十六同晓谕勒三帮五公立

注：碑存于县城飞山庙边，2003 年夏六街开发建设时，开发商开挖地基时从地下挖出。林顺炳、龙久腾抄录。

## 【县城飞山庙禁排夫拦江霸放索价碑】

永远遵守

钦加同知衔特授镇远府天柱县正堂加三级纪录十次　曾

为晓谕严禁事。照得案据木商公顺永等以"违示揸勒，恳复旧章"等情一案到县。据此，除批示外，合行示谕。为此示，仰商民排夫人等行悉：自示之后，应照黎平府邓、前县龙会定章程放行，均不准稍有增减揸勒。倘敢故违，许即禀明，立提严究不贷。各宜懔遵勿违者。特示。

右谕通知

光绪十八年四月初三　日实帖亮河八步江晓谕

钦加道衔赏戴花翎署黎平府正堂　王

为出示严禁，以安商民事。案据木商周顺泉、左祥泰、薛德昌、闵新昌、徐隆盛、唐镒盛、刘德顺、陈惠昌、左启泰等禀称："缘排夫彭守敏等集于茅坪、宰贡等处拦江闹事，以致三帮之安徽、临江、陕函，五勤之德山、开泰、天柱、黔阳、芷江等处客商徘徊裹足，未敢遽行。尔行江于此，内帮各章虽遭其害，犹尚未烈，至若帮外之大冶、黄州、武汉、金苏等处之客则不可言状，故我镇远府主出示严禁，抄粘呈阅。乃该彭守敏等仍敢肆闹，商等伏思彭守敏等皆天柱人民，据伊当系五勤之人，乃不思何以楫睦同勤，竟敢于中坏事。商等若不恳请严行示禁，则上下河客路既遭阻滞，难免不另闹争端。不独国课受害无涯，即商客亦受害无底。为此，禀乞作主，迅赏出示严禁施行"等情到府。据此，除批示彭守敏等聚众拦江估放，勒索夫力，为害客商，业经本府通禀请饬镇、柱严拿惩办，一俟奉批，即行移知。兹据称，上下河客路阻滞，恐另起争端，准如所请，出示严禁，并早移马哨官极力弹压矣。抄示存。查此案前经本府通禀并移镇远府天柱县，仍照旧规办理，已示谕在案。乃该排夫彭守敏等复敢拦江霸放，聚众生事，勒加水力钱文，实属目无法纪，似此扰害，商贾何堪？兹据该商等禀，照前情除业经移请宰贡马哨官弹压外，各当出示晓谕。为此，仰三江总理、纲首及上下河客商、主家、排帮人等知悉：嗣后凡遇木植到江，务须仍照历来旧规，按定各帮应到地方接放，不准捐勒居奇。倘该排夫彭守敏等仍前拦江霸放，聚众生事，勒加水力，准即捆送米案，照例惩办，以儆刁顽；该商等亦不得藉此多事，自干并究。其各懔遵勿违。特示。

右谕通知　实帖亮河晓谕
光绪二十四年八月二十二日　示

注：碑存县城飞山庙内。碑高180厘米，宽80厘米，厚8厘米。林顺炳、谭洪洲抄录。

## 【八步江规碑】

钦加盐运使衔补……札发规条永远遵照以杜争端。而……之规费，各夫之工资，为利不少，向……而愈滞，踵事加增转成讼累。本府……谋金同，其有不合者参以公评，仍……苦。合行出示晓谕。为此示，仰八步……守罔替。自此以后，务宜永远遵行……行严提究办，决不姑宽。其各凛遵……

光绪九年九……

第一条议　八步交接水界：敦寨头步……至上稳江，上稳江接木放至下稳江……

第二条议　木商排式：除敦寨江一步……每排廿十余根，壹钱五分以上，每排……钱以上，每排肆根，合共大小品算，每……

第三条议　各步放木期限：凡平水每步……停搁，致令木排拥积混杂。若无故违……究。若遇狂风暴雨以及江水枯竭，并……

第四条议　八步规费工：首步敦寨溶口下……柒拾文，向家寨、高柳并上下稳洞三……几，各排给钱壹佰壹拾文，平金一步……

第五条议　捧寨系在头步江界之内，客……

第六条议　头部江左之笋寨、满寨、赖寨……江首照股派定，次日即行，伙同开放，以……

第七条议　各步接放排木，务由各步次第……之责，不得随水乱搁，致有漂失，贻误其……

第八条议　沿途行排如有打岩并散排，应归……

注：碑存县城飞山庙内，已断为两截，下半截已遗失。


## 【卦治争江碑一】

后兵部侍郎兼都察院右附都御史巡检贵州等处地方提督案务加节制通省兵马御兼理粮饷□

为再行剀切晓谕。照得黔省黎平府地处深山，山产木植，历系附近黑苗陆续采取，运至茅坪、王寨、卦治三处地方交易。该三寨苗人，邀同黑苗、客商三面议价，估着银色。交易后，黑苗携银回家，商人将木植即托三寨苗人照夫。而三寨苗人本系黑苗同类，语言相通，性情相习。而客商投宿三寨，房租、水火、看守、扎排以及人工杂费，向例角银一两给银四分。三寨穷苗藉以养膳，故不敢稍有欺诈，自绝生理。只因三寨以下，木植经过各处溪河，村寨不一，而最相凌远。又垒处地方系镇远府天柱县所属汉民村寨，素不出产木植，本与茅坪苗疆地方绝不相干。乃该处地棍，每思争利攘夺，自康熙、雍正年间，即将勘断禁示，已成铁案。而嘉庆二年，坌处汉奸伍世仁犹敢请帖开行，蒙混具奉，亦经本部院于藩司任内察破其奸，移道复勘，出示遵照旧章，剀切晓谕在案。今因临江等帮木客陈怡盛与茅坪苗人买地龃龉，复为伍世仁播弄捏词妄控，准到龙江等关咨令查办。又经本院行司饬黎平、镇远府彻底查明，提犯到省后，经贵阳府确切审讯，叙及昔年旧案，详苗疆要地情形，由司议详到院。除伍世仁一犯饬令交天柱县归入访拿，另案拟罪，招解重办。其控词妄语，又系怡盛等声情，各归本省查明，无经手未请帮项，再行按拟发落，并咨明工部、户部立案，暨分两江督院，江苏、安徽抚院，龙江等关一体查明外，合函再行晓谕。为此示，仰黎平府属苗汉商贾人等，嗣后一切买卖木植仍遵循旧章妥帖办理，该处苗汉人等勿许再有觊觎争夺，私于向例之外多索分文，致有病情弊，而商亦不得听口改规，借□□税误□，自干罪究。毋违，切切特示。

右谕通知

嘉庆六年岁次辛酉十二月二十七日

注：碑原存于三江镇卦治村，现已不知去向。碑文据杨有耕 1964 年抄件转抄。

## 【卦治争江碑二】

### 表扬德政

钦命布政使衔理贵东兵备道总理下游营务处遇缺题奏道勇巴图鲁随军功加二级纪录二十次　吴

为晓谕事。案据黎平府属王寨生员王承立等具控茅坪舒占元等"抗断翻案"一案，前经黎平府据奉前任道易□转奉抚部院批饬，本署道履勘讯断，曾于腊亲往该处勘明，访查情形，一面传集原、被告茅坪舒占元，王寨王承立，卦治文显奎、龙耀金、龙道云、文显柱、文显瑞等到案。查讯得回来，大河、小河木植系三寨人分年轮流当江，嗣因茅坪与王寨肇衅，互控不休，历任所断，旋结旋翻，以致终无了期。

本署道因念抚部院岑批内有"该三寨选派公正首等公同当江，经收入多寡，定分摊之数目"等语，此因抚宪遥揣悬断之意，如遵宪批，照断公同当江，则甫经互控似难遽尔积怨。今办不如仍照旧规，三寨分年轮流当江，似易劝合妥善，兼适值三帮、五勸客绅廖道生等邀恩请息前来，亦系请照旧办理，每逢子、午、卯、酉年，大河、亮江、八卦河轮为茅坪当江，王寨、卦治不得私引客商越买；辰、戌、丑、未轮为王寨当江；寅、辛、己、亥轮为卦治当江，茅坪、王寨不得私引客商越买。自光绪七年辛己正月为轮卦治当江为始，以后永远遵照。其有亮江、八卦、大河统旧轮流值年当江收领，三寨不得借词滋事。三江首等均各悦服，遵依具结结完案。本署道即将断结缘由，奉请抚部院岑查核示遵等具禀。断回后，二月十八日，王寨王承立等主使地棍吴振之等统带小江凶徒放木冲江，本属不合。是否王承立等主使，抑系凶徒所为？何以首等无一人出言理阻隔，殊不可解。除指示严禁查拿究惩外，合行出示晓谕。为此，仰三寨人等知悉，以后务遵前断；各值当江之年各自查照办理，不得听信奸小播弄，再行放木冲江，复至滋事。惟有敦亲睦，将来和气生财，自享源源不竭之利，庶无负本署道一片体衅商民之至意。一候奉到抚部院岑批回，再当抄批出示，妥立成规，饬令刊碑，永远奉行。各宜凛遵勿违。特示。

右谕通知

光绪七年三月十日　立

注：碑存于三江镇卦治村，姚炽昌抄录。

## 【卦治争江碑三】

### 钦加盐运使衔特授思南府调署黎平府正堂加十级纪录二十次　周

为出示严禁事。案据卦治纲首龙成仁、杨庭瑞等禀称"为拦江凶阻，违示霸收，胥兴无出事。缘三江荷蒙宪示，大小各河轮流当江。无异兵燹后，人心不古，王寨、茅坪互控，亮河各怀垄断，迭讯未息。因上控，蒙抚院指示，饬令道吴亲勘断结，由辛巳为始，宪示煌煌。殊至今岁遭王寨痞棍王森林、张玉珍等收押，犹不知悔，反督妻收余者抗提，案经未结。今实有茅坪凶徒龙吉瑞等见玉珍等久抽无阻，照此为例，纠党霸收亮河，收及万元。预备刀枪，又阻大河六家客木，粘单承阅。若不恳示严禁，客商等均惧买卖，闭市封江，胥兴无着，宪示何存。目无法纪，事关重件，伏乞台前作主，赏准存案示禁，俾胥兴具有，着以儆效尤"等情到府。据拟此案，前经巡宪亲勘断结，出示晓谕，自应永远遵办。兹呈龙吉瑞等霸收各情，如果不虚，殊属藐顽。候即出示严禁，并札茅坪总理查明，饬令遵照宪批办理。倘有违抗，即禀明，定提案重究不贷。

光绪十三年九月二十日　告示

注：碑原存卦治村，现已不知去向。碑文系据杨有耕 1964 年抄件转抄。

## 【卦治争江碑四】

### 钦加在任候补并特授黎平府正堂卓异加三级纪录十次　俞

为出示晓谕，以杜争端事。据茅坪、王寨、卦治总理龙道战、王先相、龙常化、王泽仁，纲首文名彰、文蔚青、龙均茂、龙跃榜等呈称："缘职等前以'呈恳定章，永远遵照'等情呈恳在案，荷蒙批示。请示章程，尤恐滞碍，务要三江总理、纲首公禀如是等因。奉此，理宜遵批趋赵恩辕而□切，无如农忙之时，未便分身。窃思职等地方，自国初以来，轮流当江，一切规模不敢紊乱。惟放排水夫，近年以来每年勒索，加增夫价。排到未售，该夫等谁号谁放，不由行主自雇，恶极异常。或木植大小一百根，撬成小排。一排旧章只用夫二名，今则加至六七名不等。如再若另雇，先行号排之夫不惟阻止，动辄手执刀矛两相争斗，殴打成凶，诚恐酿成巨祸，又恐递延时日，水泛木流，商人受害。如由该夫勒索加夫，主家所获行佣银两入不敷出，何有余资雇人在河下代客照料？是以三江总理、纲首等公同合议，不论夫之名数，只能照排给钱。如内帮所买之木，每排由卦治放至茅坪水力钱一百文，王寨放至茅坪每排给币五十文；外帮所买之木，每排由卦治放至天柱属之宰贡水力钱一百三十文，王寨放至宰贡每排给钱五十文。业经数月之久，遵照无异，亦无争斗等情。但该夫等系山寨农民，贪愚不等。议乃三寨公议，无祖无偏。而三寨排夫下至有伤私好，突于四月二十五、六等日，茅坪排夫齐集百余人，各执刀矛洋炮，在该处将卦治放下之木概行截止，不准放行，希图加增夫价。而王寨、卦治放排之夫，见势猛勇，任凭截阻，不与争斗。当经胡总办得知此情，恐生事端，又恐激成别变，即传三寨首人，并□排夫等面谕开导，由卦治放至茅坪每排加钱二十文，放至宰贡每排加钱三十文。该夫等当时遵依无异，将所阻之排即日放行。我等窃恐贪心不足，日久生变，是以不揣冒昧，公恳赏准出示立案，永垂久远而杜后患，雇民均感"等情到府，并据胡委员来函示，文略相同。据此，除批示放木，力钱论排最为公允，现经三江公议具章，又经厘局传齐各纲首开导，代为定价，各木夫亦遵守无异，候即出示晓谕可也，外合行出示晓谕。为此示，仰三江行户、排夫、商民、诸邑人等一体知悉：自示之后，所有放木力钱即公议价务须遵照此次公议章程，论排不论夫，照排给钱。该排夫等不得将木停止，另行勒索加增，商民行户人等亦不得紊章短给。倘有故违章，均予提究不贷，其各凛遵毋违。特示。

右谕通知<br>光绪十四年丑月二十七日　告示

注：碑原存卦治，现已不知去向。碑文据杨有耕 1964 年抄件转抄。

## 【卦治争江碑五】

**钦加盐运使御补用道特授黎平府正堂鉴增额巴图鲁加三级纪录十次　俞**

为出示晓谕事。据卦治龙道云、文显贵等称："缘职团等三江自开天辟地以来，先定夫役，后设江行。雍正年间蒙承各大宪悯恒民贫，难谋生活，经示准职等三寨歇客轮流当江。凡各岔大小河之木，概归值江主家行客购买，不准冷江私相授受，与夫役之事无相干涉。迨至乾隆年间之后，王寨人心贪鄙，屡欲霸吞八卦河之私，垄断独登，迭次互控。蒙前道宪周彻底判断，不得藉夫霸吞江利，如因江易派帮学夫，理应伺穷，现已具结在案。查数年来，我团等寨并未帮夫一次。殊光绪年间王寨贪心复萌，霸吞亮河，储八卦江规，互控至邓前府案下，详请道宪吴亲临勘踏断结。结示判令王寨仍照旧章，不得藉夫两争江利，后蒙抚宪岑给示。去岁王寨复行私改八卦江规，控经周府案下，当蒙加示，仍照巡宪断案，毋得违背宪示。突于去腊伊寨控以学宪夫役，朦禀伊寨仍然霸收，蒙恩照谋，批饬不准。今轮我团等寨值江之年，如不禀明，诚恐木植到江，有隔商本，抑且混江规，并敢违抗宪断，禀退赏加示"等情到府。据此，除批查八卦小河迭次争控，经巡宪吴断结，仍照大河轮流当江，王寨不得据为己有。禀奉府宪批准在案，并未议有帮夫之款。该学宪夫役，历有定章，并不仅王寨一处应夫。如王寨应有帮夫之责，则他处之夫，又将何处帮？即是以前据王寨具禀，已明白批示在案。兹据具禀各情，候再出示晓谕，并札饬遵照可也，外合再示晓谕。为此示，仰三寨人等知悉：自之后，仰即遵照此次批示，不得因此推诿。今值考试之年，学院不日按临，一切务须照常供应。倘有违误，定行提案严究不贷。其各凛遵勿违。特示。

右谕通知　勒石刊碑三江永遵照<br>光绪十六年闰二月二十六日

注：碑原存卦治，现已不知去向。碑文据杨有耕 1964 年抄件转抄。

## 【河口木业碑】

**钦加盐运使衔补用道特授黎平府正堂僧额巴图鲁纪录十次　俞**

为出示严禁事。案据上河木商姜利川等以"越江夺买，瞒课病民，公恳示禁"等情禀称："窃惟江河有埠，交易有行，故设立王寨三江，所以公利而便于国。上河山客不能冲江出卖，下河木商不能越江争买。向例严禁，谁敢故犯？近来三江行户多有领下河木商银两，迳上河头代下河木商采买，山客之资本有限，谁能添价与伊争买？故山客于前二三年在衙具控有案。奈上河贤愚不一，不能认真，以致行户代客买卖者愈来愈多。前犹有顾忌互相隐瞒，今则人夫轿马搬运下河之银，迳上乐里、孟彦、地里一带，坐庄收买，深山穷谷一扫罄尽。独不思利为养命之源，可公而不可独占。彼既据其金，此已流予歉。况设江行之意，云何而任其如此行为，上至深山穷谷，下至江南上海，利皆归下河商矣。于是颁给告示，禁止代下河木商越江争买，使上下交易皆归江行，则不独为山客除争夺之害，实于国课大有裨益。事关利弊，故敢合词，公恳查究示禁"等情到府。据此出批示：据禀，行户代客户入山买木，致夺山客之利，又复有种种弊端，殊属不合，候出示可也，外合行出示严禁。为此示，仰该三江行户、上下河客人等一体知悉：乍示之后，尔等买木需由上河山贩运至三江售卖，不得越江争买。至各山贩木植到江，所有售卖之价，务须报局纳课，不得短报数目。倘敢不遵，一经查出，或被告发，定即提案重惩不贷。其各凛遵勿违。特示。

> 右谕通知
> 光绪二十二年五月三十日　示

注：碑存于河口乡河口村公路边，姚炽昌抄录。

## 【坌处木业碑】

永定章程

**钦加同知衔署镇远府天柱县事即补县正堂加五级纪录七次　谢**

为遵录批示，出示晓谕事。照得县属沿河一带地方，为各省各帮木商放排经过必由之道，每遇大雨□行，山水涨发，沿河所泊木排多被水冲散，附近居民捞获据为己有，木商备价向赎，勒索重价，方方刁难。议尚未成，擅行变卖，名许其赎而终不能一赎。并有无知匪徒，每乘水势暴发，系缆危急之时，纠集多人执械持器械登排砍缆，令同党预伏下流，等候排一流到即行强劫。并有乘其不备，黑夜偷解缆子流下，随驾小舟拆排掳抢。访闻客商所失木排，洪水漂流者十中不过一二，余皆被若辈砍缆强劫偷窃。此等行为实与强盗无异，种种不法真堪痛恨。上年□总办瓮硐厘局委员详定，援照五分之一章程赎取，笼统而言，殊未尽善。旋据金寿、江汉、益阳、常德、黄州、长沙、永州、宿松各帮木商公议，仿照从前旧章并新订详细章程，联络禀请前来，本县查问，所拟各条甚属周妥。详请贵州通省厘金总局宪立案，奉批："据详。商民、各木帮等酌拟'赎木章程'，禀恳转详前来柱，与前饬仿照外省估木五分之一取赎，□便周妥，且出自木商自愿，自应准予立案，仰俟署令将前示撤销，并转饬遵照，仍严禁沿河居民不得有藏匿、勒索等弊，以恤商情而昭公道，清册单并存。此缴"等因，奉批除遵照立案，撤销前示，并移瓮洞厘局委员及札知镇远司巡检遵照将示撤销外，合行出示，晓谕沿河一带绅耆居民人等一体知照：嗣后凡遇捞获漂流木植，赎取限期、价值以及租地青桩、运木雇夫等项，均应遵照后开章程办理，不准故意刁抗、违勒、抬价、藏匿、掯留。倘敢不遵以及再有前项解砍缆子、聚众行强、黑夜偷窃，并木排漂流因而夺取者，即与强盗无异。一经访闻，或被告发，定即饬差严拿，务获到案，照强例分别问拟军流绞斩，决不姑宽。其各凛遵毋违。特示。

右谕通知

计开详定各项章程：

——赎木限期。旧章改定廿内等候木商取赎，逾期听凭捞木之人变卖。

——凡遇半江水漂流长杉木，每两码赎钱一千五百文。

——凡遇双桐长一丈二尺者，照正每两码照杉木折三钱。

——凡遇满江水借地青桩系缆，一条给租钱一串二百。

——凡遇运木所用包头、排夫，听客自雇，不准他人出人阻拦。倘敢不遵生事，送官惩办。

——凡遇沿河居民置买木植，不论整装零碎，须问明来历。若系红印、削记盗卖之木，不准收买。倘敢不遵，查出指名禀官提案。

——凡遇满江大水漂流长杉木，每两码赎钱三千文。

——凡漂流无尾断桩，照正木每两码杉木折五。

——凡遇单桐长七尺者，照正木每两码杉木折二。

——凡遇半江水借地县城桩系缆，一条租钱六百。

——凡遇赎长正木者，除寸头篾八尺照围。

光绪二十八年二月二十日　告示

注：碑立于天柱县坌处镇小学校操场边，作为围墙。高178厘米，宽110厘米。谭洪洲、王宗勋抄录。

## 【卦治木商会碑记】

总办三江木植统征兼弹压府黄

署理黎平府兼开泰县事傅

署理天柱县事赵

总办瓮洞厘金兼弹压府上官

为会饬刊碑，勒石永远遵行事。民国二年十一月九号，案奉贵州都督兼民政长唐批，据该委员等会呈拟定赎取木植章程，请予立案。

由奉批查所定章程尚属妥协，自应予立案。仰即会饬该木商会刊碑勒石永远遵行等因，奉此将呈定章程会饬刊列于后。

计开：

——满江洪水赎术，在六丈以上者，以江内篾每两码给赎钱贰千文，五丈以上赎钱壹千文，四丈至三丈者照式递减。

——半江洪水赎木价，在六丈以上者，以江内篾每两码给赎钱壹千文，余照式内推。

——满江洪水赎木期限半月，半江水限十三日。过期不到，准捞户自由变卖；但连期水涨碍难寻赎，亦不得拘此限期变卖。

以上各条永远遵行。如敢违抗，一经控告或被查觉，定行提案治以应得之罪。

中华民国二年十月十五号

注：碑存三江镇卦治村。姚炽昌抄录。


## 【平鳌附籍碑】

**永远碑记**

**黎平府正堂记录八次　宋**

为叩天赏照勒碑以安民事。据平鳌寨民姜明楼、姜爱楼、姜玉卿、姜玉堂、姜龙卿等禀称"我等生苗，僻居山箐，田地偏窄，木山片无。历代锄坡以为活命，苦之至极，情莫可伸。于康熙三十五年六月内，叩蒙天星亲临巡抚，□□□愚昧，畏惧天威，各奔山林，惶惶无路可投，默默男女悲泣。幸获鸿慈，视民如子，出示招抚，复遂甦生。俾苗不知礼法，止倚土俗刻木亲为凭。回准每年输纳烟火银六两，敢不遵依，兢兢守法，赴府交完，再恳赏批执照给苗，准勒碑立于府门，以为永远规例。诉乞台前作主，垂怜极苦，佩施格外之仁，赏照勒碑，永受沾天之泽，使顺苗得以安生，免外民不致牵害"等情到府，据此合先给示。为此示，仰平鳌寨民姜明楼等遵照，尔等既归版图，倾心向化，亦朝廷赤子。每年输纳火烟钱粮，务宜亲身赴府完解。每逢朔望，宜传圣谕，则孝弟日生、礼法稍知矣。今尔等愿归府辖，凡一切斗殴、婚姻、田地事件，俱令亲赴府控告，不得擅行仇杀。倘有故违者，责有所得。各宜遵府示。

康熙三十六年三月十日　示

发平鳌寨晓谕　石匠黄忠义

平整寨人□□□等为因缺延火烟粮银□□□乾隆二十三年伺尔议勒碑以为永远定例……

姜歧□、生员姜有智、姜开云、姜子云、姜天禄、姜起云、姜□鸣、姜天贤、姜天河、姜有吉、姜士□、姜保天、姜有□、姜□□、姜□□、姜□□、姜天蛟、陈庚云、姜有文、姜贵卿、姜文玉、唐向德、姜天时、姜留保、姜廷盛

注：碑立于平整村脚凉亭边。碑高 123 厘米，宽 69 厘米，厚 14 厘米。原阳仆于村西南边田沟上作桥，长年为牛马践踏，字迹多模糊不清。2004 年秋移于今处。王宗勋抄。

## 【 南堆刊录判词碑 】

**永远遵守**

**钦加盐运使衔补用道特授黎平府正尝西林巴图鲁世袭云骑尉　邓**

为录判刊碑，永远遵守，以绝讼端事。缘光绪六年九月，有平略寨龙承宗等具控府属湖耳司南堆寨李秀精、李秀元、李登保、李老胖、彭荣开、彭明开、杨昌福、杨昌元等一案。蒙府主提讯，未结，延至七年四月。蒙札开泰县钟主研讯，节次审理，当堂断令南堆寨应管之业，上抵平岑白水洞，下至大河，左抵留纪，右抵归绞溪为界。兹南堆李秀精等遵依具结在案。惟平略龙承宗、欧洪照等违断抗结，已蒙追结，谁知钟县主卸任，曾将讯断情由申□府辕，严斥完结，并将□讯断定。缘□通详略，大宪批准立案，□□□□任接，奉藩宪松批："所断甚属平允，仰如详定案。倘龙承宗等再敢抗违，即行惩治，以做刁健。"臬宪张批："如详办理，仰即遵照。"巡宪吴批："准如详定案，以杜事端。"各等因奉此。经许府主录批发县，附卷并提龙承宗等取结完案，即次严追，仍抗不遵。殊平略杨承宗等越控，巡宪吴批府发县讯结省释。业蒙胡县主提堂照断饬结。伊仍抗。已值岁暮，

不料次同潜逃。迨至八年三月，经南堆李秀精等思此案屡断未结，不已，奔藩宪松、臬宪易、巡宪吴在案，均批转府结案并治龙欧等包揽违抗之罪等因，遵奉旋归。理宜禀提追，奈时值农忙，停搁至六月，许府主交卸，周府主莅任，有南堆李秀精等以"藐法抗结"控平略龙承宗等，业经提讯，该民龙承宗匿不到案，诡串朱彰理、欧万选、龙绍发上堂抵触，断令归绞溪以下归南堆积如山管业，遵结在卷。归绞以上归平略，殊平略人始终藐抗，以致彰理糊言秽语亵渎天颜，传堂严斥办。蒙府主邓将两寨昔今争控情形核究，朱判存卷，并缮一纸铃印及印图给李秀精等收执。异同章本，遵将堂判刊后。

府正堂邓判审得平略、南堆两寨互争山场一案，讼结二十余年，官经十余任，屡断屡翻，纠缠迄无了期。南堆呈验乾隆三十七年王寨汛牌系载："仰平略送头人李选朝遵照"字样、乾隆五十一年"石匠包到平略李连久补修城工"字样。是二人者，原平略人，盖寨大人众，李、彭、杨等姓始迁此寨，地名南堆，所有江右山场两寨居名具各有份，平略人不得以李、彭、杨诸姓迁徙南堆遂存独霸之心。厥后生齿日繁，南堆已成村落。平略各寨派分四户，各当差粮。平略为一户，归绞、南堆三处各一户，分建界别，相安历百数十年矣。犹一父之四子，分居受产，不得谓居旧院者赀财不得，徙别处者寸土皆无也。况南堆自成寨以来，开山栽木、垦地作田，庐舍既若云连，坟墓更同鳞积。纳粮有注，江步有分，皆南堆应管本山之证明，无所用其宜异者。无如南堆寨小，平略势强。前因南堆坎伐归绞得买木植，平略人争阻起衅，控案如泥，南堆始受拖累无穷之害矣。

光绪六年三月，两造具控本府前次案下，检该案宗，累叠如山，容数日之力，尚不能清其颠末。因念两造构讼日久，若遂据理妥断，则胜负既分，转恐平略怨忿益盛。爰将强弱情形、事体利害委曲开导南堆，令其忍让纾祸，仍照徐前府旧案折中定断。南堆人为栽主，木占三股之二，平略人为土主，木占三股之一，所以息讼端省拖累也。二比当并遵依出结完案。不料平略人贪心无厌，以南堆为我佃户，由此事事把持，时时揹勒。南堆受逼不堪，不得已控道控司，均发交黎平府主公讯结。周前府主提讯一堂，未及定案，移交本府知府。此案辕揭，平略人狡强，未遽差提。因遍访城公正绅耆，又派亲信前往南堆、平略附近邻寨密细查问，均占确系李、彭、杨诸姓之业，平略恃强妄争，欲使南堆永受其挟制，居心甚为险毒等语。本府系核历任到案，均据平略人所呈嘉庆年间佃约定断，而未深究其始终事理，南堆人总不甘心。惟开泰县钟大令所断最为明白。时平略切以争山争地，必以粮柱庐墓为凭。兹无论南堆之粮单、印牌、和约、包字，证据彰彰。而自当年迁徙以来，修屋葬坟月增岁益，若非己业，平略尔时何以默听其所为而不过问夫？至亲密友、同堂伯叔等每因枚山之土犹攘相争，不肯多让，而为南堆占他人之地为庐墓，平略人慷慨不较？又人情之必无，事理所难信者也。

查黎平属百姓最为纯良，惟此案在咸丰时兴讼之始，平略有龙承宗、龙绍翠等挺身出头，与南堆为难，构讼三朝，花费何止千余金？而此千余金之费而不自天落，不自地生，悉款派于寨中散户。其散户凑备此费，又系挑柴卖米而来。若有不出，便恃强估罚。该棍等平同本系无业之人，若非假讼款钱，何以瞻家口而资挥霍？即使所遂愿，其所获木股银钱亦为该讼徒一盘销算，入分肥初，何尝分润于数百家烟户以偿历年之供应？龙承宗始终不愿终讼之隐情，不但南堆人受其害，即平略散户亦苦其剥削无已，吞声而不敢言者也。

然事有不绝之神奸，断无□结之讼案。在南堆寨民，以事切剥肤，势不能委卧榻之地与人鼾睡。而平略恃健讼之能横争强办，不服情理，其与狼豚何异？因调齐各卷细加考究：平略所执者，系嘉庆年间佃约，南堆所持者系乾隆时烟户粮票及王寨汛印牌，彼此争执莫能相下。须知田地山场必凭印契管业。兹平略以远年白纸佃帖而尤越江争人寨后之山，论其情已属荒唐，究其实犹为谬妄。特将光绪壬午以前历任断案一概核销，断令两寨以归绞溪为限：溪以下属南堆，以上属平略，各管各业，永断葛藤。计江右山场归平略者十之九，归南堆者仅十之一，揆之天理情似为公允。乃南堆人畏讼灰心，恪遵无辞。而平略始事之龙承宗等匿不到案，另使张化寨之刁监朱彰理、寓居清江之欧万选及本寨著名穷痞龙绍发（改名绍清），挺身包揽，抗不具结。本府怜其愚顽无识，再三开论，复讯两堂，抗执如初。该监等不能仰体地方官爱民息讼苦心，反敢糊言抵触，实属形同"化外"。其当官如此，其在乡之横恶更可相。夫律设大法，礼顺人情。本府虽驽弱能，岂不以法纯该棍等？自惟德薄能浅，既愧惑恪之无方，又虑威断难以经久。恰值农忙停讼之期，姑再抄录党判，饬团防局传集两造，再为剀切劝导，各自遵断具结，回里安业。倘此次再不能体本府德意，是属始终抗违，诚有不堪教化，□本府惟据实缕详巡宪，照律重办，决不宽贷。

此判蒙录□并定□案情由，通禀立案。奉藩宪沈批："此案南堆所持者系乾隆时粮票、印牌，平略所持者系嘉庆时白纸佃帖。姑无论其真假，而先后断然明系。平略恃强妄争，显而易见。该府宪讯断调停弥讼，与南堆不无屈柳。乃平略之龙承宗等匿不到案，朱彰理等挺身包揽，抗不遵结，实属可恶。此等讼棍不除，尤为地方之害。仰即将朱彰理等先行拿案，并严拿龙承宗等从严讯究，并究款钱确落，照律重惩办，勿稍姑宽容。纵以除民害，以杜讼源"；臬宪松批："据详已悉。仰俟开忙后讯提该项民龙承宗、朱章理、欧万选、龙绍发等到案，禀公讯断。如果该民等始终固执，抗不遵依，照例详办，以警刁顽。切切！"巡宪罗批："据详已悉。此案于前禀核复矣"。前禀归杨胜霞命案卷，粘其章理，奔禀巡宪罗，批府讯结。蒙府详察，再仍审断，恐案久悬，曾请亲提究结。

蒙巡宪罗赏批赏札刘、杨委员往两寨查勘界限，于六月二十传集登山勘验，蒙委员至归绞溪，果见生根岩刻有"四人分界"字样。其字已刻百十年，界抵查勘明确，居葬数百年。次日平略暗将界字打毁，当经李秀精面禀委员复验不假，将毁字情形禀道、府宪，均批备查。已蒙委员当将南堆印图对查，无改。检齐各卷转榕，李秀精随赴案。其平略只有龙吉顺、欧洪照、杨承恩听审，余朱章理、龙承宗等躲匿不赴。九月三十，蒙巡宪罗亲提审讯，南堆呈验各据，彰彰足徵。平略呈出白纸，各字难凭。断令南堆应管之限归绞溪止。其平略厂规、八洋河规照旧派作四股，李秀精等占一股，平略占三股，各管各业。至十月初四，各自乐从，甘愿具结，亲押在卷，并蒙巡宪罗亲核朱判，备案一纸，盖印给李秀精等存，准刊碑府衙，将判刊后。

贵东道罗审得平略欧敬周、龙承宗、龙吉顺、杨承恩、朱彰理、龙云旺等与南堆寨李秀精、彭荣开、李登明、杨昌元、李秀怀等互争山场一案。据委员杨令体仁、刘州判绍唐履勘绘图呈验及密访邻寨公正耆民，缘李秀精等祖人李选朝系江西到平略寨居住，佃欧敬周、龙承宗等祖人之山地田土栽种。初依乡规，山场杉木栽主得二，地主得一，照分无异。后因平秋寨人争占平略所管之山，李选朝出头争回。每遇公事，赖李选朝之力，平略人获益不少。于是欧敬周、龙承宗之祖人遂将平略所有之地作为李选朝、朱子龙、杨三悔、欧保远四股均分，四户均平，上粮当差遂无主客明目矣。后李选朝移至所分之南堆居住，仍与四户公平上粮，每户条银叁钱贰分七厘五毫，□米四斗壹升玖合六勺，秋米壹升八合八勺五抄。李秀精等尚执有乾隆年间完粮印票，每粮户认修黎平府城包工字据及充当总头人牌票为凭。其厂规、河规可以收取银钱者，亦系四股分收。且委员履勘归绞溪岩壁刻有"四人分界"数大字，虽四字下有□□，其下细字尚有"至"字可辨，其余模糊不能认识，决非近日私刻，自可据为当日四人分界之证。即平略人用石击毁，而已经委员看过，不能隐灭者也。

欧敬周、龙承宗、朱彰理等控称南堆人不认山主，执有讨地栽山之约为凭。遂因南堆人砍伐所买归绞、归建木植，争阻起□，控案不休。官经数任，皆未细究其原委，以致结而复翻。不知乾隆年间初为佃户，故有讨约，继而反客为主，已非佃户，故四姓分地分粮，河规、厂规、迁南堆更非佃户之确据矣，岂有佃户与山主平列为四户均分上粮当差者乎？欧敬周、龙承宗、朱彰理等又执有讨地葬坟旧约七张，亦系李选朝等未分山地以前之约，不然南堆葬坟百余冢，初有讨约后全无讨约乎？若南堆之山犹是平略人管业，岂平略人遂听其进葬而不阻拦之以立讨约乎？欧敬周、龙吉顺等当堂供称尚有嘉庆年间佃户为据。李秀精等禀称系朱彰理假造之约，上年涉讼并未有此本。道查历任旧卷，并未抄粘，即黎平府邓守委开泰县钟令勘审此案，亦称平略人并无凭据。岂有老约抄呈而嘉庆年间之约反而不抄呈乎？其有乾隆年间上粮印票不足为凭，而以纸旧墨新无印之约反足为凭乎？其为假造无疑！据邓守详结此案，亦称南堆呈验乾隆三十七年王寨汛牌系载"仰平略寨头人李选朝遵照"字样。又乾隆五十一年"石匠包到李连久补修城工"字样，尤为李秀精祖人先住平略，已非佃户，后迁南堆更非佃户之确据矣。历任所断，惟邓守得其□要，最为持平。

乃龙承宗、朱彰理、龙吉顺等意图款钱，不愿息讼，不独南堆人拖累不堪，及平略花户亦受害不浅矣。本道已据黎平府邓守秉公研讯，复加访查，然后断结，所情形甚为明晰。犹恐平略人有所冤，仰致欠平允，兹复委员复勘绘图呈阅，并访问邻寨，又再三研审其情形，了如指掌，案无遁饰。南堆寨上抵坡顶平岑白水洞，下抵留纪河至□□□之下，右南堆坡以下抵归绞溪，皆归南堆李秀精等管业，所栽杉木等项平略人不得过问。至河规、场规仍当按照旧章，平略朱、杨、欧三姓共得三股，南堆人李姓各得一股，各具遵依甘结完案。除将此讯断情形禀明抚宪及咨藩、臬司衙门立案，即仰黎平府遵照办理。此判并抄一分用印交李秀精等收执为据。二比遵结刊后：

## 具甘结

黎平府南堆寨、平略寨李秀精、龙承宗等，今结到大人台前。蒙恩委员前赴平略、南堆，二比遵司登山勘验四抵，绘图在案。蒙亲提两造人等讯明，南堆寨上抵平岑，下抵大河，左抵留纪，右抵归绞溪，实系民等起祖李选朝得分之业，其八洋河规、平略厂规经纪亦系分占一股。尔等祖人分占三股。河规经纪人等因路遥远，往返十里，无人照料，让与伊等祖人经管，以所得之赏作往来上下之人应差费用，今伊等籍得河规经纪起意占民等山场。今蒙证明，以后归绞以下民等管业，以上归伊等管业。河规经纪，今蒙上下应夫已免，民等照从前应分占一股，伊等分占三股，照股均分，不得藉多占少。前民等坎南堆归绞交界杉木三佰根，蒙黎平府邓主断民等分占二佰根，伊等分占一佰根，嗣后被水冲去。蒙断民等补伊等钱六串，民等均各心悦意服，愿出具完案，各管各业。倘日后伊等再有滋事翻控等情，愿于坐罪。所具甘结是实。

以上刊载判结抄发府主知照归卷，并蒙罗巡宪将断结情由通详抚宪林及咨藩宪沈、臬宪曾批准立案，以杜争端。

再，府属南堆李秀精等回黎，正值府考，有南堆武童李云辉等应考府学，暗遭平略人挟嫌阻止。李秀精等以"□众妄阻"具禀在案。蒙邓主批准应考，府学悬牌示知。再明李姓等久居府属湖耳司南堆寨二百余年，例考府学，该童等不得听人煽惑妄阻。经禀保杨寿昌、杨光洛业已承保盖戳，均各悦从。曾详请学宪孙批准立案，府科学署案存可稽。

嗣将奉道断结厂规、八洋河规情由禀府主，出示晓谕，给李秀精等收执。理合将两寨控结缘由并各据刊碑，永远遵照管业，子孙世守无替。

### 出示晓谕

事照得南堆、平略两寨互争山地，现奉巡宪委勘亲提讯结。其有平略厂规、八洋河规亦断令两寨照四分派，平略应占三股，南堆应占一股，取具两造遵结，并给有判词在案，合行出示晓谕。为此示，仰南堆、平略两寨及平略厂、八洋河商民人等一体遵照。此系上宪断结之案，各应遵守。倘敢再生□□，致起纷争，定当提案严斩，决不姑宽。各宜禀毋违。特示

    实帖平略、南堆、八洋、三江晓谕
首　　士　李来祥、彭云开、李登庸、李登明、彭宏开、李登志、
　　　　　　杨祥来、李来载、彭生保、赵辅臣、李华送、李登化
创撰石匠　谢荣华、周规保
大清光绪九年岁次癸未冬月吉日黎平府湖耳司南堆寨众姓人等　公立
碑夹杆联　祖开基业功垂千古，裔勒碑记名播万年。

注：碑立于平略镇南堆村脚田坎上，此处淹被卦治电站水库淹没。碑由三块组成，中间一块稍宽，两边的稍窄。三块高均180厘米，宽共106厘米，厚8厘米，上盖帽顶。王宗勋、林顺炳抄录。

# 【仁丰定粮碑】

## 永定章程

盖闻三皇五帝置立乾坤，分都画野。自古及今，天地之大德日生，宇宙之江山不改。昔古历代圣朝万亿难明。至宋元明以来，开黎为郡。初时隔不久咸赖高坝大寨石吴、彭姓之鼻祖，先人辟基仁里，创业为邻。吾祖也，张姚二姓，随耕而食，随凿而饮。其寨也，周围可宽，遗有边界，地名平归仁之田地山场略远，创者艰辛，耕者不便。于是派分吾祖迁居平归仁，各得其所而成村。沐雨栉风，耕田种地。故云先人创业维艰，子孙守业不易。大清接统万岁，道不拾遗，乐享升平。普天之下皆王土，士农工贾皆王民。窃闻上古之辈朴素之风，目睹今世之人反古之道□也。高坝在寨，附近苗疆。咸丰乙卯年，清台判逆数十年，御敌数十载。至于同治壬戌年，抽田养练，莫能堵力，威莫能持，被匪入境，尽烧势杀刀枪，阵亡者几何，老者死于沟渠，幼者散之四方。奈同治八年，有邻境苗白寨籍逆匪之叛乱，窥吾村之忠良，始则飞粮栽□，终而争山攀岩讼。初捏告于黎平府周主任内，伊本寨势大钱多，希图营私，利己敛钱。妄控于倪、袁各主任内，拖害讼累多年，以至邓主荣莅，蒙赏委员涂姓临境，登界勘明，并调邻境皮所、石引、验洞等寨乡团，皆云平归仁村历属高坝子寨，钱粮差事本归高坝承纳，邻团甘结可据。叨蒙委员断令吾等照契管业，泾渭攸分。邓主荣迁，周主接任，伊仍复控不政显，然仍照老例公断，况伊自控以来，叠遭惩责禁押，伊等不思休息，泯不畏法。周主卸事，邓主复任，伊仍旋断翻罪深押卡，暗使数人奔古州巡辕上控。蒙宪台查悉真情，仍饬杨、刘二员临境将苗白、高坝两寨田丘一概勘确，照依苗白用多则粮多，高坝勘得田少则粮少，给有粮册卯簿，粮印发交两寨头人，永定章程，勒石刊碑于子子孙孙，世代不朽矣。具有蒙邓府主通详上宪禀稿并蒙古州道宪结案稿胪列于后。是为序。

## 府正堂邓通详贵州省禀稿

为详明事，窃照卑府苗白寨民滚万钟屡控平归仁居住之姚朝海等买伊祖业，累伊完粮等情一案。卑府查此案原告滚万钟早年充当款首，恃威武断，苗民菇恨吞声挂一漏万敢谁何。具与姚朝海等构讼已有十余年，官经陆柒任，每次均系勾结无赖，敛派乡民讼费入己分肥。经卑府前往黎郡审出历次敛费，确有从犯供据。其有钱粮不应姚朝海等帮纳，历任各前守及卑府前在黎郡亦均讯明。无如该原告抗钱钱断，蛮讼不休。每当府官更代以及上宪升调，扯前蒙后，弊捏造批断，妄控尤甚。卑府前次卸事，后又于许守乃与任内翻控，许守以此案不能完结，然费苦心复向该原告追问，欲使姚朝海等帮纳钱粮。究竟以何为凭？原告即称指嘉庆年间程前守断案为据。许守随查嘉庆六年程前守任内两造之祖所争内载，姚、张两姓平归仁爱钱粮差事俱与世隔绝高坝同当，事有根据。该原子能告仍环认错，许守即将此案先后审问缘由，缕详在案。适许宇卸事，周主到任，该原告以钱粮暂置不问，复以许守清出山场断案，混指平归仁八狼坡山即圭则山杉杉与姚朝海等，续争周主未及讯断卸事，卑府回任，滚万钟节次催审，兹经卑府查得，姚朝海执有嘉庆贰拾肆年八狼山即圭则山，红契地名四抵相符。滚万钟并无片纸只字可据，因将其仍断姚朝海等照契管业。惟滚万钟系积惯健讼，未具息讼遵结，骏保不隙上控。因将此案实在情形详请宪台俯赐查核，俾杜诈播而拖累，实为为是。滚万钟节次敛钱狡讼，本应按律惩办，惟其年已七旬，罪难加身，以后续有控词，应照定例，概不为理。除详巡、抚、藩部院暨宪外，合并声明，为此备由申乞照详施行。须至详者，右（下）详

**钦命布政使衔贵州等处提刑按察使司按察加十级纪录二十次　易**

光绪六年四月　日知府邓在镛详　抚部院林批："如详办理。仰置按察司转饬知照"。此缴布政司沈沈批："据详已悉。滚万钟恃老纠讼，实属可恶。所有控按既经查明讯断，即予注销立案，不行免滋拖累并候抚部院巡道、臬司批示"。缴署按察司松批："据详已悉。仰即如详办理，仍候抚部院巡道、蕃司批示。缴审姚朝海一案，缘由已悉，准即如详立案，仍候抚部院暨臬、藩批示"。六月□日批回贵东，兵备道张批："据详。苗白已革款首滚万钟屡次狡控□，始终顶词"。

结案信士　姚朝海，高坝乡团作证信士石现麟、吴启贵、
　　　　　　姚清岩、张玉清、张阑点、姚泰山

**流芳不朽**

**计抄古州道宪堂判一纸**

**布政使衔署理贵州分巡贵东兵备道总理下游营务处马勒与额巴图鲁　罗**

案据讯苗白寨民滚万钟以"骗粮争地"等词控平归仁之姚朝海、

张玉清等一案。缘姚、张两姓系明朝洪武年间前来黎平落业平归仁寨。嘉庆陆年，经滚万钟等之前人滚得宗等控告姚朝海之前人姚定五等以"横霸欺主，旋断旋翻"等词经黎平府程式子断结。数十年来相安无事，当咸丰年间发乱之时，各寨均抽款养练，并不上粮。滚万钟充当款首多年，迨地方平定，遂起奸心，以姚朝海、张玉清所居之平归仁系苗白子寨，苗白多年上粮银十五两应由平归仁帮给。姚朝海称系高坝子寨，每年平归仁同高坝花户上粮银十五两。二比各执一词，皆无一定凭据。讼至多年，官经多任，案悬莫结。此滚万钟等所捏"骗粮"之情迹也。平归仁寨后之圭则山为姚、毕生二姓管业多年，今滚万钟亦以捏系滚姓祖业，前经程太尊堂判有案，所栽树木当照乡例摊分，并抄雍正、乾隆年间各姓讨种山地栽树、葬坟之约□，程前府堂判虽姚、张两姓称有约据，滚万钟亦以为假造，须细看程前守旧"春图说"乃得泾渭攸分。此滚万钟捏控争地之情迹也。故黎平府邓守已经断结，滚万钟等复敢迭次翻控于司、院及本道衙门，经年累月未能剖断。查黎平府邓守所断极为平允，滚万钟之所以不遵依，此案不给每年皆得派各花户讼费，又经手上粮，各花户听凭滚万钟索取，云多则多，云少则少，惟滚万钟所得每年不下百余金，岂愿结案以自绝生财之道乎？苗白寨各花户以积威之□，渐听其号令，不敢与较。且又为其所愚，以为争得山场可以瓜分，争得帮粮则本寨之粮可以减少故受其指挥，一唱百和矣。本道提审此案，已深知其中情形，论令委员履勘两寨田亩，某人名下之田收谷若干，应卜粮银若干即以两寨每年共上粮银叁拾两按谷多寡均摊于两寨之田。如此办理，两造皆遵依具结，以为公允，即何寨应上粮多，何寨应上粮少，均无所悔等语。高坝寨之田与清江所属多有插花，姚、张等姓并买有清江所属之田，令出具甘结。如有以黎平所属之田妄指为清江厅所属，蒙蔽委员，即将所瞒之田充公，所为茵白寨人上粮于是委候补知县用留黔候补州判刘绍唐二员同至该寨，带同两造人等履勘某田若干，出谷若干，两造公同登簿。勘毕即按谷之多寡分摊人银叁拾两于两寨各花户名下。殊滚万钟不愿结案，禀请委员须将高坝、平归仁两寨所有田产并清江所属之田一并履勘摊粮委员申饬："论以清江之田自当上粮清江，不能一田两粮复与黎平所属之田共摊粮银"。于是滚万钟设法阻挠，来道呈控，以"姚朝海等蒙蔽委员，有数处之田未履勘"等语，及提讯问，乃不能指出地名田丘，一味骗耐，仍每户各发给粮牌壹张，并将粮册牌底系以清江之田，未能同摊黎平之粮等语，经本道惩责拘押，令行禁止其传唤苗白寨人众来道率以利害，晓以道理。将两寨谷石粮数造册发给每寨一本，以后照册自封投柜，不得为滚万钟等所愚，以致格外多费。两造悦服，具结领册领□，以后永远照此办理。

至所争平归仁寨后土则山，查闻嘉庆六年程府所断老卷内载地图籤巾分明系王绍和买滚姓之坡，姚朝海、张玉清等执有嘉庆二十四年买约，系黄闷寨王长岩、王昌显等出卖，滚万钟等并无凭据，信息社会妄告应断归姚、张两姓管业。当堂质之，滚万钟等皆俯首无词心平意愿尊断，两造各具结盟完案。惟滚万钟希图肥私，以便敛钱，妄控拖累众人至数十年之久，不治以应得之罪，无警其将来，着押发回黎平府照武断乡曲例治罪，可以此判。

光绪九年十二月初九日判，并抄发黎平府及两造各执壹张，永远为据，并一向咨详司、院执结存案。苗白寨田丘壹共叁千叁百贰拾贰担九拾叁斤，粮银壹拾九两壹钱七分；高坝寨阳丘壹共壹千捌百七担贰拾捌斤，粮银拾两零捌钱叁分；平圭仁寨阳丘□□□□□□壹百斤，银五厘七毫六丝九忽。每户发给粮牌壹张，并将粮册牌底檄。

黎平总役　周际云，邻寨皮所乡团信士彭光泰、石引信士刘开贤、陆世泰信士石现麟题撰
发黎平府存案，以后该两寨花户上粮照牌。

　　注：碑存于彦洞乡仁丰村。林再祥抄录。

## 【便村寨楼严禁土司擅受民词文告碑】

**寨楼等地联名实帖晓谕碑**

纳自示之后，如再包與土司□□□□□提究，尚遇土司称其假承官名目，赴寨包收，甬尔民等赴辕具禀，以凭究办。各宜禀遵勿违。特示。右（下）谕通知。

　　　　　　　　　　　实帖各寨晓谕
　　　　　　　　　　　道光十八年二月二十五日

**署贵州黎平府正堂加五级纪录十一次　张**

为严禁土司擅受民词，以免扰累事。照得土司之设，原以揖捕奸

宄，约束苗民，并无征收平受启加之责，各经尊奉上级宪在案。兹本府莅任以来，接□呈词每多控该土司违例擅受滥差提唤，合行出示严禁。为此示，俾府属民苗人等知悉：如有一切诉讼钱粮，自行投府呈控，赴仓完纳。不许土司处完纳，如有赴土司具告完纳者，一经告发，无论曲直，先予重责。该土司亦须禀遵功令，不得擅受，自干裁汰。各宜凛遵毋违。特示。

右谕通知

道光十八年六月十四日

黎平府出示晓谕，具甘结龙里司杨元。今结到恩宪大人台下，切为卑职所属各寨钱粮，历蒙恩判，任凭苗民自行赴府完纳，卑职不得讼塞，自取罪孽累。具结为□。

道光二十年十二月初八日　具结

### 贵州黎平府正堂加三级纪录五次　姚

为土司违例，□民叩天作主、雨露为恩事。康熙五十六年三月初三日，奉布政史转奉获理巡抚贵州都察院加三级纪录二次白批本司"详据该府覆士民欧济苏等呈控潭溪司、龙里司、亮寨司、欧阳司、中林司、新化司、八舟司等钱粮。先经士民具控十司贪虐构讼，多丁康熙三十九年间奉前宪□饬行民粮归府完纳，上念土司制批申解在案。今欧济苏等俱讼土司加派收粮杂项、敛诛求印仪等情，上籲宪辕。蒙批'查报'。遵行，黎平府确审□后。兹据详复前来，土司索派各情均无实据，士民之意不过欲赴府领粮单，以免土司之需索耳。夫粮已归府而仍□以批解，不肖土司藉以勒索等情之所有，总审无实据，而民之控岂尽于虚请？宪台不许土司等苛虐、累派苗民外，其寨民粮俱令造报花名清册，以绝隐漏。该府给发由单，使民自封投柜，印给串票为凭，以绝苛索包揽，则土司不能苛索而差棍无由浸渔。至所控土司干预词讼一节，亦应檄行该府严饬，土司止许细查匪类，不许干预民词，私征钱粮，勒折浮收。情弊勒石示禁，以安民生者也。是否允协，统候宪台核夺。批示'遵行'"等因。奉批如详，饬行遵照。倘该土司故违苛索，即行揭报，以凭参据。至归府地方钱粮，如有土司差棍包揽，该府务须照例究治，毋使苗民出汤水而复罹汤水也。此缴奉批，拟合就行。为此，仰府官吏照牌内宪札事，理即使饬行各土司遵照，不许赤虐苗民，各寨民粮俱造报花名册，使民自封投柜，印给串票，以绝隐漏。毋许土司差棍包揽，如违严拿究治。仍饬土司只许缉查匪类，不许干预民词、钱粮等项，勒石永禁。印刷碑模报查，毋违等因。

奉此，合行勒石刊刻，以垂万世永远。

康熙五十六年十月初九日碑记

吴希圣、吴世荣、林相有、杨廷辉

高表、岑果、魁洞、叩引

龙启荣、吴光泗、林世民、杨光泽

杨洪广、罗开武、杨士发、杨成炳、龙炳光

寨楼、寨母、者蒙、边沙、扒洞

李芳显、林发成、杨荣辉、杨克广、姜绍一

大清道光二十年十一月初九谷旦林绍周雕刻众等　同立

注：碑高 160 厘米，宽 80 厘米，厚 8 厘米。现存于便愰村寨楼。杨正武抄录。

## 【丁达中寨公山判词碑】

### 永远碑记

盖闻白景泰元年所居对江村以来，代有数拾余户。蒙先祖实有公山公土，东至叩向界欧家……，南至叩朗界，西至地须，北至京映冲，宽□显达。不意有□□□□弟兄迁居亮司拾有余年，是当地方公项起见。不料伯等翁心不遂，返转来采点阴地数穴，并将卖地稠吴宏义。讵料我众得知，当即登阻。业经控告至中林司一案。叨蒙司官凡断，语云：□项出采公山，将银两并地土阴阳同退与各原主，日后如有异居者，限走十五年内皆有股分。若是异地居住，无论土主家户，拾伍年外，地方公山公土，阴阳毫无系分。以□判决了息，刊碑为记，后代□再滋事。永远立念。

首人　龙宪高　龙□见

嘉庆二十三年三月□旦　石匠龙长造　立

注：碑高 80 厘米，宽 50 厘米，厚 4 厘米。碑存于丁达村中寨龙运豪屋边。杨正武抄录。

# 【高柳江规碑】

## 永定江规

**署贵州黎平府加三级纪录五次　周**

审得鬼鹅寨民向宗开等与高柳寨民向国宾等，本系同谱宗族，皆为始祖福春子孙。高柳一支与龙姓同寨，族众人多，距河十里而居。有朝乐者迁居沿河之鬼鹅，即为宗开等之祖；其实不满期二十户，人力单寡，一应差徭各照烟户均派。至乾隆九年，前府徐任内奉宪檄饬近河居民开修河道，鬼鹅寨门首起至难标止共十五里。工竣之后，河道顺流，遂与上下沿河民分段放运客木，以取微利，江步之所由来也。缘高柳距河较远，其历年应放客木，包与鬼鹅运送，每年认租钱银四两二钱。后因结公和息，减去四钱，鬼鹅之民每年纳租三两八钱，立有议约合同可据。是以客木到江，均系鬼鹅揽运，高柳向、龙二姓从不与。今年春，高柳民以烟户繁，思欲自运，执有湖耳土司盖印分江议约，谓伊等与鬼鹅为分九瓜，高柳得八瓜，应运八年。鬼鹅只得一瓜，应运一年：遂申明各木客，毋令鬼鹅揽放等语。向宗等不服，凭中理说，彼此执拗。宗开等遂捏称，江步系伊祖人独开，高柳非特无分，且非一家，并称"有锦屏县所批公禀为据"等情呈控到府。集讯之下，备悉前情。查乾隆九年时鬼鹅仅有二十户，岂能独开十五罩之江路；宗谱具在，俱系福春子孙，安谓非一家？显系□饰；所谓锦屏之卷，并无府文，亦不足为据。但十五年客木到，向归鬼鹅揽运，行之已久，既欲照瓜分运，亦察看近同情形，均匀摊派，方免偏怙。随讯之中正及两造人等，合称高柳上下寨有烟户两百，鬼鹅近四十余户。是鬼鹅人烟较之往已多一倍，不得仍执八瓜之说，致讼无已时。今酌断：高柳、鬼鹅二处共二百四十余户，着分六股，鬼鹅运一年后，高柳接运二年，周而复始，永定章程；所有本年客木，即着鬼鹅先放，嗣后不得恃强紊乱，再滋事端，违者从重究治，着取具两造遵结并中证遵结备案。此判。

状首　龙仁才、向维元、维章、维高、维林、向乾、龙宗彦
嘉庆十六年闰三月二十七日判　立

注：碑存铜鼓镇高柳村下寨，姚炽昌抄录。

## 【培亮款示碑】

### 拟定江规款示

尝思江有规而山有界，各处各守，生涯或靠水，或靠山，随地随安本业，是以乡村里巷恪成规。我乌下江沿河一带烟火万家，总因地密人稠，山多田少，土产者惟有木植，需用者专靠江河，户富贩木以资生，贫者放排而为业。从地里放至苗光原非新例，由苗光接送江上者是旧规。自父老生此长斯，无异议也。自迩年人心刁恶，越界取利，下河夫属之上来包揪包放，上河客沿江买卖即买即卖。即□不顾万户之贫，惟贪一己之利息。仰□□畜之□□□□□朝饔夕□之散，以至身独□□□□□，尚且怕其冻馁，我有家室，岂忍受厥饥寒，彼是逸以待劳，我等坐以待毙。由是人人疾□，个个怀伤。爰因约集各寨头人同申款示，永定条规：上河木只准上河夫放，不可紊乱江规。下河夫只准接送下河，须要分清江界。如有蹈前辙，拿获者禀公罚处，不服者送官究治。行见规款整而人心齐，贫者富而惰者勤，则我地方不至饥寒无路，望救无山矣。至嘱下河朋友，仍守旧规，勿干众怒，勿谓嘱之不早。预为告白。所有禁开列于左（下）：

——议　上下有久久帐目，各有契约为凭。如有争论，不准阻木，只许封号银两，问清底实。

——议　源来招椿旧规，每挂取银五厘，无有新例。

——议　洪水漂流，不问主家之事。

——议　木到，如□交主等□。

——议　下河木客买卖上河发木，不准自带水夫，恐有□分争持，放木延拦，丘本勿怪。

——议　夜盗木植，照数照价主家赔还。

——议　□优设故，生端油火等情，各寨头公公论，自带盘费，捆绑送官。

——议　山中木子恐有偷砍，拿获者罚文银三两三钱，拿者赏银五钱。见者不拿，与贼同□，应罚文银。

| 罗闪 | 盂彦 | 者官 | 者晚 | 拱背 | 五湖 | 八党 | 亚榜 | 者羊 | 者麻 |
| 罗里 | 卷寨 | 八卦 | 溪口 | 平信 | 八里 | 八龙 | 八受 | 塘头 | 归斗 |
| 美罗 | 双江 | 南喉 | 苗口 | 培亮 |

咸丰元年四月二十二日众寨头人同心刊立　永远不朽

注：碑存于培亮村脚乌下江边，现移上培亮寨边。高 220 厘米，宽 80 厘米。字为行草。碑文有部分已被人为损坏，底部中间被打断。姚炽昌、王宗勋抄。

## 【锦宗村乌租山林木股分分成碑】

盖闻起之于始，尤贵植于终。祖宗历居此土，原称剪宗寨，并无异姓，惟潘、范二姓而已。纠集商议，将自乌租、乌溪以上一带公众之地前后所栽木植无论大小俱系十股均分，众寨人等地主占一股以存，公众栽手得九股。日后长大，不论私伐，务要邀至地主同卖，不追照依，无得增减。庶有始有终，不负先人之遗念，子孙自然繁盛耳。

纠首　潘文炳、范明远、范永贵、范德尚、范明才、
　　　范明瑾、潘文胜、范明世、范国龙、范佑安
乾隆五十一年孟冬月□日　立

注：碑立于河口乡锦宗村口古树下，高 120 厘米，宽 70 厘米，厚 8 厘米。王宗勋抄。

## 【银洞分界碑】

**合同碑记**

立清白合同人天柱县属银洞寨杨辟明、龙文理、龙文学、杨海先、龙文彬、吴贵先，黎平府属大腮寨杨君文、杨相德、杨银海、张德华、杨荣华、杨文凤、石昇美等。今奉上宪"两属交界之地安立排枋，以定柱黎经界"。二寨地离咫尺，田地山场杂处甚多，兼以系是两属，恐日后藉此以端，请凭两寨凭中吴荣、吴茂先、杨奉才等面同公议，在半江坡脚下龙冲口安立排枋一□，立为路碑，凡遇上□宪经过以便修路，并不定分山田界址。但排枋以上银洞栽有油、杉等树田丘在内，仍是银洞管业，大腮不得倚田霸占银洞之山坡。排枋以下大腮有田数亩，银洞亦不得藉以山坡外生枝节。而有载粮之说以起争端，二比照旧各管各业，永无异言。立合同二纸，一样

各执一纸存照。

代笔　吴仁贤

大腮碑文安在飞□

银洞碑文安在南□

乾隆二十八年七月初九日　立

注：碑存银洞村后龙坡。高 121 厘米，宽 55.5 厘米，厚 6 厘米。吴育美抄。

## 【王寨夫役碑】

钦加盐运使衔补用道特授黎平府正堂铿僧额巴图鲁加三级纪录十次　俞

为给示刊碑，双垂久远而免争端事。据"王寨、茅坪地方路当孔道，凡遇□□□学宪过境以及往来差使，不免需用夫役，□□酌定章程，以免临时□□。兹据王寨、茅坪总理王勋臣、龙庆□等呈出乾隆三十五年经前府小、前开泰县毛所给断案章程，原以王寨单年、茅坪双年应付夫役，如夫役在百名以外，连小江、茅坪、王寨三处均当。贰百名以外，合平秋、石引、高坝、皮所、黄闷、苗伯、俾胆等处拾寨均当，历来办理无异惟是历年已久，碑石毁滥，恳请赏给示谕，刊碑勒石，俾垂久远"等情。据此，除将原呈告示贰纸附卷存查外，合行出示晓谕。为此示，仰王寨、茅坪及九寨等处地方总甲、里长人等一体遵照：嗣后遇有夫役差使，无论多寡，仍照旧章办理，不许短少，故意□□。倘有推诿□遵，许该寨首人等指名禀究，决不宽贷。凛之遵之，勿违。特示。

右谕通知

光绪二十年三月二十一日　告示 石帖王寨晓谕

注：碑存县城飞山庙边，为 2003 年夏六街开发建设时，开发商开挖地基时从地下挖出。王宗勋、龙久腾抄。

## 【鹏池村禁封碑】

### 禁条告白

此沟盘下屡因跌牛，众等公议不许砍树等项。如有犯者，罚银三两厥不宽恕。倘恃横底敌，众等送官。

嘉庆四年梅花月　立

注：碑立于鹏池村盘沟头坎上。碑高70厘米，宽40厘米，厚6厘米。杨正武抄。

## 【小江放木禁碑】

立禁碑人小江众田主等。为严禁乌邦，本食为民，为田者食所由来。今豪猾之辈，只图肥己，不顾累人，乘水势俾田坎堤障，撞击崩坏，触目伤心。动合田主严禁：凡放木拖木，必虑畛坎，务在溪内，不许洪水放进田中，不许顺水拖木。故犯照木赔偿。恃强不服，送官究办无虚。田粮有赖，为此立禁。

嘉庆十七年五月吉日　众田主立

注：碑存于三江镇瓮寨村圭求溪口，龙远贵抄。

## 【归固村高增禁砍阴木碑】

### 亘古昭垂

锦屏县知事邓

为示禁止事。案据高增团首龙盛荣、黄光荣、黄光风等以"培植风水，禁砍阴木，恳准勒石永葆昌盛"一案呈称："缘团等高增二寨，四维风水各木，承先人之栽培，启后昆之昌盛，人心如一，风俗美醇。虽不敢乎仁里，亦不堕于丑乡。近来人心不古，世道衰微。竞有不知愚氓，妄将风水各木擅行砍伐，劈破风水木而准油亮，或伐风水木而作柴薪，或砍尽一团免遮阴而开园圃，或砍周一块成旷野而种杂粮。睹此情形，目击心伤。纵未培补，宜当蓄禁。似此强砍，诚不体先人蓄植之苦衷，损后人之德业乎。是以集众会商，栽植禁伐。若二十年前而开为园圃者，准作老园。如二十年后开为园圃者，罢园栽树以培风水。拟定至新正月，每户栽风水木二十株，勒石禁砍。诚恐难垂久远，只得联名恳乞台前赏准示禁，以垂久远"等情到县。据此，除批示并准勒石遵守外，合行出示严禁。为此示，仰高增及附近居民人等一体遵照：凡关于地方风水，无论何种木料，均不得砍伐损伤。倘敢不遵，一经指禀，定即提究。切切勿违。特示。

> 右谕通知
> 发起人　龙跃卿
> 中华民国六年丁巳阳历二月十三日

　　注：碑立于高增寨边。碑高 102 厘米，宽 60 厘米，厚 5 厘米。杨正武抄录。

责任编辑:李媛媛

装帧设计:周涛勇

责任校对:陈艳华

**图书在版编目(CIP)数据**

贵州文斗寨苗族契约法律文书汇编:易遵发、姜启成等家藏诉讼文书/
   陈金全,郭亮 主编. —北京:人民出版社,2017.12
   ISBN 978－7－01－012687－6

Ⅰ.①贵…   Ⅱ.①陈…   ②郭…   Ⅲ.①苗族-民事诉讼-法律文书-汇编-
   中国   Ⅳ.①D926.13

中国版本图书馆 CIP 数据核字(2013)第 240557 号

**贵州文斗寨苗族契约法律文书汇编**

GUIZHOU WENDOUZHAI MIAOZU QIYUE FALÜ WENSHU HUIBIAN

——易遵发、姜启成等家藏诉讼文书

陈金全　郭　亮　主编

**人民出版社** 出版发行
(100706　北京市东城区隆福寺街 99 号)

北京汇林印务有限公司印刷　新华书店经销

2017 年 12 月第 1 版　2017 年 12 月北京第 1 次印刷
开本:710 毫米×1000 毫米 1/16　印张:21.25
字数:350 千字

ISBN 978－7－01－012687－6　定价:72.00 元

邮购地址 100706　北京市东城区隆福寺街 99 号
人民东方图书销售中心　电话 (010)65250042　65289539

版权所有·侵权必究
凡购买本社图书,如有印制质量问题,我社负责调换。
服务电话:(010)65250042